KONRAD WEISS
DICHTUNGEN UND SCHRIFTEN
ERSTER BAND · GEDICHTE

KONRAD WEISS

GEDICHTE

1914–1939

KÖSEL-VERLAG MÜNCHEN

KONRAD WEISS
DICHTUNGEN UND SCHRIFTEN IN EINZELAUSGABEN
HERAUSGEGEBEN VON FRIEDHELM KEMP

© 1961 by Kösel-Verlag KG, München. Printed in Germany.
Gesamtherstellung: Graphische Werkstätten Kösel, Kempten.

TANTUM DIC VERBO

NACHTLIED

Leicht wallt Gewölke vor dem Mond hin,
weißen Atem haucht die Nacht aus,
leise flüstern die Blätter dem Wind nach,
die Seele tritt aus ihrem dunklen Bild heraus.

Frage ist auf Frage Antwort nur,
schied die letzte, zittert noch der Mund,
stößt die Seele jäh auf den verborgnen Grund,
nächtens weckt die Mutter auf ihr Kind.

VORÜBERGANG

O Baum, der in der Sonne knospt,
mit Regen kommt der Abend an,
vor Augen, wie dem Blick entbricht
das Licht, so lischt die Sonne aus.

Von vieler Tage Angesicht
wo ist der letzte Schimmer hin?
Steht keiner vor und hinter dir?
Was starrt die stumme Knospe dort!

Ertrinkst du oder tauchst du auf?
Vorm Fenster wie die Welt verblaßt,
vom Erdreich schwimmt das grüne Gras,
der letzte Mensch ging schon nach Haus.

Ist keiner vor und hinter mir?
Wie fällt mich heut das Dunkel an!
Was drängt mich und entseelt den Sinn,
was nahm der Herr mir heute fort?

Was nahm nun deine Hand mir fort?
Reichst du's dem Bruder meiner Hand?
Stumm stehn die Knospen im Geäst,
denn der es gibt, er nimmt das Wort.

KALVARIA

Nun kommt Mensch zu Mensch:
Adam, ich trage dein Gesicht;
als fürchte er die Rede, so er spricht:
kennst du mich nicht?

Ja ohne Namen schwer ist mein Bericht,
das Haus ist leer, die Brüder sind zerstreut,
der Vater ist gegangen in die Ewigkeit,
und als er ging, ging jede Seele mit.

Sag, hörst du meine Stimme nicht?
Nun fällt uns zu, was uns verdarb
im Vater, als der Sohn ihm starb,
nun wird gebunden in die Garb
der Menschheit Mensch zu Mensch.

Und sagt, das Haus ist leer;
wo Klee und Gras wie eine Mauer steht,
des Sommers Sichel in die Ernte geht,
die Mauer fällt, die Erde trägt die Last und fühlt
    den Schnitt.

Die Brüder sind zerstreut;
kein Arm reicht keiner Hand mehr Brot,
kein Mund hat mehr des andern liebe Not.
Du siehst doch, meine Lippe spricht?

Der Vater ist gegangen in die Ewigkeit;
die Erde gibt uns weiter keinen Raum,

die Sonne fraß den Schatten unterm Baum,
o Adam, Bruder, Erde dein Gericht.

Wie Räder ihre Speichen drehn,
der Kranz kommt stets dem Rad zuvor,
die Söhne fallen vor dem Vater her,
die Mutter in der Mitte bleibt zurück,

und was geschah, geschah vor unserm Blick,
die Welt hat keinen Mittler mehr,
kein Fuß an seiner Stätte schwer
will haften und muß ruhlos weiter mit.

Das letzte, was ich weiß, vernimm das Wort:
das Haus ist leer, die Brüder sind zerstreut,
der Vater ist gegangen in die Ewigkeit,
dem Vater ging der Sohn voraus an jenen Ort,
die Mutter trägt allein das Leiden fort.

BESTOCKUNG

Trüber Tag mit lauem Schein
sommert ob der Flur,
träger Sinne stumpfe Pein
wacht im Blute nur.

Eitel ging die Stunde fort,
kommt sie voll zurück?
Wechseln magst du wohl den Ort,
ob auch dein Geschick?

Regen hängt, nicht fallen mag,
Donner weilen lahm,
schattend, wo noch Lichtung lag,
Tiefen meinem Gram.

Erde, wo ich weilen kann,
ist mir satt verdeckt,
fliehend halten mich im Bann
Wege nackt gestreckt.

Kraft mir, die im Blute sproß,
daß sie haften blieb;
braucht der Baum das Wasserschoß,
auch den geilen Trieb!

Bitter grünen Klee und Ried,
bis der Quell entbricht
einer Träne unterm Lid:
Ernte siehst du nicht.

WEILE AM WEG

Ein Hymnus dachte ich zu sein Dir, Herr.

Nun steh ich wieder da am Wege,
betroffen, wie die Senke dieses Hangs
mit mir die Erde trifft und mich des Weges Härte.
Muß Erde Achtung geben meinem Gang,
der Mensch sich stets entfremdet zu sich finden,
muß ich, sobald Natur mich will entbinden,
gebundener mir selbst zu Füßen fallen?
Schon fern stehn Wald und Bäume meiner Stimme Klang.
Ich falle ganz und hör nicht auf zu fallen,
ich sinne fort, und aber meine Sinnen,
wo flicht sich ihr bescholtner Kranz?
Vorbei am Weg, wo grün und bunter Pflanz'
entstieg ein Scheiterstoß geschlagnes Holz,
ein Trümmerort,
da blieben sie zerstreut.

Bleibt dieses Wort,
das Wort, das nur bekennt und nicht gebeut:
Sieh da, ein Mensch in seiner stummen Acht,
ein ausgestoßner Ich, geschlagner Stolz,
und kein Vollbracht?

Am Weg aus Steinen ragt ein dürrer Ast,
ein Vöglein drauf, kaum faßt es Fuß,
ein zirpezarter Laut und halber Gruß,
ein helles Zwitschern und – gehört, gesehn.

Wie wills dem aufgestörten Sinn ergehn?
Was nimmt mir, gibt ihm solche Rast?
So leicht in Lust und ohn Beschwer,
so fast, als obs hinweggenommen wär,
so auch von ungefähr
ein Trieb, daß ich von Dir zurückgenommen wär,
und kein Begehr,
daß ich mir selbst zurückgekommen wär,
nicht ein Bekenntnis, ganz ein Hymnus, Herr!

Und wieder kam der Wald mir nah
und gab den Schritten Antwort da,
die Sinne kommen wieder her,
und Lasten steigen auf in alter Wiederkehr,
bekannt und schwer,
als ob ich nie von mir entbunden wär,
o Herr!

Nie geht das Feld zu Ende dieses Gangs,
und nie verlierst du auch die Last des Hangs,
die Not des Sagens;
so weiter geh den Weg, die Last des Tragens
von einem Fuße auf den andren legend.

GEBET AUF DEM WASSER

Scharf wie die Schwalbe überm Wasser,
die Möve stark im Himmelszelt,
ein Pfeil im Fluge, niemals lasser
laß mich durcheilen, Herr, die Welt.

Die Nahrung, die er hascht im Fluge,
der Vogel, die ihn vorwärts reißt,
die sich vergönnt uns im Verzuge,
die Speise sei dein heilger Geist.

Laß mir nicht Zeit, wie Mücklein spielen,
daraus dem Vogel Beute wird,
ich selber Beute, willst du zielen,
und Pfeil sei, der nach Beute schwirrt.

Und schneller, daß kein Wort ich finde
im Wind von deinem Angesicht,
es leuchtet noch, eh ich erblinde,
dein Abendrot im Augenlicht.

Erhoben wartet das Gestade,
Eindringling öffnet sich die Ruh,
halt ein, Herr, wer verfällt der Gnade,
dein Steg eilt jählings auf mich zu.

Schon hebt sich die durchzogne Welle,
die Furche teilt und wiegt sich glatt,
und über die bewegte Schwelle
fahr ich in deine heilge Stadt.

MONDSCHEIN IM FENSTER

Ein Fleck vom grünen Licht des Monds
auf meinem Sims, du Beter schweig,
zu spät, es flicht kein Rosenkranz
dir ein Geheimnis ins Gemüt.

Die Sehnsucht voller als erfüllt
gießt bloß sich in sich selber aus,
und ohne Brand, nur daß er zieht,
ein kalter Rauch vom Opfer steigt.

Was währt nicht lang und hat kein End'?
O Unruh, die mir wachsen macht
die Seel' und doch ein Fremder wohnt
die stille in der hellen Nacht.

SPÄTER KEIM

Einem Acker sah ich zu,
den der Spätwind regt,
Gras und wilder Wuchs bewegt
wehrt sich früher Ruh.

Roter Mohn im Ackerschutt
schnell noch Fahnen facht,
rottet sie – und nach der Schlacht
rinnt das schwere Blut.

Brechen rings die Glieder ein,
Gras und Unkraut hart,
stellst du deinen Widerpart,
weiter Himmelsschein?

Laß mich, nimm dem späten Keim
seinen wilden Blick,
lade mich zu dir zurück,
gerne ging' ich heim!

EIN MEER

Der ich quelle eigner Labe
Brunnen überwärts,
Freude, die ich zu mir habe,
schlägst du mir ins Herz.

Randlos dem sein Ingemüte
überirdisch flieht,
fällt er ihn in sein Geblüte,
das ihn strudelnd zieht.

Walle Wehe ohne Bande,
brande über Zeit,
sei kein Bord, an dem ich lande,
walle mir zu Leid,

bis ein Meer mich wandelnd trüge,
dem ich ganz mich gab,
dann so gib mir, daß sich füge
meinem Arm dein Stab.

AUS DER TIEFE

Löse mir diese Kluft,
daß der Geist aus Schlüften ruft,
daß die Seele in Särgen und Grüften
muß ihr Angesicht bergen und lüften.

Still lag ich geborene Zeit
lange und war von Gram befreit,
tief in Ruhe lag ich bloß,
wann war der erste Spatenstoß?

Keine Furche liegt mehr brach.
Immer gräbst du mir weiter nach,
hebst mit Schollen mein Gebein,
sieh, ich stürze nur tiefer hinein.

Warum hast du mich erkannt,
warum hat mich dein Arm übermannt?
Schon ist jeder Ort verwüstet,
immer bin ich noch gerüstet.

Ward ich in der Erde groß,
wuchs ich nicht in deinem Schoß,
Odem, der mich hebt und rafft,
spielst du mit der eignen Kraft?

Seit ich in der Grube lag,
dauert nun der jüngste Tag,
zehrt und nimmt daran kein Ende,
was erfassen meine Hände.

Grab ist jede Geburt:
Wer sich gürtet seinen Gurt,
muß die eigne Seele morden;
warum bin ich Mensch geworden?

NEUE EINKEHR

1

Wieder zu sich selber kam
der Sinn und sich die Erde bot.
Hell leuchtet kalt und scharf das Rot,
wie Schatten lockt die Sonne Gram.
Sicher steht die Luft und karg.
Frost der Erde, auf vom Tod
taut nun das Mark.

Der Himmel wetzt die Dächer scharf,
sie grünen heimlich unterm Rand,
Giebel, gelegt von guter Hand,
wie Zweige, die nicht raufen darf
ohnmächtig ein versteckter Zorn.
Schwarzer Wall vor weißer Wand,
gelb sprüht der magre Dorn.

Der Stein empfing zuerst das Licht;
bald kreißt und hat die Erde Not,
der Mensch vom Himmel überloht,
Berufner ich bin fruchtbar nicht!
Lockt Frost nur aus der milde Schein?
Aus Steinen werde Brot!
Herr, hilf dem Stein!

2

Geatmet, wie ein Kleid fällt ab,
der Hauch erschauert tief am frühen Schank;
gelöst in diesem kühlen Trank
der Luft fällt ab der Erde Satz.
Nicht stocke,
und sammle diesen reinen Schatz!
Wie alles glänzt! Nun öffnet sich das Grab.
Den Blick geöffnet ganz
schlägt veielblauer Eisenglanz.

Am schmalen Fußweg grünt das Gras,
so säumt sich frisch der grau zertretne Filz;
ob Halm, ob Blatt des Silberschilds
der Wiese erste Zier ihn schmückt?
Nun suche:
ein Schatten wie ein Messer liegt,
getrennt von eines Leibes fremdem Maß,
nicht Erstling dieser Flur,
durchfurcht von brauner Wagenspur.

Nicht hier. Wo sind die Vögel all?
Wie weit die Ruhe sich mit Stimmen füllt!
Hell aus mir wie der Raum anschwillt,
mit Perlen braust, mit Zwitschern stellt,
o höre,
unsichtbar sich nun in die Welt.
Einfällt ein seltsam klirrend süßer Schall,
als ob der Meister leg
ein fertig Werkzeug fröhlich weg.

Der ringt und sich erschließen will,
der Baum aus tiefen Furchen steigt und zweigt,
sich innig zu sich selber neigt,
umspannt und kreist nun jeden Ort.
Nicht sammle, werde!
Die Erde kreuzet sich hinfort,
was noch nicht Leben hat, steht aufrecht still.
Gebrochner Äste Schlucht
mit gelben Knospen Augen sucht.

3

Schnell ist der Blick gefüllt.

Hell ohne Widerstand liegt jedes Beet,
von Schatten matt berieselt. Dunkel steht
der Stamm, die Gräser kümmern weg.
In leeren Flecken springt das Tier verwirrt,
als ob ein böses Aug sich reg.
Der Himmel zieht den Wolken eitle Bahn,
die Wände glänzen gleich und nah heran.
Wie eine falsche Stimme sirrt,
weicht aus der Sinn. Am Ast, ein toter Arm,
das grüne Läublein stäubt, ein brauner Schwarm,
wie Mücken in der Sonne ziellos tanzen.
Nun gleißen Zweige auf und werden Lanzen,
auf denen eine kalte Sonne spielt.
Wie ein Gerippe blinkt, das nicht begraben,
so liegt das frühe Land nun ohne Gaben.
Die Erde schlief zu lange. Ungestillt
verdunkelt sich das Bild.

4

Vom Hauch ersteht das Wort.

Wie Manna fällt der Regen in das Land,
ein Wunder, jünger aus dem frühen Brand
die Wiese grünt nun wie die Saat.
Der magre Fleck der Erde grün bestirnt
erzittert, weil er Atem hat.
Und ausgeatmet wie vom Himmel mild
die Häuser geben ernst der Menschheit Bild.
Noch nicht zu einem Unkraut zürnt
des Feinds die Seele. Nieder fällt der Rauch.
Nicht Kelch dem Himmel, doch so steht der Strauch,
so unverzagt und blüht vor lauter Gnade.
Gefügt wird alles und der Weg gerade,
und lang gefällt gebleichtes Holz wird rot.
So nah lebt alles und ist ohne Ende,
ein jeder Ast fängt auf und trägt die Spende.
Gib Kraft dem Werk! Es tropft an jedem Ort.
Hier sind die Hände, Gott.

DURCHS FENSTER

1

Der Gärtner trägt eilends
ein Bäumlein mit Wurzeln,
mit Wucht kommt der Regen.

Tauch unter, schau über,
wie die Knospen sich fangen;
er scheidet im Zorne.

Aus Perlen schon selten
durch glänzende Äste
nach blickt ihm die Sonne.

Wo steht nun das Bäumlein?
Blank Himmel und Erde,
nur Tropfen im Fenster.

2

Will ungern, muß ahnen,
wie Wasser aus Wunden,
der Sinn alte Bahnen.

Verlassen, gefunden,
erst noch heiter gezügelt,
nun schwer schon gebunden,

wie Himmel mit Strähnen,
sind offen verriegelt,
sind Worte wie Tränen.

Will eines sich runden,
erfaßt es ein Sehnen;
so binde gebunden!

FRÜHER GEDANKE

Auf Morgenbeeten Häuptlein grün
immer eine Zahl,
eigen stört den Sinn,
wie sich scheidet Weg und Wahl.

Ankert wahllos hingestellt
Seele eigner Pein,
schmückt den Rost der Welt
ein Leib geteilt in Menschen ein.

Gestreckt, gesondert zur Geduld,
Lebens Frost und Glut
auf vom Grund der Schuld
wallt uns in Geblütes Flut.

Eigner Trennung Kümmernis
Väter alter Zeit
grub ins Paradies,
Rabatten stiller Heiligkeit.

SEELE DULDE

Saugt Verlust, daß die Gnade quillt,
Herzblut in ihr fließt,
Erkenntnis wie Stengel über Häupten schießt,
weicht vom Boden das Zelt.
Verloren findet man jeden Ort,
innerlich Tun hämmert gleich noch fort,
klar vergangen, worauf man zielt,
während der Mensch zerfällt.

Komm, verweile, wo Morgenlicht glänzt,
Schatten der Nacht verzehrt;
in Ästen nur dunkler sich das Dickicht wehrt,
stärkt sich noch innerwärts.
Den Halmen rinnen die Perlen ab,
Brennessel wuchern wie groß ein Grab,
Reiz vergeh, der die Augen kränzt,
Wurzelnager am Herz.

Über Wassern die Seele schwebt
hilflos so ins Licht,
Gestalten hinwandeln und vergehen nicht,
Fahnen im leichten Wind.
Es hält uns, was uns verzehren läßt,
marterhaft Gnade nur stärker fest.
Seele dulde, wie innig lebt
heimlich geboren ein Kind.

ABENDSORGE

Ich habe dich noch nicht versucht,
noch nicht wahrhaftig mich verlassen,
wie Tiere finden unsre Gassen;
ich bin noch immer auf der Flucht.

So einfach wächst die junge Zucht,
muß Tier dem Tierlein emsig passen;
nur ich muß ohne Stillung hassen
des Willens unbehaltne Wucht.

Ich bin noch immer auf der Flucht.
Wie darf ich mich auf dich verlassen
und kann im eignen Herzen fassen
noch nicht das Wort, das Herzen sucht.

LUCIFER

1

Die Morgenluft geht mild,
das Licht hält jedem Dunkel seinen kleinen Schild;
doch sieh, aus weiter Höhe fließt das Bild,
das mit dem Tau zum dunklen Rasen quillt.

Der Strauch hat sich berankt.
Bis bald der Wind in allen jungen Zweigen schwankt,
was macht, daß mir das Herz so heftig krankt,
weil schon der Strunk erstarrt und nicht mehr wankt!

Wie weit es auf mich zielt,
das weiße Licht erschüttert, daß der Stamm sich rankt.
Neid auf die Erde, die dem Abfall dankt,
ich falle mit dem Schild.

2

Brich der Seele Widerstand,
nimm ihr, was verwirkt,
bis in Rändern eingespannt
sich kein Blut mehr birgt.

Immer tiefer stockt dein Los
und im Keim vergrämt
nur in Schulden wirst du bloß
und das Werk gelähmt.

Quelle im vergoßnen Blut
ewig nicht verdirbt,
eignen Samens wächst die Brut,
daß der Wurm nicht stirbt.

Draußen im gewiesnen Gang
alles geht vorbei,
nur die Erde wittert bang
einer Seele Schrei,

daß er dir mit letzter Macht
innerst widerbebt:
Dauer hab ich nicht vollbracht,
doch die Seele lebt.

Stürzet sich das alte Joch,
grimmig überflammt
triumphiert Erkenntnis noch:
Ich bin verdammt.

MENSCHWERDUNG

Die Schale sprang vom Ei,
aus dem geborstnen Schacht,
Schuld, die mich überfällt,
gleich ist die Straße frei
und offen wird die Welt.
Der Abgrund spiegelt hell
und gurgelt ohne Quell.
O Regen in der Nacht.

Zum Rande jeder Saum,
geklärt im Widerlicht,
sich feucht wie Wangen schmiegt
und rührt den Blattleib kaum,
wie in der Wiege liegt
ein totes Kind, o klag,
um mich den Mantel schlag,
der diesem Tag gebricht.

O aller Dinge Ziel,
das fleischgewordne Glück
in Rosen naß versteckt
es ebbt und steigt wie Spiel,
von Geißeln blutbefleckt
und weh in süßem Graus
mehr als aus mir heraus
sinkt es in mich zurück.

Von Hürden weit umspreizt
bebürdet ich wie keins
der Wesen, die gezeugt,

mit Willen ungereizt,
so wie der Halm gebeugt
die blinde Perle trägt,
geh weiter unbewegt
und bin zerrissen eins.

ZUR KIRCHE

»Ich geh mit Dir im schönen Kleid.«

Was sann ich eben über schweren Geist
und Neid der Erde
und hol aus tiefstem Dunkel stets mein »Werde«
und werde nicht.
Gewand, das mit der Welt den Sinn verflicht,
die Morgengabe
gegeben den Voreltern zum Gericht,
die nun im Schmuck den Gang der Menschheit weist
und fällt vom Leibe ab ins Licht,
die neidlos sich mir preist
und Liebe heißt.
Lebendge Labe,
Du gabst mir Deine ganze Habe.

»So eile Dich.« Ja, einsam bin ich nur,
weil ich nicht bleibe auf der Gabe Dank und Spur.

Ich bin bereit.

»Sieh, wie im Sonnenlicht die Blume brennt.«
Ja stark im Licht, wo schaudernd sich erkennt
die Tiefe, die vom reinen Spiegel trennt.

Ach nur aus mir nährt sich der Welt Beschwerde.
Trägt meine Seele nur gering Gewinst,
Dein ist und ihrer Nächsten es Verdienst.
Bevor ich Mensch ward gegen Gottes Erde,
war ich ein Kind, Begleiter und Gefährte.

BITTGANG

Maria bleiches Bild.
Sahst du die hohen Ähren,
die Luft vor Hitze zittern,
und wie Giraffen wittern,
die Leiber ihre Mühn
hinschleppen wie in Gittern,
wie Schatten sich verzehren,
als wie Kamele ziehn?
Die Wüste ist ganz leer,
die Erde dürstet sehr.

In Deinem goldnen Schild.
Wir wollen nichts verbergen,
es bleibt trotz uns inmitten,
das hat kein Schoß gelitten,
stets härter wird das Leid
und wird mit Fleiß erstritten;
was Hände hat zu werken,
kommt in die hohe Zeit.
Wie schnell verdirbt das Heil,
die Luft wird steinern steil.

Aus Dir Reis Davids mild.
Zwei Herzen sich verhohlen,
was sie in Armut pflegten
und als vier Augen legten
auf Deine weiße Hand,
daß sie Dein Haupt bewegten,
das hat der Fuchs gestohlen
als wie ein Götzenpfand.

Gebrochne Luft weht lind,
o Jungfrau mit dem Kind.

Du liebliches Gefild.
Vor wir das Bittre kosten,
das Haus in Schimmer stellen,
muß schon der Regen quellen,
die lieben Halme blind
nicht mehr zum Himmel bellen,
die Waller ziehn nach Osten
und reden mit dem Wind.
Bleib Einkehr herzbesucht,
Du Ruhe auf der Flucht.

ZU DEN VÄTERN

Der Herr ist stark;
ich ruhe auf ihm wie auf Bogens Sehne,
sein Finger drückt mich auf die weite Lehne,
o leises Spiel, zu dem ich würdig bin
und stumm erzittre bis ins Mark.

Ein leichtes Rohr, das nun kein Lüftlein rückt,
gen allen Häupten hin bin ich gezückt,
bis zu den Vätern, wo mit ganzer Kraft
noch in des Herren Hand der Menschheit Schaft
gesammelt ruht, ein Bündel, dem noch gleich
das Herz die Spanne fühlt, doch nicht mehr reich
an Fülle, nichts erkühnt,
als daß ich ihm zum Schemel glitte.

Im lauen Winde weich,
daß es das Spiel nun tändelnd litte,
wie duldsam sich das Rohr begrünt.

In seine Hand herab sinkt mir der Sinn.
Der Schütze hat genug,
und ich, gefaßt von einem starken Zug,
aufrauschend überflügle seinen Bug.

ERDE MUTTER

Erde, Mutter grenzenleer,
Augen fassen es nicht mehr,
blinden wie in Furchen Tau,
Himmel überfließt die Au,
erdüberwärts
weht der späte Wind ins Herz.

Ausgeronnen alte Schrift
neu verdorrte Wurzeln trifft,
blinder Seele heller Geist
kälter seine Fenster weist,
bis weltverstummt
jede Stunde sich vermummt.

Weißt du, wer du gestern warst,
treibend, bis die Hülle barst?
Heute wandelt sich der Sinn,
taumelnd zwischen Mauern hin
so schicksalbloß,
wie die Knospe nicht in ihrem Schoß.

WANDERER IM HERBST

1

Aus rauchenden Bächen lichtverklärt,
zitternd von Tau,
aufgetan zu unendlicher Schau,
opfert die Erde, was ihr beschert.

Willig und heiter zugewandt
dem lebendigen Spiel,
läßt der Wanderer ab vom Ziel,
still im Herzen, bevor er ahnt:

er bleibt, je weiter die Ernte zehrt,
zuletzt allein
zwischen Himmel und Erde im offenen Schrein,
ehe das Land zur Ruhe kehrt.

2

Schwarze Erde hebt empor,
was in Säften stärker fror,
vor Gräsern rauh und Halmen steif
niederfiel im ersten Reif.

Wehend was dem Himmel gleicht,
wird im Boden wurzelleicht,
schirmt seinen Ort und dauert dann,
fallend löst es seinen Bann.

Der in Säften stärker friert,
je mehr die Erde ihn gebiert,
der aus der Grube spät bereit
neigt über in verlorne Zeit,

der mit offnen Augen irrt,
wie der Wuchs zur Erde wird,
welk und gebrochen hingestreckt,
blind beperlt die Grube deckt,

ehe ihm das Haupt sich neigt,
größer sich die Erde zeigt,
bis Ahnung aus der Bläue nickt,
weiter als das Auge blickt.

3

Mitten im Baum
zittert ein einziges Blatt;
seliger Raum,
daß meine Seele nicht Stätte hat!

Wohin sie eilt,
findet sie sich am Ziel,
wo sie verweilt,
ist ihr weilender Hauch zu viel.

Bittere Lust
kommt erst wie leise Luft heran,
flieht durch die Brust,
daß ich die Erde nicht lassen kann.

MORGENGESTIRN

Ob er zur Vollendung riefe
tief in Nacht
oder schliefe,
flieht am Morgen nicht vollbracht

halber Wunsch und halber Wille,
und allein
tief in Stille
findet sich die Seele ein.

Hart und was sie viel gelitten,
wie ein Stern
schon entglitten
trägt sie noch die Sichel gern.

Unerlassen was ihr bliebe,
rührt im Tun,
wem zuliebe,
und in Wahrheit auszuruhn,

naht sie ihrer kalten Wiege,
wie der Wind,
was er biege,
noch in dunklen Blättern sinnt;

spornt sich schneller nun zur Eile
schon im Licht,
das wie Pfeile
sich an starken Schilden bricht,

flieht zur Ferne kaum gemieden;
dort verblaßt
hoch in Frieden,
was schon in Ergebung fast

immer her die Arme wendend
hier am Ort
nimmer endend
suchen muß der Wille fort.

GLAUBE

Der alles doppelt mißt,
nein nur der eignen Unrast Qual
und sonst zerrieben wie der Baum am Pfahl
nicht Furcht vergißt,

getrieben und geführt
und eingeladen, der den Trost,
nein selbst gepflückt in der genoßnen Kost
die Hand gespürt,

dem nun die Stunde kommt
so langsam, wie die Güte stirbt,
die unerlösbar diese Welt verdirbt,
ob sie noch frommt,

der ziellos nicht mehr bangt,
ein ausgeleert Gespinst am Dorn
und haltlos nur ein Blatt vorm jähen Zorn,
der Glaube wankt.

WIRBEL

Wie Du mir den Sinn wendest,
wie ein Blatt, daß Du den Tropfen fändest,
oder sehe ich nicht Deine Hand,
vielmal und zum letzten umgewandt,
nicht mehr eben die zum Herzen fuhr,
braune Flecken, die von ihr verbrannt
dürr zerfallen mit der Rippen Band,
wo bin ich, es bleibt zerbrochen nur
in Bewegung Deiner Hände Spur.

UM GERECHTIGKEIT

Vater, in der Welt erlahmt
unterm stillen Streit,
nun Zweifels Sucht das Herz besamt,
fruchtbar winkt Gerechtigkeit:

Was einander Armut lieh,
sieh die Fülle, die die Welt empfing,
ausgebreitet blüht der Samen hie,
einzle Tiefe bleibt gering.

Reiner oder bitterer gezeugt,
im Gewissen bleibt der Geist doch mein;
muß der Starrsinn Dir geneigt
erst durch alle Herzen eingebrochen sein?

Solls nicht sein, daß ich mir selbst zerbrach,
was sich in dem Schacht der Seele sperrt,
daß ich aus der Tiefe lauter sprach,
was mir allein gehört?

Gerne den verschloßnen Mund
öffn' ich zweitem Wesen innerlich,
schaffst der Seele Du nun andern Grund,
find ich in andern mich.

Nur das Band auch für Gewissens Macht,
das Wort, eh es sich biege oder bricht,
bleiben muß es in der Seele Schacht,
ich eile nicht.

NAHER WINTER

Weg und Bahnen hart gelegt vor Schluchten,
Pläne unverwickelt noch vor künftgen Buchten,
ausgetan in letzter Willigkeit,
steuert auf den nahen Winter Zeit.

Heller, im Vertrauten fühlbar nimmer,
gelb ein Blatt verfängt noch Schein vor rotem Schimmer,
der im Schatten schon zum Dach verglomm,
fremder rüstet sich, nicht wachsam fromm

dinglich Wesen, Heimlichkeit verwirrend,
Geister rufend, die im Nahen hilflos irrend,
aufgefangen härter als zur Pflicht,
kältre Flammen als im stillen Licht,

nun sich aus der Sinne Bann bewegen,
ihrer gleiche suchen und den Rest erlegen,
Herzen, deren Sinn sich endlich kennt,
Menschheit letztes Element.

NACHGEDANKE

Ich sprach und tat der Wahrheit Liebe,
ich wollt es tun,
ich tats mit Augenblickes Kraft,
nun will die Seele noch nicht ruhn,
als ob sie's nach den Menschen triebe,
ich gab doch mehr als mich erschafft.

Nun folg ich meinem wachen Geiste,
er macht mich los
und groß und gibt mir eigen Kleid,
und sein Gewand bedrängt mich bloß,
je höher ich die Worte leiste,
die Liebe fühlt nur tiefer Leid.

Was ist der Seele eingeboren,
sobald sie laut
sich vor dem Nächsten Heil gesteht,
daß sie dem Worte nicht mehr traut,
weil sie im andern Los verloren
mit dieser Welt zur Neige geht.

Im Augenblick den Geist zu nähren
löst er das Band,
der Mensch, der in die Welt sich gibt,
doch erst in Dauer tiefstverwandt
darf wahr sein Herz vom andern zehren,
wenn es in Schuld die Worte trübt.

Ich öffne und bin selbst gehalten
in dieser Kluft,

darin erfaßt mit aller Macht,
es zeugt das Wort, je mehr es ruft,
je wahrer desto mehr gespalten,
von Gott und jeder bösen Tracht.

SEELISCHE JAGD

Schmetterling in meinem Hauch,
Dich zu lieben,
mir mit Beben
steht die Seele ganz in Rauch,
blutvergeben
Dir im Feuer nachzustieben.

Eifernd mit der Worte Schwund
lahmer Zunge,
sinnesohne,
kraftlos schwirrt der müde Mund
krank vor Wonne,
zwitschernd wie das Vogeljunge.

Nein schon eine ganze Brut
Seelenlasten
zehrt die Reste,
füllt die leere Brust mit Wut,
zwingt vom Neste
sie nach Atzung fortzuhasten.

Liebe nicht, nur Frevels Magd,
neue Reue
stillt die Fehle.
Nimmer ruht die wilde Jagd.
Wann die Seele
nährt der Schmetterling, der treue?

LAMM DER SEELE

So bleibe
atemstiller Hauch,
zerreibe
innerlicher Dornenstrauch
des Herzens Arg.
Verstehe,
die Erde treibt zu viel,
hat Kraft genug,
erfüllter Geist, der gleich ihr trug,
wie Blüte, daß sie duldend ruht,
die Seele barg,
bewegt der Dornen Spiel
mit Wehe.
So bleibe,
so bleibe Wehe gut.

Das treue Auge sieht,
wie sich der Erde Los vollzieht,
und wird vom Geiste bloß.

Und Gut und Bös verläßt der Seele Schoß.

Wie aus dem Paradies,
das Mensch und Tier zugleich verließ,
die Gier,
wie aus der Glut erhitzt
die falsche Zier,
so ungehemmt,
kein Glied mehr, das sich seltsam stemmt,
so wie die Erde, was sie treibend bringt,

während des eignen Laufs verschlingt,
so fällt der Tau und quillt,
so geht die Erde in ihr eigen Bild,
das innre Gut
unstillbar aufgeritzt,
ein Tropfen Blut
quillt ab im Schlund.

Der leere Mund,
der Worte nicht mehr kund,
das tiefe Meer
hebt seine Wellen minder schwer
und ungenützt,
der Geist geronnen im Geblüt
zehrt im Gemüt
bis auf der Seele Grund.

Das ganze Wesen nun zum Hauch verarmt
den Willen nicht erbarmt,
das Tier, das nicht besitzt.

Die Stunde wechselt um,
der Wille stumm,
der am bewegten Geiste mitgenoß,
vollzieht das vorgeschaute Opferlos:
Mensch, Pflanze, Tier,
geschieden jetzt von allem hier
außer deinem Bild,
das dir nicht gilt;
der Geist hat Kraft genug,
den der Wille trug,
was der Seele frommt,

wo sie aus der Knospe kommt,
der Ort,
wo sie leidet, ist ihr Hort.

Das Tier wird nimmer müd,
wenn die Seele flieht.
Seele, Erde, Bild,
dein Wesen in Gefahr gestillt
willigt umsonst zum Leiden ein,
muß mild aus dir gebrochen sein.

Widerspiel des Erdenrunds,
das Auge füllt sich mit Geduld,
in sich gekehrt,
wie der Wolf das Lamm verzehrt,
doch uns
nur dunkler überfällt die dunkle Schuld.

FROST

1

Über die Häuser aus der Luft
und ganz im Freien,
Atem in Bäumen nach dem Schneien,
hängt der Duft.

Zweige schimmern wie furchige Spur,
und wie von schroffen
Winden sind alle Winkel offen
in eine Flur.

Vögel springen im Fluge steif
durch weite Lücken;
will Leib sich bücken und Seele rücken,
schauert der Reif.

2

Frost wie Licht
aus der Nacht geboren,
um der Dinge Kern gefroren,
hell und heller jede Schicht
vor den Augen, wie Licht dringt in Kerzen,
um das Dunkel der Herzen.

Stiller Dom
unnahbar sausend,
daß die Sinne fernhin brausend
brechen in den himmlischen Strom.
Luft trifft wie Schollen die Wange,
schüttelt das Herz im Gange.

Hart und gewiß
und ohne Besinnen,
wie die Schauer im Mark verrinnen,
in der äußersten Finsternis,
stürzt plötzlicher Schmerz die Unwirschen
in Heulen und Zähneknirschen.

Augenstarr,
wie Ameisenhaufen
beginnen gestört die Menschen zu laufen.
Eigen noch und Opfers bar,
nachkältend aus der grimmigen Helle
tritt der Leib in die Schwelle.

3

Wie ist dies Wunder leicht
und dauert unbewegt,
je härter es sich trägt
und weiß aus Nächten reicht.

So schnell der Duft gefriert,
bestirnt sich unbewußt
der Frost wie innre Lust,
die Dunkelheit gebiert,

bevor die Seele rückt
und fühlt sich Stück für Stück
und vor dem nahen Blick
noch ungebrochen liegt.

Der Stamm noch dunkler schwärzt
sich, wie er weißer blüht,
schon sammelt das Gemüt,
was es bewußter schmerzt.

Heb aus der Seele weit,
eh wild du in dich rinnst,
wie Blüten und Gespinst
aus Truhen alter Zeit.

Doch schon der leise Zug,
woher er sich gebar,
stirbt hin in der Gefahr,
ein schwerer Taumelflug.

Noch stiller, als sich schafft,
und härter, als sich trägt
das Wunder unbewegt,
noch dunkler wird die Kraft.

So mitten in der Bahn
von allem, was sie trug,
daß es noch nicht genug,
fällt Frost die Seele an.

JUDAS

Er ging hin allein
noch voll des Wortes,
im Kuß genommen:
Freund, wozu bist Du gekommen,
trächtig des Mordes,
der nicht mehr sein.

Alles ist zum Leben bestimmt.
Um den Bissen zu essen,
schwingt der Gärtner noch spät den Spaten.
Einer von Euch wird mich verraten.
Verfolger, bin ich vermessen,
der die reife Frucht vom Baume nimmt?

Lauscher am Tische,
unter der Kehle Verschluß,
stockend, je mehr er die Gabe braucht,
der die Hand mit mir in die Schüssel taucht,
wächst durch Gram der Genuß,
daß er die Hand ins Opfer mische.

Keiner kann auf die Stunde warten,
der wuchernd wacht.
Dem Sohne wird der Vater zu alt.
Was Du tun willst, das tue bald.
Es ist vollbracht
dort im finsteren Garten.

Mich hat die Gabe mit Fluch erfaßt.
Nicht wie der an des Wortes Herz und Kehle,

bei mir kam der Menschensohn nicht zur Ruh.
Was geht das uns an, da siehe du zu.
Arme Seele,
ich bin der ausgestoßene Gast.

Nun ist mir das Geschenk genommen,
eingeflossen ist das Maß,
das Herz spürt alle Geister.
Sei gegrüßt, Meister!
Die Seele schwankt wie Gras.
So mußte es kommen.

SCHEIDUNG

Gebeugt vor jeden Dinges lichter Blende
und keines Menschenwesens Auswahl würdig
und nie der eignen Seele ebenbürtig
verscheiden will ich ohne Ende.

Aus Wut und Zagen was kam immer klarer
ans Licht, wie Dinge aus der Brandung stoßen,
die Trümmer aus der Seele Tosen
maßloser, als die Menschheit kann beerben,
erstehen babelgleich wie Uranfang auf Erden,
reichere Welt aus eilenderm Verderben,
nur immer kummerkleiner will ich werden
und wahrer.

SÄULE DER ERDE

Andre mit den Dingen so in Frieden,
daß sie froh der Hauch der Erde schreckt –
sieh, mich kann der Wirbel nicht ermüden,
der wie Lohe brennend um mich schlägt.

Ja es geht ihr Sinn wie Irrlicht flügge,
sinkt und knotet sich im schwanken Rohr,
ruhend, bis der Wächter wieder ticke,
hören sie ihr eignes Blut im Ohr.

Kälter, heißer, Fall und Brand der Erde,
stumm und hell ein frisch geschlagnes Scheit,
gegenwärtig und voll wacher Härte,
daß vergeblich Mark in Zunder schreit,

Echo sich lebendet am Gelächter,
wie am Spinnennetz ein Faden reißt,
lidlos Auge dauernd starrt der Wächter
immer in den einen Geist.

Milde Flamme und der Rauch des Wesens,
das am Mittag wie in Mitternacht
gleicher Treue und kraft Augenlesens
Israel durch Wüstenfahrt gebracht,

ihren Weg und alle die Erwählten,
wer vorübergeht, wer bleibt in Pein,
in den Dingen der sich muß zerspälten:
ich kann nicht verloren sein.

TRENNUNG

Diese Stunde unverdient
trennend mich zu mir erkühnt,
daß ich anderm Sein zu Gast
wage meine eigne Rast.

Will ich, bin ich nicht im Fang
nur zu leicht und werde bang?
Höher trägt mich schon die Flut
und von dannen fließt das Blut.

Suchend den verlornen Gram,
wie die Schnecke Schaum und Scham,
sinkend, eh ich mich bestimmt,
senkt sich in mich, was mich nimmt.

Im Vertrauen wuchs ich stets.
Schwerer Stein, nun schwankt das Netz,
erst zur Erde, dann zum Bau,
Gnade, halte mich genau!

Will ich, bin ich schon Gestalt?
Erde füllt sich mannigfalt,
Kinder froh und ungezählt:
Gib mir Menschen, gib mir Welt!

DIE CUMÄISCHE SIBYLLE

ANIMA RECLUSA

Daß in mir aufersteht, der ich begrabe,
was in mir west, und ich bin nur sein Neid,
in mir ersteht schon knospengleich befreit,
und ich bin schmacklos nur die Honigwabe,

ich auferstanden voller Kummerhabe,
ich wachse nicht, bin Zelle nur der Zeit,
die Honig gießt, und der Erbarmen schreit,
o Mutter aller Dinge sieh dein Knabe,

dein Kelch ich im Genuß dem Menschensohn.
Wie darf dies Wort sein eignes Wesen dulden
und schrickt nicht in mich voll von Erdenhohn.

Es schrickt und wird im Schrecknis seiner rein,
da trägt der Kelch nun eines Menschen Schulden,
wie ist der letzte Kern so arm und klein.

GERICHT IM WORTE

Daß nur mich deine Ruhe
nicht erdrücke,
auflodernd in mir, daß in taube Stücke
dir sinnlos ich mich tue,
zehrend und gezehrt von Glück und Neid,

noch ganz von meinem Ziele,
selbst dem Schalke
in mir dich schlagend wie im Wechselbalge,
als ob er spöttisch spiele,
noch geneigt, wie bin ich dir gefeit,

je mehr ich dir im Worte
urteilsloser
geliefert in die Fügung bin und bloßer
mich gönne bis zum Morde,
neu beginnst du mit mir deine Zeit.

WANDLUNG IN BÜRDE

Schwankt eine Biene honigschwer
zum sichern Baue,
wie bürdet sie sich sacht,
ihr gleich doch ich wie wangenleer,
mich hitzt nur erst mit dir der Lauf
zur Speise, der ich wandelnd mich vertraue,
wie hungert mich der Fracht.

Wie atemschwer schon über Kraft
im Gegenspießen
schwärmt aus mein Angesicht,
hintaumelnd steigt in mir dein Saft
und nimmt von mir doch mehr nicht auf,
als was ich schon genoß und im Genießen
mich reißt in mein Gewicht.

DER STETE FALL ZUR ERDE

Von solcher Kreatur
mit Schärfe ohne Ende,
doch nur im Erdreich hart und wo die Spende
verschließt den Hals,
keim ich auf deiner Spur.

Dir nicht zu werden schal,
dein Gnadentau wie Regen
netzt dir den Fuß und der ich dich will pflegen,
ich muß im Salz
erliegen ohne Wahl.

Daß ich dir widerfuhr,
die Erde bin, du Gänger,
sie bleibt getreuer als der Troß Anhänger
des Kreuzwegfalls,
ein Abdruck deiner Spur.

IMMERWÄHRENDE MUTTER

Niemand eins wie du
mit meinem Leben,
sterblicher von dir in mich gegeben,
mir fällt deine Angst noch ärger zu,
dein Mutterschauer

leibhaft ich, und saugt
von deinen Brüsten
rastlos mich ein Wort, das zu verwüsten
all Geschlecht aus dir verbrandend laugt
dich ehrne Mauer.

Kern und Sinn uns kund,
dich rein zu erben,
neidet, was wir tun, wir müssen sterben,
trinken muß mein Wesen selbst mein Mund
in gleicher Dauer.

GESPANN DES KREUZES

Als ob mir nehme
die Weitergabe meinen besten Teil
an dem lebendgen Wort,
da jetzt von meiner Schulter fort
wie aus zerrißner Brust ein Keil,
mir jetzt am schwächsten
sich löst, daß ich in stiller Feme

noch selbst mich lähme,
wie hängt mein Denken endlos doch am Seil,
an meinem Leidenshort,
man geht mit mir zum eignen Mord,
Vermessener, zu deinem Heil,
schwer auch dem Nächsten,
verbirg es, daß kein Aug sich gräme.

DAS BILD IM SCHWEISSTUCHE

Das Innerste, was mir geschah,
dem immer ich mich Grenze sah,
es hob die Seele stets in Milde
mir ab von einem Ebenbilde,
und näher war ich immer nah,
doch war im Unrecht Trennung da.

Der Unrecht sah und noch beglückt,
so ganz die Welt in einem fügt,
zu innerst seinem letzten Werde
nicht sieht den Neid gewesner Härte,
er kann zur Seelenantwort dicht
ablösen auch sein Angesicht.

DES FALLES STARRE REGEL

Die mich zu dir erschafft,
mich mehr gebrochen habend,
als zwischen Tag und Nacht der schwere Abend
die Furchen dunkel stürzt,
der Halbheit ganze Kraft

wuchs an zu solcher Fracht,
daß ich als ihren Boten
mich anders nicht als durch die gleichen Knoten,
die sie der Seele schürzt,
und die ich mied,
durch Ohnmacht mich zur Macht,

die am Verrat mich hemmt,
aufrang zum Sinn des Neidens,
mir wuchs im Dauerstreit des falschen Leidens
ein neues Glied,
das Wort, das in mich stemmt.

DIE FRAUENBILDER

Sinnend über euch ihr Frauen,
mutternahe, die sich schämen,
mich will meine Stunde grämen,
hart am Holze
euch zu leiden, deren Leidvertrauen
stillem Stolze

weicht, die ihre Brust verdorren
sehen in der Kinder Weise,
innerlich aufquellend leise
stumm erreichen,
stärker wie am dürren Holz die Knorren
Früchten gleichen,

mütterlich den ungeheuern
Gang der Lasten gehn zu Ende,
daß ich ihre Liebe fände
dir zu Gaste,
Knorren noch, mußt du das Holz durchscheuern,
dich belaste.

DIE BITTERE LUST DES FALLES

Ich wende mich von dir,
wie Wiesen Bäche
am Abfall üppiger verlassen, breche
von dir Genuß,
wie wird der Blick, wenn jetzt noch hier
strauchelt der lose Fuß,

da du mir anvertraut
in klarem Gießen,
was ich nicht fassen kann als im Genießen.
Willst du Verrat,
daß üppiger noch schießt ins Kraut
das stumme Augenbad?

DEM OFFENBAREN WORTE

Immer noch wie Frevel schreckt,
wie lange,
Wollen, das im Seelengange
leibhaft mich auch zu dir trägt,
und macht mich bange.

Wirklicher und lieber mich
zu lösen
allen, stocke ich an Ösen,
darf ich kleiden, nimmer ich,
der voller Blößen

mehr noch aufdeckt, als er gibt.
Wie eile
offen ich zu dir und teile
meine Nacktheit, daß sie, wie sie liebt,
zitternd verweile.

DIE NEUE REGEL

So bin ich Fluß,
hinfließend wie an Nägeln
und Wirbel schlagend mit dem Dank
in meine Härte,
daß mich dein bittrer Trank
versammeln muß,

dein Werkzeug ich,
gefaßt nach allen Regeln,
bis mich kein Sinn mehr an mich band
als die Gebärde,
zerbrochen in der Hand,
die aus dir wich.

HOLZ DES KREUZES

Zwischen Pfahl und Nagel,
Fleisch und Dorn,
Fühler zum Holz gezwängt,
Frucht von Schuld wie Hagel,
schwer vom Zorn,
vor allen aufgehängt,

Donnerton zu Häupten,
der mir droht,
daß so dein Werk entsteht,
Seelen aus mir stäubten
stark wie tot,
wie hast du mich erhöht.

SCHOSS DER SCHMERZEN

Kein Mensch ist mächtig dieser Mutterschnur,
die abgestorben,
auf Erden nicht mehr ihre Spur,
und die in uns verdorben,
wir ihre Puppe,
Mutter und Sohn,
wir sind enthalten tot in dieser Gruppe.

Die Mutter bleibt des Lebens treue Bank,
auf der wir rasten,
in ihrem Schoß, das ist der stete Dank,
die Schalen unsrer Lasten,
wie wir uns schälen,
bleibt unser Thron.
Es wächst der stille Raum in unsern Seelen.

DAS IMMER NEUE GRAB

Nur dies noch, daß mein Werde,
in Leid erstrebt,
sich immer wieder unter deine Erde
als eingeborne Schuld
in Demut gräbt,
hier bin ich zu Hause,
eigene in dir gelebt
Wurzelhuld;

dann was am stillen Wege
ich dir gekargt,
mich untergrub und in mir dein Gehege,
daß es dein Denkmal weist
mir eingesargt,
bleibend deine Klause,
stiller noch im lauten Markt,
arm im Geist.

CONCEPTIO IMMACULATA

Aus tiefster Gnade immer tiefrer Scheu
wie wollt ich Mensch nicht sein, daß ich ihr darbe,
nun steh ich in der Menschheit ganzer Garbe,
mir wuchs die Seele wie des Hirschs Geweih.

O volles Glück im Auge mir entzwei,
das in mir widersteht auf breiter Narbe,
in Schmerzen wechsellos vor dunkler Farbe,
es wird nur tiefer und es wird mir treu.

Ja ich erfuhr und widerfuhr den Dorn,
mit Staunen sah ich, wie der Sinn verdorrte,
da schwieg mir selbst des Bluts verschloßner Born,

wie Wolke stand ich deinem letzten Worte,
du bist allmächtig, ruhlos ich dein Korn
bin nur im Wandel dir aus deiner Pforte.

PIETA

Was ich mir gab, das nahm ich mir zugleich.
Wie kann die Furche, drin die Schollen drehen,
die Scholle in die Nacht verkehrt bestehen,
und alle sinken unter in dein Reich.

Ich habe nicht und sprach zur Ähre: weich'.
Denn wahrlich sohngleich muß in Mutterwehen
am Leib des Wortes dies Geschlecht vergehen,
ihr aber wachet und habt acht auf euch!

Nun schloß sich selbst der Erde Gruft und Spalt,
die Schöpfung sinkt in ihre eigne Schwere,
umdonnert rings den Kreis ein gleicher Chor:

wo ist der Blutkelch, sieh du bist nur Ohr,
da schaukelt wider mich die volle Ähre:
ein Korn in mich, o komm, o komme bald!

VERBUM CARO
quod est in potentia, non est in actu

Nicht so viel Sinn der Dinge,
der dich umstellt,
in falscher Opferschlinge
mit Sinngeschmeide
tierisch gefangen hält,
du mußt aus diesem Leide
ausbrechen in die Welt.

Geschmückt in deiner Kammer
mit Augenlicht,
sinnbildet dich der Jammer
verkehrter Erde,
der in dein Innres bricht,
der Spiegel springt in Härte,
dies Bild erlöst dich nicht.

Da drang ein kindhaft Lallen
vom Herzen los
und war der Welt Gefallen,
sich zu zerstören,
an ihrem dunklen Schoß,
um atmen sich zu hören,
war diese Reue groß.

Der Mutter Angst und Rufen,
die arm sich sinnt,
pocht in die Nacht mit Hufen
von Tages Dauer:

wer nährt dich und wer spinnt,
dich unterhält die Trauer,
ich kann nicht, falsches Kind.

Von Sorgen selbst zur Mutter
genährt der Zeit,
Ohnmacht gleich Flammenfutter
einst der Sibylle
behält unbenedeit
und gibt, was sich der Wille
unwissend prophezeit.

Geöffnet eine Krippe
zum kalten Stein
erstarret deine Lippe
vom Seelenneide
am eignen höchsten Schein,
du darbst im schönen Kleide,
Demut will fruchtbar sein.

Zur Schöpfung fahre nieder
im Sinne schon
gebrochen, nur Gefieder
dem letzten Glauben,
das Wort verläßt den Thron
und geht, um sich zu rauben,
als Mutter in den Sohn.

BEREITUNG

Daß sich die Schrift erfüllt;
nicht oben und nicht unten,
denn es geschah zu Tag und Stunden,
daß Freiheit in uns wühlt.
Das Fleisch ist uns gesetzt;
und nicht in unserm Namen,
doch in der ganzen Menschheit Samen,
so steht die Erde jetzt.

Es wechselt die Natur
und häuft uns an zu Jahren,
doch was wir täglich mehr erfahren,
es ist nur unsre Spur.
In uns ist jeder Keim
und wachsend mit den Winden,
was wir in eigner Brust entzünden,
fällt nicht gebrochen heim.

Das gibt sich uns zu Gast,
dem müssen wir nun folgen,
bis es mit uns zu dunklen Wolken
aufwindet ohne Hast.
Und wird es nun Gestalt,
je mehr wir ihm entfliehen,
daß wir den ganzen Himmel ziehen,
dazu braucht es Gewalt.

So weist sich uns der Gang,
den doppelt auch durchmessen,
wer Treue nicht im Blut besessen,

bleibt elend und im Zwang.
Ja von Natur entzwei,
was wir einander dulden,
das muß die Seele einzeln schulden,
so ringen wir uns frei.

Ein aufgeriegelt Tor,
dess' weite Flügel rasten,
von stetig durchgetragnen Lasten
hallt laut der Schritt empor,
ein Gleichnis ist die Welt;
ob spät ob früh vollendet,
wer durch die Pforte wird gesendet,
die Joche selber stellt.

Und trägt das Urteil mit
und wächst als stummer Zeuge,
je tiefer er den Rücken beuge,
und hat die Welt im Schritt.
Das Herz macht sich bereit,
es ahnt in bittrer Freude,
daß es sich selber nun zur Beute
pocht in dem Schoß der Zeit.

Da öffnet sich der Schoß
und wieder eingeschlossen
und wieder neu ins Blut geflossen
erfüllt sich unser Los.
Wir dauern ungestillt.
Es bleibt in uns vorhanden,
bis daß die Erde abgestanden,
bis sich die Schrift erfüllt.

Gesichte des Knechts
auf Golgatha

Illum opportet crescere
me autem minui

1

Ich wollte zeigen, was ich sah
und was ich immer mehr erfuhr,
und fand mich auf der eignen Spur
besinnungslos und mir geschah,

als ich mich fand, war ich schon da,
ich bin geteilt und in der Schur
des Schmerzes fand lebendig nur
ich mich erkannt auf Golgatha.

Den Sinn frug ich umsonst um Rat,
Erkenntnis, die nur Blöße sucht,
nahm mir mein letztes Eigenkleid,

nun schlägt der Sinn der Schmerzenszeit,
ein dürres Blatt noch, um die Frucht,
wann fällt sie ab, wann reift die Tat?

2

Der Sinn muß brechen, wie den harten Geiz
der Schale bricht die wahrhaft innenreiche,
die in sich kummerlose, seelengleiche
Ohnmacht der Blüte ganz verzehrt von Reiz.

Um wahr zu werden, ledig jeden Neids,
ein Lebensfaden nur wie Mark der Eiche,
den rollend schlägst du mit des Rades Speiche,
so laß dein Bild dahin des Weltgeleits.

Du Sucher eines Sinns stets überholt
von einem erdverlornen Widerhall,
daß dich die Wurzel nie verlassen hätte,

die Nabe um dein Mark nie fortgerollt,
nun bist du Hungerwüste überall,
einst warst die Blüte du der Schädelstätte.

3

Ich bin ein bitterkeitgetränkter Schwamm;
als müsse ich den Satz der Erde büßen,
so schwermuttrunken steigt aus meinen Füßen
und schwillt mir in die Brust des Markes Stamm.

So mundvoll quillt der Worte Rand und Damm,
die ich, einfältgen Sinnes dich zu grüßen,
aus meiner Galle sog, sie dir zu süßen,
mein Sinn vergeht, ich bin ein blökend Lamm.

Mich flieht des Menschen wohlgetan Geschick,
das Rohr fällt nieder kümmerniszertrümmter,
doch hüllenloser macht mich nur dein Blick,

der leichte Sinn wird schwerer stets verirrt,
bis daß dein ganz in Sichtbarkeit verkrümmter,
dein wahrer Leib mir unvergeßlich wird.

4

Ich bin das Meer, damit du nicht
zur Erde werdest, mich zu heben,
der nimmer über dir kann leben,
der unter Wassern sich verflicht,

der mit so lahmen Armen ficht,
daß ihn die Erde und ihr Beben
nur dunkel rührt, er stockt ergeben
geblendet von dem trüben Licht.

Und doch wenn es dann Spiegel wird,
im Meerbild fischgleich stößt die Schwalbe,
die aus den Lüften Speise raubt,

in ihm ist nichts mehr, was verirrt,
jeder Gedanke, jede halbe
Bewegung schließt sich um dein Haupt.

5

Ich kann mich nicht auf eigner Bahn verhalten,
bin mit dem Fisch, bin mit der Schwalbe gleich,
das Bild des Himmels stürzt und aus dem Teich
was stürzt entgegen wie mit Todgewalten?

Ich kann das rote Herzblatt nicht entfalten
und über, unter meiner Seele Reich –
wer haust darin, nicht ich – ich kann nur streich-
gelähmt, durchzuckt mich anschaun keimzerspalten.

Wer haust darin, dem ich Empfängnis bin,
dem ich mich nahe mit dem kalten Schwerte,
er lebt und seines Atems bin ich Blitz,

die heitre Luft, des Spiegels Silberzinn,
inzwischen wie auf endlos milder Fährte
die Ader leise blutend von dem Ritz.

6

Ein Wurm, so krümmt sich pfadlos hin das Leid –
ich sah das Bild und wieder du entschwunden,
kann ich dich aus mir nur wie Blut aus Wunden
auffangen in ein rünstig starres Kleid?

Und du zernichtest mich mit Kleinigkeit,
durch Erde kriechend und der Seele Schrunden
in mir ist nichts und außer mir gefunden,
nichts, Finsternis und Trauertrunkenheit.

Ein Tier, so mir das Mark aus Knochen frißt,
ein Mensch ich, so sich kantet in die Regel,
ein Gott in mir, dem leer der Tempel ist. –

Der auch den Baum zernichtet, den er mißt,
nimm, der den Balken schlägt und setzt die Nägel,
das Tau und schlinge es um dein Gerüst.

7

Ich bin ein hingetretner Wurm und kein
Mensch, Gott, ich bin, der so dich überboten,
daß du dich sammeln darfst in Schmerzensknoten,
die mich befrieden, ich bin maßlos dein.

Du gehst durch mich, aus mir erst in dich ein.
Und eiliger, je mehr du trittst den Toten,
verkrustet er und wird zu Samenschoten
verkrümmt und klafft in silbrig weißem Schein.

Und öffnet immer mehr den dürren Mund
und läßt wie Perlen springen hin das Wort
und wird lebendig, so verläßt er sich

und seines Bleibens Grab entrollt er und,
dem seine Seele bricht des Leibes Ort,
mein letztes Denken überkraftet dich.

8

Ich sank in Kummer hin, bis ich verschwand,
des Sinnes Fels zerbrach, Ohnmacht zu lästern
mein ganzer Wille noch, denn dieses festern
Fluchsterbens Trug war zwecklos mir bekannt.

Doch der sich nicht genug verloren fand,
was wird sein Haupt so blutrein gleich den Schwestern
mit ihm gesät und erdverfallen gestern
und heute wie in mildem Blütenstand?

Ich bin nicht ich und den der Glaube treibt,
den schon getrieben und noch nicht gebornen,
ich bin nur Korn von dem, was längst geschah,

geboren bin wie ewig ich beweibt,
die Muttersorge keimend der erkornen
Jungfrau zur Hochzeit mir auf Golgatha.

9

Der stand und schauend sich genügte schon,
ich kaute Speise immer bittern Mundes
und was ich tat, war Angst vergrabnen Pfundes,
ich lebte stets die falsche Passion.

Im Vorhof stand ich wie betäubt vom Mohn
der Schreckgesichte unerlösten Bundes,
da spaltet sich die Erde tiefsten Grundes,
der Pan versinkt, ich bin, mich hält ein Ton.

Was stehst du noch und reimst die Sinne dir?
Daß ich im Sohn des Menschen mich empfange
zum Untergang in meiner Seele Spur,

die unbefleckte Willigkeit gib mir!
So schmiede du die ehern tote Schlange,
das Zeugnis wächst durch eignes Werde nur.

Freund meines Wegs und Hunger meiner Mühe,
dem ich, der Pfahl dem Baum, den er erzieht,
nicht folgen kann, wenn er an Ostern blüht,
der ich nur wie das Mark nach innen blühe,

indem ich dein gelassen Werk anglühe,
verdorren meine Flechsen und geschieht:
der aufgebäumte Sinn wird haltlos müd,
ich bin nur Blick noch wie in Regenfrühe.

Das morgentrübe Auge wie getauft
ersieht ein Seil am Baugerüst sich ringen,
das trocken lag, nun starren seine Schlingen

und all mein Denken nächtelang zerrauft
muß wassertrunken gleich den ärmsten Dingen
dich härter noch an mich durch Reue bringen.

11

Ich bin gespeist und Speisens bin ich krank,
ich bin getränkt, mein eignes Ich zu trinken,
ein Fisch in seinem Element nicht sinken,
nicht steigen kann ich Hauch, der ich versank.

Und meines Auges unerlöster Schank
vermischt untrennbar Bilder, die mir winken,
und fließt hinaus, unsinniges Verblinken
der blinden Perle von der Muschelbank.

Und in sich kreisend nichts gebiert das Meer,
die Welle schließt sich gurgelnd überm Munde
des Wissens, der ohnmächtig offen blieb –

ich bin gespeist und Speisens bin ich leer,
aus blinder Sicht verfallen einer Wunde,
vom Köder wechselnd in den Angelhieb.

12

Du gehst durch Bild zu Bild, als ob dich riefe
ein unvollbracht unlösbar einzig Wort,
es lockt dich zügellos im Strome fort
Echo um dich, als ob es in dir schliefe;

du kannst Natur nicht wandeln, nur zu Tiefe
gerichtet bist du in dein Selbst gebohrt,
wird dir der unlenkbare Strudel Mord,
als ob dein Mutterbild sich aus dir schüfe?

Als ob die Menschheit in dein Inneres wich,
dein Innenwesen in die Schöpfung schwände,
du littest in der Erde Gottgewalt?

Du kommst ihm immer näher: Erde brich,
du stellst um ihn die unsichtbaren Wände
und seine Seele nimmt aus dir Gestalt.

13

Das ist nicht Gott, erhebe dich versteint,
die Dinge sind, die Erde wieder da,
die Nähe eines Menschen o wie nah
und niemals mit dem Kern in dir vereint.

Und dieser Kern, der sich zu töten meint,
er lebt so innig, wie ihm Tod geschah
schon in des Bildes Ursprung Golgatha
und bleibt wie eine Träne ungeweint.

Abtrünnig allem nie zum Keim zurück
in dich entbunden aus dem Erdenschoße
treibt dieses Wasser in das erste Meer;

die Mutter sammelte den reinen Blick
des Wohlgefallens schon vor allem Lose
der Menschheit, tränend trug sie ihn hierher.

14

Unendlich löst sich, was endlos umfing
mein Angesicht, und was gehäuft in Jahren,
der Berg der Erde und die Last der baren
kernlosen Willigkeit zu jedem Ding.

Denn dies ist alles gleich und gleich gering.
Und die geringste Seele, nicht durch Sparen,
durch die Vernichtung muß sie sich erfahren,
tu dir Gewalt und selber dich verschling!

Daß du von dir selbst abfällst wie Geröll;
mit Schlag und Widerschlag das Herz zu kneten,
ein Hammer, der im Streiche mitvergeht,

wirst du des Innbilds sterbender Gesell,
es muß das Fleisch das Herz der Mutter treten,
daran vergehen, bis der Felsen steht.

15

Jener muß wachsen, ich an ihm abnehmen,
damit auch ich getrocknet im Geblüt
das Zeugnis werde, welches aus mir schied,
sein Blutgewand der Menschheit muß mich zähmen;

so schlägt das Zeugnis um den blassen Schemen,
daß, eh der Sinn des Wortes noch verglüht,
die Endgestalt des Menschen aus mir tritt,
ich schaue sie und muß das Opfer lähmen.

Denn ich bin auch das nahtlos leise Kleid,
kann mir nur Mutterwillens Spielraum geben,
die Mutter litt und hat in Furcht gedient,

mir gab sie alles, hier geschah kein Neid,
so ich dir über, ehe wuchs dein Leben,
bin einer Mutter ganz gegebnes Kind.

16

»Vater verzeih«, und ich, ich kann es fassen –
»verzeih den Unwissenden, was sie tun«,
»Wahrlich ich sage dir, auch du wirst ruhn
im Paradies«, – und ich muß nicht erblassen.

Von mir zu dir nicht Erdenpein der Massen, –
doch »sieh die Mutter«, ja ich sah, ihr Lohn,
wofür ward sie geschlagen in dem Sohn?
»Mein Gott, warum hast du mich ganz verlassen?«

In diese Furche wie in stumme Nacht
»Mich dürstet«, so geronnen meine Seele,
in diesen Mangel, der sie tränkt und speist,

wie ringt die Frucht mit mir »es ist vollbracht«,
die Mutter trägt mich immer, »ich empfehle
Vater in deine Hände meinen Geist«.

17

Sieh an das Bild, das rastlos mir gewunken,
mein Innbild hängend am trostlosen Bogen,
wie eine Saite in mir hochgezogen,
und siehe ich bin vor Ermüdung trunken.

Hinscheidend aus dem Sinn der Flamme Funken
ersättigen das Herz aus sich gewogen
durch Überlast, und die gleich Bienen flogen,
die Augen sind wie Honig eingesunken.

So lange hat der Anblick mich gelockt,
bis das Gesicht in mein Verhängnis fiel,
der Sinn der Mutter kehrt mir ewig zu,

bis daß geschieht: das Wort im Fleisch bestockt
geschwistert wird des reinsten Auges Spiel,
vom Bild zum Wort bist ruhelos nun du.

18

So geht der Mensch hinweg und kehrt sich um
die eignen Angeln, reiner sich zu dehnen,
er wächst zur Pforte doppelt, denn sein Sehnen
gekreuzt bricht sein Gebein, sein Leib wird krumm.

Dann sieht er sich gebraucht und je mehr stumm
den Durchgang duldend er sein Werk will krönen,
desto geringer muß der Diener stöhnen
die Frage immer und zuletzt: warum?

Warum die Mutter erdenschuldlos litt,
warum verbannt, den Kampf zu überdauern,
den reifen Kampf einmalig und zum Heil?

Er sieht die ganze Last ihm nicht zu Teil
als nur durch Lasten, die gesetzt gleich Mauern
ihm geben von der Menschheit Schwere mit.

19

O der du unter Menschheit stufend willst
in Kraft einfügen all dein Sein und Wesen
der Erde, daß sie göttlich muß genesen,
so wie du bildhaft aus den Dingen quillst,

in Dingen meinst du spielend, der du spielst
nur um die Seelenangeln, dich zu lesen,
ein blinder Schein beschlägt des Spiegels Blößen,
weil du am hungerhaften Born dich stillst.

O Mensch du Mensch, so eile daß du bist,
die Dinge wollen deiner Seele mangeln,
wahr ohne dich und in dir nur Verrat:

Lebendiger allein im Wort der Tat,
gebrochen um den Sinn bildloser Angeln
entwirst du Mensch, der nur ein Nächster ist.

20

Freund meines Wegs, der ganz gedrungnes Werk
wegtritt ins breite Feld von dem Gespanne
des Leidenszuges und ergreift die Wanne
und worfelt mit dem Herz der Welt den Zwerg,

der ich den Sinn des Worflers find und merk,
den eignen Sinn verlierend, wie der Tanne
Mark ausgeschieden wird vom Handwerksmanne,
nein, aus mir brennend, Feuer aus dem Berg,

und nie mich mit dem Freund zu mir ergänze –
er ist der Nächste und der Himmel kaum
begreift das Leid, daß einst ein Geist entwich,

er mißt die Erde, ich der Stein der Grenze,
er baut, der Mangel ich in jedem Raum
bin, was er sieht, und mehr und nichts durch mich.

21

Vom Bild zum Wort, nicht hier und dort nicht Rast,
mit Moses auf die ehern tote Schlange
hinweisend, nein nur Jonas, Gram vom Gange
zur Stadt hinwälzend auf die eigne Last,

so wartest du des Fruchtbaums, dessen Bast
und Lebensfasern von der Untat lange
verdorrt, und willst mit einem starren Klange
erschaffen neu das Bild, das du nicht hast.

Und Jonas saß im Grame vor der Stadt,
bis ganz des Wortes Odem ihn getroffen,
der ihm das Bild des eignen Baums verdorrt:

Ich bin Jehova, meines Auges satt
von Menschen, Dingen, Vieh und all dein Hoffen
ist nur mein Bild genährt von deinem Wort.

22

Warum nicht Menschen, Dinge, Vieh, nur ich,
ich, ich, der ich das eigne Bild bestritt,
der ich von Bild zu Bild unendlich glitt
und fand als Urbild aller Dinge dich?

Weil jedes Ding, durch das ich mich dir glich,
als Schwere in die Seele übertritt,
das ist das Grundgesetz, das ich erlitt,
die Mutterschaft der Schöpfung fiel auf mich.

Doch auf den Stufen schauend nur gebaut
muß die Erkenntnis sich in Leid verblenden,
wie Meer muß meine Spur ich selber trinken,

bis ich es bin, der will und kann nicht sinken
und seine Ohnmacht rührt mit vollen Händen,
dann wird mein Mangel dir wie eine Braut.

23

Wenn ich dazu verurteilt bin, das Bild
zu tragen, dessen ich im Kern erbange,
so soll die Schöpfung werden der im Zwange
wehrlosen Seele ein lebendger Schild.

Und geht das starke Herz vom Wort erfüllt
hin und vollendet die Gestalt im Gange,
der Schwache erdgenährt und gleich der Schlange
um seinen Sinn verkrümmt, drin Lüge spielt,

muß sich am Baum des Lebens ranken, glüht
ins eigne Mark und scheuert seine Spur
ins Mark der Schöpfung, ganz in sich zerspellt,

des Steines Maser, so ein stark Gemüt,
das Holz, das seinen Dorn in sich erfuhr,
Schmuckwerk im Tod ein Wappen wird die Welt.

24

Adam, wo bist du, siehe der dich sucht,
es bleibt mein Innbild nicht am Kreuze hängen,
der Abgrund muß sich in den Abgrund drängen
und mein Erbarmen fällt in deine Schlucht.

Im finstern Wald der Seele ganz verrucht,
wenn du Besessener von schweren Engen
den Sinn verlierst, mir zukehrst mit den Fängen
der Widerlust, dann deine eigne Wucht

o komm, ich halte sie, den stillen Krampf
ermildend trag ich dich mit starker Gabel,
Geweih der Hirsche, die an sich vollenden,

und sieh der Wald, der Zeuge diesem Kampf,
so Zweig an Zweig ein sinnentrücktes Babel,
es blüht ein Seelenchor auf meinen Händen.

25

Wohin der Weg, den du hierher geführt
in Dunkelheit und Trauer mich und Trübe
des wahren Weges selbst, daß ich mich hübe
ins breite Feld, wo Grund mein Fuß nicht spürt.

Weil ich den innern Spiegel selbst getrübt,
muß ich hinaus durch diese offne Türe,
damit ich mich in aller Menschheit rühre,
bis ich den Sinn des neuen Bilds geübt.

Zwiefach geteilt muß ich die Erdspur gehen,
es dringt, als dränge mir ins Herz ein Schwert,
der Weg in mich, dem ich verfallen bin.

Der Mutter, die mich trug, war so geschehen,
sie gab, und was sie gab empfing verkehrt
zur Last ihr Herz, so starb die Dulderin.

26

So wie uns Wachende mit Schlaf bedrängt
Verlassenheit und uns ein dunkler Jammer
zusammenschmiedet in die gleiche Klammer,
in Grab und Gottverlies die Seele zwängt,

so schließt den reichen Ring die Erde, fängt
das Wort sich tonlos in des Grames Kammer,
doch dröhnend immer härter schlägt der Hammer,
nur du, nur du, du bist in dich verhängt.

Ich bin in Schlaf gefallen auf den Stufen
der Innenschau, die saugend Mark und Blut
mein Bein hilflos eingrub vor dem Altar,

wach auf, wach auf, die Morgenwinde rufen,
in Nacht der Seele taucht der Berg der Glut,
die Schöpfung wallt, aufsteigt die kleine Schar.

27

Der Feigen Wille um die falsche Macht,
Maulwürfe, die das Erdreich unterschürfen,
wo deine Ferse stockt im Blute, schlürfen
sie kalten Saft des Ziefers demutsacht.

Die Seele aber braucht des Schicksals Pracht.
Ihr Wille nicht, ein unstillbares Dürfen,
so steht der Baum gerüttelt wie in Würfen
und wurzelt über Höhlen aus der Nacht.

Das kleine Herz zerrauft sich sinnlos wund
mit dem Gewürm, verstört durch Falsch und Hehl,
wie Wurzelwerk gefesselt unter Knechten.

Nicht dies Geschlecht, wann grünt der neue Bund,
die Zeit vergeht des Schwertes, Michael,
laß mich durchbrechen zu den stammhaft Echten.

28

Von rechts und links, die Frommen und die Schergen,
nicht wissend diese, daß im Wort sie ruhn,
jene die Hüter, die das Bild nicht tun
und schuldiger des Wortes Unrast stärken,

wenn sie den abtrünnigen Schöpfer merken,
dann kommen sie mit falsch verkehrten Schuhn
zusammen, wie geeint, des Geistes nun
zu pflegen rein und feindlich seinen Werken.

Niemals sind sie des Erdgottgeistes voll,
doch diese Schergen nützen ihm durch Dienen
und müssen haltlos ihn zum Ziele tragen.

Indes das Wort vollbracht und innerst scholl,
wo waren jene, die demütig grienen
und kalten Glaubens froh ans Herz sich schlagen?

29

Die ihr vorübergeht und seht und weist
und nichts erfaßt mit eurer Augen Schilde,
mir näher naht und wehe eurer Gilde,
den Zirkel brecht, den treuen Bann zerreißt,

ein freches Tier den Seelenkern zerbeißt,
Herzwasser fließen, bluten aus in Milde,
ich bin zurückgekehrt zum alten Bilde,
nur aus verrenktem Leib vollbringt der Geist.

Zerbrecht die Knochen, unvertilgt ein Weib
am Rest der Welt in Sinnschaft muttertrunken,
ein Schmerzensmal am grenzenlosen Golf,

die Schau um den zerknechtet toten Leib,
das unbefleckte Bild, das mir gewunken,
umkreist nun scheu der alte falsche Wolf.

30

Und immer wieder nur das Wort
und ich nicht in des Wortes Welle,
ich trete kummerhaft die Stelle,
der Stein erbebt, die Luft verdorrt,

der Mond flieht mit der Sonne fort, –
bin ich am Pfahl des Kreuzes, belle
zu dir des Schächers Wort: Geselle,
ich eingerammt am selben Ort?

Zerreiß den Vorhang vor dem Neid
der Seele, blitzerstarrt am Dorn
im Witterlicht erblüht die Schlehe,

nimm aus dem Mund das bittre Wehe
mir, gib dem Wiehernden den Sporn,
erlöse mich, es ist die Zeit.

DER NACKTE JÜNGLING

Selber dieser, der sich immer
nie zum Dienst bereit
austat wie zum letzten Leid,
seiner Gegenwart entlief er nimmer.

Nichts zu tragen als die Schwere,
die sich nichts vergißt,
ward und bin ich Widerchrist
des Gedankens, den ich rastlos mehre,

den ich in die Seele frachte
meiner Zeit gleich Tau,
schrecklich in der Widerschau
den entbindend, dem ich Stillstand trachte.

Einer war, der blieb, wo keiner
stand mehr der Gefahr,
nahte sich der Schergen Schar,
ward der Zeuge ärger oder reiner?

Immer fror ich in der Hülle,
als der Judas kam,
Angst mich oder falsche Scham
hielt, ich sah und sah des Wortes Fülle.

Als der Herr im dunklen Garten
knüpfen ließ das Band,
alle Menschheit sein Gewand
mußte welterfüllend seiner warten,

diente fliehend, daß er bliebe,
als der Fang geschah,
einer bis zuletzt ihm nah
ließ den Mantel oder war es Liebe?

Kuß und Frevel, Ohnmacht mächtig,
alles sah er so
harrend, bis er nackt entfloh,
Markus schrieb dies Nachtbild blitzesträchtig.

Ist es Liebe, was ich kenne?
Er verriet sich stumm
heller als die Fülle um
seines Herrn Gestalt, daß er ihm brenne.

Hier Natur so rein erglommen,
siehe du da zu,
ja es fiel die Menschenruh
und die Schöpfung hat Gewand bekommen.

Ruherlöst im Ungetanen
nimmer eine Brust
schied sich hier und ward bewußt,
aufgerissen alle Zeit zu spannen.

Fliehe oder sei du Scherge,
nimmer selbst Symbol,
gib den Mantel oder voll
deiner Gnade trage selbst die Stärke.

Immer ich ins Ungefähre,
wo Natur in Blut

rauschend schlägt und aus der Hut
bricht in Weile einer Zeitenkehre,

immer ich den leeren Mantel
ungestillter Schau
lassend in Gefahr genau,
wie vom Blitze in des Frevels Wandel,

immer wieder ich im Banne
löse das Gesicht,
häufend in ein Weltgericht
seeleneins mir jede Zeitenspanne,

immer mehr find ich mich Zeuge,
der schon vor mir war,
rastlos, wie die ganze Schar
den verteilt, den ich mir still eräuge.

Nächtig aufgeschreckte Biene,
rings der Honig taut,
nachtvorbei der Morgen graut,
immer dies nur tue: diene, diene!

DAS NAHTLOSE GEWAND

In mir fand ich, als sei errungne Tat
schon eingegangen in die erste Ruhe,
daß alles, was ich zwangvoll sann und tue,
vom Sinnenspiegel weg ins Innre trat;

doch anders stets erfüllt sich, was ich bat:
nicht ich, da liegt wie Fremdwerk in der Truhe
Gewand der Menschheit und wie Moses Schuhe
mir abgestreift, Gewebe ohne Naht.

Dein denk ich, Menschensohn, den dies umgreift,
der Zeit Erfüller, daß Menschheit ihn greife,
aus allem tretend, der in allem war,

ich bitte um das Kleid, das abgestreift
du nicht warst, daß ich es wie Moses streife,
denn ich, ich nahe mich von allem bar.

Genesis

DER GEIST

Ich bin die stumme Puppe
geklebt ans Ufer blind,
des Stromes kalte Schuppe,
der winterlich hier rinnt,
Moräne und Grundsuppe
der Dinge, die zum Tode sind,
reicht nicht bis an mein starres Kleid.

Der Frost, in dem ich sprosse,
die Furche, die mich bricht,
und die gebrochne Flosse,
die in die Erde sticht
umkehrend ihre Schosse,
und kann den Kern doch töten nicht,
das ist die weiße Ewigkeit.

Das Schauen ist ein Leiden
und Evamutterschaft,
der Flügel will sich spreiten,
man sieht die plumpe Haft,
es hängt das kalte Neiden
der Form, die immer sich erschafft,
in dieser kranken Einsamkeit.

Eva im blinden Spiegel
schloß diesen tauben Ring,
Maria rückt den Riegel,
die durch das Aug empfing,
das Wort entflog, ein Flügel
dem Bilde nach, ein Schmetterling
bereitet ewig in der Zeit.

DIE ERDE

Aus mir,
aus mir Zuflucht der Kreatur
weicht nicht das Tier.

Die Wehr am Bach gen Himmel blind,
daran vorbei mein Leben rinnt,
die Fühler meines Sinnes sind
wie Weiden nur im Wind.

Der Sinn zerbricht den eignen Stab.

Die Knospe, die nach Regel sucht,
verschränkt des Zweigs geglichne Zucht,
vertieft und hemmt den Lauf der Wucht
und lagert eine Bucht.

Und steigend sinkt mein Bild herab.

Zuflucht der Kreatur ins eigne Mark
wie bist du stark,
und bist mir nur ein Schnitt,
die Wunde, draus der Ast ins Leben tritt.

Die Zuflucht wird zur Flucht;
durchbrechend die gestreckte Spur
Ort überall hat die Natur
und Höhlen wölben ihre Schur,
dem wilden Tier ein Lager nur
und ohne Frucht.

Ich bin das Tier,
das nachstellt seiner eignen Gier,
den Sinn der Pflanze bricht das Tier.

Aus einem Kern mit jedem Reich
wem ist die Seele Adams gleich,
wo hat sie Haft und Ort?

Die weiße Einsamkeit macht blind,
gefangen führt sie fort.

Aufs Blachfeld stürzt der Winterwind,
die Zweige schlagen drein geschwind,
nur wo im Sturm der Hügel rollt,
steht an die Erde braun gescholt
und wie gewaschnes Gold.

Daß ihrer Stärke innrer Fluß
sich nackend zeigen muß.

O Wind vom Mund,
o Korn im Wort,
Wildvogel und ein Blatt verdorrt,
o Frost und harscher Grund.

Ewiges Spiel, verlorne Frucht,
solang der Mensch das Bild versucht.
Auszweigend einen unlösbaren Bund
steigt er hinunter in den kalten Schlund
und bleibt dem Kerne fremd.
Und bleibt das Tier, das ungehemmt

erfüllt den Sinn der Erdenflucht,
den Umkreis ohne End und Ruh,
so lang bis du
die Pflanze und das Tier getrennt,
den Kern, der fliehend bleibt und brennt,
und deines Markes Element,
ein Puls, der seinen Inntrieb nicht mehr kennt,
fließt doppelt seinem Ursprung zu.

Die Erde hemmt den Lauf
und langsam kommt das Bild herauf.

Der Frost, in dem der Keim zerbirst,
gescheitelt zu des Himmels First
geht ohne Knospe, ohne Knauf
in äußerster Entsagnis auf.
Das Mark versteint zu einem Ton,
das Hungertier geht laut davon,
es kreist ein Blick wie Raub um den Zenit
und nimmt die Seele mit,
daß du ihr immer fremder wirst
gleich einer Säule unteilbarem Schnitt.

Wie Pflanze trägst du Himmelslicht,
das Tier kreist um den innern Schein,
die Kraft der Seele fürchtet nicht,
das Mark der Säule ragt herein,
und ist wie Gottes Angesicht.
Und es ist stumm.
Da blickt er in den Erdenschrein
und wirft die starre Säule um.

Dem dieses Aug entbrach und in sich glitt,
die Stille pocht von seines Fußes Tritt.

Zuflucht der Kreatur ins eigne Mark
wie bist du stark
und kehrst auf zeitenhafter Spur
zurück als wie ein treuer Schwur.

Als schon das Jahr zwei Schritt
gen mich gegangen,
sah ich mit langsam schwerem Bangen,
daran gering
des Leibes Todesfurcht wie Rauch verging:
Ich bin vor diesem Satten
noch nicht ein Schatten.
Mein Sinn mit irrem Spiel verzagt
unsichtbar um den Stamm gejagt
und meines Markes kaltes Weh
ein flüchtig kräuselnd stummer Schnee,
da tritt das Wolkenherz zurück,
die Sonne spendet einen Blick,
der Baum allein
steht dunkel auf im weißen Schein,
der Luzifer ist um den Ast gekrochen,
der Baum muß stehn, er steht und steht gebrochen.

WETTLAUF DES KNECHTES MIT GOTT, MIT DER ERDE UND DEM MENSCHEN

Imperfectum meum viderunt oculi tui

1

»Ich bin, der ich Ding und Weise,
bis sie an mein Ende rollt,
unvollendet menschverheiße,
irdisch hab ich dich gewollt.«

»Wer bin ich und daß ich werde,
ohne Macht durchdrungner Schall,
will ich meines Kernes Härte
nicht, wird härter Sein und Erde,
will ich meines Geists Kristall,
sperrt mir Gott zu sich das All.«

»Des Knechtes ist kein eignes Ziel,
in mir verbleibt sein Halteort,
sein Abgrund ist mein Widerspiel,
in seinem Kerne wirkt es fort,
und der in meine Grube fiel,
je mehr er fortgeht, bleibt er dort,
das ist der Weg vom Bild zum Wort.«

»So bin ich meines Kernes bloß
umsonst und bin umsonst mein Kern,
Herr, deiner Erde Mutterschoß,
der mich in Bild und Wort entzweit,
statt näher trägt er weiter fern,
und weiter von dir deiner stumm

muß ich versucht sein rennend um
die Spanne der Barmherzigkeit.«

2

Der Sinn begräbt uns in die Angst der Zeit,
wie eine Wiege ist das Herz bereit,
der Knecht fragt immer Wege weit warum,
das Kind ist dinggestillt in Weile stumm,
erblindend, der in Gottes Auge schaut,
bleibt ungestillt, ein fremd gewordner Laut,
ein Ding im Wort der Zeit in ihn gestaut. –
Ein Vogel – nein, ein Korn nur das er trug,
ein Zwitschern um das Korn, das er im Flug
verlor, ist allzuviel und Mensch genug.

Doch fiel das Korn, um daß es Wurzeln schlug.
Da ist der Ort, hier bricht der Geist im Sinne,
ohnmächtig deiner Knecht im Kind beginne.
Ich atme, bin Herr dieses Rechts nicht inne.

Liebe, die ganz aus sich ging,
was in ihrem Blick sich fing,
hält sie in dem Wort entzweit
sichtbar durch Barmherzigkeit.

Das unsichtbare Wort, den hohen Ton,
so hoch, daß all Gestirn sich drein verlor,
doch eine Mutter brach ihn erdenschwer,
das Korn von ihr getrennt verlor der Sohn,
ihr Zwitschern grub ein Ton sich in sein Ohr,
wie eine Muschel trägt er ihn vom Meer.

Die Wurzel bleibt der Eigenheit,
der Ton geht mutterewig fort,
das Ebenbild wächst in der Zeit,
der reine Ton wird innrer Ort
und so verkehrt sich Bild und Wort.

Ausgegraben aus dem Triebe,
der das tote Pfund, den Blick
lähmender Beschau verläßt,
nächtlich wenn das Bild der Schöpfung ächzt,
wenn die Angst zum Wort unendlich wächst
und der Anker leibhaft west,
um die Stetigkeit der Liebe
gehe hin und kehr zurück.

Die Seele blind vor Nacht und blinder Spur,
die willigste noch williger als Nacht,
verdunkelt schwer in sich wie vom Azur
ein Tropfen Tau zur Erde hingebracht,
vom Widerhalte erdbeständig bricht
in stummer Trübung um so tiefres Licht.

Der empfing im dunklen Ringe
des verzehrten Monds, den Schild
letzten Widerhalts ergreift,
wesenhafter jedes Ding beschmerzt,
den die morgendliche Sonne stärker herzt,
wenn vom Frost der Nacht bereift
Blut und Wasser tauft die Dinge,
bis die Sichel überquillt.

Hauch im Licht und leiser Zug,
Puls dem Widerlicht genug,
Odem von sich selber satt,
Nachgeflüster Blatt in Blatt.

3

Ein Morgenstrahl will schießen,
windhelle Wasser fließen,
das Herzblut will sich färben
viel heller als im Sterben,
wenn Auge sich in Blut und Wasser trennt.

Das bricht in Jagens Hitze
flüchtig gleich einer Kitze,
verfolgt, nicht zu ermatten,
von einem finstern Schatten,
der mitten durch das Bild der Erde rennt.

Da will der Geist entgegen
Gott sein Gewand ablegen,
mit Lüften in den Händen
ein irdisches Verschwenden
beginnen um das dunkle Element.

Wie hat der Ton nicht Schwere,
ich bin du reine Sphäre,
in der mich Gott durchschneidet,
der Spiegel, der nicht neidet,
in dem die schöne Welt wie Wasser brennt.

Indes die Lüfte schallen,
o weh das Korn muß fallen,
es hat in tiefen Flüssen
sich in den Mund gebissen
ein Fisch die Angel ohne Wend und End.

Wie zitterte die Saite,
die Spanne wuchs vom Neide,
die Luft stand wie im Fluche,
als ob Gott sich versuche,
der Fischer, der ein Spiel dem Fische gönnt.

Da füllt ein Blitz den Morgen
nachdonnernd im verborgen
mondbleichen Schein der Stunde,
Blut zirkelt in die Runde,
in der Gott seiner Wahl Geschöpf bekennt.

4

Der alles hält vom Anbeginne
und höher nur die Saite spannt,
stürzt nicht die Beute von der Zinne.

Er schweigt, die Seele opfergleich gelegt
hin vor das Bild, von dem sie Wunde trägt,
die nun geboren wie vom Frost ertaut,
nicht eine Wolke, die sich selig schaut,
ein Hauch im Blick besteht sie ganz erkannt
und ist wie Erde, wie gebrochnes Land,
und Hauch in Blick das neue Bild aufschließt
des Seelensterns, der wie Eisblume schießt.

5

Der meine Seele übermannt,
der mich mit starkem Flügelschlag
hinausträgt in das helle Land,
die Seele hilflos übermannt,
bis sie ihm gleich dem vollen Tag
wie Beute unterm Herzen lag,
von Gott die Seele übermannt
wird schwerer mit dem gleichen Schlag.

Der mich in seine Fänge riß,
daß in mein ruheloses Herz
des Greifes Kralle sich verbiß,
der Vogel, der mich an sich riß,
nun muß er mit mir erdenwärts
gezogen von dem einen Schmerz,
daß er die Wunde ärger riß,
als ruhelos verhieß mein Herz.

Nun ist er, der ich durch ihn Sinn
und Kern bin, er, der mich vermißt,
weil meines Seins Sinn geht dahin,
nun ist er und, mächtiger Sinn,
bin ich, der meinen Kern vergißt,
weil er auf mich mit Jagen schießt,
ohnmächtig jeder durch den Sinn,
weil er im andern sich vermißt.

O mehr als Sinn, den tiefen Riß
in meinen Kern vergißt er nie,
der mich bedeckt mit weichem Vlies,

und so barmherzig um den Riß
ringt er mit mir in Lüften wie
ein Wirbel, rot sieht man ins Knie
gefaltet Füße, und der Riß
der Wundenmale schließt sich nie.

Und sieht man hin, zuweilen tropft,
man sieht es glänzen und doch kaum,
man hört, wie es zu Boden klopft,
ein Blut, das aus den Lüften tropft,
ein Puls, ein Aderschlag im Raum,
unkenntlich zieht der weiße Flaum,
doch wo das Blut zu Boden tropft,
glänzt eine Blume irdisch kaum.

6

Wie die Blume Wohlgefallen
war der Mensch im Paradies,
alles war ihm, unterm Baum die Rast
und die dunkle Überlast,
daß er Mensch war unter diesen allen
reinen Bildern war ihm süß.

Darf ich nicht im Zaubergarten
– o die Mittagblume blich,
fiel in Schatten und ihr Glanz erschrak, –
harren, in den stillen Hag
tritt der Herr sein reines Bild zu warten,
unvollendet sah er mich.

Einen Blick – und doch ich ringe
dürr entgegen ohne Halt –
will ich senden ganz durchschienen weiß,
doch ich stehe kälter heiß,
bricht das weiße Licht die festen Dinge
bunter in die Vielgestalt.

Wie die Pflanze gerne dienen
willig um die reine Sicht
und das Wohlgefallen sonder Frucht,
wenn der Herr sein Bild aufsucht,
ausgestoßen gleich den Drohnenbienen
fruchtlos ernten kann ich nicht.

Immer wird das Bild mir trüber
und der Baum steigt aus dem Grund
zwiegeteilt zu ihm mit ganzer Kraft,
zu mir mit dem dürren Schaft
hängt er trostlos häuptenhoch und über
meinem ungestillten Mund.

Wüsten tragen meine Seele
hin und her wie einen Stern,
Ferne mißt er, alles ist ihm Haft,
Pol der reinen Herzenskraft
will, und ich muß knospen durch die Kehle,
wurzeln durch den Erdenkern.

7

Wer krank zu jedem Bilde spricht:
wär ich vollendet so wie du,
daß ich des eignen Kerns nicht bleibe,
der kennt das Ende ohne Ruh,
der ißt und trinkt das Selbstgericht.

Und wer es ohne Willen bricht
das Brot, er wird des Worts nicht leer,
sein Auge gleich dem Fluch im Weibe
mit Schmerz gebärend wird zum Meer,
drin schaut der Herr sein Angesicht.

Ich sehe es, kann es nicht greifen,
es ist ein Bild, von dessen Pochen
die Erde aufquillt, Pflanzen reifen,
es riegelt auf das Mark in Knochen.

Dem Bilde ist das Wort verheißen,
es steht um mich in Erdenkreisen,
es lebt, ich sinke hin, der es gesprochen,
ich bin in diesem Brunnen ganz zerbrochen.

8

Das Spiel der Seele um ihr Bild vor Gott,
ein Bild als sei mit ihr im gleichen Ringe
der Schöpfung Gott und nähre sie durch Dinge
dem Wuchrer gleich, der lockt und braucht die Not,

es ist das Spiel: aus Steinen werde Brot,
und weil der Sinn sich fängt in eigner Schlinge,
wird Stein die Erde, steinerner die Zwinge,
dies Spiel geht ohne Ende bis zum Tod.

Umsonst, die Erde gibt das Bild nicht her,
aus allen Bildern kann die Seele trinken
nur einen Hauch und den sie selbst verlor –

der grundlos enden will ein Korn im Meer,
die Muschel rauscht, du kannst, du kannst nicht sinken,
die Mutter trägt das Wort von Ohr zu Ohr.

9

Blüte wechselt Jahr in Jahren,
Pflanze, die im Kerne schafft,
und das Tier, das Tiere rafft,
geht um Nahrung in Gefahren,
Seele darf nicht Seele sparen,
gibt ihr Korn und findet Kraft.

Jeder Sinn ein Ungenügen,
Mangel und die Unrast rang,
bis der Mangel war Empfang
und das Ziel ein Unterliegen,
bis der Menschkern Gott entstiegen
und sein Wesen war ein Gang.

Ich bin, der ich im Kern geteilt
Schöpfung erfuhr,

der Bild im Blick des Schöpfers weilt,
sinnverteilte Kreatur.
Des Menschen, der die Welt durcheilt,
ausgesäte Erdenspur
bleibt nicht Natur.
Je mehr den Baum ich neige,
meine Arme, meine Zweige,
die erschütterte Figur
wird bestockt durch Tragen nur.

10

Der aus der Schau zum Wort ersteht,
er geht ins Wort wie Frucht nicht ein,
der Kreis, in dem er schafft,
ist wie die Scholle, die sich dreht,
durchschnitten und die Schöpfung klafft
zu innerst und er steht allein.

Das Korn, daß er den eignen Schnitt
erfülle zu dem Wort bereit,
auf daß er lebt und leibt,
zerschnitten stirbt im Keime mit
der Menschheit, die zur Schale bleibt,
und er trägt Fülle seiner Zeit.

Er ist der Bauer, der den Schweiß
der Erde gibt und Furcht um was
er erntet, daß er ruht,
bis er die wahre Armut weiß,
mehr als ein Bettler in sich tut,
und opfert, ehe er besaß.

Und ist ein Ritter ganz entblößt,
der, daß wie Stahl die Seele singt,
in eine Rüstung hart
mit Hämmern seine Dienstschaft stößt,
bis er ganz blind des Herren Part
versieht und Lebensbrot erringt.

Und der da sprach: nicht so viel Sinn
der Dinge und das Sakrament
des Wortes um den Neid
des reinen Bilds nicht opfert hin,
geknechtet wird er wie ein Kleid,
bis er die wahre Armut kennt.

Die ewige Geburt ist mild,
die Sichel schafft, die Wiege steht,
es liegt im Garbenbund
der willigste, und ohne Schild
der Sohn im ewgen Muttergrund
wird Bild, durch das der Vater geht.

11

Einmal und immer einmal geht
der Schritt um Mensch und Menschenhaft,
die ohnmächtigste Erdenkraft
ist die im reinen Wort besteht.

Das Bild ist fremd und nichtens nütz,
ist jeder Mensch in Mensch allein,
nur das verlorne Korn ist ein
in uns gemeinsamer Besitz.

Und hier beginnt die Wiederkehr,
das Schwerste wird zuletzt getan,
des Menschen geht durch Menschen Bahn,
das Korn wird mit dem Gange schwer.

Und wie das Kind aus Mutterschoß
mit Worten wird als Ich erkannt,
legt ab das nahtlose Gewand
der Mensch und steht am Ende bloß.

Und wie die Erdenbahn vergeht,
so wächst das Zeugnis fort und fort,
im Bau der Menschheit trägt das Wort
den Hauch zurück, das Bild entsteht.

12

Warum geschieht dies alles und
ist in den Baum wie Mark gespannt,
warum das starre Band
der Erde um die Seele und
warum bin ich so tief erkannt:
damit ein aufgebrochner Sinn

durch einen unbewußten Mund
die Schwere kündet, die ich bin.
Warum, wenn willig ganz mein Geist
um Gott sich wie die Puppe spinnt,
warum trägt nur ein Flügel
mich lahmend hin und her und reißt
mich nicht zum ewgen Hügel:

Errata

Seite 146 / Gedicht 12

Die erste Strophe endet mit dem *achten* Vers

Seite 416 / Vers 4

Lies: ... nachweht, statt nachweht.

damit mein Herz zu dir gesinnt
mit Stocken dir die Spanne weist,
durch die mein Blut auf Erden rinnt
und durch die Bahn der Menschheit kreist,
du siehst es nur von deinem Hügel.

Wenn ich nun auf dem Hügel bin
und niederfalle betend und,
dies alles will ich und
zu deinem Zeugnis, sagt mein Sinn,
daß ich den letzten Grund versuche:
da öffnet sich der Blick des Herrn
gleich einem aufgeschlagnen Buche
bis auf den innerlichsten Grund,
Erbarmen schweigt den armen Kern.

DER BRUNNEN IM FELDE

Quillt in kaum bewachsnen Gründen
noch der Saft der Tiefe mit,
kann der Tau nicht Lichter zünden,
hohes Wasser kann nicht schlünden,
wenn ein Fuß den Rasen tritt,
und die dunkelstarre Braue
kann bedrückt vom schweren Taue
nicht die hellen Bilder binden.

Ach der in den schweren Schwächen
wie ein schon Ertrunkner hofft,
kann den blauen Glanz der Flächen,
nicht den Schacht der Tiefe brechen,
auf vom Grunde perlend oft
rührt ein Hauch die Zittermonde,
wo im braunen Brand als Sonde
grüne Gräser Spitzen stechen.

Wer darf bis zum Grund versenken
sich und der den Abstand wählt,
wird ihm eine Erde schenken,
der die reiche Welt zu lenken
mit der Tiefe sich vermählt,
wenn die Wasser heimlich funkeln,
wer darf so im freudendunkeln
Geist des Schöpfers hin sich denken?

Und wer konnte erdverschlungen
bannen, fesseln jenen Fuß,
wer von Wassern ganz umdungen

spielen mit des Lichtes Zungen,
der von Gott sich heben muß?
Ihm schuf Gott den Grund der Dinge,
füllend in die offnen Ringe
Sinn der Welt und Hauch der Lungen.

VOLLBRINGUNG

Geknechtet, daß ich nicht zum Knecht
den Menschen mache,
nur härter trete dies Geschlecht
vor sich in Angst,
das in sich sinkend kernlos schwache,
bis ich sein Gründen spüre, will ich sinken,
ich will den Kelch nicht so weit trinken,
wie du ihn trankst.

Was schreckt mich diese Vorbildspur
mit jedem Worte,
bin ich nicht, dessen Mund entfuhr,
daß ich nicht will,
unwürdig selbst nur deinem Orte,
der ich Vermessenheit noch auf mich lade,
es fürchtet sich der starken Gnade
mein Kummer still.

Die Mutter trug des Lebens Qual
mit keinem Wehren,
vertiefte nur ihr Wundenmal
zum letzten Harm,
daß nicht vergeblich ihre Zähren,
des Jammers Körner furchenlos nicht schwinden,
um dies und Sorgenbrot den Kinden
nur rang ihr Arm.

Ich wurzelte des Jammers Korn,
daß du es fändest;
die Frucht vom eignen Lebensdorn

kann nicht zum Tod
den Seelengrund, den du dir wendest,
nur in sich tätig mutterhaft verzehren,
ich muß mich unter Menschen kehren,
nun gib mir Brot.

Ja wo erhält der Schwache Brot?
Du ganz verarmte,
du Seele, der den Kelch ich bot,
der Seelen speist,
Erbarmung, die sich dein erbarmte,
wird hundertfältig Wort im Zeitengrunde,
dich teilt mit jedes Menschen Munde
mein treuer Geist.

Wer nur die Kummersteine liebt,
wirkt sich entgegen,
er geizt dem Hauch, der Herzen siebt.
Das Mutterblut
schickt seines Stromes ganzen Segen,
ich bin entstockt, du kannst mich zahllos wenden,
unlösbar aus den ewgen Händen
die schwere Flut.

Geschlagen ist der Muttergrund
gleich einer Tenne,
nun darf das Wort aus vollem Mund
im Widerschall
die Grenze um sich, wie die Henne
die Küchlein sammelt, ziehn und durch die Lande
die winterweiten seine Bande
verknüpfen all.

Der fort aus seinem Blute schwimmt
und sich zur Speise
verwandelt aus der Erde nimmt,
der Menschenkern
wie du ihn gnadest wird er leise
gezeigt den Königen von Morgenmächten,
mit ihnen folge ich aus Nächten
in mir dem Stern.

Und bin der willig treue Knecht,
der zum Geleite
dem unerschrockenen Geschlecht,
das sich vollbracht,
das Korn des Leides in der Seite,
wie einen Kelch die liebe Seitenwunde
trägt und zu tragen gibt der Runde,
die mit ihm wacht.

KRYPTA

Ich lebe wie die Kirche ein
in Armut purpurschweres Sein,
bin innerlich gerüttelt voll
Martyrium, peinglaubentoll,
und glänze mit dem Narbenblut,
das schwere Falten um mich tut.

Wie Mauersteine ist mein Leid
mit Worten um mich prophezeit,
je mehr daran der Sinn zerbricht,
glüht wie durch Scheiben innres Licht;
es wallt ein Herz im dunklen Schoß,
das sich dem Eigensein verschloß.

Und wie er mit Gepränge ringt,
wie Fluch die Worte um sich singt
vom unlösbaren Blick verführt,
wird ihm das tiefste Herz berührt,
da wendet schwer sich ab der Knecht
und wie vom trunknen Bild bezecht.

Stirb hin, so liegt die alte Zeit,
ein Knochenton klirrt in dem Kleid,
und der um seine Seele darbt,
sich mit dem Kern der Welt vernarbt,
er nimmt, der Lebensmark gewollt,
vom Haupt die Krone ab von Gold.

Ich werde immer mehr gering,
bis daß ein Schmuck das letzte Ding

so rein geschaffen mehr als ich
sich an mich schlägt und feierlich,
wie sich die Kruste um mich baut,
haust nackender die Seelenbraut.

So weiß wird ihrer Wangen Paar,
je mehr ich ihr zuwider fahr,
mit Schmuck, der meinem Sinn entschwand,
ihr reiche aus der toten Hand
in rastlos steter Wiederkunft
den bittern Trank der Unvernunft.

Die Kirche streitet noch und siegt,
die arme Seele in mir liegt,
ich bin noch eigenübermannt,
unlöslich in mich festgerannt
unter des eignen Schiffes Kiel,
dem dieses Wort zu Sinne fiel.

So stößt auf mich und Zug um Zug
Gedanken wie ein Schwalbenflug
mich stoßend wird entrückt mein Sinn,
nun hängt der Seele Mittlerin,
mein Sein gerettet aus dem Schiff
ein Schwalbennest am Felsenriff.

NACHGESICHT IM ALTEN BUNDE

Nun ist dies Werk getan und es sind Stücke,
da ich es schaue ferner und dem Ton
der Stimme tot, und wie dem Sinn ein Hohn
fließt trümmerhaft ein Chaos mir zurücke,

und da ich an dem Bild vergeblich rücke,
bin ich verschlungen von dem toten Strom,
der unfruchtbar dahintreibt, ein Phantom,
zur Unterwelt, und mir wird keine Brücke.

Der stand und schaute: wo beginnt der Gang,
und der vergeblich sann, im Blicke Gluten,
ihm wird Verstrickung selbst des Sinnens Gnade.

Wann kommt die Kraft zu eilen aus dem lang,
zu lang geschauten Bild, wann teilt die Fluten,
der Israel bereitet trockne Pfade?

IN EXITU

Immer steht der Baum in Mitt und Enden,
Vögel singen und in Gottes Lenden
ruht der Kreis der Schöpfung selig aus.
Was du an dir tust, sinnlose Seele,
sei es blickverzehrend ein Verblenden,
wie der Giebel starrer wird und länger
hingelegt auf unser dunkles Haus,
sei es, nun die Welt sich weitet, enger
nur ein Wort, das aus erstickter Kehle
nimmer will und willig muß heraus,
was das Herz, sein Schicksal zu vermehren,
innerlich gefügt durch Worte sagt
oder, dem entsperrten Bild zu wehren,
zitternd von den fremden Dingen fragt,
wie der Wächter spricht, sei es vernommen,
sammle nicht die Dinge, laß sie kommen.

Liegt dann, wo der Strahl am härtsten zückte,
Dunkel, und wo erst das sinnentrückte
Widerlicht gesammelt wie zur Narbe
glimmend noch die letzte Weile hielt,
liegt das Heimatfeld dann ganz im Schoße
dieses Herzens und ein Flämmchen spielt
dunkler wechselnd und nicht mehr gezielt,
wie ein Riß dem Tod zuvor die Farbe
eines Auges mächtig unterkielt,
dann die Erde, Krone oder Rose,
ankert dichter und ihr Kelch geht auf

ganz zur Schale, deren nur ein Knauf
schweigt dies Herz, und zückend ein Geweih,
wie der Blitz im Weine, so den Lauf
trennend wird vom Mark die Seele frei.
Dann und unablässiger zum Stoße
treibt die Wellen an das lichte Band
noch ein Geist und der Erlösung fand.

Krone oder Rose, wunde Male,
spricht der Wächter und gehört im Saale
wird das innerlichste letzte Wort,
Seele, die du hingehst durch Symbole,
Dinge, die du brichst und rufst Zum Wohle,
alles wird in dich verwandelt Ort.
Wunde Rose, Krone, Dorn und Stützen,
wolle nichts, dir pfänden nichts, nichts nützen,
trage alles aus dem Kreise fort.
Lege alles in die offne Hand,
alles hingetragen höher, weiter,
was du nicht willst, und zur Himmelsleiter,
was du willst, und so wird es Gewicht
und du Stufe und dann selbst du Pfand.

Bild an Bild, die ihre Fügung tragen,
Wort an Wort, die eine Seele wagen,
sieh es ist dies Haus, darin du wohnst,
Frager an die Zukunft, dir umsonst.
Sieh und weile nicht, er geht voraus,
wie ein schicksalstummes Angesicht
steht der starke Hirsch vor deinem Haus.

Sieh das Tor ist nächtig ganz verschlossen,
dunkelruhig unter Baum und Sprossen,
Pfand der Mutter über Weg und Nacht,
liegt ein Hügel, der nach Osten wacht.

DAS HERZ DES WORTES

WIEGENLIED

Zwischen den Wurzeln am Stamm
unten im Ringe von Wald
ferne dem steinernen Gram,
wo sie nur hölzern verhallt,

meine Stimme, mein Kind
leg ich im Rauschen es ab,
ach daß ein Reislein ich find,
hier ein lebendiges hab.

Immer ich hart wie ein Stein,
widerspenstig mein Mund,
nur ein Quellchen lief, ein
Wasser aus Trümmern zum Grund.

Sieh das Geheimnis im Moos,
öffne das düstere Tor,
brich mit dem Eiland im Schoß
zwischen den Stämmen hervor,

beide Arme, so wie
Vater und Mutter es wiegt,
schaukle, es lächelt, o sieh,
wie im Rinnsal der Freude es liegt.

VERKÜNDIGUNG

Als Maria, da der Engel ihr
Jungfrauengemach verlassen, schier,
wie die Flut ihr Herz hinuntertrank,
hinverlöschend durch des Weinens Gier
auf das Kissen, wo sie kniete, sank,

da, noch eh der Tau vom Auge brach,
sah sie, daß vorm Fenster – ihr Gemach
wurde hell davon – ein Baum im Reif
stand, wie knospet Gold durch Wasser, sprach
sie, die weiße Flamme. – Herz begreif!

DIE EMPFÄNGNIS

Daß eine Lust, die Sinn bewahrt,
mit einem Mal zum Opfer muß,
Maria horch,
Maria blieb dies aufgespart,
da kam zu ihr des Engels Gruß.

Daß unser Herz Entdeckerlust
vom Weg in Gottes Führung quält,
Maria horch,
und dieses Herz ging unbewußt
durch Tier und Pflanze wie gestählt,

bis eins das andere zerpflückt,
dann bricht das Lied gleich einem Knauf,
Maria horch,
und kommt wie Murmelton erstickt,
auf daß er fließt, der Quell herauf.

Sie senkte sich, sank an ihr Bett,
die Kundige, o nein, wie Laub,
Maria horch,
mein Buch erfüllt, mein arm Gerät,
ein welk und dürrer Sinnenraub.

Und daß sie es nicht füllen kann,
und so behielt sie ihr Gesicht,
Maria horch,
nun geht die Lust des Opfers an,
Maria singt und weiß es nicht.

SINNSPIELE DES ADVENTS

1

Für Christoph Flaskamp

Du gabst dem Wort, das in sich brach, den Sinn,
dem Willen, der nicht auferstehn im Leibe,
nur in sich fassen gleich dem ersten Weibe
die wunde Schöpfung wollte, die ich bin,

du gabst dem Wort verstrickt von Anbeginn,
dem willig bloßen, das die Hostienscheibe
der Erde in sich nahm, damit sie bleibe
der reine Grund der zweiten Mittlerin,

du gabst dem Wort des Menschenkernes Kraft;
und Adam grub die Schollen um im Land
und sammelte die ausgetriebne Schar;

die Erde ward bevölkert um den Schaft
des Baumes der Erkenntnis, der bestand,
bis das Vergängliche Ereignis war.

2

Für Karl Caspar

Der Bildner hat nach seinem hohen Plan
das Abbild willentlich gestaltet matt,
die Größe geht nicht in das kleine Blatt
als nur durch größern Willens weite Bahn.

Es hängt des Opfers kühne Lust daran,
wie er sich einsetzt, der die Fülle hat,
aus der Vollendung Bild die Seele satt
rührt frei im Mangel das Geheimnis an,

daß in die Menschheit hat den Sohn gestellt
der Schöpfer, der unendlich über Erden
sein Bild im Menschen nicht mehr rein erfand.

Er trat unendlich menschhaft in die Welt,
daß wir im Sinn des Opfers teilhaft werden,
bis uns in Demut eigner Sinn entschwand.

3

So wird in uns der reinen Liebe Kern
aus dem vergänglichen Ereignis Fülle,
bis wir abwerfen diese Erdenhülle,
die in uns Schöpfung wurde, die doch fern

uns durch die Fülle hält, wie Pracht den Herrn
dem armen Sinn entrückt, aus dessen Stille
ein kindlich tiefes Wort als letzter Wille
die Erdenarbeit bricht um Ziel und Stern.

Denn der Verflechtung Sinn ist unsre Schuld,
wir lösen langsam nur uns aus dem Schlafe,
auf die von ewig wartete das Kind;

die weisen Könige erfaßt Geduld,
die Hirten wandeln aus dem Kreis der Schafe,
die Seelen spielen, die nun Engel sind.

DAS LINNEN

Maria stand an ihrem Schrank,
und als sie dann die Lade zog,
wo sie die Leinwand barg, und bog
ihr Haupt zu ihrer Brust, da sank,
obgleich sie schnell sein Strömen brach,
ein Tropfen tropfend in das Fach.

Und war in diesem Augenblick
verschluckt und von ihr weggerafft,
die knieend nun mit aller Kraft
sann, wieviel fließt, dann kommt zurück
das Wasser und es ist nicht mehr,
weiß schimmernd lag die Lade her.

Es ging und kam, sie gab nicht Wort,
die zwiefach so getränkte Braut,
nun war es wieder aufgestaut
das Wasser und hielt seinen Ort;
sie weiß, wie viel, die nichts vergißt,
von jedem ihr bereitet ist.

MARIA IM DORN

Was sitzest du und sinnest nur,
Maria lind?
Ich trage, dem ich bin die Spur,
dies eine Kind
in meines Leibes Wiege,
die Spur, daran ich Monde wachsend trage,
in der ich mich erliege,
fährt über mich wie laute Frage:

warum ich so empfänglich bin
und sinnenwund,
die linde Luft bereift mich in
der Lippe Grund
und flammt mir in die Kehle,
ich bin gezweigt in meines Hauches Nöte
und trinke in der Seele,
davon entblüht mir Rosenröte.

Es treibt mich unter Menschen groß
ein Ungestüm,
daß ich so tief in meinem Schoß
gefangen bin,
und schließt mich in die Kammer,
es ist der Judas, eh mein Kind entglommen,
mit seiner Menschenklammer,
mit allen Kindern schon gekommen.

So spielt in mir das nimmersatt
wie Herbsteswind,

das nur ein Hauch beseligt hat,
dies eine Kind
und sammelt meine Hauche,
die Blüte, die ich dornenvoll ertrage,
daran ich mich verbrauche,
beknospet mich mit bittrer Klage.

SPINNERIN

Aus dem Halbmondschilde
netzend den gebleichten Kord,
bleichen Kord,
spinnt die Mutter milde
einen dunklen Faden fort.

Hurtig nach der Spindel
wie der starke Faden sprang,
atemlang,
wehrlos wie die Windel
um ein Kind geschlagen, sang

es in ihr so dunkel,
daß sich dran ihr Blick verlor,
Blick verlor,
rastlos von der Kunkel
muß und zehrt das Herz zuvor,

muß das Kind zur Erde,
Pein der Herzen, die es liebt.
Bitter liebt,
die es in die Härte,
kaum daß sie es hat, hingibt.

Und sie rauft vom Flachse
eilends, daß der Lauf nicht irrt,
sinnverwirrt,
daß der Wirtel wachse,
den in Schmerzen sie gebiert.

Silbern stand der Rocken,
als ein Tropfen Blutes sprang,
blutig sprang
in den Faden, stocken
konnt er keinen Atem lang.

Aus dem Halbmondschilde
netzt den schimmerbleichen Kord,
bleichen Kord,
spinnt die stark und milde
Mutter still den Faden fort.

DIE ROSE

Vor einer Rose stummer Gast
befiel mich meines Sinnens Last,
zitternd sie im Winde
begann ein seelengleiches Spiel,
die Tote auf dem schwanken Stiel
wiegte sich gelinde.

Wie Blumen spielend beugte nicht
die schwere Blüte ihr Gesicht,
Kelch mit vollem Trunke
und Haupt dem Herzen ungeneigt,
die grünen Blätter starr verzweigt
rüttelten am Strunke.

Den Halm bewegt, gebrochen hart,
leibunduldsamen Widerpart
unter sich gerungen,
so trug sie stark und sonder Qual
verstummtes Rühren ohne Zahl
ungelöster Zungen.

Maria ging der Schwere kund
in ihrem Schoße, selig wund,
über das Gebirge,
zum Wind, der ihre Wange strich,
versagend ihr das Wort entwich:
wandle mich und wirke!

Noch nicht gesprochen wie zum Spiel,
o wie sie dieses Wort befiel,

tändelnd fast und lose;
einst der geschah im tiefsten Wort,
entwirke mich, nun dinglich fort
wirkt das klein und große.

Ein Lahmer, der in Krücken stand
an sich gefesselt unverwandt,
der im Herzen krankte,
die Jungfrau sah ihn nicht, ihr Blick
fiel in des Herzens Kelch zurück,
bis ein Halm sie schwankte.

Bevor ihr Haupt in Sinnens Rast
zum Sinken kam, des Willens Last
hob sie in die Hände:
Nun hat ein jedes Ding in mir
sein ganzes Leben für und für,
bis ich dies vollende.

Ein nimmermüdes reines Gut
die Schöpfung saugt mein Lebensblut,
Magd bin ich gebrochen,
den unbefleckt entrückten Stern
geknotet in mich fühl ich Kern
unterm Herzen pochen.

O Allmacht aller Dinge Bann,
daß keines in sich leiden kann,
sieh mein ganzes Hoffen,
seit dieser Wille widerfuhr
mir, ist mein Mund und Haupt dir nur
aufgelöst und offen.

Es faßte diesen Augenblick
ein Hauch um Schulter und Genick
zitterzart den Lahmen,
ihm schlug sein Leib so gliederhart,
gebrochnes Bild und Widerpart
sprach er ihren Namen:

Ohnmächtig ein gerüttelt Sieb
so bin ich, Jungfrau, spende, gib,
gib mir, Magd und Fraue;
das reine Auge konnte kaum
umschließen seines Elends Saum,
stummer sprach sie: schaue,

weil über einer Sichel Schnitt
das volle Herz sein Sterben litt,
blüh ich auf im Munde,
sein Wille nur: Magnificat
löst mich in Kern und Stern und hat
Wurzeln hier im Grunde.

Entwirke, wirke, bis ich bin
die Schöpferin von Anbeginn,
bis ich mich zertrenne;
hier wo zum Lebenshauche kam
das Korn der Erde, bleibe lahm,
nicht mehr schaue, brenne.

O weile Hauch und eile nicht,
es will der mutterschweren Pflicht
Blut aus mir verscheiden.

Da fuhr des reinsten Mundes Sinn
über dem Strom des Herzens hin,
Rosen zu bereiten.

Dem Gast in gleichen Sinnes Spur
ein Windhauch bis zum Herzen fuhr,
heftiger gestoßen
und immer mehr von Ohnmacht satt,
gerüttelt, Strunk und starres Blatt,
trug er rote Rosen.

Daß er das Herz des Wortes: gib,
den kummersüßen Lebenstrieb,
alles aus sich sauge,
sein Hoffen unerschüttert hart
rührt niemals mehr die Rose zart,
niemals mehr das Auge.

Bedrängte Kreatur der Welt
unlenksam auf sich hingestellt
wildbewegt im Garten
muß unverwandt und demutstolz
verwandelnd sich zum harten Holz
ihrer Fülle warten.

Ein Muttersinn, so sang ihr Herz,
muß brechen ein- und niederwärts,
selig ein Gerippe,
es wird, je dorniger der Stiel,
je mehr das Blatt in Starrheit fiel,
blutiger die Lippe.

Kein Sinn faßt dies Geheimnis ein,
doch immer röter wird der Schein,
bis in Ohnmacht bitter
die Knospe aus der dunklen Gruft
entbricht, sie schwieg, es drang ihr Duft
strömend durch das Gitter.

ÜBER DAS GEBIRGE

So wars und so allein
war sie auch, als sie fand
sich auf dem Berg, da stand
ein unfruchtbarer Stein.

Nun weiß ich, die da wankt,
das Ungeborne wiegt
sie, wiegt das Kind und dankt,
weil aller Sinn versiegt.

Nun bricht die Wurzel auf
am tauben Fels, ein Mark
mehr als ein Wasserlauf
und unerhörbar stark.

Kein Laut, als sterbe her
Vernichtung durch ein Licht,
wird aller Körper schwer,
ist alles ein Gesicht.

MIT EINEM GEDANKEN

Maria kam auch in ein Moor,
da flog ein Vogeltierchen auf
aus seines Nests Umklammerung;
vor ihrem Schritt und ihrem Lauf
kommt das Lebendige hervor
und wird der Sinn durch Schrecken jung.

Ich weiß es immer, lange doch,
die Binsen hängen aus im Kranz
und harren, wo kein Fußen sprießt,
ich weiß, und diese Narbe ganz
ruht aus, wo ihres Himmels Joch
die Unersättliche genießt.

Jetzt wird der Sinn durch Schrecken jung
und jagt das Sterbliche der Braut,
ein Vogeltier flog aus der Brust
und war vorbei und ist noch laut,
das Herz fällt in Umklammerung
und fühlt des Gottesganges Lust.

HIMMELSWIEGE

Daß ich den schmalen Pfad
des reinen Schmerzes hab bestiegen,
davon gibt mir das Wiegen,
das Hin- und Widerbiegen
des Schiffleins, drin ich walle, stummen Rat.

Die Sichel macht mir Schmerz
und will sich über mich verkehren,
ich kann ihr doch nicht wehren,
ich muß den Schmerz vermehren,
davon erblutet sich das schwere Herz.

Davon erschallt das Meer,
du hast noch ganz umsonst gelitten,
die Jungfrau mußt du bitten,
in ihrer Wiege Mitten
erkennt die Magd das eigne Blut nicht mehr.

Und du bist wie ein Kind,
es sieht die tiefe Wunde bluten
und freuet sich der Fluten,
der neidlos überguten,
die Abendrot nun unterm Wege sind.

GLORIA

Wandrer du von Mahl zu Mahle,
wo ein Wesen sich verzehrt,
mit des Sternes hartem Strahle
brechend nicht die eigne Schale,
die sich um und um dich kehrt,
die aus Lehm geformten Wände
öffne, öffne deine Hände.

Schon seit Nächten geht den Sternen
einer mit Gewalt voran,
sammelnd aus den fernsten Fernen,
brechend aus den härtsten Kernen
eine königliche Bahn,
wann wirst du mit Blut zu nähren
seinen Ausgang in dich kehren?

Schwingt, solang herab vom Pole
Ahnung eines Lichts dich greift,
auf im Krampf dich der Systole
Pulsung, daß es löst die Sohle,
mit dir Sternes Grenzen streift,
ach, dein Wachsen immer jünger
noch ist es ein Schattenfinger.

Suchst du ihn herabzusenken
in ein unnennbares Licht
einer Seele, nicht zu denken
mit ihr, eins in eins zu schenken
ein inwendiges Gesicht,

jener Stern ist ungespalten
nur in wenigen Gestalten.

Nicht in einer, noch in vielen,
tritt durch das Geheimnis ein,
daß im Flug mit Flügelkielen
brechend mit den starken Zielen,
daß des Vaters Lebendsein,
wie im Kiel des Markes Futter
bricht, sich irdet in der Mutter.

Deutlicher noch willst du schauen,
flügle aus des Vaters Gut,
laß in dich die Kralle hauen,
durch den trüben Blick ertauen
Geistes Kraft in Hornes Blut,
und nun brich die harte Spitze,
daß die Mutter dich besitze.

Daß sie mit des Auges Schilde,
Schild, der sich zu knospen wehrt,
gibt zu Gottes Flug die Milde,
Engel sind des Werdens Bilde
wie Gelenke zugekehrt,
gleich in der Bewegung Fächeln
ein Entrückter wirst du lächeln.

Als sie ihre Freiheit sahen,
einer durch des Wesens Ring,
wars, daß ihr beständig Nahen
wollte, daß wie sie geschahen,

ein Gedanke stets verging,
denn er ist des Goldes Schatten
und sie konnten nicht ermatten.

Du doch, der das Licht zu hüten,
immer willst es durch Gesetz,
willst es, um die Welt zu frieden,
engellos und nachtgeschieden
als ein unrückbares Netz,
horche auf zum unbeirrten
Gloria mit schlichten Hirten.

Glaube, daß schon längst geschehen
opus operatum ganz
Erde unterm Sternenwehen,
Licht im Auf- und Niedergehen,
andrer Brand in andrem Glanz,
alles führt zu Gott gerade
auf dem königlichen Pfade.

Du doch, der mit Schlangenzwecken
hast dir selber nachgestellt,
um die Ferse aufzudecken,
wüstenweit mit dunklen Schrecken
kreistest du im Zaun der Welt,
wann doch königlich im Gange
trittst auch du den Kopf der Schlange?

Der zum Joch die lichten Mächte
kerkerhaft um sich gequält,
unterm Glanz der Sternennächte,
Untertane finstrer Prächte,

Lagerfeuer abgezählt,
nimmer sollst das Holz du sparen,
laß es brennen, flammen, scharen.

Suchst du nach dem stillen Lichte
eines Herzens gleich mit dir
immer, suche nicht, verdichte,
gib der langen Nacht Gesichte,
bis sie lodert vor Begier,
laß das Herz mit Lust der Zähren
vor dem Morgenstern gebären.

Die Gestalt hindurch im Gange
geh hinfort mit keiner alt,
Bild dem Vater, mutterbange
Bild im Sohn, die alte Schlange
trägt der Adler eingekrallt,
und dein Sinn sei wie Gelenke,
daß er lobe, wo er denke.

Endunendlich hergeschwommen,
lichterlos vertropft im Wort,
heute ist das Licht entglommen,
öffne, laß die Engel kommen,
brande an des Lehmes Bord,
heute bricht die Himmelshelle
auch in deine dunkle Zelle.

Du durch Abwehr zugelassen,
wo du weichest, steigt es auf,
laß gefaßt in stilles Fassen
eines Pfeilers Flammen prassen

den in sich gekrümmten Knauf,
und nun wirf die Knospenkerne
über an die Himmelssterne.

Will noch einmal Sinn dich härten,
bis der Regelgeist gestillt
dich ergräbt aus Stein und Erden,
bis der Ring, ihm Teil zu werden,
sich mit deinem Hauch gefüllt,
der Verlornste denk im Bisse,
daß zu tiefst ihn Gott vermisse.

Horch, es geht wie Pfeiles Schwirren,
glaube, glaube sinngestillt,
laß dich ganz mit Blutes Klirren
dinglich hin und wider irren,
nirgends Herz und doch erfüllt,
stärker wirkt im neuen Spiele
Gott die ausgebrochnen Ziele.

Dem Gerechten eingeboren,
der dich ganz zur Dauer mißt,
fühle, der den Ton verloren,
sich in deine Stumpfheit bohren
heut das Abbild, das du bist,
bei des Kelches Schöpfungsdrehen
darfst du rein im Umkreis stehen.

GOTT IN DER KRIPPE

Für Karl Caspar

Ich dachte an jenes Haus,
Wirtshaus des Herrn,
die heilige Nacht war zur Mitte
fortgeschritten, die Hütte
leuchtete still noch und froh
lag das Kind auf dem Stroh,
mein Auge blick um dich und lern,
der Hunger betrübt uns.

Ich sehe den hölzernen Trog,
die Mulde geleert,
auf seinem gekreuzten Paar Füßen
wie wird der Fuhrmann ihn grüßen,
dem man vor die Schenke ihn stellt,
wenn er seinen Aufenthalt hält,
der Metzger wird also geehrt,
der Hunger betrübt uns.

Dann trägt man den Trog vor die Tür,
den Rößlein ihn zu,
unsre Augen, das sind die zwei Rosse
mit Sprüngen und sind an die Sprosse
gefesselt und eilen zum Streit,
so fährt mit uns in die Zeit
unser Wagen weltein ohne Ruh,
der Hunger betrübt uns.

Ihr Tiere, jetzt habt ihr genug,
Maria sprach,

sie hob das Kind, und so liege
du besser und brauche die Wiege,
und die Krippe der Menschheit mit eins
ineinandergegriffenen Scheins
war ein Kreuz und ein Kelch lief darnach,
der Hunger betrübt uns.

Das Werk, glückschuldiges Werk,
laß liegen und bleib,
Maria, laß liegen und nähren,
wir essen, wer wird es uns wehren,
mit Schauen, das Gründe nicht hat,
Maria, wir essen uns satt,
Gottrose im kindlichen Leib,
der Hunger betrübt uns.

WEIHNACHT IM WALDE

Für Karl Knappe

Weiß ich, was in meinem Schlund,
Wurzel in der Erde,
rührt den ungefügten Bund,
daß es regsam werde?

Meine Fasern flicht ein Strauch
ungezähmt im Walde;
wird mir Herr der alte Gauch,
Kuckuck, daß es schallte?

Eine Träne fällt sie nicht,
Perle unter allen,
tiefer, bis sie steigt ins Licht,
steigt und kann nicht fallen?

Doch der ungezähmte Gurt
orgelt überm Herzen,
zu des Kindleins Frohgeburt
harzt der Wald wie Kerzen.

ELEISON

Horch Maria, höre, und es
geht ein grober Wind
um die Hütte wie mit Schmiedefeuerfunken,
um die Winkel ihres Mundes
weht ein Wind
und es schweigt die Jungfrau und das Kind,
denn die Mutter liegt in Schmerzbarkeit versunken
und das Kind hat Milch getrunken.

Horch Maria, höre, fuhr ein
Blitz nicht matt in Tod
gleich dem regungslosen Lichte im Versiegen,
da, die Gott- und Menschnaturen
Hülle bot,
immer stummer lag, die finstre Not
muß das enge Licht noch mehr zusammenbiegen
und die Hütte wird erliegen.

Horch Maria, höre, lauter
und doch ärger still,
wie ein Tropfen Wachs an seiner langen Kette
abwärts hüpfend doch nun nicht mehr
fallen will,
daß es baucht das Zelt von innen, schrill,
ach, daß er zu Ende schon bereitet hätte,
rief sie, langsam macht er Bette.

Horch Maria, höre, bin ich,
hast du mich gemeint,
und mit Klang, als breche eines Grabes Schlummer,

Joseph froh, wie eine Stimme
ausgeweint
dunkler, tiefer, schwer beschwingt erscheint,
bin ich dir zu langsam, sprach er, doch nur stummer
lag die Jungfrau, lag sein Kummer.

Horch Maria, höre, Klänge,
die man nicht mehr kennt,
wie der dunkle Sturm mit einem hellen Zischen
seine Gegenbrandung bänger
überrennt,
Klänge warf es fort am Firmament,
doch sie lag so wie ein totes Reh in Büschen
und nur Joseph lauscht dazwischen.

Horch Maria, höre, war das
ausgeschürft wie Gold,
daß sie, wie der Frost zerbricht und es will tauen,
abgetrennt auf ihrem Lager
ungesollt
langsam die erbarmte Hand entrollt?
Ja so ist der erste Tag mit Föhn im blauen
Himmel nach dem Frost zu schauen.

Horch Maria, höre, und noch
einmal wallte ihr
auf wie Wasser, drein das Eisen zischt mit Sutter,
und die Winkel ihres Mundes
wallten ihr;
doch sie gab dem Kind und durch die Tür
kam der schwarze Knecht; den Blick zur lieben Mutter
gab er Ochs und Esel Futter.

LICHTMESS

Die Erde kommt vom Schlummer, ihr Herz ist reif,
mit Säulen steht ihr Atem entmischend die
Gestalten, die von keiner Schwere
trunken bewegt im Wirbel flüstern –

wie Wort mit Worten; stummer in Schollen weckt
der Schritt die Schritte, fett im Gewände flimmt
und düstert es von hohen Kerzen
feierlich schattend und wacht Erwartung.

Warum dies alles? Sahet die Reife ihr
unsichtbar kommen, heute ihr brechen nicht
das Herz der Erde, heute bringen
Maria und Joseph das Kind zum Tempel.

DIE FLUCHT NACH ÄGYPTEN

Angezündet schwamm die bange
Sonne überm Land
um das Auge brach der Zange
dunkler heißer Rand,
Joseph hob die müde Hand:
»Wie ein Meer«, doch sterbend leise
sang Maria diese Weise:
Kummerlos steht die im Hoffen
unerschrockne Rose offen.

Mit dem Zügel dieser Stimme,
die so innig sprach,
reiner nur im heißen Grimme
nun und nimmer brach,
seinem fernen Ziele nach
zog er fort, im Ohr die Speise,
die Maria sang, die Weise:
Kummerlos steht die im Hoffen
unerschrockne Rose offen.

Doch nun schien dem stummen Manne,
daß ihn Gott verließ,
unverwandt vor dem Gespanne
sprach er nur noch dies,
während ihn das Eslein stieß:
»Ach es geht des Kindes Reise
durch mein Mark«, doch sie sang leise:
Kummerlos steht die im Hoffen
unerschrockne Rose offen.

Tiefer bog ihn der Gedanke,
zitterte das Knie,
einen Schritt, daß er nicht wanke,
tat er fragend: »Sieh,
ob das Kind noch immer die
Augen hält wie Weltenkreise
offen.« Und Maria leise:
Kummerlos steht die im Hoffen
unerschrockne Rose offen.

Seiner Kräfte ohne Ende
vor dem Kind gering,
als ob sich sein Innres wende,
daß er ganz verging,
bitter: »Fraue nicht mehr sing«
schwieg er doch dies Wort, dies heiße,
unzerbrechlich klang die Weise:
Kummerlos steht die im Hoffen
unerschrockne Rose offen.

Wie gebunden Arm und Kehle,
Kelch der Hände auch
rückwärts krampfend ihre Höhle,
da ein feuchter Hauch
schmiegte seines Maules Strauch
drein das Eslein drängend leise,
kindlich klang die eine Weise:
Kummerlos steht die im Hoffen
unerschrockne Rose offen.

Seiner Sinne nicht mehr mächtig,
gleich dem Tier doch nie,

wenn es Übermaßes trächtig
ya ya schrie,
trank er seine Seele wie
Brandung, ihres Strudels Kreise
überschwang die Glocke leise:
Kummerlos steht die im Hoffen
unerschrockne Rose offen.

Soviel dieses Wesen wärmer
atmend ihn beschlug,
soviel dies Geschöpfe ärmer
Kind und Mutter trug,
soviel wurde sein genug
seines Wesens bittre Speise,
bis er ganz ertrug die Weise:
Kummerlos steht die im Hoffen
unerschrockne Rose offen.

Denn es war auf glühndem Roste,
daß sein Herz ihm fror,
und nun trunken von dem Moste,
der ihm innen gor,
kam er dem Geschöpf zuvor
willig um die hauchhaft heiße
Hungerkraft der reinen Speise:
Kummerlos steht die im Hoffen
unerschrockne Rose offen.

Welch ein Strom, der aus der Ader
seines Herzens sprang
mächtiger, je mehr der Vater
seiner Ohnmacht Zwang

wie Erbarmen in sich schlang,
daß er ganz Geschöpfe heiße,
ringend mit der Jungfrau Weise:
Kummerlos steht die im Hoffen
unerschrockne Rose offen.

Kam das Wort ihm: mir geschehe
auch, wie du gesagt
ihr, daß er die Blüte sehe
der getreuen Magd,
mit ihr teilend? Nein, er zagt
seines rauhen Worts, die Weise
sang allein Maria leise:
Kummerlos steht die im Hoffen
unerschrockne Rose offen.

Übermannte ihn die Quelle,
daß auf ihrer Spur
nur ein Blick zurück zur Stelle,
zu dem Kinde nur
aus ihm streifte? Nein, die Schnur
zu dem Eslein schüttelnd leise
trat er fort die schwere Reise:
Kummerlos steht die im Hoffen
unerschrockne Rose offen.

Hunger wurde ihm und Wehe,
alles rings zur Pracht,
daß ihn nur das Kindlein sehe,
hielt er treulich Wacht,
und Maria Tag und Nacht

auf der langen Pilgerreise
sang die eine reine Weise:
Kummerlos steht die im Hoffen
unerschrockne Rose offen.

UNSRE LIEBE FRAU IM HAGE

1

Der alte Meister schloß im Gitterzaun
die liebe Erde,
daß sie aufblühend und uns nahe werde
die einzig auserkorne aller Fraun.

Sie stört selbst nicht, da sie im Aug empfing,
die Mantelfalten,
in dieser Fülle kann der Mensch nicht walten,
das Kind wie Blume ihr ab Händen ging.

Es lebt der Erde und die Blume brach,
will uns gewanden,
aufblüht der Zaun, der Mantel uns abhanden
schwert das Geheimnis, das ins Auge stach

uns Fernen, deren jeder auferstand,
uns selbst zu tragen,
die Schöpfung muß durch uns Erlösung wagen,
sie fällt uns immer schwerer in die Hand.

Der Beter staunend wegentrückt dem Kleid,
als ob er spüre,
die böse Kraft, wann er die Augen rühre,
entfloh noch nicht, und uns empfing der Neid, –

der alte Meister schloß im Gitterzaun
die liebe Erde,
er brach sich mit der Blume ohne Härte,
wer neidet, muß jungfrauengleich vertraun.

Dein Reich geschah, erstand zum Paradies
mit keinem Wilde,
du selber sahest dich teilhaft im Bilde,
so reiner, wie die Größe dich verließ,

du fast verspieltest, selbstvergessen schier,
der Welt Figuren,
du wuchsest in uns auf zu drei Naturen,
der Mensch vor Gott, die Pflanze und das Tier.

2

Maria sprach: O Kind,
dein Arm ist gestreckt wie ein Bäumlein,
wie kann ich die Rose hinein
geben, wenn die Fingerchen unruhig sind.

O seltsam schwer, wie naß
und tauiges Gras, das von Rümpfen
der Wiese aufsteht im Triumph
brandiger Sonne am Morgen, ist das,

weh was mir immer geschieht,
wenn ich eine Gabe zureiche, zurichte,
was mir meine Finger verflicht
knotig wie Frucht, wenn die Blüte verblüht.

Sieh deine kleinweiße Hand,
zwischen den letzten zwei Fingern
steckt nun die Rose wie Blutstein am Ring,
röter als Blutgold auf Sand.

Mariens Auge zufällt:
Laß die Rose fallen, o Himmel und Erde,
mein Herz steht unter dem Schwerte,
Kind, deine Finger sind dornig gestellt.

Mein Herz, warum so wild
wie der Morgenwind heimlicher Röte
entsprungen brechend das unreife Korn,
tanzend im kranken Gefild.

Und als sie die Augen aufschlug,
sah sie im dornigen Neste
der schöpfungklaren Finger die zärtliche Last,
Rosenmal sah sie genug.

O immer eilender Blick
und nimmer verblätternde Male,
herzunter geschieht am himmlischen Saal
alles Stück für Stück.

3

Daß unter dem himmlischen Bogen,
komm nieder, du Schwere,
das Herz wie ein Vogel gewogen
mildlüftige Meere
durchschneidend den blutigen Bann
nicht in sich trachtend vollenden kann,
gestoßen in Speere,

das Herz in der leiblichen Mitte
wie ewige Straßen
geht immerfort weitere Schritte,
nicht will es erfassen
stillewige Ruhe mein Sinn,
es quillt mir ein Tropfen ohn End und Beginn,
gelind und gelassen.

Maria saß mitten in Rosen,
Ruh immer und nimmer,
seitdem ihr ins Herze gestoßen
der himmlische Schimmer,
und wie ein Schiff in der Nacht
frug ihr Auge zum Himmel mit fahrender Fracht,
so brach es durch Trümmer.

Doch als nun das Kind in den Garten
entlief, leise Welle
kindgleiche, du kannst nicht mehr warten
mit perlender Schnelle,
sein Haar war ein goldener Flaum,

da sah Maria den dunklen Baum,
dort war seine Stelle.

Dort stand er im himmlischen Flusse,
gescheitelt in Äste,
gebrochen aus irdischem Gusse
den Vögeln zum Neste,
doch hart und wie ledig am Stamm
ein Schatten gekreuzt in die Arme, ein Kamm
zu fangen die Gäste.

So sieht man im himmlischen Schilde
aufsteigende Zacken,
ein lastendes dunkles Gebilde,
ein Sturm wird es packen,
mit Funkeln im sterbenden Blau
wird wogen die Wolke, Maria schau,
da brach ihr der Nacken.

Du lenkst ihr dein Auge entgegen,
du willst sie belauschen,
so hört man vor stürzendem Regen
zuweilen ein Rauschen,
und sieh, ihre Wangen so weiß,
so werden die fallenden Tropfen zu Eis,
wenn Wetter sich tauschen.

Doch steht ja der Himmel noch heiter,
die Seele die schwere
will wesenlos wandeln nur weiter
und saugt sich in Meere,

in Lüfte vor Schmerz am Besitz,
so wandelt gezückter der silberne Blitz
durch trübere Kläre.

Doch blauer und bleicher als Tücher,
die Sommerlicht tranken,
steht der Himmel, ein Schmetterling sicher
darf gaukeln und wanken;
Mariens Blick wie ein Glas,
darin sie ihr Kind wie im Spiegel vergaß,
fand nirgends mehr Schranken.

Als müsse die Erde ertrinken,
ein Tropfen im Blauen,
so hing nun ihr Blick ohne Winken
und ohne Ertauen,
die Erde, du tropfendes Harz,
Gedanke inmitten ihr selber so schwarz,
der wagte zu schauen.

Und brennend von Tränengefunkel,
das in ihr verbrannte,
und ganz überkommen von Dunkel,
darin sie erkannte
den Schatten, sein Dickicht belaubt
mit Blut wie mit Rosen, da wankte ihr Haupt,
die Lippe verspannte.

In Dornen, in rissiger Rinde,
durch Scharen von Mücken,
wie Rosen, wie Bienen im Winde
so will es mich pflücken,

wie Wasser durch Furchen verläßt
mein einziges Kindlein mein trockenes Nest,
ich kann mich nicht rücken.

Und manchmal wie ohne Gefilde
heut will es mich brauchen,
zerdrückt wie kein lebend Gebilde,
ich kann mich nicht hauchen,
ein Spiegel, nicht Tränen, ich weiß
mich angeschlossen dem ewigen Kreis,
ich muß ihn ertauchen.

Der Himmel blickt heiter ergossen,
als blüh er im Eise,
als sei noch kein Leben geflossen
aus blutigem Schweiße,
vollendet wird alles, es ruht
die Schöpfung in Blüte, das Wasser in Blut,
schließ ab, meine Weise.

VOR DEM MORGENTOR

Für meine Frau Maria

Wache du zum End der Nacht,
Ohr, weil noch im stillen Hafen
meine Augen gerne schlafen,
bleib mit Horchen aufgewacht.

Ja Gesicht lichtloser Spur,
perle, – eines Knäuels Rinnen
ist die Quelle schon mitinnen,
amte, Herz der dunklen Flur.

Eine Welle – also geht
Wind schon über alle Kronen,
also wo die Quellen wohnen,
kommt der Horcher fast zu spät.

Eine Glut fällt oben hin,
brechen soll des Wachstums Schauder
und doch wird das Singen lauter,
viele Stimmen sind darin.

Eine volle Kehle spannt
ihr fast gurgelndes Berücken
hell doch und ein Widerzücken
wirft sich kecker an den Strand;

daß es plätschernd sich verliert
und versiegt, indes das Zagen
hat inzwischen ausgeschlagen
in vier Winden, im Geviert.

Kleine Glieder sind so nackt,
wie ein Röhricht schwingt die Laube,
nein, die hart gepreßte Traube
hält so unablässig Takt.

Und ein Baum, ein Ast, ein Knauf
steigt der Strudel, neues Zagen,
wie ein Becken angeschlagen
nimmt das Trillern nun Verlauf.

Quirlend ein gezückter Schein
fährt, als ob ein Finger prüfe,
durch die Wärme, doch die Tiefe
füllt sich runder, tiefer ein.

Wer mit leisem Wind im Chor
amtet in dem feierlichten
Anbeginn, das Bad zu richten,
wer schafft vor dem Morgentor?

Ach nun steigt der linde Fluß,
ein Ereignis für die Frauen,
wie sie sprechen, wie sie schauen, –
nun verschwieg es Guß für Guß.

Was geschah, das Wasser weint,
still jetzt, denn die Frau der Gnade
hebt ihr Herrlein aus dem Bade,
lächelt, lächelt, Sonne scheint.

DAS UNVERBRAUCHLICHE LINNEN

Für Karl Caspar

Jungfrau, die der Herr erkoren,
liebst du länger noch des alten
Linnens drein im Schaun verloren
Ein- und Durcheinanderfalten,
lang schon ist dein Sohn geboren?

Bis es aufblüht wie ein Garten,
meines Linnens muß ich warten.

Fort von Bildern rings umworben,
die zu sich die Seele laden
immer neu und unverdorben,
Jungfrau, dies Gewand der Gnaden
nimm, dein Sohn ist lang gestorben!

Bis die Toten aufertauchen,
meines Linnens muß ich brauchen.

Jungfrau, wird, ich seh es fallen
dir vom Auge und ein nasser
gilbender und fast mit Schallen
Tropfen, wird das Linnen blasser,
Tropfen hör ich widerhallen?

Einer will vergeblich rinnen,
wie ein Brunnen wird mein Linnen.

Die im Herzen, Jungfrau, Worte
alle du bewahrtest, Dinge

Wesen aller, das verdorrte
Bild, o laß es blühen, ringe,
ringe am betauten Orte!

Ach noch tiefer muß es rinnen,
tiefer schlag ich es ins Linnen.

Daß, als ob ein Meer mit Branden,
sich ein Quell von unten löse,
ich, daß gute Sinne schwanden,
habe, daß mich trägt das Böse,
diesen Brunnen nicht verstanden.

Hart einst gleich des Lichtes Schilde,
sieh, mein Linnen wird so milde.

BETHESDA

Er war allein mit seinen Peinen
und nackt wie außer sich gekehrt,
als er die Kinder beten hörte
und plätschern wider Säul und Stein.

Die Wogen von dem Schlag der Ruten
hoben den Grund doch nicht empor,
und in die Trübung hinverloren
stach ich mit Dornen in mein Blut.

So gib den Wassern ihre Röte,
du Oberer, der Engel schickt;
mein Wimmern unterliegt in Stücken
dem überschlagenden Gebet.

Der Schein wird heller als das Fenster,
wenn seine Kraft den innern Grund
bewegt, doch unter Kindermunden
bin ich auf Wassern ein Gespenst.

DIE ALTE FIGUR

Noch Stein und Holz und unbeherzt,
tauhart in Furchen angeschwärzt,
dem dumpf im Ohr noch Unrast tost,
der kalte Morgen bringt mir Trost.

Wie langsam sich das Leben spürt,
es zittert scheitelhaft berührt,
dann schwingt sich auf zum höchsten Flug
ein inwendig gebrochner Zug.

Wie bin ich in die Welt gestellt,
an Kleid und Angesicht erhellt,
geneigt zur Stimme, die mich ruft,
unlösbar über eigner Gruft.

Es kommt die Zeit, ich löse mich,
verdammt, der jähem Steinsturz glich,
die Seele wuchtend in Gefahr,
wie wird ihr Leben innig wahr.

Doch ich die furchenstarre Spur,
wie unerschüttert steh ich nur,
ich bins, der mit der Seele spielt,
ein Abglanz immer unerfüllt.

DAS KAPITÄL

Von der ganzen Säule,
eh sie pfeilernd bricht,
einmal, das nun weilet,
kam es, dies Gesicht,

war noch fremde Maske,
abgetrennter mehr
im Zusammenwachsen
von den Augen her;

so im Schnitt umrungen
lebt das Antlitz auf,
nimmt wie eine Klinge
um sich selbst den Lauf,

doch wie in der Klinge
Pflanz und Tier erbricht,
weilend, wo ich ringe,
ists nun mein Gesicht.

DAS HUNGERTUCH

Des Morgens heimlich blasser Schein
hüllt alle Klarheit in sich ein.
O Lebensmark
getroffen in der ersten Frühe,
daraus ich wundentiefe Blumen ziehe,
wie bist du unvertilglich stark.

Es wurde tiefe Finsternis,
als Gott den Erdenleib verließ,
es ist vollbracht.
Was keimt dem milden Licht entgegen,
das mächtig wird im unstillbaren Regen,
es drängte sich durch stumme Nacht.

Wie alles sich um mich verhängt!
Ich bin verlassen und bedrängt
von mir allein;
da kreisend in dem trüben Moste
der Neige zu, eh ich die bittre koste,
fließt Gnadenregen in mich ein.

O Armut sonder Seelenzahl,
du schaffend Wunder aus der Qual,
bist du mein Teil?
Ja Teil, der ich dich neu gebäre,
daß du Zerfloßner rundest dich zur Zähre,
bis kein Gedanke dir mehr feil.

Ich bin, dem ein geheimes Licht
den Sinn in alle Welt verflicht,

ich bin gewirkt,
geworden, um des Leibs zu frieren,
muß ich die teppichgleiche Ohnmacht rühren,
die mir den Lebensgeist verbirgt.

Der Webewille, der mich schlägt,
der in die Hechel mich gelegt,
bis ich entkeimt,
die Wurzel aus dem eignen Willen
gebrochen und zerstückt, der Sinn im stillen
ein Faden in sein Kleid gereimt,

o nein, nicht gleich ins Werk geschickt,
der Wille, der dies Bild bestickt,
das ich gelähmt,
eh ich den letzten Halt verliere
im Sinne brüchig, hier hat er schon ihre
Hauchschwachheit mit Zierat gezähmt.

Und wie ein schwerer Vorhang hängt
die Seele insgeheim bedrängt
und waltet stumm,
es wird, je mehr ihr Hauch gefochten,
in ihre Schau die ganze Welt verflochten
und harret vor dem Heiligtum.

Das bin ich nicht, das ist das Tun,
das still zerreibend stete Ruhn
der Hungerzeit,
o Atem silbern, wie da springen
im Regen Brunnen, ich will mich durchdringen,
bin nie bereitet doch bereit.

O goldnes Licht, das schon geahnt
sich dunkel durch den Vorhang bahnt,
der Vorhang reißt,
ich Ungetüm von Gut und Böse
verhaftet meiner menschgewordnen Blöße
gesättigt bin ich armer Geist.

SCHÖPFUNG

Die unbegreifliche Liebe zwingt
in jedem Ding einen Sinn zu lassen,
bis das Herz in die opferblassen
Wasser der letzten Unruhe sinkt.

Geschah ein Wille, der so verschied
zerbrechend die unerschöpften Gesichte,
wer löst das eingesaugt zum Gerichte
gefesselte Wesen Glied um Glied?

Unter dem Geist, der brütend ruht,
schüttert das Meer zu furchtbarer Ebbe,
es entflieht des Landes gebrochene Treppe
verlöschend, es keimt die Last der Flut.

Das schroffe Gesicht hat nicht Verbleib:
geworfen an das leere Gestade
offen dem hilflosen Ruf nach Gnade,
ohne Duldung enttaucht der Leib.

Wer tiefste Ohnmacht körperlich speist,
glücklich, sein Sinn kann nicht veralten,
verkümmert, verdorrt, ihn verjüngt sein Gestalten,
bist du der Brüder Geringster heißt.

Ankommt der Täter von Anbeginn,
nirgends eigen und loser Stimme,
der gewachsen im störrischen Grimme
Opfer schlägt mit erhobenem Kinn.

Und tiefer wird das Geheimnis wahr,
die Grenze von Gott und Schöpfung zu fassen,
mußte ein Mensch das Leben lassen,
göttlicher Fülle offenbar.

Siehe, der Täter verdirbt ihn nicht;
Samen hundertfältig gelegen,
es keimt die Erde allerwegen,
jeder Ähre gesegnet Gewicht.

Jedes Wort wie alte Schrift
gefeit im Sinne, bevor geboren,
dem der die Ohnmacht sich erkoren,
fließt es zu wie lebendige Trift.

Löschend den Geist des Widerspruchs
im stillen Herzen des Widersagens,
so trägt die Flut des geduldigen Wagens
das sprossende Segenskorn des Fluchs.

Wie löst sich vom blinden Auge der Star,
Auge der Schöpfung, die Träger des Thrones,
wir sind Leibeigene deines Sohnes,
der bis er wurde immer war.

Die unbegreifliche Liebe zwingt
jegliches Herz nun in sich zu fassen,
bis von der Erde, der opfernassen,
der frohe Kern in die Seele sinkt.

WIE REGEN

Wie wenn es regnet
ob Haupt, ob ungefühlter Hand,
Vorübergang an allen meinen Gliedern,
in Sinnenstille brennend zu erwidern,
ein Strauchwerk bar im Widerstand,
so bin ich heut gesegnet.

Aus Frost in Wonne,
was tat das Herz der Flamme Halt!
Ich tauche frierend aus dem bangen Neste,
die Menschheit wandert, alle deine Gäste,
o ruhe, wo, ich bin die Heide kalt,
verhüllte Sonne!

DER BAUM GEDACHT

1

Der in sich selber nicht
das mutterschwere Blut
fängt und mit Vogels Brut
darüber Flügel bricht,

wirf den Gedanken aus,
den Sinn aus Dürrgenist,
komm selbst herab, heraus,
daß du ein Menschbild bist!

O weh wie mich verflicht
des Baumes Gramgesicht.

2

Nicht, was du sinnst, wird hart,
daß es schwer in dir hält,
der eitle Sinn bewahrt
umsonst Gott und die Welt;

wie er gewesen, daß
er diesen toten Ort
erklomm, mit leichtem Wort
des Markes Frucht vergaß,

der sich mit Leben mißt
erkennend wie im Traum,
das Bild des Schächers ist
genagelt an den Baum.

3

Ein Vogel singt ins Land:
drei Bäume auf dem Berg,
an einem wird erkannt,
der andre schießt ins Werk,

warum der dritte, spricht
mein ungewirktes Blut,
trägt keine Lebensbrut,
bin ich der dritte nicht?

So ringt der Baum: Gedacht
stets mit dem Baum: Vollbracht.

AVE CRUX

Hebe dich du meine Seele,
Vögel kreisen hoch daher,
trächtig, wuchtig, schwer,
eilender als ich sie zähle,

nein, ich will sie nicht mehr zählen,
denn dann schwimmt ihr Kreisen fern,
einen will ich gern
ganz in mein Gesicht vermählen.

Ruhlos wandelhafte Gäste
blinkend wie ein Jugendtraum,
seid verlassen, Schaum
schlägt ins Auge, tränkt im Neste

meine Seele, harte Äste
tragen diese Schwere kaum;
knospe, kalter Baum,
den ein Himmelstropfen näßte,

in den Regen durch die Lüfte
hebe deine Blüte her,
Wasser machen schwer
letzten Wirbel dunkler Grüfte.

Wurzle, ranke in die Erde,
grüne, blühe, Galgen, Pfahl,
Wiege stummer Qual
immer in dich selbst gekehrte,

flügle, wie man schwingt die Schwerter,
bis sie rosenrot belaubt,
um das kranke Haupt
flügle deine Schwingen härter,

bis ein letzter Sinn geht ohne
Regung über in das Blut,
flechtend um die Flut
randlos Kreis und Dornenkrone.

Schwanke nun du reine Schale,
schütte aus dem Herzensgrund
einmal in den Mund
deines Wandrers Wundenmale,

der fast im Gestrüpp erstickte
und am Holz hinab hinauf
unfruchtbar im Lauf
Ruten gen den Himmel schickte.

Du verlaß den kranken Zügel,
flatternd um das Haupt am Kreuz,
Ruten treibt der Geiz,
schwinge deine Balkenflügel,

hebe dich du meine Seele,
Vögel kreisen hoch daher,
sieh das Nest ist leer,
flieg, erlöste Philomele.

DIE MUSCHEL

1

Mich zieht, ich fühle mit Erschüttern um
das dunkle Wesen, das ich scheue, legen
sich einen Mantel hart und mir entgegen,
der ich noch Flucht ins Meer, in gremium,

in lautern Schoß versuche, nur nicht zum
gezwungnen Widerpart, ein stummes Regen
fühlt um das Sandkorn und aus offnen Wegen
zieht mich ein Schlund, die Schale schließt sich stumm.

Daß ich erkenne, Sinn in Stein und Quarz,
die tote Reinheit, daß ich mich vereine,
und muß, – ach gäb ich Antwort, eine Zähre

des dunklen Wesens, ach so weint das Herz, –
auf daß ich wachse aus dem kranken Steine,
unrein an mir geschehn zur Perlenbeere.

2

Als ich Entscheidung sann und schrieb: vergangen,
gewesen meinte und dem Worte sann,
als ich, so geht ein Werk vorbei, begann
und plötzlich in mich sah und ward mit Zangen

rückwärts geführt und in mein Einverlangen
der reinen Erde schon vergangnen Bann,
Adam von Anbeginn, ein frevler Mann,
den Weg bestimmen sah, befiel mich Bangen.

So schlug mich Trübung ewig reinem Hauche
entfließend, als ich sprach das Wort: vergangen
und sah Entscheidung schon im Wort gegeben,

daß ich die Perle wegwarf, daß sie tauche;
du blindes Herz, durch Gottes Sinn empfangen,
o hartes Korn, wie willst du ewig leben!

3

»Weil ich in dem, in dem ich dennoch lebe,
ob wollend oder ob ein Wille nicht
in steter Spur die Wahl zur Kante bricht,
auf daß der Geist auf Wassern länger schwebe,

weil ich mich selbst Geschöpf in Schöpfung strebe,
als ob Ereignis schon, was kaum mir Licht
von Gott zum Steine fährt, weil ich Gericht
versuchend fort in Bildes Willen gebe« –

»o denke nicht, komm dir nur selbst zuvor
und mir, und alles laß ich dich bestimmen,
wenn du nur selbst im Bild dich siehst gering;

dann findet dich, wenn einst das letzte Tor
des Zornes aufgeht, findet durch Ergrimmen
mein mildes Wort dich zwischen Gott und Ding.«

4

Der anders als der Blitz und jene Leiter,
auf der Gott niedersteigt in schnellen Schritten,
langsam die Erde lockert, ihr inmitten
wie stiller Regen ging mein Sinn noch weiter,

und kam, noch eh er sah, hier wohnt der Neider –
so kommt das wilde Tier vom Sturm zerlitten
und ahnt die Schlange nicht noch unbestritten –
in eine Höhle sicher schier und heiter.

Und sann, warum will ich, mehr als die Kammer,
darin ich wese, mehr als Sandkorns Grenzen,
mehr als ich bin, auf mich die Erde stufen,

mehr als ich muß, woher der Trieb? Die Klammer
schlug um mich, im Gestrüpp sah ich es glänzen,
und hörte Gott: Adam wo bist du, rufen.

5

So wuchs der Baum, die Schlange mitzutragen,
der Sinn, daß er ins Mark des Stammes scheure
die Spur der bösen Inzucht und befeure
den Stachel, tückisch sich hervorzuwagen.

So wächst vom Zweig getrennt des Dornes Ragen
und wendet alles Mark in ungeheure
Vernichtung und der innre Ruf, der teure,
wird als ein dürres Blatt daran geschlagen.

Und doch, du Öffner, der des Blattes Tor,
die wunde Öffnung in mein Sein gestoßen,
den Dorn aus mir gekehrt, die eignen Härten

benützend, Schöpfer, wie kommst du zuvor,
noch Zweig in Zweig verschränkt, verkehrtes Sprossen,
o nimm aus leerer Muschel auf mein Werden!

GEIST ÜBER WASSERN

Zu dieser Zeit mein Sein wie See
und alles drängt in meinen vollen Nachen,
ich aber kann nicht Fährmann machen
vor Dranges Glück und Harrens Weh

und Harrens Schuld, die so beglückt,
als sei aus einer Seele fortgeflossen
die ganze Welt, und dessen sie genossen,
du bist die Zeit und ich in dich gestückt;

und ich in dir wie Wiederkehr
von allem, was gewesen und muß kommen,
und nicht die Dauer eines Frommen:
dein flammend Auge wächst zu ihm nicht mehr.

Der Letzte in des Lebens Fahrt,
der Weiteste vom Ziel, was muß er warten,
der Ringste, als sich Gleiche scharten,
geblieben, wo der Schöpfung Auge harrt;

man zeigt mir, wie sich Menschheit stuft:
Wert aller Dinge, die dem Nächsten dienen,
es bricht hervor, wie fließ ich hin darinnen,
Schaum ich der Stimme, die daraus erruft.

Der Ruhigste im vollen Mond, –
als schlüge über mich die ganze Schale,
ein Augenblick nur, und am Pfahle,
ich weiß es, der dem Auge thront,

schlägt über mich mein eigner Schild,
ich will nicht warten, gib mir Gluten,
er hält mich ferner in die Fluten
mit seiner Hand, die mir am Haupte spielt.

DAS VERBORGENE SIEGEL

Ahnung, daß die Seele früher
Trauer sich entringt,
hebt und senkt den schimmertrunken
vollen Spiegel,
wie die Quelle über ihrer
Tiefe fröhlich springt.

Herzvermischt den reinen Dingen
tat ich stets zuvor,
fand mich hemmungslos versunken,
Stoff im Tiegel,
Wunder rein aus mir zu bringen
ich bewußt verlor.

Dinglich in mir fortgeboren
das in Schuld erkannt
tiefre Bild, dem ich gewunken,
rückt den Riegel,
starker Partner mir erkoren
hat mich übermannt.

Mir geschah, daß offenbaren
Wesens ich im Grab
sprang in mich als Lebensfunken,
neues Siegel
unerkannt und rein erfahren
endlich sich mir gab.

DAS NEUE BILD

Alle meine Worte sind
wie das Wasser um ein Kind
dunkel, weil die bange Frucht
nicht aus mir zum Lichte sucht.

Manchmal ohne Fürchten zwar
trächtig, wessen ich befahr,
seh ich, fühl ich unbekannt
harren hinter meiner Wand

wen und wessen Kraft gemäß
diesen, der nun das Gefäß
schlagend in der Seele wühlt,
wenn er mit dem Wasser spielt.

Diese Zeit kommt wieder her,
wo im grundverlornen Meer
untergeht die wartend nur
unbewegliche Figur.

Ach das reine Ebenbild
trägt noch Züge nachtverhüllt,
ist zu groß und ungewußt
nur ein dunkler Drang der Brust.

Warte, denn es eilt dem Herrn
nicht zu seinem kleinen Kern,
Meere braucht er, der verschont,
wo er bis zum Aufbruch wohnt,

bis die Seele klein genug
tragen kann den lichten Zug,
bis das nackte Kind bewegt
froh im Wännlein Wasser schlägt.

Wer und wessen Kraft gemäß
schlägt die Welle ans Gefäß, –
wachse Seele ohne Pfad,
Meer in Meer und Bild in Bad.

PARABEL

Er, der mir vorgeht, läßt mein Ohr nicht ruhn,
es muß viel mehr geschehen,
und wenn auch nicht vollkommen, doch zu tun

drängt er mein Herz, daß schluckend ohne Sehen
um einen Brocken stoßend bis vom Grund
aufhaucht ein Narbenquell wie Fischbrut in den Seen,

als springe mir das Wort auf überm Mund,
vollbracht von innen, hungerhauchgesättigt,
Köder untilgbar seelengleich vertraue, und –

ob mir die Bibel Unvollkommenes bestätigt,
nach einem Wort noch werf ich aus die Angelschnur,
nun Fischlein höre, wie dir Christus predigt:

Das Himmelreich ein Netz in Menschenflur
wie Meer, die guten Fische ins Gefäß, wie's Brauch,
die schlechten wirft man fort, wie menschlich er verfuhr –

Nun geh und wirf und sammle du dich auch!

DER SÄMANN

Was tu ich, sprach der Sämann, der
mit Schritten lang den Acker trat,
das Tuch geknotet schulterquer,
den linken Arm in weiße Wat
gleich einem tauben Stumpf gehüllt,
da er dem Herzen nah die Hand mit Körnern füllt.

Nun streut er Körner bogenhin,
nun seines Wegs geradefort,
mit Schritten stark, als trage ihn
die Hüfte leicht, doch leicht verdorrt,
zur Erde wechselnd eingeknickt,
nun spricht er, während er die Hand des Weges schickt:

Was tu ich, der von diesem Feld
mit Armen leer und müde bald
hinabgeht, der das Korn bestellt,
in Halmen wird die Saat Gestalt
und steht dann hier in Ähren schwer
so andern Wuchses, als der geht darüber her,

der wie gefesselt Hand und Fuß,
und wie er Arm und Kniee schwingt,
sich wie zum Streit verteilen muß
und leichter wird und schwerer ringt,
der fortgetrieben alle Zeit
den Bann zerbricht und härter wird im harten Streit.

Und wie er fort zum Ende rückt,
mit leichter Wat, doch schwerem Mut,

den Kopf nun aus der Schlinge bückt,
er weiß nicht, was so leicht ihm tut,
sieht er am Baum den harten Ast,
den eingeknickten Stumpf gehüllt in Blüten fast.

DER FISCHER

Ein Abend regenmatt
ist hingegangen,
kaum daß die Sonne hat
darein gestreut ein Prangen,
doch will ins Herz mit leisem Wehren
noch nicht die Nacht einkehren.

Mit Lauschen dies und das
und hellem Wachen
steigt Flut, geht Ebbe blaß,
bis sich ein später Nachen
herwendet in den Uferbogen,
ihm murmeln nach die Wogen.

Ob er die Angel mit
Glück ausgeworfen,
der Fischer zählend sieht
ihn zwischen Schrund und Schorfen
anscheinen fremd die eignen Finger,
die werkzeugharten Ringer.

Er zählt nicht, ob er hat,
ob nichts gefangen,
es wird ihm, daß er satt
vom Werk, um das sie rangen,
und daß die Hände mit Genügen
sich von sich selber fügen.

AUF DER TENNE

Bis ein Mensch wird, der doch nie,
um sich kreisend auf der Tenne,
fruchtbar wird und nur wie ich,
wie zum Korne eilt die Henne,
eilend zu dem Korn in sich
flieht mit fruchtlos armer Sicht, –
heute sah ich Gottes Knie.

Denn es war, als sei das Tor –
oft gönnt er sich solche Pause –
zugeschlossen und allein
ich, daß ich im Saatgut hause,
während er im Gnadenschrein
seinem Mitmirsein entbricht,
froh sprach ich der Seele vor:

Sieh, dort liegt das reiche Korn,
picke, diesen Schatz im Blute
einzuleiben, das mir gor,
sieh, sprach ich mit warmem Mute,
zu ist jetzt das hohe Tor
und im klaren Winterlicht
gilbt und lockt des Weizens Born.

Ja, der um und um sich fällt
schon vom bloßen Blick Bezechte
des Alleinseins handelt so;
sehet, statt daß harrend dächte
jener, wie ein Mensch wird, froh

mit der eignen Seele nicht,
nur Geschöpf vor Gott gestellt –

fliehe, sprach die Stimme, flieh,
die mir wird, wenn mich mein Wollen
schulderhascht, im Munde kalt
trug ein Kummerkorn ich, vollen
offen durch des Tores Spalt
vollen Gottblick sah ich nicht,
auf der Treppe nur das Knie.

DER RABE

1

Ich saß in meiner Wüste Trümmern,
Jehova bot
mich selber mir, den Stein zum Brot,
ich sah den toten Stein mit Kümmern
vom Tau am Morgen leise schimmern.

Der Stern des Tages ließ beginnen
und hat vollbracht,
daß ich den Stein der ewgen Nacht
in mich verschloß und mich ihm innen,
ich schlief in jedem Ding von Sinnen.

Hart stieg das Licht, aus Ungewittern
entsprang es kalt,
es wuchs die eigne Ungestalt,
ohnmächtig hungerhaft im bittern
Geheimnis dieser Welt zu zittern.

So kein vergänglich Ding gemieden
wie Menschenkern,
ihn flieht sein eingeborner Stern
und was ihn sättigt, ihm beschieden
ist kein genoßnes Werk in Frieden.

Sich selbst zur Speise zu vergotten
der Menschensohn
beginnt umsonst die Sterbensfron,
er bricht sich nicht, die Dinge spotten,
du kannst kein Erdenbild zerrotten.

Nur Widerspiel der reinen Habe
und Selbstgericht,
o öffne dich, du hungerst nicht,
es bringt dem Harrenden im Grabe
zur süßen Frühe Brot der Rabe.

2

Lebendig von dem Wort,
in dem ich mich befahre,
allein und doch
was dunkelt in mich fort,
allein und der ich Hunger spare,
dies alles zwingt die bare,
die Seele in ein Joch.

O Wort aus meinem Mund
so nichtig nicht geworden
als ich vor all
und jedem Ding, ein Bund
verschlägt mich immer mehr nach Norden,
es flieht an hellen Orten
von mir der Widerhall.

Im aufgetanen Raum
daß ich die Seele habe
in Hungers Not
gestillt, o Weile, kaum
von einer einzig einen Gabe,
verweile, kaum, ein Rabe
sieht Hausung und das Brot.

Das nimmermüde Spiel,
das ich mit Augen tue,
umschattend mit
des dunklen Leibes Ziel
die hier und hier genoßne Ruhe,

es drückt mich in die Schuhe
und irdisch wird mein Schritt.

Das Land ist rings bestockt,
dies alles eine Speise,
doch nicht genug,
doch was von dannen lockt,
schlägt immer nur zum Dunkeln Kreise,
so ging dahin die Reise,
als ich mich selber trug.

Nun weiß ich, eingebaut
bin ich, um zu verzehren
das helle Licht,
nun wird mir Ruf und Laut,
es dunkelt und ich will ihn hören,
darnach den Flug verkehren
und weiß die Nahrung nicht.

3

Ich ging, als plötzlich wie
aus Wassergrund
ein Stein emporgeschickt, ein Knie,
ein Druck mich hob, mir brach der Mund

und sprach: geborstner Kern
wer taucht hier auf?
Du Himmel immer gleich und fern
als Wasser nimmst aus mir den Lauf.

Ich war es, der hier schlief
in Dunkelheit,
obgleich mein Sinn wie Wasser lief,
lag ich ein Stein geborne Zeit.

Du schnittst den Atem ab
wie einen Schaft,
nicht lebte ich verschloßnes Grab
und mir gab keine Wurzel Kraft.

Versteinung ich bin nicht
nur meine Schuld,
Unschuldiger im starken Licht
laß wittern Erde, Zeit, Geduld.

Heb alles auf, der Fluch,
so brach mein Mund,
ist ganz dein heiliger Versuch,
im Dunkeln wurde ich dein Fund.

So ging die Erde, als
ihr Hunger schrie,
ein Quell auf, aus des Raben Hals
ein Quell, der Stein und Wasser spie.

ORIENT UND OCCIDENT

1

Von meines Wesens Strande nackt geboren,
ein Pilger zu den innerlichen Quellen,
von meinem Abendlande zu dem hellen
Gestirn des Ostens ging ich wegverloren.

Und ging mit Blicken, brechend vor Emporen
des Himmels rückwärts, Schiffen, die zerschellen,
das innerliche Wasser, mich zu fällen,
hielt mir das Wort verschlungen wie vergoren.

Der Urwald böser Sinne wuchs noch dichter,
als ich erfuhr des Überganges Klippen
und sich mir auftat Ewigkeit des Ostens.

O wachsende Bedrängnis aller Lichter,
unendlich Wasser taumelnd wie durch Lippen,
ich sah und schrak im Blick des Blickverkostens.

2

Als wie aus Nächten eine Feuersäule,
Brand der Gebeine, wie kann dieser Oden,
wie kann sich gatten mit den Morgenroten
der Blitz, der mich versenkte jede Weile.

Und wie aus Wassern knisternd: eile, eile,
das auferstandene Gesicht zu loten,
ging ich mit Worten vor mir her, den Boten
mit Blut bezahlend, daß er mit mir teile.

Das Land wird breit, die Erde will mit Zungen
sich öffnen, mehr zu tun, sich ganz im Kerne
verwurzen dir, du Säule des Verkünders.

O Sonne, Engel, Michael, errungen
haucht fort dein Atem unterm kalten Sterne,
du aber furche dich im Glanz des Winters.

DER REISIGE

Meine Gedanken sind oft wie leibliche Nerven
oder Blutfäden, die sich aus mir schärfen,
wie Wogenkämme, welche die Meerlast drechseln,
unter sich einschließen und den Ort nicht wechseln.

Einmal als mir über der Lippe die Gruben
zuckten, die wie Urquellen zwischen Nase und Wangen
vertrocknet vom Hauche in Adam nicht mehr sprangen,
als mir die Gedanken wie fließende Wasser anhuben,

dachte, fühlte ich, daß der Strauch der Erde
ganz in mir lebendig und ich ihm werde
jeglichen Ortes Pilgerschaft und meiner Zeit
ich ein Reisiger ging mit dem eisernen Kleid.

Ach daß, wenn ich so werde, mich immer noch friert,
alle Dinge um mich frostige Rüstung gebiert,
und der unaufhörliche eiserne Klang
geht mein Leben mit mir die Erde entlang.

Ich möchte so meines Markes Ader bar,
wie sie vom Hauche in Adam getrocknet war,
sein wie ein altes Holz von glänzenden Fasern scharf,
wenn ich einmal sterben darf.

STEIN UNTER STEINEN

Seh im Traum ich jene Wand,
nicht im Traum, doch wie im Säumen
einer Nacht, die braun von Keimen
Tränen tauend trocken stand,
seh ich wieder jene Wand,

höre durch das Wasser vor
horchend und den Blick gerichtet
härter fallen nachtgesichtet
offener des Brunnens Tor,
unbeweglicher davor,

komm ich durch die Grenze her,
unverdient mit allen Gliedern,
unverdienter abgeschieden,
atmend ich und liege schwer,
das Gesicht kommt in mich her,

ruhig, denn der Abglanz lebt,
schlägt den Berg und er mit Scheinen
dunkelt und was liegt in Steinen,
dunkler in die Helle strebt,
wird begraben und begräbt.

WIDERPART IM HALBEN MOND

Als dein Gold sich tiefer trübte,
deines Wandelgangs geübte
Schwermut glühend hergewandt
und von Kühlung übergossen
hängend doch in Gleiche stand,
nahm den Kelch ich ungenossen,
nahm ich dunkle Glut zur Hand.

»Jäger du der Einbeaugte,
ob ich dir zum Jagen taugte,
Auge, Schlacke halbverschluckt«,
aufgeglüht das abgetrennte
frug ich gar nicht mehr geduckt,
ob es gegen kalte Brände
auch im Pulse widerzuckt,

»oder Schmied, der seine Waffe
halbgeschmiedet und die schlaffe
Hand im dunklen Saum vergräbt,
noch ist deine Speise fertig
nicht und in der Lichtung lebt
noch ein Tier dir gegenwärtig«,
sprach ich, leise doch erbebt.

Als sein Gold sich tiefer trübte,
nahm und barg das altgeübte
stille Auge ohne Fluch,
nahm er vor die harte Wange
eine Schwiele und ein Tuch,
und vom himmlischen Gesange
kam es her wie ein Besuch.

PROPRIA PEREGRINA

Ich ging auf einer Straße,
mein Gehen war so leicht,
daß ich mit Sinn gewahrte
kaum eine Jungfrau, eine reich
und liebliche Gestalt, sie trat
noch kaum erblickt auf meinen Pfad.

Ihr Angesicht war rosig,
doch sah ich, war ein Fleck
ihr, die auf mich gestoßen,
aufs Auge zu mir schwarz gedeckt,
sie stieß an mich wie Blattgelock,
wie eine Rebe hart am Stock.

Die unerkannte Fraue
zu mir nur war sie blind;
sie, der das andre Auge
so wie die Sonne weiter schien,
entwand sich kaum gefesselt gleich
von mir nicht röter und nicht bleich.

Und ging. So ging vorüber
die Bräutliche, ich sah,
wie unerschüttert ihre
Gestalt, ihr Wandel von mir trat,
wie tiefer unterm jungen Grün
der Blätter schwer die Sonne schien.

WIE DER VOGEL WENDEHALS

Tagelang bis Nacht herein
kommt mit dunklem Schlaf
und die Brut zu Ende bringt,
die, sobald das Licht mich traf,
in mir schwingt,
bin umrungen ich allein.

Jeder geht und tut sein Werk,
wandelnd ich vorbei
schaue hier, bedenke dort,
gebe, horchend was es sei,
auch ein Wort,
doch es kommt wie aus dem Berg.

Nun behalten innerst lahm,
dann doch nirgendwo
wie der Vogel Wendehals,
war es dir Maria so
schwer damals,
als der letzte Monat kam?

Wieder kommt die Schlafenszeit,
gerne sink ich hin,
doch die Brut wird heute stumm
nimmer und zur Mittlerin
geht, warum
ich so ratlos erdenweit,

geht mein Sinn wie Dorngerank,
doch du wußtest, wer

unterm Herzen stark dich schnürt,
und es kommt ein Scheinen her,
wenn dich friert,
und du warst vor Wonne krank.

Ich doch weiß die Stunde nur,
die mit Schmerzen speist,
und wenn mich der Vogel hackt,
harzend, wo er an mir reißt,
tränend nackt,
narbe ich die fremde Spur.

Bleibt die Brut auch ungezwagt,
doch mit Körnern Salz,
daß daran die Zunge stieß,
wird der Vogel Wendehals
stiller, bis
froher meine Stunde tagt.

MEIN VOGELBAUER

Du machst dir alles selber schwer,
o Seele,
und wandelst taumelnd auf dem Meer
in harter Dauer;

nein, dich trägt liebe, lieber,
je mehr du gibst dich selber her
mit voller Kehle,
in deinem sichern kleinen Bauer
spielend mit treuem Schwanken über
die Welt der Herr.

ROSENSCHNITT

Eine Blume baut, wie blüht sie auf,
überhängend ihrem kargen Stiele,
sorgenrein, als ob ihr Tau entfiele,
baut auf schwankem Stengel vollen Knauf.

Eine Seele noch um Opfers Kauf
nächtebang, mit Zittern eine Schmiele,
nimmer sie und doch noch sich zum Ziele,
adernlang wie quillt in Blut ihr Lauf.

Tag und Nacht fällt in ihr Angesicht,
staunend ihrem Pulse wird sie gleicher,
bis wie Tau die Lippe fallend spricht:

gestern war ich, die ich heute fiel
reines Opfer, wie bin heut ich reicher,
gestern war ich einer Blume Ziel.

LIED MAGDALENAS

Ringt mein Herz mit seinem Herrn,
wie es immer schon getan,
wandr' ich und auf alter Bahn
fängt mein Sinn zu läuten an,
Licht hat einen dunklen Kern
und in Nächten wächst der Stern.

Übung bringt des Herren Zucht
wie der Sommer sein Gesetz;
daß verletzt ich ihn verletz,
schlägt er meinen Gang ins Netz,
wandernd halte ich die Frucht,
denn der Herr ist auf der Flucht.

Aus der Ohnmacht wird ein Recht,
aus dem Licht ein Kern entleibt,
fällig, wie die Blüte stäubt,
kommt die Schwere, die betäubt,
Wechsel geht durch mein Geschlecht
wie zur Ernte Magd und Knecht.

Schau ich in die Fülle dann,
was geblieben mir, verheißt
eine Glocke, die nicht speist,
hin und her ein dunkler Geist,
sieh ich bin in Weib und Mann,
daß die Quelle fließen kann.

Fort mit Ringen ohne Rat,
doch mit fast entschloßner Brust

sagend, auch die Himmelslust
wird in Trennung nur bewußt,
flecht ich mit Warum die Statt,
wo der Herr mich offen hat.

Wie verharr ich nur so bloß
irdisch, daß ein Wirbel raunt,
fast verführerisch gelaunt,
bleibe wach, die Seele staunt,
doch mein Stolz ist hoffnungslos
eingesenkt in meinen Schoß.

Wo der Sinn im Kern entzweit
mich beschläft, bin übermannt
ich der Kern nicht, doch das Band,
das den Herrn ins Dunkel spannt,
Blatt im dunklen Licht gefeit
ist der Sommer meine Zeit.

ZUNGEN IM WIND

Daß ich mich in Bann getan
mit gereimtem Wort,
trug mir oft den Sinn voran
wechselnd Wort mit Ort.

Vor dem Willen zwanggefügt
segelnd in den Wind
gläubig, daß der Lauf nicht trügt,
bangte oft das Kind.

Wars gezeitenhafte Spur,
Strand mit fremder Brut,
wo die Welle unterfuhr,
rauschend auf im Blut?

Immer wie Erinnerung
schwieg darin ein Hauch,
wird mit dieses Herbstes Schwung
er nun stürmisch auch?

Vogelflüchtig und ein Laut
stärker als der Klang,
der das Herz, wo Heimat blaut,
still zum Neste zwang?

Noch ein Laut der Seele bar
und der immer schwieg,
ruft nun mit dem späten Jahr
seiner gleich nicht: Sieg!

Bis mir, der den Bann zerbrach
stumm gehegter Brut,
vollends in die Lüfte stach,
auch die Seele ruht.

Ungleich und wie einst mit Schall
sprang vor Lust das Kind,
horch ich in den Blätterfall,
Früchtefall im Wind.

Tropfen und in starker Schur
geht es niederwärts.
Bleibst du in des Blutes Spur?
Ja ich will es, Herz.

Einen Apfel teilend ins
offne Kerngehäus
sah mein Auge wirren Sinns
Pfingsten rings im Kreis,

wie Zerstörung im Gemach,
Zelt und Zelle wich,
Kern zu Kern gerüttelt sprach
und zur Seele ich:

Gang in eingeborner Spur
hat mich nicht verflucht,
wo der Wind zur Erde fuhr,
sammle ich die Frucht.

AKTÄON

Wer so mit Schallen bläst,
es sinkt das Glück
des Jagens nicht ins Herz zurück,
ein Odem, der an Wälder stößt
und wiederkehrt und unerlöst
gebiert es Stück für Stück.

Jungfrau zu dir gesinnt,
die sein Verlies
mit Macht aufbrach und ihn verstieß,
die Hindin ist allzu geschwind,
es braust, die Seele hebt ein Wind,
er will doch nichts als dies:

Die Eile nicht, die Flucht,
die Beute nicht,
nichts als wie ihn dein Augenlicht
gleich einem Blitz in dunkle Schlucht
in seines Sturzes kranker Wucht
verwurzelt und verflicht.

Der Horcher, wann es lockt,
von wannen tief
das Echo, das zu kommen rief,
das, wenn des Jagens Fuß ihm stockt,
Ruf immer weiter klingt und lockt,
der niemals wieder schlief,

er wendet, wendet nicht
vor reiner Qual

ihm ausgetan im Erdensaal,
wer bricht dies eingeborne Licht,
es trägt den Schall an Wälder dicht
der Jäger ohne Wahl.

Nun sieht er, wie es kreist
im vollen Rund,
als sei mit reinem Glockenmund
sein Herz und sein Verlies gespeist,
mit Macht, die ihn von dannen reißt
zum unlösbaren Bund.

Noch horcht er auf den Ton,
noch steht er still,
ein Baum, der sich entschälen will,
ein Hirsch umringt von Wassers Drohn,
in einem Blitz ein kaltes Lohn,
ein Halten und kein Ziel.

Der Meute ist er frei,
der jetzt verzagt,
der seinen Blick zum Grund gewagt,
er ist im reinen Ton entzwei,
er trägt den Blitz wie ein Geweih,
nun wird er selbst gejagt.

INVIOLATA

Dieses, daß ein andres Wesen
Mensch gleich uns mit unserm lebt,
innerlich zu sich erlesen
mit Gestalt von uns sich hebt,
heut gleich Glanz in stillen Steinen
fremd bewegt sah ich mir scheinen.

Schein im Winter, wenn das flache
Licht emporsteigt silberweiß
fessellos und Trunk im Bache,
Schluck gefesselt unterm Eis,
das war ich, im Fließen weinte
mich die Sonne, die mich einte.

Weiter ging der Lauf, beengter,
und im Schritt darüber hin
Perl an Perle ich bedrängter
und entgegenbeugend ziehn
sah ich mich, sah in den Ruten
um mich Menschenschatten bluten.

Dies und daß ein Lichtbehälter
auch der Stein im Grunde zog,
als mit Wundenschauern kälter
durch die frische Hecke bog
ich, ich sah es dort im ersten
Ostern fließen, nicht zerbersten.

Immer war das Ich im Bunde,
Mumie in Steines Bauch,

und zu Bildern in der Runde
sprach es mit gefrornem Hauch:
rühre nicht im harten Raume
Seele dich, du bist im Traume.

Heute nun, wie eine Welle
einhält und Gestalt enthebt,
ich lebendig sah, die Schwelle
fiel und Saal an Saal belebt,
und nun wie an Echos Haaren
kam dem Bild ich nachgefahren.

Ruf im Körper, stumm im Steine,
jene blickt im Tun für sich,
die verdichtet Echoreine
schlägt die Fessel lind um mich,
neu Gestalt wird klar in Fluten,
drein von Wänden Bilder bluten.

VITA CONTEMPLATIVA

Wie ich von diesem Menschen kam,
der, noch nicht fort
ich, Kopf und Blicke zu sich nahm
vom abgebrochnen Wort, als fiele nieder
ein Faden, den er fallen ließ
vor mir, und der ich dort
wie in die offne Angel stieß,
da sann wie einst ich wieder.

Der ich vom fortgetragnen Klang
zurückgewillt
mich selber in den Knoten schlang
und wiederkehrend hin und durchs Gewebe
die Kette kreuzend dicht an dicht,
wie Wanderwasser quillt,
wie Schöpfung sich und Meer verflicht,
sann, sann ich, wie ich lebe.

Wie ich der Fisch bin, der da schleift
die Angel nach
dem, der den nächsten Faden greift
und der da Fäden, daß er Menschen binde,
zur Kette legt; der Faden hart,
seitdem die Treue brach,
muß bluten in der Gegenwart,
o weite Zukunft, blinde.

Noch ist die Kette also leer,
der Einschlag ich,
mein Schifflein geht drin hin und her,

muß einen Willen unter-, überschießen,
er läuft zum Ziel, da bin ich Spiel
und sann Maria dich,
bis ich ganz in mich sank und fiel
dem Herrn im Geist zu Füßen.

Wie kehrt zu mir, kehrt bei mir ein
Mariens Los,
weil ich so ganz gefangen sein
im Bild, im Menschgewebe muß verbleiben.
Der Faden, der dir mir entfiel,
nun liegt er mir im Schoß,
wer, Martha, tätiger das Spiel,
Maria, wird es treiben?

Und fort und fort in mich versenkt,
wie Fels im Meer,
wie so mein Sinn Gewebe denkt,
ein Mensch wie ich, der nichts kann als beharren
am Orte, wie die Schöpfung tut,
ein Eiland hebt sich her
und Palmen, Blumen wärmt mein Blut
und kann nicht mehr erstarren.

Der Wollende geht fort zum Ziel
und ist doch blind,
der Willige sein Widerspiel,
als ob die Schöpfung sich an ihm ersauge,
so daß er nie die Stelle rückt,
bis deiner Augen Wind
im Paradies mich wieder blickt,
bewahr mich als dein Auge.

DEN GEISTIGEN

Wer kann mit euch, und muß nicht mehr noch spielen,
Einsatz er selbst, das Spiel des geistillustern
Gebahrens mit der alten Welt nach Mustern,
die frei sich dünken und erhaben zielen;

die, während ich sie sah nach Göttern schielen,
geworden waren zu Anschauungsschustern
der Menge, der sie gleich den Normalhustern
– gesagt nach meinem Landsmann – so gefielen.

Die alte Welt wie wird im Geist sie blind,
der uns nur mittelt zwischen Gott und Dingen,
bis er zuletzt sich fängt in eignen Schlingen.

Ich bin und Gott ist und das Ding im Wind
der Schöpfung und das Herz vor Menschenhärte
zerbrechend spielt mit Gottes Muttererde.

DAS HERZ DES WORTES

Ein Schäfer grüßte mich: Grüß Gott,
doch ich war wie im Schlafe
und sah nur seine Schafe,
so daß ich Gott und ihm nicht Gruß und Zeit nicht bot.

Der Gruß lebendig, der nicht stirbt,
nahm mir aus meinem Munde
den Hauch von dieser Stunde
und flog nach einer Seele, die vor Gram verdirbt.

Ein Weib den Korb am Arm und zag
ging hinter mir vorüber
und sprach im Herzen: Lieber
Gott gib, daß ich das Elend leicht wie dich ertrag.

Da hielt der Gruß im Flug ein Nu
und faltet seine Flügel
und schwang sich um den Bügel,
verschwand im Henkelkorb, sie schloß den Deckel zu.

Und heimlich sprach der Gast: Schau aus,
im freien frohen Leben
wird niemand mehr dir geben,
als was dein Herz besitzt und mich dazu im Haus.

Der Frau lag wie ein Korb die Brust
voll Gaben und Erbarmen,
da schwang sie mit den Armen
und schwang den Gruß und Gott und war es nicht bewußt.

Man schwingt Gott nicht wie eine Last;
als fiele eine Zähre,
kam sie aus ihrer Schwere
und sprang, und sieh, das Weib hielt wider Willen fast

vor eines Wagens rotem Roß;
der Fuhrmann schrie: Ei weiter,
ist sie vielleicht so heiter,
weil sie der Teufel reit, so bin ich mit im Troß.

Sie hörte, wie das Herz ihr scholl,
als ob Gott sie versuche
mit diesem Fuhrmannsfluche,
der Korb war ihr so schwer wie aller Erde voll.

Ihr bebte in den Brüsten fort:
Wie bin gen allem Hoffen
noch tiefer ich getroffen
und mir gelingt kein Hauch zu einem reinen Wort.

Und wie gering ist, was mir fehlt,
daß ich mich nicht mehr quäle,
Gott gib mir deine Seele,
dann widersteh ich allem Fluch der harten Welt.

Der Wunsch war ihr schon lang erfüllt:
weit wurden ihre Blicke
und als ob Gott sie schicke,
so wuchs sie groß und schien dem Knechte sonnenmild.

Ja alles war in ihrer Macht,
und wo sie um sich schaute,

der Himmel vor ihr taute,
und jeder Mensch betrieb sein Werk getrost und sacht.

War still ihr Herz nun im Genuß,
daß sie auch nicht mehr sorgte,
wer immer von ihr borgte,
daß er nicht darbe und empfange gleichen Gruß?

Sie sah die Runde weit herum,
wo alles Leben hauchte,
ob keines Hilfe brauchte,
und oh wie war sie froh und alle Welt war stumm.

Ihr hoher Sinn ward kaum gewahr,
daß ihr der Korb entrollte,
als ob er selber wollte,
er rollt von ihrem Fuß in eine Kinderschar.

Ach war nicht, wie's im Spiele ist,
ein armes Kind im Reigen,
sie sah, das war ihr eigen
und war ihr Kind vordem und wars zu dieser Frist.

Daß sie nur nicht den Korb verlor!
Sie trat in aller Mitte
und aller Kinder Bitte
drang gleich vor sie und alle rührten gleich ihr Ohr.

Ach bliebe nur das Herz in Ruh,
von einer Mutter Gaben
will jedes Kindlein haben,
ihr Auge allen gleich, ihr Herz floß einem zu.

Wo war der liebe Klang vertraut,
da sie, so oft es tagte,
mit ihrem Kindlein zagte,
und wie sie immer sprach, das Kind gab frohen Laut.

Wie kommt mein Herz nun seinem nah,
ich habe doch dies eine,
dies kleine und dies meine,
was tat ich, daß dies Unglück mir von Gott geschah?

So bin ich meiner Allmacht Spott;
daß ich mich von ihr trenne,
mich ganz mein Kindlein kenne,
gib mir nur meine arme Seele wieder, Gott!

Sie nahm mit einem tiefem Hauch
vom Korbe voll Entbehren
den Deckel ab, vom leeren,
wie sie doch glaubte, husch, entflog der Engel auch.

Wie kummerglücklich sie da rief,
er war noch kaum vom Bügel
entwischt und schlug die Flügel,
wie bin ich nun erschreckt und froh im Herzen tief.

Ein Wort tut Menschenherzen not.
»Komm Kind, gib es dem Manne«,
da war ich aus dem Banne,
ich bot dem Schäfer spät und bot mir froh »Grüß Gott«

SIGNET

Wandernd in dem Fluß, dem großen,
fort, wie mich Bewegung stieß,
immerfort ins Herz gestoßen
bricht die Flamme ihr Verlies,
in Begegnung dich zu haben,
Gräber, wird dein Ich begraben.

DAS SINNREICH DER ERDE

VORWORT

Was im einzelnen gefügt
Wort ist und nicht mehr kann rücken,
daß es nicht im ganzen trügt,
geh du fort auf Traumes Stücken –

nein, der Sinn versinkt wie Traum
in dem auferwachten Tage,
und du suchst im ganzen Raum
endlos deine eigne Sage.

Wanderer in Tagen

MORGEN-LEIS

Nach einer schlaflos langen Nacht
den Sinn dumpf, müd und überwacht
weckt quirlend eine Vogelstimme,
das klingt so rein im frühen Schein,
und über jedem dunklen Grimme
schläft Unrast ein und Eigenpein.

Da irgendwo, wo ich nicht weiß,
singt nun das Kehlchen wirbelleis
und steht auf seinen zarten Füßen,
es ringt sein Mund, ihm selbst nicht kund,
als müsse doppelt es begrüßen
zu dieser Stund den Erdenrund.

Mein Sinn und mein Gedankenspiel
sucht neu erquickt das alte Ziel:
so will ich meine Seele schreiben,
so rein und nicht verdroßner Pflicht,
daß nirgendwo die Füße bleiben,
daß mein Gesicht vergeht im Licht.

DER WANDERER

Der eine Mensch braucht leichte Hand,
er beugt sich morgenglanzbetaut,
der andere wie schwüles Land,
auf dem Gewitterabend braut,
verkrampft in Gottes Faust sein Blut,
die schwer auf Erden ruht.

Ich bin dem Morgen spät erwacht,
als schon die Sonne Kränze trug,
Gewölkebrut aus Mitternacht
die Seele feurig überschlug,
die Tageszeit steht im Zenit,
verlängre deinen Schritt.

Das wird ein harter Abendgang,
der Herz an Herz treibt durch die Welt,
durch Dunkelheit bricht Licht dem Klang
voraus, der starr in Ufern hält,
ein banger Groll furcht himmelwärts,
Herr, stärke mir das Herz!

DER DRACHE

Gaukelwerk zu Häupten mir,
meines müden Sinns Panier,
stößt von eines Knaben Griff
in die Lüfte wie ein Schiff.

Wallend mit dem Segler dort
unerlassen fort und fort,
meiner Seele Bild geschwind
hebt ein Fittich in den Wind.

Hartes Ding im Himmel rein,
das ein Kind nun fern und klein
zu sich und zur Erde zieht, –
wilde Ruhe, die mich flieht,

weile, denn das Himmelstor
tritt geschlossener hervor,
ehern hängt der Erdensaum
rings im grenzenlosen Raum.

Keine Regung, die mehr blieb,
aus dem hauchhaft leisen Trieb
stetiger die steile Bahn
fährt das Schiff gen Himmel an.

Fortgelockt vom schwanken Bild,
hohe Dauer, Ferne mild,
ist der Geist im reinsten Flug
dinglich Wesen nie genug.

GEWITTERABEND

Ich weiß, du hast mich aufgespart
und läßt mich leben
in meiner Kreatur,
wie hell der Blitz,
der eben vor die Sonne fuhr,
sich mit dem Abendhimmel paart,
wie kein Besitz
mir gänzlich hingegeben.

Wagt mich mein Herz schon ganz verarmt,
du läßt mich wagen
um meinen bloßen Schein,
um Einsatz leer,
und voller nur im Widersein
des Dunkels, drin mein Herz verbarmt,
des Lichtes Wehr
auf meinem Haupt zu tragen.

Kniet mancher wohl um Lebens Drang,
daß treu es bliebe,
oder um Hungers Not,
daß weiter stark
er schlicht erfülle dein Gebot,
das ihn zum sichern Leben zwang,
gestillt sein Mark,
um Gut und Rast in Liebe.

Nicht Sicherheit ist mir zu Teil;
mein freier Wille
bebt fort im Zwiespalt, um,

was er erschafft,
zu füllen in die Wimper stumm,
gleich einer Mutter Leben Heil
gibt, Kraft aus Kraft,
daß ich die Zeit erfülle.

Den Rundblick wie ein Baldachin
bedrängt das lichte
Gewölke mit Gewalt
vor dunkler Last
und setzt sich wider die Gestalt
empor und zückt aus ihr den Sinn
und gibt ihr Rast,
daß dunkler sie sich schlichte.

ABENDHIMMEL

Wie ein Licht durch unser trübes
Wesen, dachte ich,
sei die Seele. Blieb es,
liebes,
klares Licht! Doch wie durch Farben-
fenster zitternd es durch Narben
kann nicht sammeln sich.

Uns mit einem Blick zu zwingen
ganz in Gegenwart,
will uns nicht gelingen.
Schwingen
immer und noch mehr bewußt
muß die Seele durch die Brust
milder bald, nun hart.

Sieh, dort steht des Mondes Wiege,
Sichel ohne Kern!
Reiner Ungenüge
schlüge
Seele voll dich ach ein Meer!
Leichte Luft kommt weit daher,
leichte Lust von fern.

Jenes Dunkel eingeschlossen
fast von einem Ring,
den die goldnen Sprossen
gossen
fast, und dunkel, dunkler schier

wie die Allmacht wird in mir
Stern, den ich empfing.

Wie mit trocknem Luftgespiele
diese Nacht beginnt;
eine Wolkenschwiele,
viele
stehn am Himmel, die nicht starben,
durch die lustverzognen Narben
brich, o Menschenkind!

DER MOND

Ein abgebrochnes Stück,
dem goldnen gleich vom Pol
herabgedrückt zum Hohl
der bangen Mitternacht,
bleibt ihm mit scharfem Rand zurück,

wem? Diesem, der da blickt,
und weil er Atem holt,
nicht dies Gesicht von Gold
bewacht, und weil er wacht
und bangt, die finstre Bucht
mit Atem zu sich selber schickt.

Schon ist der Donner dort,
o wache nicht, du mußt
sonst sammeln in der Brust
mit trümmerhafter Sucht
was, kalt dies Gold der Nacht,
das Monde wechselnd hängt am Ort.

Nun wird er Blut und Ruß,
nun steht er auf dem Bord
des Rachens und verdorrt
beflammt, und von der Nacht
verschlungen, bebst du bis zum Fuß.

GLOCKE DER NÄCHTE

Wecke nachts mich, Mutter, daß ich
laut zu dienen
vor der Morgenhelle
zehre meine Stimme, schwelle,
schwärme mit den Bienen.

Du Gestorbne, schon im Korb, im
Lebensstocke
schon so Unbehauste,
warst die, die so innig brauste,
klöppellose Glocke.

Not und Hunger, Tod und Kummer
schlug vergebens
härter deine Harfe,
stiller brach das bitterscharfe
Brot des armen Lebens.

Wie die krumme harte Kruste
abgeschnitten
schwindet, ganz verzehrte
Mutter, hat dies Bild aus Erde
um das Brot gelitten.

Und noch spielt ein ungezielter
dunkler Hammer,
ob, der ihn ermannte,
treffe bis zum vollen Rande,
fülle seine Kammer.

Noch ist Tag nicht, Angst der Nacht sticht
in mein Denken,
daß ich, wie die Mäuse
Körner fressen, mich zerbeiße,
und ich kann nicht schenken.

Oder ich bin ganz im Wirrsinn
hingesunken,
taub in meiner Schwere,
Rufe schallen, und ich kehre
mich zum Heimweg trunken.

Mutter, Vater, mein gesparter
kleiner Glaube
will den Abgrund rufen,
in die unermeßnen Kufen
dunkel stürzt die Traube;

ob die Spanne ich erlange
bis zum Morgen,
bis der Rand der Glocke
aufgewölbt zum Himmelsstocke
meine Fracht geborgen.

Wird die Jagd um mich verzagen?
Lauter, lauter,
nicht das Wild vergräme,
Echo dringt durch alle Stämme,
steht im eignen Schauder.

Milch und Licht und rosendichte
hohe Lohen

wird der Himmel stürzen,
Hefe in den Wein, nicht kürzen
laß den Fluß, den rohen.

Zieh den Hebel, tritt die Kelter,
orgle; heiser
muß der Klang dich stechen;
Bienen aus dem Flugloch brechen
süß und immer leiser.

MORGENGELÄUTE

Fang wohl an, du eine Glocke,
eine will mit vielen schlagen,
lauter wird das Unverzagen,
immer noch im Himmelsstocke
zittert eine neue Glocke.

Irrend im gebrochen reinen
trocknen Strome fortgeronnen,
alle zu dem vollen Bronnen
sucht ein Ton und sucht doch keinen

aller, alle, kein und einen.

ZUM TAGE

Der ich mein Haupt rücklings verkehre
zum Morgenlicht,
verzweigend meiner Glieder stillen Bann,
vergaß ich, daß ich nicht,
der ich zum Tag mich ganz erheben kann,
entlastet bin, ein laubentladner Baum?
Nun steh ich wie in Knospenschwere:
ich rang die ganze Nacht mit dir im Traum.

DER BAUM IM LAUBE

1

Will der Sonne Licht sich wieder gatten,
kaum daß sich und schnell ein halber Regen
flüchtig ausergoß, kommt ihr entgegen
Glanz und milder Schein und halber Schatten.

Nur im Augenblick, und wieder hatten
Lüfte Zweig um Zweig am Baum gelegen
leicht ihr Spiel und trieben eines trägen
Windes Weiser sich im Laub vonstatten.

Aber manchmal sieht man dann den satten
Baum – dann weilt der Lichtsaum in den schrägen
Himmeln – ernst und sich mit nichts bewegen,
bitter grünen und mit nichts ermatten.

Fordernd, doch daß er kein Kommen wehre,
trägt er ruhig seines Bildes Schwere.

2

Was mich, denk ich meines Daseins Haft,
aus dem Maß, so ich mir selber stellen
will, Versucher mich verborgner Quellen,
oft mit allen Sinnen weggerafft,

was ich wieder schaue, und es klafft
näher mir und ist ein Bild im hellen
Himmel wie ein Baum und von Gefällen
dunkel, was mich aus der Wurzel schafft: –

Sinn ist nicht wie Blut ein eigner Saft;
und die ich auszweige, dieser Zellen
kleine Lebenswirknis muß zerschellen,
und ich lebe nicht aus eigner Kraft.

Sinnberufer, löse diese Schwere,
daß sie unberührt dir wiederkehre!

DAS LIED RUHELOS

Las ich und verhielt
sinnend eine Pause,
wie das fremde Blut verschieden von
dem eignen brause,
hört ich, wie es in der Muschel wühlt,
einen unabänderlichen Ton.

Ging ich herzumspült
fort von meinem Hause,
sah vom Sturm geschüttelt Stamm und Kron,
ihn bis zur Klause
atemziehend, wo das Grundblatt mühlt,
ihren steten Pendelgang bedrohn.

Bricht der Sturm, der Kamm,
stürzt er einer Welle,
liegt das Blutmeer heller abendwärts,
hebt eine Quelle
rieselnd sich zum Himmel still der Stamm,
schweigt ihm nach das unstillbare Herz.

DÄMMERUNG

Im dämmerdunklen Zimmer, dem kalten Licht
des Abends abgekehrt, das im Schimmer bleicht,
versinkt, als sei der Ring der Seele
abgesprengt, hungernd der Geist zur Tiefe;

und schließt den Abgrund niemals ins feste Band
und schwebt herauf, umzitternd den alten Kern,
der lebt, weil er im Sterbenshauche
immer verstummt mit dem Mund am Meere;

den Mund am Meer, bis wieder der Ring entschwebt,
und wieder kommt er näher im gleichen Klang,
doch stummer nur wird wie die wortlos
wirklichen Dinge das Menschgeheimnis.

Ist so der Dinge Wesen mein eignes Herz
und bin ich so von Gott in die Welt gedrängt,
daß mich der gleiche Klang des Geistes
niemals erkennt in der eignen Schwere?

Und wieder läßt er sinken den Kern mir nicht
und füllt die Seele wieder mit einem Ton,
bis ich im Zwiespalt ganz zerbrochen
schließe den Ring des erkannten Geistes:

Ich bin und bin des Klanges nur Widerhall,
ich bin und bin der Dinge verbannter Ton,
die Erde steigt um die Erlösung
immer in mich wie der Geist zur Tiefe.

DER WOLF

Zu dem nachtstill klaren Licht
blickend, das die Tischgeräte
meines kleinen Heims umglänzt
und, vom weißen Tuch begrenzt,
ruht im Kreise heilig schlicht,
bin, der ich im Dunkeln trete,
bin ich wie ein Ausgestoßner.

Ringend mit dem finstren Kern,
den ich nie in Worte fassen
kann und trag ohn Unterlaß,
welkend in mein Fleisch wie Gras,
immer dichter, weiter fern,
Nacht ich, um die Nacht zu fassen,
irr ich fort im Wesenlosen.

Wolf mit ungelöschter Gier,
selbst das eigne Herz zu fressen,
hungert durch die Wüste hin.
Sicher, eine Löwin kühn,
wohnt die stille Liebe hier;
Liebe still und selbstvergessen
siedelt unter meinem Dache.

NACHTSTILLE

1

Auf meinem Lager nachtumhängt
hinwachend ruhelos bedrängt,
ob eine Lichtung Ziel mir weist,
gräbt um sich fort mein armer Geist.

Und in sich redend stumm in stumm,
gräbt er die Lebensschollen um,
es wirft den dumpfen Körper schwer
des Gräbers Werkzeug hin und her.

Vom Fenster ein getrübtes Licht,
als sei mir hier Behausung nicht,
sei eine Grube erdenkühl,
reicht nicht zu meinem dunklen Pfühl.

Und schleppt mir doch mein heißer Sinn
mein Inbild wie zum Amboß hin
und hämmert mit gezieltem Schlag,
als sei ein lichtgewordner Tag.

Schlag immer zu, ich liege still
und harre, was geschehen will,
es krümmt sich, bildet sich, geschieht,
je mehr mein Herz entgegenglüht.

2

Und wieder nachts ein Geist den Ring,
der zauberfest mich barg, umging,
mich weckend, der schlaftrunken bald
ins dunkle Aussichsein entschwand,
bald herzgerüttelt widerstand
der nimmermüden Lichtgestalt,
bis ich es sann mit wacher Härte:
ich bin wie eine Frucht der Erde.

Die Frucht, die sich nicht helfen kann,
bald milde tritt der Herr sie an
und lockert ihren dunklen Schoß,
doch bald, verdoppelnd seine Zucht,
prüft er den Halt der lahmen Frucht
und rüttelt sie vom Grunde los,
bis sie mit Blatt und Wurzeltrieben
in seinen Händen ihm geblieben.

Die Nacht geht zauberleicht dahin,
und ungefangen tanzt mein Sinn,
ein welkes Blatt und dürren Bruchs,
bis tändelnd und mit losem Spiel
es wieder in die Grube fiel,
daraus er nahm den plumpen Wuchs.
Zum Blatt, mit dem die Lüfte fächeln,
muß wohl der Herr nun selber lächeln.

MORGEN

Vom nächtlich ungerastet
versteckten Wort,
das mühvoll nicht zu Willen,
hebt schwer das Haupt sich fort
wie müd gefastet,

da haucht ihm feucht entgegen
der Morgenschein,
und in den regenstillen
bricht laut der Donner ein,
und stärker rauscht der Regen.

KELCH IN DER FRÜHE

Der Morgen atmet eines schweren Lichts
durch Regen unverbrüchlich hergetragen,
da will ein Hauch die Seele alles wagen,
denn sie ist arm und hat in Fülle nichts.

Im ausgelöschten Spiegel bildlos Bild:
du sollst nichts in der toten Stille haben,
vor reiner Regung blühen rings die Gaben,
so fällt ihr Atem sterbensstark und quillt.

Doch wie der kühle Kelch zum Mund sich neigt:
erkenne dich, du Mächtige im Trunke,
da flieht der Sinn wie tot, am schwarzen Strunke
die Wasserperle wird dem Blick gezeigt.

Fort mit dem fahlen Schmerz und kalten Blitz,
der niemals rinnend wird zum lichten Scheine
der Innenglut; sie bricht aus goldnem Schreine, –
glückliche Menschen haben viel Besitz.

Der Sinn des armen Weges silbermatt
unfaßlich hingegeben zu den Dingen,
wann schließt die Seele sich in starken Ringen,
wann öffnet sich die volkbelebte Stadt?

Da sitzen Gäste selig um den Tisch
und sind zum unerschöpften Mahl verbunden,
sie sind erfüllt, du mußt im Durst gesunden,
nun trinke –; wie ist Leben bitter frisch!

DURCH EIN OFFENES FENSTER

Wenn die Vögel im Regen zwitschern
oder flöten und aufhören,
hören
und sind wieder im Zwitschern,
ist das immer,
als ob man trinke
oder den Wein in der Kehle spüre,
und gekehrt zum Tage
ist man nicht mehr entzweit,
sondern hat nur
das eigene Herz in der trinkenden Kehle.

MITTAG

In Tages Mitte nur ein einzler Mann,
wie schwer ich denke
und in Verlassenheit mich kränke,
fällt über mich, als riefe früh der Hahn,
was ist verloren,
daß ich ein Pendel hin und wider schwenke,
fällt über mich, daß ich entwurzelt wanke,
ich bin erkoren,
und sicher hält er, der in mir Gedanke,
mich in der Bahn,
und leise setzt er mir schon Stufen an.

KELCH AM ABEND

Abend, komm der einen Seele,
die ich habe ohne Wahl,
daß ich sie dem trunknen Gral
deines Opferschanks vermähle.

Bringe fließend um sie trüber
nicht ein Wissen, daß ich bin,
ach, es geht der Meingewinn
immer in Verwerfung über.

Und der ungehemmte Fluß
geht die Ufer schneller hin,
als den Kelch sie trinken muß.

Niemals bin ich jener reinen
Sonne Schild im Widerscheinen,
Blätter, wenn sie hangen dicht,
dunkeln, wie ich dunkle, nicht,
der da bleicht aus Jahrgebeinen.

Jenem Schein, der widerfährt,
wenn das Licht zum Ursprung nieder
tauchend netzt die wachen Lider,
trägt er ziellos nach den Herd.

Daß der Brand nicht scheinlos glüht,
laß die Hüllen dichter wallen,
Gluten, die hier ungewillt
mit dem Staub in nichts zerfallen,
tränen tauschwer ungemüht
doch mit Segen ins Gefild.

ALS ICH DAS LICHT VERLÖSCHTE...

Als ich das Licht verlöschte und rings zur Nacht
die Dinge wieder erstanden in dunkler Wacht,
der Blick, den ich empfing, als der Schein verglomm,
als winke verglimmend die Helle der Finsternis: komm,
als sie noch heller und bleich dann wie ein Stück
gebrochene Sonne erblindet nicht mehr zurück
zum Ausgang fand und die Dinge, daran sie stieß,
stärker heran starrten, ihr blinkender Saum
dunkel empor sich brechend den toten Raum
meines Weilens, dies mein ganzes Verlies
wie ein Gebirge umfing und mir schied der Blick,
da dachte ich, daß bisher diese Frist
mein ganzes Leben gewesen ist.

SPRUCH IN SCHWEREN TAGEN

Herzend, was dich quält,
falsche Liebe um das Leiden,
dumpfes Brüten in das Neiden
Gottes, der sich ferne hält,
bleibst du tagelang verloren.

Holz und Eisen unvergoren,
Eisen kalt, verstocktes Holz,
und du Blasbalg ohne Feuer,
einen kleinen Funken teuer
nährst du noch mit Stolz.

Hol den Hammer vor;
ob die Sonne Fensterblicke,
ob sie Wasserbäche schicke,
emsig vor dem offnen Tor
schmiede Rüstung, stachle Sporen,

daß das liebe Werk geboren
wird, dann schließt der Herr den Pakt,
geht er wiederum vorüber
unterm Tore, um so lieber,
ändre nur den Takt.

Zweige der Jahre

FEBRUAR

Unregsam, wie der Wind umgeht,
ein magrer Baum im frühen Beet,

so lichtgetrocknet unbeirrt,
daß sich daran ein Blick verwirrt,

ein Auge, starr in eins gesinnt,
die Sonne dreht sich um den Wind,

das Feld wird in die Runde bloß
und dunkelt vor dem Auge groß,

das faltet sich zu ernstem Schlag
und waltet mächtig in den Tag

und hürdet in sich alle Last,
geschlichtet ohne Willen fast.

FÜNFTAGEFOLGE IM FEBRUAR

1

Das schleirig blaue Himmelsdach
recht mittagweit, doch winterflach
noch um das Schlummerfeld gebogen,
noch sind die Äste ungewogen,
die Kronen, Reis an Reis gesteckt,
sind ganz von Sonne eingeheckt.

Das unaufhaltsam milde Licht
rührt noch die kleinen Knospen nicht,
noch sammelt sich das Herz der Stille
in einer einzigen Pupille,
der warme Sonnenstrahl bedrückt
das Auge, daß es schimmernd blickt.

Und schimmernd rückt der kleine Baum,
rückt das Gespinst und rückt es kaum,
so rückt das Kindlein seine Decke,
als ob ein fremder Blick es wecke,
bis es, mit einem Mal erwacht,
den Blick des Vaters kennt und lacht.

2

Und heute mittag geht ein Wind
wie Hunger schluckend um die Bäume,
den Himmelsplan hinüber rinnt
ein wasserträchtiges Geschäume,
das Kränze wirft um stilles Blau
und wuchtet an dem tiefen Bau.

Ein Odem unerfaßten Ruchs
weht klingend, und die Wolke funkelt,
es wird so hell im Winterwuchs,
die Bläue, immer mehr gedunkelt,
hängt schwer, wie Kindes Weinen schweigt,
bis plötzlich heiß die Wange steigt.

Ach, fiel vom düstren Himmel nicht,
als wollte sich die Welt verkehren,
zur Erde um so größres Licht, –
es will den stummen Blick verzehren,
da sättigt Odem sich und Ton:
blüht nicht das erste Veilchen schon?

3

Nach Blitz und Schneesturm in der Nacht
und donnerndem Vorübergang,
als sei ein Riegel aufgemacht,
als sinke eine weiße Mauer,
ein Wasser stürze sonder Dauer,
steigt Mittagland aus Flutenklang.

Mit Regen sind die Lüfte ganz
erfüllt, der nirgends niederfällt,
mit Pfeilen, daß im goldnen Glanz
die dunklen Kerkerstäbe zittern,
bricht ein das Licht zu allen Gittern,
es wird ein offnes Haus die Welt.

Den hohen Scheitel weiß von Haar
umwallt, spricht Petrus zu dem Kind:
»Nun siehst du es und jedes Jahr,
du kleine Seele ungefunden
zu dir, ein Reis wird losgebunden
nun jährlich, doch dein Floß geht blind.«

4

So rein und unvollendet wie
der blaue Glanz im Stahl wie Blut
unfaßlich ruht,
so wird der reine Himmelsplan
dem kalten Feld nicht untertan,
vollendet Tag und Dinge nie.

Die mittagblaue Kuppel schweigt,
das Feld liegt ringsum Rost in Rost
noch tot im Frost;
das Lächeln eines Kindes fing
in meinem Blick sich und verging, –
was sieht es starr und abgeneigt?

Was ist die Schwere, die man in
unausgetragner Arbeit tut,
sie ist das Blut,
sie ist das dunkle Erbgeblüt,
das sich verderbt am Wege müht,
doch sorglos geht das Kind dahin.

5

Brich ab, mein Sinn, genährt und nie ein Wille,
Bild ohne Ruh,
am Himmel fährt die unbemannte Zille
noch immer zu.
Wie Sicheln wirbeln unnennbare Schnitte
jungfräulich um den Stern der Mitte.

O Hoffnung, kummerlos im frühen Brande,
die sich verzehrt,
hochüberhin die unbetauten Lande
die Zille fährt,
versiegelt ist des Meeres bittre Kost,
versiegt das Wasser ohne Trost.

Geschehe, was geschieht, mit Kindes Lallen
gib es dem Wind,
denn auch der Tau muß ohne Grenzen fallen,
und nun beginnt
die Liebe, die vergißt des Brotes Härten
und weiß, daß alle Dinge werden.

ABENDWACHT

Der Abend kommt, ein regenkalter Tag
verbleicht im letzten Schnee auf Baum und Busch,
die Last, die er nicht zwang und die er wusch,
drückt er erliegend tiefer in den Hag.

Wie Flügel liegts umher, verlorner Flaum,
das früh geborne Laub wird schwarz und starrt,
es gähnt von Gräbern, offenen, und hart
im Zwielicht kummervoll steht auf der Baum.

Das Dunkel kommt, auf kalten Fliesen hält
der Tag noch zögernd eine letzte Wacht,
unruhig wird das trübe Herz zur Nacht
kaltbrandig wie vom Müßiggang gequält.

SCHNEEGLÖCKCHEN

Ist die frühe Bläue
wieder aufgeschlossen
meines Himmels, doch die
Trübe umgegossen
meinem Herzen streue
ich wie Sämerei ins Dickicht hie.

Zwischen kaltem Splinte,
lagerdürrem Laube,
ach, vergeblich angelt
noch die blasse Traube,
ach die bitterblinde
Himmelsfrucht verlockend in mein Zelt.

Einer Stirne Schatten,
so mich denkt, das bin und
atm ich, weiß ein Schein bloß,
Kelch und seinen Ingrund
will kein Hauch begatten,
wie die kleine Glocke regungslos.

Kaum die zarte Keule
aufgeschossen, tauchen
muß das Herz, das Licht fing,
und das Lauschen, Brauchen
reiner Lebensweile
wird wie ungebrauchte Milch gering.

Eines Atems Schwere
geht, ein Fluß vorüber,
und schon dunkelt bald es,
alles hüllt sich trüber,
doch an Fluß und Meere
zeigt die Danaide ihr Gefäß.

OCULI

Ist in meinem Garten
noch kein Gras geschossen,
keine Knospe offen,
schau ich an das matte
Kreuz der Äste,
diesen magren Schatten.

Überm Winterneide
liegt er unverraten,
bloß im Bruch der Pfade
und doch bloßer heute,
stumme Geige,
auf den gleichen Beeten.

Sinn du allzu ledig,
doch du kannst nicht irren,
sieh im Kies im Winkel
Pfeile gelber Blumen,
kleine Gruppen,
hingesteckt gleich Nägeln.

Offen bis zum Rande
über dunklen Schlingen,
du, in Taues Glänzen
dürstender vergangen,
wirst doch wandern,
nimmer zu verhärten.

Auf das unbewegte
Herze hier inmitten
steinigem Gerippe
einmal wird dann rinnen
auch ein Regen
und verschließt die Erde.

Neu wie alt verloren
laß dich ruhn im Sarge,
laß mit gelbem Nagel
dich von Licht durchbohren,
unbewegter,
heimlich nicht gestorben.

IN DER KARWOCHE

1

Gründonnerstag,
am kahlen Rain,
unfruchtbar neben den Geleisen,
sprießt Blumenschein,
wie Hammerschlag
treibt Funkensprühn aus Stein und Eisen.

Der schwere Schritt,
von Zielen frei,
verliert sich selbst im halben Gange,
dem Leib vorbei
im Schattenschnitt
streift Sonnenlicht und wärmt die Wange.

Der Haselstrauch
stäubt leis im Wind
vor gelb und roten Weidenruten;
gebrochnem Splint
und Bast wie Rauch
muß Saft in Aschenessen bluten.

Ein Härchen spielt,
das Handgelenk
will sich zu eignem Tun entknoten,
uneingedenk,
daß Tod noch zielt;
da zwitschern hell die Lebensboten.

Im neuen Laut
erpocht das Blut
so fest, wie hell die Kehlchen schwirren,
und Tropfen Glut,
gleich übertaut,
schmieden den Leib, wie Nägel klirren.

Das Alte steigt,
die Sonne fällt,
vorm Auge in Besinnung trunken
erglüht das Feld,
die Wimper geigt,
Rost fliegt. Schon ist die Flur versunken.

Der Himmel deckt
den blassen Schild.
Unsichtbar will der Erdrauch steigen.
Zum innren Bild
noch unbefleckt
in Herzglut muß das Haupt sich neigen.

2

Karfreitag,
schon die Frühe enthüllt den ganzen Tag.
Wie schwarze Vögel
durch die tropfenden Zweige geduckt
Perlen schütteln,
Gefühle rütteln
an Sinn und Regel,
bis der Funke getroffen zuckt
mit sprühendem Schlag.

Wie Heimgang,
an der Mauer wie Tropfen das Haus entlang
verschwinden Schritte;
eifrig erfüllt und leert das Gefühl,
lockert Bande,
daß hart am Rande
Erkenntnis litte,
lebender Zeiger im Gewühl
und dauernder Hang.

Der Welttod
fließt in den Dingen und knotet sein Gebot.
Ans Herz gestoßen,
flicht der Sinn wie verstocktes Gehölz
Narbenränder;
wie Flatterbänder
erklingt von losen
Trillern immer der scharfe Schmelz
nicht fromm in die Not.

Kein Schuldhauch
nimmt die Seele mit sich, wohin auch
der schwere Wille
durch des Leibes Gerippe brach;
immer eigen
und Stamm in Zweigen
gespannt in Stille
fußt er, woher er zum Himmel stach,
im irdischen Bauch.

Kindsinn brav,
Knospe, die wie ein Tropfen die Glieder traf!
Wie Schatten Pfeile
fliehn vorüber. Nun ist Verrat
abgesplittert.
Die Seele wittert
und faßt die Weile,
weiter härtend die gute Tat,
süß sinkend in Schlaf.

3

Karsamstag,
bleibt nahe, Sinne, mit gedämpftem Schlag
des Blutes,
mit Augen, Ohren, Herz bereit unscheulich,
so leidet treulich
Gutes.

Aus Nachtfrost
erschauert schon der Harm und fließt in Trost,
wie Flüsse
fortschmelzend mit sich ziehn die Hungerdecke,
sie stürzt in Flecke,
Güsse.

Der Hauch sät,
reiht dunkle Furchen durch das Ackerbeet,
sie feuchten
den schwarzen Grund, er quillt, und immer nasser
weht Odem, Wasser
leuchten.

Der Fruchtbaum,
zu seiner Zeit bestimmt, hat Knospen kaum
geboren,
wie Augen trägt der Zweig sie über Erden
und hat die Härten
verloren.

Ach, Angst nicht,
daß, wenn das Grab nun auf zum Lichte bricht,
verlöre
das Herz, was harmvoll es an sich gebunden,
wie über Wunden
Flöre;

wie Tauwind
zieht leiser, schärfer und zuletzt gelind,
so nahe Kunst
bricht, schaufelt, pflanzt und tritt hin, was vermodert,
bis wächst und lodert
Inbrunst.

OSTERN IM SCHNEE

Hier trennt das Bild sich von dem Guß,
wie Sonne sich von Erde muß,
und wie kein Grab mehr ihn verkürzt,
er mehr als Raum aus sich entstürzt,
kein Sinngrund mehr, der ihn umgreift,
von allen Sinnen ganz entstreift,
zum Schneestern dieser Krume Welt
die neue Sonn ist hingestellt.

Ihr Frauen, deren Träne fließt,
so wird dies starke Bild versüßt,
es bricht sich selbst, wie Leibesfrucht
die Macht aus Ohnmacht werdend sucht,
in heißem Blühen wie geschwächt
geschieht der Erde Recht um Recht,
und näher wie ein Seufzerkahn
kommt unser lieber Frühling an.
Hier steht des Auferstandnen Haus,
nun steigt ein neues Kindlein aus.

BLÜTE

Wer kann es noch erschauen,
das Wort tritt in das Herz zurück,
und härter jeden Augenblick
erdürstet noch im Tauen,

aus knospenroter Quelle,
was gestern noch wie Tropfen war,
ein ernstes Opfer blutig gar,
wird aschenweiße Helle,

aus grundverborgner Kühle,
was heute erst zu Kelchen glomm,
ein milchig trüb und klarer Strom,
schwillt mahlfein aus der Mühle.

Es harren alle Blätter,
gefügt in ihren festen Satz,
und schilden um sich ihren Platz,
so reinen Lichtes Retter,

daß Finsternisse stocken
und fallen nieder übermannt;
mit Schatten willig weggewandt,
kehrt in sich, den zu locken,

spielt unter jedem Zweige
unsichtbar eine dunkle Last,
drängt fortgedrungen ihre Rast,
schwer hängend in die Neige,

kehrt tief und immer tiefer
der Wille augenstarr gereckt,
bis glutheiß sich der Sinn besteckt,
gewappnet und als rief er:

»Nichts mehr von dieser Speise,
mein Blut und stete Gegenwart,
in Milde so unsäglich hart
und in Verhärtung leise

geschildet und gedungen,
der leichten Zunge schweres Spiel,
vom Rand zur Neige starres Ziel,
ein Kelch ins Herz gedrungen,

muß heute oder keinen,
ja jeden so beschiednen Tag,
so oft das Herz noch schlagen mag,
sich trennen und vereinen.«

FRÜHLING IM REGEN

Frühling, laß den Regen fallen!
Mach den Raum mir zu dem Fenster,
das ich nie mit Kräften, allen,
trocken wische! Laßt mich lallen,
Ohnmacht und ihr Gramgespenster!

Wenn der Tau ein Blatt beglänzte,
sahen es die andren Augen,
sprachen von dem Lichte; taugen
kann nichts, da es wieder lenzte,
dem, der sich mit Gram bekränzte.

Laßt mir Worte, die ich sagen
will mit dieses Regens Spuren!
Und wie Tropfen blitzend fuhren
an mein Fenster, Himmelsfluren
will ich sehen nicht, nur sagen.

PFINGSTMORGEN

Ich bin erwacht, mein Sinn ist stark,
was pocht das Herz zum Tage karg
mit offenbarer Mühe,
was schmerzt mich in der süßen Frühe,
es drängt – o dränge es ins tiefste Mark
der Seele in den Zeiten alt –
das Frühlicht wie mit Sturmgewalt
mich in gebrochne Kniee.

Des Himmels Brand wie Feuers Schur
bricht Furchen in die alte Spur,
die schollenharte hohe,
weich aus, was will die bitter frohe,
die blasse Seele vor der Sonne nur,
die immer wieder um sie kreist,
hier hält kein Grund, es flammt der Geist
auf zu Gewitterlohe.

Da ist das allgewisse Licht
versammelt, wenn der Tag anbricht,
geh hin, du Seele bleiche,
die Schwester suche, ihr dich gleiche,
sie hält und läßt noch nicht das dürre, flicht
es in das junge grüne Blatt,
wie bist du schön, in Demut satt,
du zaghaft hohe Eiche!

Wie wurde sie des Segens still,
wo alles sich nun regen will,
wie wuchs sie auf vom Grunde,

sie voller Wehr und voller Wunde?
Vergangnes laß, doch wie das Blatt verfiel,
sie hielt, empfangen unverwandt
von einer in die andre Hand,
die Gabe ihrer Stunde.

Sie still, da in die Sonne flog,
wie Schnäbel sich zum Öffnen bog
als wie von Vogelscharen
die Knospenbrut, was offenbaren
will sie, die winterlängsten Kummer sog,
ihn lichtwärts trug als dunklen Strom:
Ich bin nicht eine, bin der Dom
der Dinge, irdisch wahren.

Die feierliche Stille bebt,
die hohen Bäume rings belebt,
die Eschen wie mit Lanzen
zum Reigen stark, zum frühlingsganzen,
wer schüttelt ihn, daß jede Zier sich hebt,
du mußt – ach, höbest du den Schmuck,
auf ihrem Grunde liegt genug –
mußt mit der Seele tanzen.

O Jungfrau, stetes Paradies,
du zaghaft nimmer im Verlies,
daß ich dir nahen werde,
mein Kummer inner aller Erde,
ich schwinge dich, du schwingst um mich dein Vlies,
ich lege auf dich meinen Mund,
die ganze Erde ist dein Grund,
und du bist meine Härte.

SCHWALBEN

Wo der unerschöpften Schale
Licht schon ganz den Grund durchdrungen,
Dunstgewirk, das nebelfahle,
finster ins Dickicht gerungen,
an dem Saum der Schattenzungen
stand ich wie der Halm im Strahle.

Schwalben flogen vor dem Gitter,
Schiffchen, jagend hin die Pfade,
blau und stählern wie Gewitter,
schimmersatt ihr Leib, gerade
wie im Schlag der Weberlade
schwang sich blitzend auf und nieder.

Scharf im Zuge hingetragen,
aufgebäumt wie Wellen, tauschen
sie den Flug, im Gegenjagen
weiß, wie aus dem Grunde rauschen
Schäume, – der ich ihnen lauschen
will, bin wie ins Netz geschlagen.

Unverwandt um einen Bissen
hin und her, so geht die Spule
lautlos, da mit flinken Füßen
hat ein Sperling, lockre Schule,
auf und ab im Weberstuhle
rasch den Faden abgerissen.

Froh von diesen stillen Kunkeln
löst das Auge sich, entfachen

sich die Sinne, aus den dunkeln
Schattenbuchten stößt der Nachen,
und ich sah im sonnengachen
Blick die Schalenränder funkeln.

HARTER TAG

Der Himmel, täglich gewitterschwanger,
entlädt sich nicht,
da öffnet die Seele sich immer banger
dem falschen Licht,

darin sie gefangen in blinden Gängen
die Ufer tauscht,
wie Gräser strähnig im Winde hängen,
der Atem rauscht.

Der Blick nach ferne treibenden Zielen
wird nimmer matt,
so wie sich gehalten an langen Stielen
verkehrt das Blatt.

Das milde Licht aus dem dunklen Laube
entweicht, wie Geduld
sich zähmend bricht, und am nächsten Raube
ein Hauch wie Schuld

nun wechselt schneller von Mund zu Munde
und sucht Gestalt,
da leidet im Herzen zu dieser Stunde
der Himmel Gewalt.

SOMMERSCHWERE

Durch den heißen Erntemorgen
wie ein Schnitter hingetrieben,
ganz im Heitern mußt du lieben
dunklen Blitzes Kraft verborgen.

Wirds, als ob die Lüfte wetzen
sich gleich Sensen und erstillen
alle Vögel, stummen Willen
mußt du wie Gewölke setzen.

Dann am Himmel mittags trinken
Schäfchen, und dich wills erheitern,
einem Hirten gleich, doch weitern
Weg gehst du mit fremdem Blinken.

Kommt die Wolke, kommt erlesen
Blitz in Wettern fort mit Rollen,
stehst du zwischen Mahden, vollen,
ein fast brandig wirklich Wesen.

AM BERGSEE IM REGEN

Immer wie die Schwalben nach der gleichen
Speise dunkel hinter dem Erreichen
bleibt der Sinnende zurück alleiner,
selber in der Jagd und Ort ihm keiner.

Nur daß aus der grau geflockten Webe
Körper sich von Bergen und so hebe
sich das ganze Wasser, doch nicht liefe,
nur daß es verhüllt und weißer triefe,

trennt sich durch Vereinung unsre Helle,
Nahrung ist es, hinter der ich quelle,
und im Sinngewirk wie Nebel finde
Orte ich, die ich erblindend gründe.

Oder will ich das Gewirk verleugnen,
fördern will sich Ungefähr im Eignen,
mit der Kraft von Nichts als vielem Sehen
unverrückbar bleibt die Schickung stehen.

Gestern noch ins Himmelsblau gebordet,
heute ist das Land so schwer verortet,
mehr als vom jemals erreichten Pfade
durch die gleiche Trübung grünt Gestade.

Mit den Schwalben hängend in dem Gleichen
vor mir bin ich und nicht zu erreichen,
zwischen Wassersee und Bergen oben
in die weiße Tracht emporgehoben.

SEPTEMBER

Nun das blasse Licht schon kältet
und der Blumenkelche stille Glut,
innerlicher angezündet,
heimlich in sich selber ruht,
Schirm und Zelt nicht mehr verbündet,
jedes Blatt sich kümmernd ründet,
wie das Leben daure, Sinne, meldet!

Dauer keine, die in gleicher
Fülle bleiben kann und unversehrt;
wie das Lebensbrot gebrochen
immer mehr zum Keime kehrt
und das Blut wie aufgestochen
offen muß im Kelche pochen,
so getrennt in Wein und Brot
wandelt sich das Leben reicher
aus dem Tod.

HEIMATLIED

Als ich um die trunknen Hänge
trat zur Nacht ins breite Tal,
pfiff vom Wald ein ungesellter
Nachbar mit dem Fuhrmannsbart.

So vorm letzten Strahl zum Trotze
blies er wandernd, daß es schlug
mir ins Netz des Blutes Bronnen,
hing Gespinst um meinen Hut,

daß ich mit des Baumes Ächzen
sprach, der sich gefesselt rührt:
glücklich mit dem harten Herzen,
glücklicher, wen Liebe schnürt!

Lichter, als die Sonne rollte
nieder, wie aus Frost Geburt,
gärend von dem jungen Moste
zog die Liebe durch die Brust.

Und noch sternklar unterm Dache,
gleichsam daß es offen war,
scholl, daß ich vom Traum erwachte,
abgebrochner Vielgesang.

NOVEMBER

Gelb und braun und stirnemild
liegt der Acker im Gefild,
wo die Sonne auf der Scholle steht,
welke Wärme leuchtend eingesunken,
schon wie Greisenwangen schattentrunken,
wo der Blick nach Abend geht.

Kommt zu dir der Abend kalt,
einsam Licht- und Nachtgestalt,
die du finster vor der Scholle bist,
wird dein Haupt verklärt in trunkner Milde,
oder saugt dich ein das Nachtgefilde,
das sich dem Gestirn verschließt?

ALLEIN

Vom heitren Kreis entspannt,
der mit uns lebt,
eh sich das Wesen wieder gräbt
in seine Schwere,
als ob ein Fremdling durch die Leere
herkomme, lauscht das Ohr gebannt.

So löst den dunklen Schoß
des Sommers Licht,
mit Ranken spielend, Blättern dicht,
die sich verlieren,
dann stehn die Knospen vor dem Frieren
wieder getrennt und wieder bloß.

Einsamer als ein Ding,
das wächst und ruht
und seine Zeiten völlig tut,
ist Menschenseele,
sie harrt, als ob ein Kern ihr fehle,
in dem unsichtbar leeren Ring.

Der Fremdling, kommt er nicht?
Wer gräbt sie ein?
Woher will dieses Frierens Pein
sie ganz vermindern?
Es untergründet zu den Kindern,
zum Erdenschoße ihr Gewicht.

WINTERNACHTWEG

Einen Blick zum Himmelsrand,
wo auf halber Leiter
über dem entlaubten Baum
schloß der Mond den frostentsperrten Raum,
trägt der Wandrer weggewandt
hastig in sich weiter.

Doch der trüben Seele flicht
vom gebundnen Bilde
ein bewegtes Reis sich los,
linder wird das Ziel, die Ferne groß,
und das schneeig kalte Licht
wird im Dunkel milde.

Überrannt von Wolkenrauch
taucht des Mondes Gleiche,
eines Schildes halber Teil,
erdwärts heller ein geschärftes Beil,
und es liegt der Silberhauch
härter auf der Bleiche.

DES JAHRES ENDE

Für Eugen Senge-Platten

Sommers geht der Schritt zu Felde,
bunt sind die gesehnen Dinge,
winters sieht man in der Scheune
alles durch ein Schneelicht blinken.

Ist der Jahrlauf hergegangen
unverrückbar Schritt zu Schritte,
endlich in der letzten Mitte
will das Herz sich selbst umklammern.

War ein Sommer reicher, bunter,
rieselt es im Schneelicht stiller,
blasser Rest von einer Wunde
hat der Sinn sich selbst im Sinne.

Zeit in der Waage

HEUT EIN HEUTE

> Für Veit Roßkopf

Heut ein Heute zu vollenden,
ruft es neu mit jedem Morgen.
Treulich wie mit vollen Händen,
in der Wirklichkeit geborgen,
kommt ein Kind zu seinem Tage.

»Gib mir, daß ich dir nicht nehme«,
spricht der Tag, »nun mußt du leben!«
Also, daß er uns nicht gräme,
wird dem Tag ein Sinn gegeben.
Immer schwerer wird die Sage.

Bis kein Irgend mehr uns berge,
will der Tag von unsrem Werke.

DAS SAATKORN

So wie die tiefe Saat bedrängt
von allen Weiten,
bis sie im ersten Keime hängt,
das Korn der Seele eingesenkt
in meiner Seiten,
bevor es schenkt,
muß sich das Herz zerschneiden.

Es trieb und sann der Wurzel nicht,
die muß sich drehen,
daß, wenn die Schale doppelt bricht,
ein Knotenpuls die Kräfte flicht
in dunklen Wehen,
dann treibts zum Licht,
und stille Nacht bleibt stehen.

Vom Winterfrost das blasse Feld
noch ganz zuschanden,
es wird das Herz im Keim zerspellt,
als sei kein Ruheplatz der Welt,
da muß es landen,
die Wurzel hält,
und ich bin auferstanden.

DER SOHN

Glücklich, wer um Brot und Leben
seiner Hände Arbeit tut,
Maß ist ihm gegeben;
mit der Zeiten
Wechsel darf er täglich sich bereiten,
der wie Frucht im Hause ruht.

Doch in der bestellten Kammer
innerst und mit Schmerz zur Welt
wird die stille Klammer
aufgebrochen,
aufgesprengt, und der zum Haus gesprochen:
»glücklich«, wandert mit dem Zelt.

Wechsel bringt des Jahres feste
Ordnung und das Maß der Kraft.
Hand in Hand als Gäste
kommen Kinder,
sagen Vater, Mutter, und gelinder
wird das Los der Mutterschaft.

Wird die Mutterschaft gelinder?
Wechsel bleibt und Arbeitsort,
und im stillen Winter
wird die Ernte
aufgebrochen, doch der ganz Entkernte
zieht mit dem Geheimnis fort.

Der sich selber ganz entkernte,
ringend um die letzte Kraft,

in die unbesternte
Nacht der Mitte,
daß er Pol aus Pol die Seele schnitte,
tritt er um die Mutterschaft.

Denn das Haus ist aufgebrochen,
Jahres Wechsel abgestellt,
und das eine Pochen,
daß der reine
Puls der Mutter nicht den Sohn verneine,
treibt hinaus ins Herz der Welt.

Glücklich, wer vom Mutterbrote
seine harte Kruste schnitt,
nicht verkam zum Tode;
denn im Munde
trägt er fort die Saat zu jedem Grunde,
Hoffnung heißt sein guter Schritt.

SATURN

Hans Thoma zum Gedächtnis

Im unaussprechlich reichen Tag
erschrak das Herz mit lautem Schlag
und fand, mit einem Blick sich zu verschlingen,
sich irdisch ungesättigt von den Dingen.

Und hielt gefangen, fröhlich schon,
von einem seelengleichen Ton,
durchlief die Welt, ward seiner wieder inne
im unbewußten Wort und Kindersinne.

So ging der Jüngling früh hinaus,
verließ die Ernte um das Haus,
gerufen fort aus dem gedrängten Volke
durch eine einsam stille Himmelswolke.

Er ging im Kreise fort und fort
und ist nach dem Erlösungswort
ein Bauer, Ritter und mit Gottverlangen
vom Bild zum Wort ein Pilger hingegangen.

Und löste nicht der Menschheit Bann. –
Umsonst versucht ein alter Mann
der Erde Tiefen zum Gestirn zu wenden,
sie werden Rätsel in den starren Händen.

Da traf ihn an der Schwelle schon
wieder der kindlich gleiche Ton
der Seelen, die verschlungen, umgetrieben,
nicht wissen, was sie tun, nur daß sie lieben.

Gestirn der Menschheit, diesen Bann
der Liebe löst ein alter Mann;
um ein bewahrtes Kinderherz hienieden
bricht das Geheimnis, kommt der Kampf zum Frieden.

UM DAS GLEICHNIS

Für Franz Schranz

Fand sich aus dem gebornen Blute
reich weggenommen rein ein Wesen,
arm um so mehr und ungenesen,
nun Widerpart kommt, krank im Mute,
zum Spiegel er, sich neu zu lesen.

Schwand Zug um Zug? Denn nun das andre
Recht eines Bildes wird wie Härte,
auf daß er ärmer und Gefährte
nun wie kein Selbst mehr weiter wandre
zu eines reinen Bildes Werde.

DER GÄRTNER

Mit Knospen fruchtet Erde und kommt ein Sinn,
und unempfangen leitet dem Schicksal zu
das Wort in seines Marks Behaltung,
fühlbar wie Neid in den Gang gemutet.

Dann kommt der Gärtner, setzt in die junge Kraft
den Schnitt mit Gleiche, schildet mit Augen ihn,
und die Erkenntnis der Verletzung
blutet und härtet sich ab und blindet.

Das ist wie Klammern über der Stirnen Ort;
nun sind die jungen Bäume im Nacken stumpf
und harren wie im Feld Gehörnte,
die ohne Wanken den Himmel brechen.

Wie nur das Sinnen ohne Begreifen reift!
Nun wächst der Baum, ein Korb voller Narben, auf,
noch blinder in das Sinngefüge
selber geflochten, steht ab der Gärtner.

Das Auge aber, Auge des Marks ein Schild,
das Auge aber, Auge der Knospe blind,
hilft eins dem andren, auf vom Tode
narbt sich und öffnet den Schoß das blinde.

MIT HÖLDERLIN

Zuvor ein Wandrer, froh mit der Fülle zieht
der Lüfte fort sein Atem, es lüstet ihn,
zu wachsen und das Herz im Winde
wie eine Blume empor zu tragen.

Ein stiller Trieb – ohnmächtiger faßt der Halm,
o freies Werk, den Knoten im stummen Rohr,
umsonst, der Widerwuchs der Erde
rüttelt und ringt an des Sinnes Faser.

Je mehr der Wille selber zu leben drängt,
so schlingt der Knoten enger sich Jahr für Jahr;
hier geht ein Mensch vorbei auf Spuren,
die schon ihr Opfer im Banne halten.

DIE EINE ROSE

Für Veit Roßkopf

Während wir uns schlugen auf den Wegen,
Wort um Worte rührten,
was die Worte wollten, tiefer spürten,
während wir dem Sinn entgegen
uns durch wache Wildnis trugen,
um ein schlafend Bild umsonst doch Worte
wacher schickend nur sein Schlafen schürten,
und von Ort zu Orte
horchten und die Zungen in uns schlugen,

fiel auf eine Rose vieler Regen.

DER ERKENNENDE

Für Karl Caspar

Was uns bewegt,
im Lichte bleibend klopft es an,
nicht Licht,
was ist es, das die Fessel trägt
des Lichts wie Jahre,
und ist doch unsre eigne Bahn,
Licht nicht,
noch wartet Evas Angesicht
im schweren Haare,
noch stößt der Spiegel dunkler an,
so langsam wird, woran die Zeit zerbricht,
wie eine Gottesfaser aufgetan.

Und doch,
was ruht wie durch ein Wasser dicht,
was blickt geheilt und fließt und rüttelt nicht,
durch einen Brunnen ganz so ohne Joch,
wie eine Schüssel trägt er sein Gericht,
doch dieses ganze Menschgesicht.

TEIL IM TEILE

Für Karl Knappe

Sucher nach dem blinden Male
einer ganz erfüllten Stunde
bleibst du auf dem dunklen Grunde
ausgeliefert jede Weile.

Horcher hörst du dir inmitten
Echo nur von einem Bilde,
Sucher suchst du einen Schatten,
Flucht und Bergung wie im Walde.

Blinde Male, dunkle Weile,
Teil du selbst und nur im Teile,
horche, suche, alle Dinge
sind gesetzt im letzten Ringe.

NEC LITERA NEC SPIRITU

Es ist nicht und nicht zu fassen,
was und wie du lebst und willst,
der du arm an Wissens Massen
eilend dich vergeblich füllst.

Wo der andre Band und Binde
geistentfältelt weghin rollt,
wissend, noch bevor gewollt,
bleibst im Geiste du der Blinde.

Voller Zeichen geht die Straße
Immertuns buchstäblich fort;
braucht der unerfaßte Ort
Immerruhens ärgre Maße?

Wo der Geist auf glatter Sohle
schwirrend sich vorüberträgt,
hängst du zwischen Pol und Pole,
kein Bewegen, Sein bewegt.

LEBEN IM DRITTEN

Auf einem Wege ist es nur ein Hin,
der andre Weg bringt uns uns wieder her,
mein dritter Weg, ein letztes Ungefähr,
nimmt uns von uns hinweg, bis daß ich bin.

Auf einem Wege steht ein Pflanzenbaum,
des zweiten Weges Sorge trägt das Tier,
und bis du eingeatmet hast, du hier,
ist nur Gesicht noch und kein weitrer Raum.

Die Blüte blickte hüllenlos nach vorn,
das Tier bog seinen Kopf erschreckt zurück,
nun bist du Angesicht, verhülltes Stück,
in einen tränenlosen Rest verlorn.

NOCH MEHR

Ich las, daß aus dem dunklen Trieb
zum Lebenswert,
von hier, wo leibhaft noch die Seele blieb,
das Sein, in reinen Geist gekehrt,
sich hebt und schwebt, bis endlich gleich
dem Gottgefühl ein heiliges Bereich
sich rings um diese Seele wehrt und klärt.
Und so sei durch die Menschheit ein Gebot
der Stufen von Natur zu Gott.

Dann sah ich auf der Straße, wie ein Pferd
so für sich steht,
die Beine sonderbarlich eingedreht,
den Leib wie eine Tonne faul
darauf gelegt und sein genießend Maul
zufrieden fast, doch sinnlos arm,
so sieht es aus, und dies Geschöpf ist warm,
das nichts und selbst nicht sich besitzt,
das treu nun hin zum Herrn die Ohren spitzt.

Dann dachte ich – so ist der Geist nicht, daß
er seine Stufen wähle, Herr und Maß –
an eine Henne; wohl war ich verführt
von dem Gefühl, wenn man ihr Federkleid berührt
und es ist kalt, man spürt das magre Bein
darunter und wie eng erwarmt,
fast heiß im Flaum und angezehrt,
ein Leben sich um Leben wehrt,
daß es den Finger fast erbarmt.

Und weiter fiel mir eine Mutter ein,
sie sorgt und schafft, und was sie tut,
nichts kommt dem eignen Sein zugut;
sie weiß es, so wie es das Tier
nicht weiß, daß sie erhaltend nur,
ein blindes Werkzeug schier,
gebraucht wird auf des Herren Spur.

Hier wird Geschöpf sein selbst Gewicht –
Ratschluß von Anbeginn und Kreatur.
Und tiefer gründend als der Sinn
der Menschheit geht ein Blutstrom hin,
ein einmal und geschaffenes Gesicht,
die Mutter, die die Stufenfolge bricht,
sie trägt es stumm,
ein wirkliches Martyrium.

Dies Mehr und Nicht!
Wer trägt dies Werkzeug zum Gericht?
Wo ist dies Mehr,
wo ruht dies unfaßbare Viel und Schwer,
von dessen Last das Tier sein Dasein trägt
und ist darin ganz ziellos eingehegt,
wer hält die Gabe, die ihm wirbt,
und gibt, daß sie mit Kummer stirbt
und etwas Gutes mit verdirbt?
Wo ist die Mutter, die hier jammert nicht,
wo ist dies reine Angesicht?

O reiner Hauch, dein schwerer Tau
liegt über abendmüder Au,
hin rollt in Nacht so Herz und Welt,

solang die Zeit der Sonne hält,
die Stufe bricht, die Nacht wird groß,
unendlicher der dunkle Schoß,
wo ist die Flamme, der Altar,
wo brennt das Feuer Brennens bar?

DER EINSAME

Ach, solange noch ein Meer
deine Ruhe um dich her,
ungeduldig, herzbewegt
Einsamkeit noch Wellen schlägt,
mußt du selber branden.

Liebe will getragen sein –
trägt die See den Himmelsschein,
hebt ihr dunkles Herz sich auch
zitternd, denn der Liebe Hauch
will jetzt bei ihr landen.

SICHEL ÜBERM GRUNDE

Wie findt dies Wesen seinen Stern,
wie kommt dies Schiff zu gleiten,
liegt doch ein unverglichnes Fern
ihm innerst in den Seiten.

Ein Wanken über seinem Grund,
ihm stets noch mehr geboren,
unwendsam ringend Bund in Bund
läuft fort von Port und Toren

und kann wie festgefrorner Lauf
und Widerlauf und Streiten
den einbezielten blinden Kauf
nicht unterscheiden, scheiden,

nur scheiden, und des Westens Nicht
schließt sehnlos aufgegangen,
der Osten aber ist so dicht
wie Traubenwand verhangen.

Das Wogen Stimmen allzu speist
wie Glocken und von Toten,
und wie der Blick vom Strande reißt,
sinkt das Gewicht zu Boden.

Doch geht der Tag, und wieder Nacht
reißt diesen Gang in Stücke,
es bleibt, was näher aufgebracht,
noch schwerer in der Lücke.

Wie doch der Mond ein halbes läuft
still seliges Getümmel,
die unterfangende Sichel greift
stets weiter als der Himmel.

ROSE UM ROSE

Für Maria Caspar-Filser

»Ich bin des Sommers Wunde«, spricht die Rose,
wenn sie mit vielen Lippen blutend aufbricht,
»wie viel erwarte ich!« – Du mein Gesicht
trägst mir die Auferstehung, meine große.

Dein ganzes Bild lebt aus der eignen Quelle,
wie nimmst du zu und bist in deiner Allmacht,
ich wartete, doch du hast mehr gebracht,
und Luft hat nicht mehr Laut an keiner Stelle.

Im Morgenschatten voll der stillsten Maße
der Rosenstrauch, und den kein Licht noch auszweigt,
doch fünfmal immer röter zu sich schweigt
der Strauch – sieh an – und steht auf grünem Grase.

Am Zaune hebt sich auf die still bemühte,
die sich nur helfen kann, wie sie herumirrt
und strebt von dir zum Licht hinweg und wird,
die weiße Winde, rote Bohnenblüte.

Du stehst allein, – und röter in sich nachten
läßt eine Rose, deren Fülle auftrifft,
die Wunde wird so reich wie keine Schrift,
läßt sie des Sinnes Wissen ganz betrachten!

DES SPIELS TRIUMPH

Für Margarete Bäumer-Roßkopf

Was spielst du fort und fort, du dunkle Macht,
und weißt, du Spielende, so unvollbracht,
je mehr du selber Spiel wirst, treibt die Welt,
bis sie vom Sinn des Spiels nur Schmerz erhält,
vom Schöpfungsgrunde los und ohne Ziel,
und heftiger wird aller Sinn zum Spiel.

Und löst im Beifall sich des Spiels Triumph,
allein und horchend und vom Schmerze stumpf,
die sich vergaß und war nur Wort und Mund,
treibt diese Seele über totem Grund
und sucht in sich hinein, und wie sie ringt,
wird alles still, und nur das Weltall singt.

DEINE ERDE

Fühlt ein Sinn die ganze schöne
Erde einsam werden, ihre
liebe Schwere nun wie Töne
in ihn brechen, als verliere

Ziel und Weg sich ganz von hinnen –
im Gefühl kann nichts vergehen.
Tapfres Herz wird neu gewinnen
alles schön, und nur durch Sehen.

So ist Schöpfung einst geschehen.

DER BRUNNEN

Für Karl Caspar

Der morgens glänzend lag, als rief er,
und der nun dunkelnd in sich fällt,
bis er kein andres Bild mehr hält,
nun wird der Brunnen immer tiefer.

Das Wasser von so dunkler Reine
wie Stufen, die das Licht vergaß,
– Erkenntnis hat kein andres Maß –
nun weicht das Wasser von dem Steine.

Und alles steht durch sein Gefälle
lebendig, und die Spur der Zeit
schrickt auf in dieser Dunkelheit,
als ob ein Tropfen noch zerschelle.

Die Tiefe trinkt vom eignen Spiegel.
Und aus dem tiefsten Nirgendwo
– so wird ein Kind geschreckt und froh –
und hemmungsloser, ohne Riegel

– so ist kein rufend Bild vergebens,
je mächtiger dies letzte ist,
worin ein Abbild sich vergißt,
und ist die Tiefe allen Lebens –

erstehend aus dem dunklen Schauer,
als sei dies letzte übermannt,
steht nun ein Ich in Zeit gebannt,
und hat kein Bild mehr eine Trauer.

IM REIME

Mit dem Reime erst zu spielen,
wie ein Kind oft Worte findet,
das ein unbewußtes reges
Wesen rings ins Echo bindet,
also ist das Wort des Weges,
bis es uns ins Herz muß zielen.

Nun betroffen mit Verlangen
und mit Furcht doch, als betöre
uns ein Schreck und wir mittinnen,
muß man horchen, daß man höre,
eilender mit allen Sinnen,
unentrinnbar eingefangen.

Kindlich erst dies dunkelklare
Spiel des Reims wird Sinn und Bitte,
daß der Wandrer nichts bestreite,
daß er horchend seine Schritte
in die Schöpfung stiller leite,
unerschrocken sicher fahre.

UNSERES WEGES

Das ist der Kampfpreis, den das Herz gewinnt,
nicht daß wir haben, nein, nur daß wir sind.
Und was ein Leben trotzend uns gewann,
wie ist dies Leben dann und immer dann,
wenn es sein Selbst durch unser Selbst bekernt,
am weitesten von unserm Ich entfernt. –

Solch ein Gewinn, und der uns so befreit,
die ganze Erde liegt nicht weiter weit
von ihres Gottes Auge abgelegt,
bis sie davon den ganzen Schein erträgt;
so Mensch nicht anders – und er trägt Gewinn
gleichwie Entnommenheit und ohne Sinn.

Und ist doch keine Wunde diese Welt,
wenn nur das Kind sein Auge drin behält.

DIE KLEINE SCHÖPFUNG

Gewidmet
dem Kind Felizitas

WANDERSPRUCH

Nur ein Blatt von Schwere kaum,
wirbelnd fällt es ab vom Baum,
um ein Kind niemalen matt
sinkt geschwichtet Blatt um Blatt.

Hingestorbne Wanderspur
löst die Schwere, wandert nur;
immer seliger gewinnt
uns Erinnrung wie ein Kind.

TÄGLICH, spricht der alte Hahn,
fängt ein neues Tagwerk an,
seit die Welt von Gott, mein Christ,
kikriki erschaffen ist.

Alle Kinder wachen auf,
Mutter, spricht der Vater, lauf,
Sonne scheint vom Himmelszelt
in die Kammer dieser Welt.

Komm heraus auf meinen Schoß,
ei wie ist das Kindlein groß,
weil bei Nacht die Zehe siehst
du gagag gewachsen ist.

Werktag ist ein lauter Tag,
jeder werkt, so viel er mag,
doch der Gockel stark und schrill
kräht auch Sonntags, wann er will.

Denn das Tier hat ein Gebot,
rege dich und lobe Gott,
flügelschlagend benedeit
drum der Hahn die liebe Zeit.

Eines Tages laut wie nie
schrie der Hahn, wer kikriki
kikriki ist noch im Haus,
sieh da kam das Kind heraus.

Winke winke wie wie weit
ist schon fort die liebe Zeit,

kaum daß dies gesprochen war,
kam mit Gag die Hühnerschar.

Eine Henne spät und früh
gagagag hat Ruhe nie,
und wenn wir versammelt sind,
geht das Fressen sehr geschwind.

Doch der Gockel fiel ins Wort,
schnickschnack ihr bleibt hier am Ort,
ich geh mit dem Kind zu zwein
in die goldne Zeit hinein.

Dreimal schlug er in den Tag
mächtig seinen Flügelschlag,
daß der Weg ganz rein und lind
lag zu Füßen vor dem Kind.

Wunderwanderweiter Raum,
komm zu mir so spricht der Baum,
komm der Weg, und nun komm mit,
sprach der Hahn und ging im Schritt.

Froher Weg ist schnell gewählt,
ringsum stand das Himmelszelt,
doch die Reise hatte bald
unversehens Aufenthalt.

Halt, so sprach der Hahn, ei ei
wer hat hier gerade zwei
Weizenkörner gelb und hart
unbefleckt und unverscharrt

mitten in den Weg gelegt,
daß sich gleich der Schnabel regt,
eins fürs Kind, das andre Korn
für den Ritter mit dem Sporn.

Schon hat er sichs einverleibt,
daß ihm nichts zu tragen bleibt,
wer nicht sparen gig und gag
kann, lebt sorglos pick und pack.

Doch da schaut das ganze Land
auf das Kindlein unverwandt,
komm, da trug es sein Gericht
in der Hand und aß es nicht.

Wunderwanderweiter Raum,
sieh da fliegt ein Sperlingflaum,
eine Feder leicht und schräg,
spricht der Hahn, die zeigt den Weg.

Halt, wer unsre Dienste halt,
unsre Dienste braucht, bezahlt,
muß bezahlen, halt Alarm,
schrie ein ganzer Sperlingschwarm.

Unsre Dienste, unsern Kiel,
Daune, Fahne, Federspiel,
zahlen muß er klipp und klar
unsre ganze tapfre Schar.

Komm, hier spricht man gar kein Wort
und die Feder ist schon fort,

sprach der Hahn und sagte nein,
doch der Chor hüpft hintendrein.

Um die Hecke komm geschwind,
dort weht gleich ein andrer Wind,
dieses Volk führt kikrikik
immer und am liebsten Krieg.

Und wer auf die Zänker paßt,
sprach der Hahn, hat niemals Rast,
sprachs und schlug die Flügel aus
und ging langen Schritts voraus.

Durch die Blätter ging die Luft,
Perlen gingen durch den Duft,
durch den grünen Erdensaal
ging der helle Morgenstrahl.

Auf der Wiese wächst das Gras,
mitten drin ein Hügel saß
schwarz und erdig lockerklein,
wer mag hier begraben sein?

Kaum daß man sich recht besinnt,
rückt es, daß der Hügel rinnt,
gocklock, sprach der Hahn, nur still,
weil ich einmal horchen will.

Wer kommt hier, hat kleine Schuh,
hüo hü und schaut mir zu,
hü vor meinem schwarzen Haus,
und der Maulwurf schaut heraus.

Sprach der Hahn, gocklock fürwahr,
gocklock hier hat nichts Gefahr,
und das Kind, schau Zwerglein Zwerg,
warf sein Körnlein auf den Berg.

Danke danke sag ich an,
bin doch fast ein blinder Mann,
der mit Kopf und Hand und Fuß
graben graben graben muß.

Frühling, Sommer, Zitterschein,
Wurzeln kehren bei mir ein,
finster ist mein Haus, mein Schritt,
Kind nimm eine Blume mit.

Blume auf dem schlanken Stiel,
nimm sie, und die Blume fiel,
Maulwurf rückt zum Gruße nach
wie ein Hütlein noch sein Dach.

Eine Taube rug rug ru
sah und nickte, kam herzu,
eine weiße Taube kam,
die das Korn vom Hügel nahm.

Frühling, Sommer, weite Bahn,
Blume, Kind, Korn, Taube, Hahn
gehen alle nun zu drein
in die goldne Zeit hinein.

In Gesellschaft geht man gern,
Trippel, Trappel, Blume, Kern,

unsre ganze Kreatur
wandert in der Fremde nur.

Wo die Sonne scheint durchs Laub,
sitzt der Sperling froh im Staub,
schüttelt sich und putzt im Bad,
hat viel Zeit und bösen Rat.

Ei du Taube, ei du fein
feines Kind, Hahn hintendrein,
in Gesellschaft, das ist lieb,
Taugenichts und Tagedieb.

Doch der Schimpf kam nicht zum Ziel,
mitten drein ein Schatten fiel,
und ein Windstoß, kurzer Schreck,
blies den losen Schalken weg.

Lüfte wehen glockengleich,
Blumen blühen durch das Reich,
ringsherum wie Szepter schön
Blumen auf den Stengeln stehn.

Doch wo bös der Nachbar rief,
lag noch jetzt ein Schatten schief,
mache, wie die Sonne tritt,
komm darüber einen Schritt.

Und es schritten Kind und Hahn
und die Taube ging voran,
doch da ging der Schattenstrich
auch im Schritt und rührte sich.

Und er war ein dunkler Mann,
silberbärtig umgetan,
und sein Mantel kam daher
rauschend wie ein Wasserwehr.

Wer hat wie ein Kindlein Mut,
wenn sich Gottes Blick auftut?
Das Gesicht verschwand und sprach,
und die Wandrer dachten nach:

Wißt ihr, wer den Sperling blies
und den Schatten fallen ließ,
ringsherum ist meine Statt,
der den langen Atem hat.

Jedes Gräslein steht und schweigt,
nur die liebe Sonne steigt
immer höher ihren Weg,
hohen heißen Himmelssteg.

Sprach der Hahn, erschrocken zwar
wie vorm Vater Adebar,
wenn er kommt, ein Frosch erschrickt,
bin ich fast, die Taube nickt.

Was vorbei ist, ist getan,
wie man geht, so kommt die Bahn,
nickt sie, wie sie immer nickt,
wenn sie sich zu Fuß beschickt.

Und die Herzchen, erst noch fremd,
sprachen nun ganz ungehemmt,

weil man ein Erlebnis hat,
doch der Hahn sprach nimmersatt.

Was ein Hahn wird, übt den Hals
jung schon und ich ebenfalls,
sprach er, und ich weiß nicht wie,
plötzlich schrie ich kikriki.

Sehr erstaunt war ich und stolz,
doch, was Holz ist, das bleibt Holz,
sprach mein Vater, so mein Sohn
krähte unser Urahn schon.

Unsre Stimme klingt mit Macht
täglich aus der Gruft der Nacht,
wir sind nur ein kleines Tier,
aber Petrus weinte schier.

Jede Nacht hat Morgenglanz,
Petrus aber weinte ganz,
weil ein Ruf in Nacht ergeht,
der das Herz wie Schollen dreht.

Unser Ruf wie Uhrwerk geht,
Gut und Bös wie Schollen dreht,
ja wir sind ein kleines Tier,
aber damals krähten wir.

Sprach die Taube, horcht nur zu,
wie sie singen, doch wie du
singt kein Vogel, und wie nie
schrie er plötzlich kikriki.

Ja wie aus dem Spalte dicht
zwischen Erd und Himmel Licht
morgens kommt und fährt vorbei,
also ist der Hahnenschrei.

Wind ging durch das Gras in Ruh,
doch ein Zittern kam dazu,
und der Ton mit voller Lust
ging wie Schaudern aus der Brust.

Wie ein Wappen stand er klar
auf dem Feldstein, der da war,
denn die Ordnung und der Ton
braucht zur Haltung einen Thron.

Alles ob es klein ob groß,
das Geschöpf braucht Ort und Schoß,
daß es froh spricht, wo es lebt,
hier bin ich hineingewebt.

Doch die Wesen sind nicht gleich,
ein fast unsichtbares Reich
hat die Lerche, wenn sie grenzt,
wo sie kaum im Blau noch glänzt.

Singt sie, ist der Himmelshang
wie ein Stockwerk voll Gesang,
aufwärts blickt man und verirrt,
wo ihr kleiner Körper schwirrt.

Was man sah, war wunderbar,
daß sich fast die kleine Schar

der drei Wanderer vergaß,
bis den Weg sie wieder maß.

Und die Straßen, immerfort
Wanderstraßen, doch sieh dort
stand am Rain ein Rabe, der
wartete und schaute her,

schweigend, bis die Taube sprach:
Der du wie ein finstres Dach
dort stehst, nur zuweilen nickst
und mit einem Auge blickst,

wie ein Hammer in der Luft
ist dein Schnabel, der nicht ruft,
komm und sprich nach unserm Brauch,
Rabe, und der Hahn sprach auch:

Rabe komm, halt mit uns Schritt!
Nein, sprach er, ich geh nicht mit.
Wanderschaft hat eine Spur
wie das Pendel einer Uhr,

warten muß man auf das Grab,
kommt die Stunde, ruf ich rab,
daß im Feld ein Schall erklingt,
wie man einen Hammer schwingt.

Drauf erhoben schwarz genug
strich er ab mit schwerem Flug,
fern und schwarz, man sah ihn kaum,
saß er ein auf einem Baum.

Jenes dort und dieses hier,
weites Feld und kleines Tier,
Herz im Kerker, eilend Lied,
wenn man eine Grille sieht.

Lieder, Kinder unbewußt,
wann wird die gefangne Brust
so vom Schmerze wanderfrei,
daß sie gern gefangen sei.

Vieles kam noch aus im Land,
auch ein Hase kam gerannt
aus der Furche in die Höh
gleich bei einem Acker Klee.

Ein Gespann ging mit dem Pflug,
bis der Bauer sprach: genug,
weil der Mittag Hörner trägt
und die Glocke lange schlägt.

Denn das Mittagbild ist schwer,
geht mit harter Stirn einher,
tragend im verschloßnen Born
Morgenhorn und Abendhorn.

Wohl des Mittagswegs allein
kommt ein Kind, ein Körper klein,
unbewegten Angesichts,
schneller gehend, sagend nichts,

trägt vorbei in seiner Hand
viele Blumen, die es fand;

kleiner Körper, kleine Schar,
wer nimmt all die Blumen wahr!

Alle Blumen sind noch gleich
wachsend in dem Kinderreich,
bis in unsres Sinnes Licht
eine dunkle Rose bricht.

Unaufhaltsam unbewegt,
nur daß sich der Atem regt,
blickt das Mittagbild uns an,
wandre Taube, Kind und Hahn.

Kam der Bauer mit dem Knecht
auf dem Heimweg, stellt sich recht
hin vor unsre Wandrer drei,
fragt: Ja Kind ja Kumpanei

ja woher und wo hinaus,
wo sind denn die drei zu Haus?
Sprach der Hahn: Das findet sich
innerlich und kündet sich.

Ging die Bäurin mit der Magd
heimwärts und die Bäurin fragt:
Um des Himmels willen, Kind,
und die Kameraden sind

eine Taube und ein Hahn,
ja was fang mit euch ich an?
Sprach die Taube: Bunte Schuh,
munter zu dem Wunder zu.

Winke Seele, winke Kind,
wandre Erde, wandre Wind,
an der Straße blüht das Land
wie ein Zweig in deiner Hand.

Kommt ein Berg, den Himmelssteig
fliegt ein Vogel Zweig an Zweig
selig auf, mit Baum und Stab
kommt der Berg zum Kind herab.

Kind was willst du, Wonne viel,
Berg was sinnst du, nach dem Ziel,
Kind und Baum und Blume stand,
auf die Kniee fiel das Land.

Fliege Vogel, Beinchen lauf,
Berg herab und Kind hinauf,
doch der Hahn sprach, halt ich bitt,
kikriki halt mit mir Schritt.

Dort wo man zur Seite schaut,
war ein ganzer Wald gebaut,
eine Hürde war davor,
Schafe schliefen dort im Chor.

Plötzlich als der Kuckuck rief,
stand ein Lamm auf, das nicht schlief,
stille, rühret mich nicht an,
horchen will ich, sprach der Hahn.

Wanderherz auf dunkler Spur,
Puls der Lüfte ist es nur,

Kuckuck Kuckuck wann es will,
Kuckuck laut und wieder still.

Wo man geht und wo man schaut,
wird nun alle Regung laut,
aus dem Walde kam ein Stamm,
aus der Hürde kam das Lamm.

Gleich der Sonne kam es her
über alle Felder quer,
und mit silbernem Geflock
war der Stamm ein Brunnenstock.

Aus der Ferne wie das Meer,
wie ein Kern kommt alles her,
ruheloser Pilgersinn,
wie ein Kind geht alles hin.

Öffne dich und sei bereit
selige Geborgenheit,
offner Gottesgarten rund
wie ein aufgeschloßner Mund.

Wie das Auge sich beschenkt,
öffne dich und sei getränkt
du Geschöpf in sichrer Hut,
wie die warme Zunge ruht.

Hüpfend fand das Lamm die Spur,
müde Beinchen folget nur,
jedes kam und jedes trank,
auch ein Fremder, der sah krank,

der sah aus wie Aufenthalt
lange in dem dunklen Wald,
sachte daß er sie nicht schreckt,
sah er, wie es jedem schmeckt.

Ach das ging so Kopf an Kopf,
auf und ab so Schopf an Schopf,
wie es, wenn ein Brünnlein träuft,
Well an Welle um sich läuft.

Bog das Lamm und bog das Kind,
hielt das Wässerchen geschwind,
hob die Taube, hob der Hahn,
fing es neu zu rinnen an.

Bild der Erde allverweilt
war wie Bäche ausgeteilt,
war doch, wo sie Lager bot,
nahe und wie trocknes Brot.

Aber gleich dem Brunnen lief
treu das Herz, das noch nicht schlief,
wie ein Lamm, das ungeschaut
einer Führung sich vertraut.

Als sie zählten, wie viel sind
Taube, Lamm und Hahn und Kind
auf der Reise fort von hier,
waren es nun Wandrer vier.

Niemand schaute ihnen nach
als der Fremde, der jetzt sprach:

ruheloser Pilgersinn,
wie ein Kind geht alles hin.

Wo man ging, war Gras und Baum,
grüner Berg und blauer Raum
und auf einem Wolkenkahn
fuhr das hohe Licht heran.

In den Gräsern, Gittern hell
floß das Licht so heimlich schnell,
schmetterlinggleich aufwärts trug
sich gelöst der Wanderzug,

selbstvergessen, doch da husch
raschelte es stark im Busch,
ja da fuhr es fast ins Mark,
plötzlich raschelte es stark.

Zwar der Hahn mit tapferm Lauf
rannte spornstreichs gleich darauf
wie der Ritter zum Turnier,
doch da rief es: Ich bin hier!

Wer ist hier, rief man, und wo,
und nur halb und ängstlich froh
sah man in die Zweige, bis
sich der Fremdling blicken ließ.

Sprach der Hahn: Es sitzt, mein Wort,
nur ein kleiner Fremder dort,
doch, sprach er, es funkelt sehr
schwarz von seinen Augen her.

Sprach der Fremdling: Eine Nuß,
drum das Eichhorn wandern muß,
immer wandern, und ein Nest,
wenn das Licht den Tag verläßt.

Sprachs und schaukelte mit Hast
und sprang über Baum und Ast,
einmal schaute Aug und Ohr
lang noch hinterm Stamm hervor.

Und beweglich perlenhaft
sprach noch seine Augenkraft:
Unsres Daseins Zwang und Art
ist stets rätselhaft und hart.

Stiller warf die Sonne bald
ihre Strahlen in den Wald,
auch als blasses Silbermal
hing der Mond am Himmelssaal.

Sprach die Taube: Abwärts geht
nun die liebe Sonne, seht,
und das Land, das dunkler blinkt,
ist ein Kelch, aus dem sie trinkt.

Wer ist mehr als Sonne, wer
trinkt und dürstet immer mehr,
sprach das Lamm, und Baum und Strauch
und das Echo horchte auch.

Und sie sprachen und es klang
aus dem Walde wie ein Gang,

und sie horchten, innerwärts
war das Echo wie ein Herz.

Und auch einem Herzen gleich
ruht der Berg im Himmelreich,
steigt man über seinen Rand,
wird die Tiefe unbekannt.

Und die Herzen wurden still,
laß es gehen, wie Gott will,
alles war ein offnes Tor,
Schweigen trat daraus hervor.

Sprach die Taube, wenn man denkt,
was uns so ein Herz doch schenkt,
und in seiner Wallung gut
ist es nur ein Tropfen Blut.

Atmend im bestimmten Lauf
geht der Eimer ab und auf,
füllt die Fluten und die Fracht
sind die Träume in der Nacht.

Komm zum Kinde, Kunde mild,
in das Auge, in ein Bild,
und was man nicht sagen kann,
sehen unsre Augen an.

Aller Schein wie Augen geht
hin, er wird hinweggemäht
und gefesselt Glied um Glied,
alles wird ein stummes Lied.

Kikriki, nein aufgewacht,
aufgemacht das Tor der Nacht,
komm, so sprach der Hahn und wies
mit dem Fuß und Krallenspieß.

Munter, jetzt noch einen Schritt,
du zuerst und wer hält Tritt
durch der Himmelspforte Paß,
ich und du, Felizitas.

Augen, die ihr offen steht,
gleichwie Sonnen die ihr geht,
weil die Erde wandernd rollt
oder fällt ein Tropfen Gold,

nirgends sah man eine Wand,
flog der Fuß und flog die Hand
auf und auf im goldnen Raum
wie das Eichhorn auf dem Baum.

Lamm und Taube, Hahn und Kind
auf und auf im Himmel sind,
schattengleich hinweggewischt
und im Himmel aufgetischt.

Lippen, die ihr mächtig nur
eines Wortes, sprechend nur
gleich den Schnäbeln offen geht
oder Rosen auf dem Beet.

Sieh ein Engel, nein geschart
waren viele wie ein Bart

rauschend und als wie ein Wehr
ging daraus ein Flüstern her.

Rechts und links stand Tier an Tier,
Engel, Löwe, Adler, Stier,
laut mit Trommeln, wartend schon
saß der Herr auf seinem Thron.

Wer saß dort auf hoher Statt:
Der den langen Atem hat
und ihm wie ein Lächeln rund
flog ein Sperling um den Mund.

Und zuerst trat in den Kreis
mit dem Korn die Taube weiß,
dann das Kind, doch ihm zuvor
trat der Hahn jetzt in den Chor.

Dort das Dorf mit lauter Schein
und zu oberst ganz allein,
sprach der Hahn und reckte sich,
auf dem Kirchturm das bin ich.

Wer ist mehr als Sonne, wer
trinkt und dürstet immer mehr,
sprach das Lamm, und jeder Laut
war wie Atem aufgestaut.

Und sie schwiegen und es klang
in dem Chore wie Gesang,
wie ein Rauschen, das mit Lob
ganz von ferne sich erhob.

Wann kommt diese Fülle her
rauschend überm weiten Meer,
Erde satt von jedem Ding,
winkend auf dem Wasserring?

Und wo ist die Stätte, wo
spricht das Herz, nun bin ich froh,
Ruf und Stimme warm und kalt
schläft mit Echo noch im Wald.

Bis der Stamm sein Mark entzweit,
Wiege wird zu seiner Zeit –,
Sommer geht und Winters Frist,
Kind und Wort geboren ist.

Wurzel, Weg, Trieb unbewußt,
Ader aus Gott Vaters Brust,
Leben, das kein Name nennt,
das man nur mit Winken kennt.

Und sie schwiegen und es klang
in dem Chore wie Gesang,
wie ein Rauschen innerwärts
pochte laut des Kindes Herz.

Winke winke wie wie lang
ist die Zeit noch auf dem Gang,
Gloria, – und da im Flug
stand ein Baum, der Äpfel trug.

Kaum geschaut, besonnen kaum
saßen alle auf dem Baum

samt den Engeln und in Ruh
lächelnd trat der Herr hinzu.

Und zum Baume, der geneigt
alle seine Lasten zeigt,
sprach er, donnernd klang es fern,
schüttle dich, gib Frucht und Kern.

Und der Baum wog Laub und Last,
schüttelnd hob er Ast und Gast,
sprach der Baum: Entblätterung,
schattiges Gerüst und Sprung.

Was geschah, mit einem Wort,
wie ein Traum war alles fort,
was geschah, mit einem Satz
alles fiel an seinen Platz.

Erst mit Blättern grün und klar
ringsum flog die Engelschar,
dann fiel Taube, Hahn und Lamm,
Kind und Apfel fiel vom Stamm.

Zu der Herde kam das Lamm,
in den Wald zurück der Stamm,
in dem Schlag die Taube schlief,
bis der Morgen wieder rief,

bis der Tag zu werken zwingt,
was man nie zu Ende bringt
selig wie man es gedacht
nur in einem Traum der Nacht.

Wo ist wohl das Kind allein,
sprach ein Engel, schaut hinein,
wer es mitgenommen hätt,
ach da lag das Kind im Bett,

lag wie aus dem Himmelszelt
oder wie vom Baume fällt
frisch ein Apfel und am Mund
lag ihm auch ein Apfel rund.

Alles kam so glücklich an,
wo es ausging, nur der Hahn
war noch auf dem Kirchturmdach,
weil er mit Gott Vater sprach.

Mit dem Sternenuhrwerk stumm
wandert nachts der Himmel um,
als ein Brunnen in die Zeit
gießt sich aus Geborgenheit.

Alles geht auf einer Spur,
öffnet sich und schließt sich nur
zu, nachdem es in Gestalt
eine Zeit dahingewallt.

Kind du hast auf deiner Bahn
in dem Wappen einen Hahn,
eine Taube in dem Schlag
und ein Lamm im freien Hag.

Das Geschöpf geht Hand in Hand,
Schöpfung täglich an den Rand,
findet sich, dann schläft es fort,
alles ist an seinem Ort.

Offner Himmel, offnes Feld,
treulich sieht, verborgen hält
feierlich und heimlich aus
so ein elterliches Haus.

GEDICHTE
AUS DEN PROSADICHTUNGEN

DIE dunklen Tore sind aufgetan, ihr kalter Atem hat über das Land geweht.
Die Stille fällt ein und die Haare des Hauptes werden gezählt.
Wenn der Weg ausweiche wie ein Mensch, so könnte er nie zur Ruhe kommen.
Der Mensch hat einen Weg und ein Maß; so wird die Angst von ihm genommen.
Mahlzeit aber gönnt er sich am Wege und läßt so die Speise verderben.
So zehrt sein Maß sich auf, und muß er an Wegzehrung sterben.

Viele Monde sind in die Schale gefallen in vielen Nächten.
Diese Nacht liegt der Mond tot auf dem Grunde und mehr als lebendig.
Rot ist die Scheibe, die Hostie blutet, der Leib des Herrn schwimmt im Blute.
Rot wie am Karfreitag die Sonne, der Mond wie am Karfreitag die Sonne.
Dies ist das Opfer des Leibs und des Blutes.
Wir essen die Speise, wir tragen den Weg das Blut.

Wir haben das Brot des Lebens in unserem Munde bis hierher getragen.
Vom Hungern ertötet, vom Lechzen erstorben.
Nun weicht die Verwesung, das Manna ist süß.

DAS WEIB DER LIEBE

Was ist dies wie ungenossen,
das wie schweres Öl im Mut
sinkend treibt des Herzens Sprossen
auf aus Wasser ein in Blut?

Welche Ahnungen von Liebe,
Ahnung, die den Glauben haßt,
weil sie im gebrochnen Triebe
einen Zweig wie Wurzel faßt;

Ahnung, das Gelenk zu schwächen,
das die Hoffnung krümmt und schickt,
und die Endhaft aufzubrechen,
bis ein bloßes Auge blickt. –

Ahnung, nein, es wird erkälten
dieser Hoffnung brünstig Mark,
bis sich in die Brust der Welten
stürzt die Erde ganz und stark.

Wie geschieht dies Wort, dies blinde
Werde, weil der Träger weicht,
der das Öl mit Wassers Binde
bindet und es nicht erreicht?

Nein und nein und immer welche
Ahnung, wie ein Vogel schilpt,
laß dich aus dem weißen Kelche
stäuben, daß es golden gilbt;

daß als ein Gesicht vergangen,
wenn der Abend überfährt,
deine Seele ohne Bangen
auf dem Zweige perlt und sehrt.

Laß dich, laß noch mehr den dunkeln
Willen deines Werdens Sinn
blind ergründen; siehst du funkeln
tief ein Wasser, wo ich bin?

Mutig aus dem Todgetreibe
laß nur blühen, wo es west,
ringe mit dem Löwenweibe
und nicht eher sei erlöst.

was aus deinem Traum entstanden,
bis es mich mit vielen Banden
immer mehr ins Werk gebunden,
Sinn verlierend Sinn gefunden,
Ruf zu werden hilft uns nur
die Gestalt der Kreatur.

EIN Stämmchen schlug im Wintersturm
an seinen Pfahl, und der war Gott:
warum hegst du, du hegst zum Spott
mich unvernünftiges Gewurm?

Wozu dein Stand und meinesfalls
lebendiges Geschöpf dabei,
ich will, und wirklich glückts entzwei,
die Binde lockrer um den Hals.

Nun schwinge dich, – sein wilder Tanz
schlug wackre Schläge unbelaubt,
auf seinem Pfahl das Gotteshaupt
sah blutig kalt im Sonnenglanz.

Der Teufel schnob im Wintersaal
und machte seine Lenden müd, –
du blühst doch, wenn der Anger blüht,
und sah das milde Haupt am Pfahl.

WIE wachend es liege, wie lange es hält
das Herz in der Wiege,
es atmet durch Gitter
zwischen rosa Wölkchen ein blaues Zelt.

Mit Blicken der Säulen nur immer verweilen,
ihr Keimen geteilt,
im Aufgang gelockert,
ein Gitter von Glocken,
stirb Sterben, gib Leben die Halme sich teilen.

1

Der ich dich nicht mehr kenne, so dich liebe,
was schlug mein Sinnen so, bis es mich triebe
durch solch Vertrauen, daß ich dir, o Fraue,
nicht mehr mit Sinnen und nur ganz vertraue, –

und dies Geschick, mehr kann ich nicht verdienen,
nur schauen und, ein Spiegel meine Mienen,
dir durch dich folgen, so du in mir Herz,
was bleibt mir noch, Geschöpf ich allerwärts?

Was bleibt mir, kommt Geschick mir durch Verlust,
weil diese Faser mir durch mich gemußt?

Von so viel Binden keine, die mehr bindet,
nun wird es Blut, wovon das Wasser blindet.

2

Durch diese Faser, nun ich sie berühre,
was blickt Geschöpf mich an und bleiche Schar
hält hinter meinem Rücken, ob ich schüre,
Furcht wird aus mir wie Röte offenbar, –

ja Furcht, und ob ich diese gern vergesse,
mit Sinnen auf mich Sinnen bauen will,
ist wie ein Blumenkopf in heißer Esse,
den Kindern ist die Sonne glücklich still.

Der Plan, ob ich ihn schüre, Sinn im Schnitt,
wie kennt die Schöpferin des Gottes Schritt!

Die bleiche Blume blieb im Mond gefangen,
wie muß die Furcht jetzt nach der Sonne langen!

3

Und doch ein Sinn, dem ich wie außen friere,
erhebe dich, getauftes Spiel der Zeit;
daß ich wie Ort Gewand an mir verliere,
geht Wasser mit mir über wie ein Kleid;

Gewand wie Wasser, dem die Stufe brach –,
es will mit Trotz in mein Geschick verkehren
und engt den Raum und fließt der Perle nach,
du Silbersichel überm Stand der Ähren!

Was will dem Blute dieses Morgenfest?
Wie eine Rüstung ist der Leib gepreßt!

Dem Herzen ist vor solchem Aufbruch bange
und doch ist Erde wie ein Saal im Gange.

KLAGE ÜBER DER SCHÖPFUNG

Mit einer Hand die Seele, o die er band,
hinwegzutragen, – heftiger schlägt den Griff
die andre immer her zum Herzen
zwischen Erbarmen und Fluch verkettet.

O die er band und wie am zertrümmten Ast
o die er fängt und wirbelnd ein Echo weckt
des Schicksals, das erst unterm Herzen
blind und mit spielendem Sinn empfangen.

Er will es nicht, doch sinnend ja, was er muß,
doch was er sinnt, verwandelt ihn immer fort,
er selbst der Baum und seine Seele
bleibt eine Leier am Aste hängen.

Ob dir ein Ruf gespannt, daß die Saite klingt,
ein Herz dir zuckend williger Antwort gibt,
du bist bestellt in Kraft der Mitte
niemals und immer befällt dich Echo.

Hinweg, doch lauschend, weil ja die Seele singt,
o Feie komm, verzweifelt doch stets dahin
zum Himmel fährt sie, stille Wolke,
bis er verwandelt sich rührt in Tränen.

Der Baum wird dunkel, Blätter gefügt wie Fels,
an ihrem Abfall strömt das Gewässer hin
und in die blonde Lindenblüte
fällt der beständige Regen milder.

Es flüstert, oder rinnen die Bäche nicht,
saugt alles in sich klopfend dies schwere Herz
mit gleicher Nacht und von ihr Tage
sind wie die Arme des Baums im Lichte.

So wird der Sinn, je mehr er sich selber sucht,
aus dunkler Haft die Seele geführt zur Welt,
vollbringe was du mußt, es ist schon
immer vollbracht und du tust nur Antwort.

OHNE Regung wie ein Flügel
auf den toten Leib gedeckt,
keiner Schwinge Zug und Zügel
die gepaarte Freiheit weckt,
Werk der Fühlung ohne Regel,
dein Gebinde hebt ein Segel.

Harrend in der kranken Pfanne,
Werk der Zehrung, Kraft entkielt,
eines Hauches kurze Spanne
mit der kleinsten Feder spielt,
deines Herzens Gang entkräftet
hat Zergliederung geöffnet.

Laß geschehn, die unbeargte
Hoffnung nie Bewahrung sinnt,
das in Perlen eingesargte
Augenlicht verdorrend rinnt,
Licht des Himmels flieh vom Neste,
jeder Stein ist eine Veste.

Jeder Sinn, der grub und hackte
und noch Widerstand gelehrt,
stirb Besinnung und die nackte
Fesselung wird unbewehrt;
daß sie Seim der Höhen riefe,
drang die Allmacht in die Tiefe.

Ohne Regung wie ein Flügel
sorglos unterm Ruf geträumt
liegt er, der ein dunkler Hügel

sich entschälend aus sich keimt,
paare Paarung, Neigung neige,
schließ den Himmel, öffne Zweige.

Unbekannt von Herz zu Herzen
lag das Land und schmückte sich,
rein im Schauen ohne Schmerzen
wird der Apfel mütterlich,
alles daß es Eins erhole
wird gebrochen unterm Pole.

ICH schlief
und hob in leisem Schlummer
um Hauptes tief,
mich hob das Herz gerufen stummer,
ein Odem, der mich zu sich rief,
mich aus dem Grunde zog
und war Gesicht und überwog,
ich hob mich Hauch, daß mir der Kummer
wie Wassersaum vom Antlitz lief –

und überwachte leiser
und liebte heißer
die Kühle, die das Herz mir sog.

BOETHIUS
DIE GEDICHTE AUS DER TRÖSTUNG

1

Sänge der blühenden Lust sind einst mein Leben gewesen,
 tränenschwer, ach, muß ich jetzt traurige Weisen verstehn.
Seht, ich schreibe nur hin, was mir schmerzvolle Musen
 befehlen,
 während den Mund, der singt, wahre Tränen betaun.
Konnte wenigstens euch kein Schrecknis so völlig besiegen,
 daß ihr noch immer verfolgt, Musen, den unsrigen Weg?
Herrliche Geister des Glücks und einst deiner grünenden
 Jugend,
 jetzt noch trösten sie dein Schicksal, trauriger Greis.
Nämlich von Übeln beeilt und so nicht erwartet kam Alter,
 kam ein Schmerz, der befahl: suche du Leben in mir!
Graue Haare des Greises beschütten den Scheitel zur Unzeit,
 kindisches Zittern durchläuft Körper und schwächliche
 Haut.
Tod ist ein Glück für die Menschen, wenn nicht in die Süße
 der Jahre
 eingedrungen, vielmehr rufender Trübsal er folgt.
Oh, im Ohre er taub will oft dann das Elend nicht kennen,
 weinenden Augen zu ruhn, sagt er ein grausames Nein.
Mir, während Glück mich noch äffte mit Gunst und mit
 Gütern, die leicht sind,
 hat eine Stunde das Haupt fast schon gedrückt in den
 Grund.
Jetzt aber hält sein falsches Gesicht noch hinter der Wolke
 unselig Leben und schenkt haßvolle Pausen und lebt.
Was habt, Freunde, so oft mit Fleiß ihr gesagt: der ist
 glücklich!
 Der gestürzt ist, nie stand dieser auf sicherem Fuß.

2

Weh, kopfüber hinab, stumpf in die Tiefe,
   taucht ein Sinn und vergißt eigenen Lichtes,
nur zu äußerster noch Finsternis willens,
   und so oft ihren Hauch Erde ihm nachweht.
wächst und grenzenlos wird Schuld ihm und Härmung.
   Einstens dieser so frei offenem Himmel
und gewöhnt, mit dem Schritt Lüfte zu messen,
   schaute das glänzende Licht rosiger Sonne,
sah des kühlstarren Monds himmlisch Gebilde,
   sah, wie in Bogen der Stern, wandernd und kehrend,
jeder und jeder sich schickt, kreisend durch Welten,
   alles mit Zahlen ergriff sinnvoll der Sieger.
Ja auch die Gründe dazu, welche das laute
   Blasen des Meerwinds verstehn, jagend auf Wässern,
welch ein Odem hält stand, drehend den Erdkreis,
   oder dies eine Gestirn, abends in Wogen
fallend, warum es ersteht golden vom Aufgang,
   was dem Lenze dann gibt sanftere Stunden,
daß er die Rosen dir bringt, blühende Erde,
   wer der Gebende ist völligen Jahres,
bis zur Traube es schwillt fruchtbar im Herbste, –
   immer sann er so aus wechselnd Geheimnis
rings der Natur und er gab Wort ihr und Gründe.
   Jetzt, ein entkräftetes Licht, nieder im Sinne
liegt er, gefesselt sein Hals schwer von den Ketten,
   abwärts unter der Last hängt ihm das Antlitz,
daß er wie Aberwitz schaut, Erde, dich! Wehe!

3

Wich schon durchschossen die Nacht? Denn sieh, die
  Finsternis ließ mich,
und mit den Lichtern glänzt neulich das Auge.
Wie wenn vom jähen Nordwest ein Wetter geballt und
  getrieben
droht vom Pole mit gießendem Regen,
riegelt die Sonne hinweg, und von Sternen kommt keiner
  am Himmel,
schwer fällt herab auf die Erde die Nacht nun;
wenn aber diese der Nordwind, gesandt aus der thrakischen
  Höhle,
züchtigt, noch einmal schließt sie den Tag auf,
aufglüht mit einmal und selber erbebend Phöbus im Lichte, –
Augen, verwundet, staunt in die Strahlen!

4

Wer sein Leben gefügt, wer sinnend heiter,
  was ihm Schicksal gedroht, nun weiß zu Füßen,
vor dem Glück, das er sah, auch blieb der Gleiche,
  festen Angesichts war und nie gebeugt sich,
keines Meersturmes Wut und Drohung trifft ihn,
  wenn der wühlende Grund zur Brandung umstürzt,
kein Vesuv, der unstet die Feueressen
  aufreißt wirbelnd vom Rauch und immer wieder,
auch der sengende Strahl, der hohe Türme
  sucht, kein Blitz mehr erschüttert künftig diesen.
Was für elendes Volk, das Wildheit anstaunt,
  wenn ohnmächtiger Wut Tyrannen frönen!

Nichts mehr hoffe du selbst und nichts mehr fürchte,
  und der Ingrimm verliert an dir die Waffen.
Doch wer zittert und zagt und wer noch Wünsche
  nach Unstetigkeit hat und was nicht gültig,
seinen Schild warf er weg und ohne Standpunkt
  knüpft er selber den Strang, den er verdient hat.

5

O du Schöpfer im Umkreis der Sterne,
  ruhig auf ewigem Throne bewegst du
jäh des Himmels Rundung und zwingst doch
  dein Gesetz zu dulden Gestirne,
jetzt, daß, leuchtend völliger Sichel,
  ihres flammenden Bruders Schwester,
auslöscht Luna kleinere Sterne,
  jetzt, daß blaß und die Sichel dunkel,
nahe Phöbus sie selbst nicht mehr leuchtet.
  Und ein Stern zur Zeit, wenn die Nacht kommt,
Hesperus schimmert im Reigen des Aufgangs,
  wechselnd der gleiche die früheren Zügel,
bleicht als Lucifer morgens vor Phöbus.
  Du, wenn in Blättern schaudert der Winter,
machst dem Taglicht kürzere Spannen,
  du, wenn Sommer will kommen mit Gluten,
missest die Nacht mit hurtigen Stunden.
  Dir ist Gewalt, den Jahrlauf zu regeln,
und was Boreas anhaucht und wegrafft,
  Zärte des Laubwerks, Zephir ersetzt es;

auch wo Arcturus sah noch die Saaten,
  heiß unterm Sirius baut sich der Fruchtstand.
Nichts von alter Satzung entbunden
  weicht vom gehörigen Aufenthalt im Werke;
lenkend alles sicher zum Ziele,
  Taten allein der Menschen verschmähst du,
Lenker, in gleicher Weise zu begnaden.
  Denn warum hast du, wendiges Schicksal,
solchen Umschlag? Schuldlosen lädt es
  auf eines Schurken Schuld und die Strafe.
Freilich dem hohen Throne zunächst sind
  Bräuche voll Schlechtheit, Schädlinge treten
– Unrecht wird Recht – den unsträflichen Nacken.
  Helles wird dunkel, Düsternis waltet
schwer um die Tugend, einer, der recht ist,
  gilt als Verbrecher!
Nichts die Meineide, nichts schaden ihnen
  Trug und Lüge, schön färbt sich alles.
Ja, es gefiel, ihre Künste zu nützen,
  dafür nun freut sie, den König zu knechten,
welchen unzählige Völker fürchten.
  Oh, jetzt schau auf die elende Erde,
du, der knüpft die Satzung der Dinge!
  Menschen, ein Gutteil vom Werk deiner Hände,
wir sind zerschlagen vom Zufall der Salzflut.
  Lenker der Fluten, banne dies Toben,
gleich dem Himmel, unermeßlicher Herrscher,
  mache mit Satzung fester die Erde!

6

Phöbus strahlt mit Gewalt, die Glut
    macht das Sternbild des Krebses schwer,
jetzt vertraust du auch noch so reich
    spröden Furchen umsonst die Saat,
geh enttäuscht, der auf Ceres baut,
    suche Eichen mit ihrer Frucht!
Willst du Veilchen dir sammeln gehn,
    suche nie im verfärbten Wald,
wenn von Stößen des wilden Nords
    Feldung zischt und in Starrheit steht.
Streck begehrlich die Hand nicht aus,
    daß im Lenz du ein Rebschoß prüfst,
wenn Gelüst dich nach Trauben reizt.
    Bacchus hat, was er schenken will,
uns im Herbst alles zugeteilt.
    Zeit um Zeit macht so kenntlich und,
was ihr Amt ist, zu jeder sagt
    Gott, der selbst es gefügt und will,
daß kein Loos aus der Reihe fällt.
    Aber, was auf dem jähen Weg
aus der sicheren Ordnung tritt,
    fährt nicht freudig dem Ende zu.

7

Wenn hinter Wolken
finster sie hausen,
schicken ihr Licht die
Sterne vergebens.

Rollt er das Meer und
   wühlt er im Gischt, der
ruhlose Südwind,
   bald, die zuweilen
gläsern und gleich ist
   heiteren Tagen,
beut sich dem Anblick,
   schwimmt erst der Schlamm auf,
trüb nur die Woge.
   Hoch von den Bergen
freien Gefälles
   stürzt sich der Wildbach,
oft wird gelöst vom
   Felsen ein Block ihm
heftig zum Riegel.
   Du also, willst du
schauen mit klarem
   Lichte, was wirklich,
willst auf dem rechten
   Pfad deines Wegs gehn,
freue dich nicht mehr,
   nichts mehr auch fürchte,
Hoffnung laß hinten,
   Schmerz laß nicht bei dir!
Trüb ist der Sinn und
   liegt noch in Fesseln,
wo all dies Macht hat.

8

Wenn es die Loose schüttelt stolz mit der Rechten,
 trächtig das Glück, o so braust der Sund des Euripus,
Könige bisher furchtbar macht es zum Staube
 wild, und Erniedrigten hebt zum Schein das Gesicht es,
hört doch den Elenden nicht und sorgt nicht um Tränen,
 vielmehr es lacht auf Seufzer hart und vermehrt sie.
Solcherart spielt, so prüft das Glück seine Kräfte,
 bietend ein Schauwerk andren, denen es einen
zeigt, nun gestürzt nun beglückt zur nämlichen Stunde.

9

Wieviel äußerst bewegt rasend vom Sturm das Meer
 Sand vom Grunde heraufholt,
oder, fruchtbare Nacht, die du gebierst, wie viel
 Sterne glänzen vom Himmel,
wenn, nie zögernder Hand, minderen Vorrat nicht
 gösse das Glück aus dem Horne,
deshalb weinte es doch, immer dies gleiche, dies
 Menschengeschlecht seine Klagen.
Wünsche hört er wie viel, willig erfüllt sie Gott,
 recht seines Golds ein Verschwender,
da hebt Gier sich, noch schmückt er sie mit Gaben hell,
 schon will nichts mehr genügen,
nein, wild schlingend hinab, heischender reißt ihn auf,
 Raffsucht immer den Rachen.
Hilft ein Zügel hier noch, wo schon der blinde Trieb
 über jegliches Ziel stürzt,

ja wo heftiger vom Überfluß selbst geweckt
  lechzt der Durst nur zu haben?
Nie steht reich vor sich selbst, kümmerlich bleibt und
  seufzt,
  wer noch glaubt, er bedürfe.

10

Öffnet Phöbus rosigen Himmel, streuend
  Licht, und kommt er im Viergespann,
weiß im Wurf der Flammen stehn Sterngesichter,
  bis ein jedes dann stumpf verblaßt.
Zephirs Hauche wecken im Hain den Frühling,
  atmend wacht er mit Rosen auf:
laß des Südwinds Tücke dann Nebel brauen,
  ohne Schmuck bleibt der Dorn zurück.
Oft voll Ruhe strahlend bei heiterm Wetter
  keiner Strömung gehört das Meer,
oft rast Sturm und steigert sich selbst, und Nordwind
  kehrt die Tiefen des Wassers um.
Wenn so selten festes Gebild die Welt hat,
  wenn sie umschlägt aus jedem Maß,
glaube, Mensch, bestimmt ist das Glück zum Falle,
  glaube, Gutes denkt stets an Flucht.
Fest steht dies und heißt ein Gesetz auf ewig:
  nichts steht fest, was geboren ist.

11

Wer die Wohnstatt sich mit Vorsicht
   gründen will für die Jahre,
und sorgt, daß nie ein Sturmwind
   schallend sie in den Grund bläst,
noch daß er achten braucht die
   Fluten, die drohen vom Meere,
der soll den Bergkamm meiden,
   gierigen Sand vom Gestade.
Denn haust mit allen Kräften
   schonungslos droben der Südwind,
so weicht und will der Boden
   schwankende Last hier nicht tragen.
Gefahren und Zufall soll dein
   lieblicher Wohnsitz entkommen,
drum sichre du dir Hausung
   nur auf bescheidenem Felsen.
Wenn es will, mag dann die Windsbraut
   donnern mit Trümmern und Wässern,
geborgen du im Walle
   starker glücklicher Ruhe,
wirst dein Leben heiter führen,
   lachst der zornigen Lüfte.

12

Der Altvordern Zeit war so glücklich:
   zufrieden mit treulichen Äckern,
nicht vom Überfluß träg und verdorben,
   fand mit Früchten der Eichen man billig

am Abend den Hunger zu stillen.
Die Gaben des Bacchus zu mischen
mit flüssigem Honig war Brauch nicht,
noch die seidenen serischen Vließe
mit Purpur aus Tyrus zu färben.
Gesunden Schlaf gab der Rasen,
den Trunk der lebendige Quellbach,
und ragende Pinien Schatten.
Noch fuhr auf dem hohen Meere
kein Schiff, man trieb nirgends Handel,
sah nicht neue Küsten als Fremdling.
Da schwieg noch die wilde Trompete,
nicht vom Hasse bitter vergossen
floß Blut in schauernde Äcker.
Was wollte Wut auch und Feindschaft
einst irgend greifen zu Waffen,
da man sah die grausamen Wunden
und irgend nicht Vorteil vom Blute?
Ach könnten wir einfach uns kehren
zu der Altvordern Sitten und Zeiten!
Aber wild wie kein Feuer des Ätna
wallt auf und brennt jetzt die Habsucht.
Wer mußte – wehe – als erster
das Gold – es wollte verdeckt sein –
den heimlichen Edelstein graben,
so kostbar, so schwer und gefährlich!

13

Alle wissen, wer und wieviel er Trümmer
schuf, wer Rom verbrannt, wer erschlug die Väter,

wer vertilgt den Bruder, und weiter tierisch
 wer vom Blute troff seiner eigenen Mutter;
keine Träne, als er den kalten Körper
 ansah musternd, lief ihm ins Antlitz, nein er
kam noch, abzuschätzen die tote Schönheit.
 Dennoch war ein solcher von Völkern Herrscher,
welche Phöbus, taucht er ins Meer die Strahlen,
 anschaut, welche sieht auch sein fernster Aufgang,
die den Frost erleiden der sieben Sterne,
 die der Südwind, trockenen Brand gewaltig
brauchend, ausdörrt, der in der Sandglut aufkocht.
 Mochte endlich doch die Gewalt des Himmels
stürzen Wut und Schande des einen Nero?
 Wehe, schwer ist Schicksal, so oft zusammen
wirkt ein Schwert des Unrechts mit argem Gifte.

14

Wer eilt und hat im Sinn nichts andres, nur den Ruhm,
 und glaubt, daß dies das Höchste ist,
der schaue an den Himmelsstrich so weit und breit
 und dann das kleine Erdenstück.
Und füllt sein Name schon den kurzen Umlauf nicht,
 schämt er sich, daß er ihn noch mehrt.
Daß, Stolze, ihr vom Hals zu lösen euch gehabt
 ein sterblich Joch, wie ists umsonst?
Mag sein, ein Ruf, der durch die Ferne der Völker geht,
 macht überall die Zungen laut,
auch seis, von Ruhmestiteln erglänzt ein großes Haus,
 der Tod verschmäht den hohen Ruhm,

er rollt herab das geringe, das große, jedes Haupt
und macht mit Höhen Tiefen gleich.
Wer denn findet jetzt des treuen Fabricius Gebein,
und Brutus, Cato den strengen noch?
Den leeren Namen schreibt mit wenigem Buchstab auf
ein magrer Ruf, der übrig bleibt.
Doch was wir kennen, Wortwerks Schmückung, gilt denn
dies
als Wissen von den Toten noch?
Ihr lieget also unkennbar und ganz für euch,
und auch kein Ruf macht euch bekannt.
Doch wenn ihr glaubt, im Lufthauch eines Namens zieht
ein sterblich Leben länger hin,
an einem späten Tag, der dies Letzte euch vollends raubt,
ist euch gewiß ein zweiter Tod.

15

Weltall immer im Einklang gleich,
   der dem Wechsel die Treue gibt,
aller Samen im Kampf, daß doch
   er ein ewiges Bündnis hält,
daß mit goldenem Wagen führt
   Phöbus rosigen Tag herauf,
daß, bringt Hesperus Nächte her,
   ihre Herrscherin Phöbe ist,
daß begehrliches Meer die Flut
   halten läßt, wo die Grenzen sind,
auch daß unbestimmt selber nicht
   weite Säume das Erdreich sucht,

diese Kette der Dinge knüpft,
  herrschend über das Land und Meer,
Himmels Herrscherin, Liebe nur.
  Sie wenn ließe den Zügel weg,
alles würde, was jetzt sich liebt,
  augenblicklichen Krieges Feld,
und was treuen Vereins noch jetzt
  schön in Wirkung sich regt, der Streit
würde fällen das Weltgerüst.
  Sie auch, die ihre Völker schart,
macht den heiligen Bund daraus,
  sie, die gleiche, verknüpft und weiht
keusches Lieben zum Eheband,
  wer Verbrüderten anbefiehlt
treue Satzung, ist wieder sie.
  O du Menschengeschlecht, wie durch
Liebe, herrschend im Himmel und
  dir im Geiste, du glücklich bist!

16

Will wer ein Ackerland richtig bebauen,
  macht er die Feldung erst leer vom Gesträuche,
braucht auch die Sichel zu Brombeer und Farnkraut,
  Ceres wenn kommt, ist schwer dann von Früchten.
In einem Mund, der erst bittere Kost hat,
  schmeckt der Ertrag noch süßer der Bienen.
Lieblicher glänzen die Sterne, wo still der
  Südwind geworden, der donnert und regnet.
Lucifer scheucht das Dunkel, dann bringt erst
  schöner der Tag die rosigen Rosse.

Du denn, der Falsches für Gutes noch anschaut,
  handle und ziehe den Hals aus dem Joche!
Aufgehen wird dann dem Geiste, was wahr ist.

17

Wie sie die Schöpfung handhabt im Zügel,
  die Macht der Natur, und gibt mit Gesetzen
Dauer der Welt, die unmeßbare hütend,
  bindend unlösbar, was einzeln ist, wie sie
schlingt ihren Knoten, ein deutliches Lied soll
  sagen, was ist, mit der Dauer der Saiten.
Willst du, so tragen punische Löwen
  schön ihre Fesseln und nehmen aus Händen
willig ihr Futter und fürchten den Wärter,
  scheu vor dem Blick und in Zucht durch die Peitsche.
Netzt aber Blut ihre schrecklichen Lefzen,
  regt es sich neu und ihr früheres Wesen
wilden Gebrülles wissen sie wieder.
  Los von den Fesseln, frei sind die Nacken
und ihr zorniger Zahn reißt als erstes
  blutiges Opfer den Bändiger selber.
Rastlos ein Vogel im hohen Gezweige
  singt er, nun sitzt er im Käfig vergittert;
wohl ist sein Näpfchen mit Honig bestrichen,
  reichlich sein Mahl, und zärtlich bedient ihn
sorglichen Spieles der Eifer der Menschen;
  dennoch im engen Gemach wenn er aufhüpft,
wenn er den lieblich verschatteten Wald sieht,
  streut und zertritt er sein Futter mit Füßen,

Wälder verlangt er und nur noch die Wälder
　　zwitschert er süß und mit trauriger Stimme.
Einmal von Kräften, die stark sind, bezwungen,
　　beugt wohl ein Stämmchen abwärts den Gipfel,
ungekrümmt aber, wenn losläßt die Rechte,
　　blickt es geraden Scheitels zum Himmel.
Phöbus versinkt in die Wogen des Abends,
　　aber verborgenen Pfades zum Aufgang
bringt er zurück wie immer den Wagen.
　　Alles, was ist, sucht, woher es gekommen,
jegliches hat seiner Wiederkehr Freude;
　　nichts bleibt in Ordnung für irgend ein Wesen,
außer es knüpft an sein Ziel seinen Anfang,
　　schließt seinen Ring und ist sicher darinnen.

18

Ein Strudel golden sei's, der ihm schon fließt, – wenn doch
　　unersättlichen Schatz immer der Geizhals noch mehrt,
belädt den Hals mit Perlen auch vom roten Strand,
　　läßt im fetten Feld pflügen das hundertste Rind,
die Sorge gleichwohl nagt und fehlt nicht, wenn er lebt,
　　aber der flüchtige Schatz fehlt zu des Toten Geleit.

19

Wie den Purpur von Tyrus Nero eitel
　　trug und wie viele kristallne Steine,
trotzdem dünkte verhaßt sein Leben allen
　　samt seiner Prunksucht, worin er tobte.

Doch auch würdigen Vätern, ihnen schmählich,
gab den kurulischen Sitz der Schlechte.
Kann sich einer beglückt durch Ehren halten,
die aus erbärmlichen Händen stammen?

20

Wer zur Macht durch sich selbst hat den Willen,
muß zähmen die tierischen Geister
und, Herr seiner Gier, überläßt er
den Nacken nicht schimpflichen Zügeln.
Denn zittert zwar vor deinem Machtspruch
die ferne indische Erde,
und willfährt auch die äußerste Thule,
doch wo schwarze Sorgen nicht weichen,
wo die Flucht aus elenden Klagen
nicht möglich, da ist auch die Macht nicht.

21

Alles Geschlecht auf der Menschenwelt hebt sich aus
nämlichem Ursprung;
einer ist Vater der Dinge nur, einer besorgt das Gesamte.
Der, welcher Strahlen der Sonne gab, Sicheln gab auch
dem Monde,
der gab der Erde die Menschen auch, wie dem Himmel
Gestirne.
Seelen, gerichtet zum hohen Sitz, schloß er hienieden in
Glieder.

Also die Sterblichen alle sind von ihrem Keime her edel.
Was will der Ruhm mit Geschlecht und Ahn? Keiner, willst
 du nur schauen
euren Beginn und den Schöpfer Gott, keiner ist minder
 geartet,
nur wer aus niederem Hang durch Schuld selber abfällt
 vom Ursprung.

22

Alle Lust hat diesen Inhalt,
 wer genießt, den treibt ihr Stachel,
und im Fluge wie die Bienen,
 wo ihr Honig süß willkommen,
flieht sie und sie läßt den Stachel
 allzu tief im wunden Herzen.

23

Wehe, weit ab vom Weg welcherlei Unvernunft
 mißleitet doch dies arme Volk!
Gold vom laubigen Baum holt ihr doch nicht, und nicht
 vom Weinstock pflückt ihr Edelstein,
senkt das Netz in den Grund auch nicht auf Bergeshöh,
 daß ihr zum Mahl den Fisch gewinnt,
und habt Lust ihr zur Jagd, jagt ihr doch Rehe nicht
 in Tiefen des Tyrrhener Meers.
Nein, man weiß wohl genau, was in der Wasserwelt
 noch unterm Drang der Fluten haust,

wo mit Perlen wie Schnee fruchtbar die Woge ist,
  wo sich die Purpurschnecke hält,
auch Gestade, wo man stachlige Seeigel
  erbeutet oder zarten Fisch.
Doch ihr Wunschbild, ihr Gut, wo es sein Bleiben hat,
  dies Wissen treibt die Blinden nicht,
und geneigten Gesichts fragen sie erdenwärts,
  was überm Sternenhimmel schweigt.
Welches würdige Loos wünsch ich dem Torensinn?
  Nach Gold und Ehren soll er gehen;
wenn dann, was er erreicht, falsch und voll Mühsal ist,
  heb auf dich, Sinn, zum wahren Gut!

24

O der steuert die Welt nach alles durchdauerndem
    Ratschluß,
Urvater du von Himmel und Erde, die Zeit aus der Urzeit
setzest in Lauf und alles bewegst du, du Gleicher von immer;
keinem Grunde gefolgt, der außer dir, bildest das Werk du
fern dem gestaltlosen Stoff, allein nach der Form, die dir
    einwohnt
höchsten Gutes, mit keinerlei Neid; du vom obersten
    Beispiel
nimmst dies alles, was ist; die schöne Welt, selber du
    Schönster,
führst du sinnvoll und formst sie dir ähnlich im Bilde,
    so daß in
Teilen vollendeter Art sie selbst sich vollende; das willst du.
Du Elementen gibst Zahlen und Halt, daß Fröste und
    Flammen

walten zugleich, auch Dürre und Feuchte, daß reiner das Feuer
weder entflüchte, noch hemmungslos sinke durch Schwere die Erde.
Du gibst das waltende Band der Natur, der dreifachen, gibst ihr
all zur Mitte die Seele und zeigst sie im Wohllaut der Glieder.
Sie geteilt hat Bewegung vollbracht in ihren zwei Welten,
kommt doch und will zu sich selber zurück, und die Tiefen des Geistes
nun umschreitend hebt auf sie zum Bilde, das gleich ist dem Himmel.
Du lässest so die Seelen gedeihn und geringeres Leben
gleichen Grundes, du hebst mit dem Fahrzeug hinauf die erhabnen,
säest sie aus in Himmel und Erde, du guten Gesetzes
gönnst, wenn sie Heimkehr suchen zu dir, durch das Feuer Zurückkunft.
Gib du, Vater, dem Geist, den hohen Sitz zu ersteigen,
gib die Schauung des Guten am Quell, laß wieder zum Licht ihn,
gib, daß mit leuchtenden Augen der Geist an dir seinen Halt hat.
Scheuche die Nebel hinweg, die Schwere, die irdische Mühsal,
zücke aus deinem Glanz den Blitz; du bist ja der Lichtraum,
du die Rast und der Friede der Frommen, dich sehen ist Endziel,
Ausgang, Beweger, Führer und Weg und Abschluß du alles.

25

Kommt hier alle zusammen, die in Haft ihr,
   ihr im Fluch der Ketten, womit die falsche
Gier die irdischen Geister stets noch einhält.
   Hier wird euren Mühen ein Ort der Rast sein,
hier ein Hafen, wo Ruhe lieblich dauert,
   offen hier den Armen das eine Obdach.
Nichts vom goldenen Sand, so viel der Tagus
   mitbringt, noch vom schimmernden Bett des Hermus,
noch vom Indus, des heißen Erdstrichs Nachbar,
   edle hat er, weiße und grüne Steine.
Wie sie schärfen den Glanz, nur stärker stoßen
   sie den Sinn geblendet in Finsternisse.
All dies, was so gefällt und reizt die Geister,
   hat zutiefst genährt sich im Schoß der Erde.
Jener Glanz, der da herrscht und ist nur Himmel,
   schließt die dunklen Trümmer der Seele aus sich.
Einmal wer dieses Licht vermag zu kennen,
   nein wird selbst zum Strahl er der Sonne sagen.

26

Wer tiefen Sinnes auf der Spur des Wahren geht
   und achtgibt, daß er keinem falschen Weg verfällt,
der wende eines reinsten Blickes Licht in sich,
   im festen Ring beschließe er den weiten Trieb
und lehre, was auch draußen sporne, seinen Geist,
   daß er als Schatz schon heimlich alles in sich trägt.
Und alsbald, was die schwarze Wolke langen Wahns
   verdeckt, wird leuchten heller als die Sonne selbst.

Denn mit der Schwere, die Vergessen bringt, erlosch
  nicht alles Licht im Geiste, als er Körper ward.
Vielmehr als Same bleibt das Wahre in uns ruhn
  und wird von einer Lehre Fächeln aufgeweckt.
Warum sonst fragt und sagt ihr aus euch selbst, was recht,
  wenn nicht im tiefen Herzensgrund der Zunder lebt?
Wenn darum Platons Muse gibt das Wahre kund,
  lernt jeder Sinn ein Wissen, das er nur vergaß.

27

Glücklich ist, wer den lichten Quell
  schon des Guten zu schauen vermocht,
glücklich, wer aus der schweren Haft
  seiner Erde sich hat befreit.
Klagend um seiner Gattin Grab
  als der thrakische Sänger einst
mit der weinenden Töne Macht
  Wälder zwang, daß sie folgten ihm,
seinen Lauf auch vergaß der Bach,
  ohne Scheu zu des wilden Leun
Seite tat sich die Hirschkuh hin,
  und den Hund, von dem Lied bezähmt,
sah und schrak nicht der Hase mehr.
  Ihm nur, ihm brannte heißer noch
von der eigenen Glut die Brust,
  und die Weise, soweit sie siegt,
ungestillt ließ sie ihren Herrn.
  Jetzt den Himmlischen trotzend schritt
hin zum Haus er der Unterwelt.
  Dort zum Klang ihm der Saiten wuchs

schmeichelnd noch seines Liedes Maß,
　was geschöpft aus dem starken Quell
er der göttlichen Mutter einst,
　Trauer, welche die Ohnmacht gab,
Trauer doppelt für ihn, der liebt,
　was nur Taenaras Feld bewegt,
weint und bittet um Gunst und fragt
　die Gebieter der Schatten er.
Solchem Liede verfällt und horcht
　der dreiköpfige Wächter stumm,
dann, die jagen des Frevlers Angst,
　Rachegöttinnen sonst der Schuld,
trauernd stehn sie, von Tränen naß.
　Auch mit Ixions Kopf das Rad
hält im stürzenden Schwunge ein,
　und verschmachtend im langen Durst
denkt des Flusses nicht Tantalus.
　Von des Tityus Leber auch
läßt der Geier, durch Töne satt.
　Endlich »Wir sind besiegt« begann
mild der Richter der Schatten selbst,
　»laßt sie, die sich erkauft sein Lied,
mit dem Gatten die Gattin ziehn.
　Doch die Gunst habe ihr Gesetz,
daß nicht noch er im Tartarus
　rückwärts blicke, sonst stirbt sein Recht.«
Welch Gesetz gilt der Liebe doch,
　die sich selber das größre ist?
Wehe, nah schon dem Saum der Nacht
　zu Eurydike Orpheus blickt,
sieht, verliert sie und stirbt nun selbst.
　Diese Fabel, sie geht an euch,

euch, die zu seinem obren Tag
   auch den Geist ihr geleiten wollt.
Vor der Höhle des Tartarus
   wer zu wahren den Blick vergaß,
tötet, was er zu retten hofft,
   Schönes, blickt er zur Unterwelt.

28

Fittiche sind mir zu eigen, Flügel,
   die haben himmelhohen Flug,
gürtet sich diese der Geist, der geschwinde,
   tut er, was Erde heißt, in Acht,
aufwärts strebt er im maßlosen Luftreich,
   die Wolken sieht er hinter sich,
hoch, wo der brausende Äther entzündet
   des Feuers Scheitel, stürmt er fort,
bis entschwebt zu den Sternengehäusen
   er eintritt in der Sonne Bahn,
oder er läuft mit dem eisigen Greise,
   ein Waffenknecht des düstren Sterns;
ja er durcheilt die leuchtenden Bilder
   im Sternenkreis der ganzen Nacht.
Aber gern, der die Enden des Himmels
   erschöpft hat, wendet sich zurück,
und in den fließenden Äther gebettet,
   nimmt Anteil er am heilgen Licht.
Hier ist der Herr, der der Könige Szepter
   behält und hält des Weltalls Zaum,
stetig lenkt er den flüchtigen Wagen,
   der Dinge Richter und ihr Glanz.

Hierher des Wegs, wenn du mit mir gegangen,
  den du jetzt ohne Wissen suchst,
hier nun weißt, nun sagst du, ist Heimat,
  von hier ging aus ich, will hier stehn.
Aber verlangt dich zurück eines Blickes
  zur Nacht der Erde unter dir,
siehst du die finsteren Herrscher der Völker,
  wie arm sie selbst und elend sind.

29

Sieh, wie auf den hohen Thronen stolze Könige sitzen,
  wie sie starr von Purpur glänzen mitten in düsteren Waffen,
wie sie wilden Anblicks drohen, keuchende Wut in den
  Herzen.
Doch entkleidet einer ihre Hoffart der prahlenden Hüllen,
siehet er, in wie enge Ketten diese Herrscher geschnürt sind.
Hier will Gier und Gift die Herzen ohne Sättigung quälen,
hier peitscht sich der Geist im Zorne stets zu ärgeren Fluten,
  dann lähmt Trauer ihren Sklaven, oder es äfft ihn die
  Hoffnung.
Also viele Unterjocher eines Mächtigen siehst du,
  nicht ein Täter eignen Willens, böser Herren ist Knecht er.

30

Segel trieb und den schwanken Kiel
  des neritischen Helden einst
zu dem Eiland der Ostwind hin,
  wo die liebliche Göttin saß,

jene Tochter des Sonnengotts,
  die mit zauberndem Spruche bald
jedem Fremdling den Becher bot.
Wesen wandelte Art in Art
kräuterkundiger Hand sie um;
  der schlüpft in eines Ebers Leib,
der mit Tatzen und wildem Zahn
  wächst zum nubischen Löwen aus,
der ein Wolf mit den Wölfen jetzt
  heult, indem er doch weinen will,
der geschmeidig das Haus umschleicht,
  ist dem indischen Tiger gleich.
Zwar dem Dulder des vielen Leids,
  ihm, der Fremdlinge Fürsten, blieb
durch Arkadiens Flügelgott
  selbst barmherzig das Unheil fern.
Doch der Rudergefährten Schar
  war dem Tranke verfallen schon,
schon statt Brotes als Schweine sie
  suchten Eicheln zum Futter sich,
nichts mehr blieb ihnen wie zuvor,
  Stimme, Körper verfiel, verdarb.
Wach allein war ihr Geist und litt
  seufzend ob seiner Ungestalt.
O hier war jene Hand zu schwach
  und vergeblich der Kräuter Macht;
wohl dem Körper geschah das Leid,
  doch die Herzen bezwang sie nicht.
Hier im Herzen ist Menschenkraft
  tief geborgen in einer Burg.
Aber heftiger kehrt ein Gift,
  das auch schrecklich ins Innre dringt,

ganz das Wesen der Menschen um,
   zwar den Körper befällt es nicht,
doch es schwärt nun im Geist und rast.

31

Was will alle die Lust am Ruhelosen,
   und wozu das Geschick fordern mit eigner Hand?
Seid gewillt ihr zum Tod, er naht schon selber,
   wie er will, er versäumt nicht mit den Rossen den Flug.
Schlange, Löwe und Tiger, Bär und Eber
   wetzen auf Menschen den Zahn, trotz ihrer tuts euer Schwert.
Ist der Zwiespalt denn Not, daß andre Sitten,
   Unrecht mit Unrecht verschärft, treiben zum schrecklichen Krieg,
muß ein Waffengang denn und Tod um Tod sein?
   Recht hat nimmer ein Recht, tuts nur der Wildheit genug.
Du doch, suchst du den Lohn im steten Ausgleich,
   liebe die Guten du recht, sei zu den Bösen gut.

32

Wer nicht weiß, wie zuhöchst umläuft Arcturus
   im Sternbild nah dem himmlischen Scheitel,
wie Bootes beschickt säumig den Wagen,
   der eintaucht spät ins Meer seine Lichter,
doch nur schneller sich eilt, kommend im Aufgang,
   den blickt nur stumm des Äthers Gesetz an.

Wenn der Vollmond erbleicht, bis ihm die Sicheln
   von dichter Nacht im Neumond entfärbt sind,
wenn nun, die erst verdeckt leuchtend ihr Antlitz,
   im Wechsel Phöbe freigibt die Sterne,
dann gemeinsamen Wahns staunen die Völker
   und schlagen dröhnend häufig die Erze.
Doch wer staunt, wenn der Sturm herbläst aus Norden,
   daß dumpf die Fluten hämmern zur Küste,
oder wer, wenn des Frosts härteste Gletscher
   vor Phöbus schmelzen, wenn er in Glut steigt?
Offen scheint hier der Grund, jedem ersichtlich,
   der dort verborgen antreibt die Herzen.
Alles, was in der Zeit Seltsames vorkommt
   und plötzlich ist, macht Wirrnis im Volke.
Doch laß Nebel und Wahn weichen im Wissen,
   weicht Zufall auch und Wunder und Staunen.

33

Hast du Willen, des Donnerers hohe
   Satzung offenen Geistes zu schauen,
blicke aufwärts zum Scheitel des Himmels.
   Dort im gesetzten Bündnis der Dinge
halten die Sterne den Frieden der Zeiten.
   Lohend vom rötlichen Feuer die Sonne
hindert die Bahn nicht von Phöbe, der kühlen.
   Nie vom Gipfel der Welt will die Bärin,
wo sie umkreist in eiligen Gängen,
   dort, wo im tiefen Westen sie tauchen
sieht zum Bade die übrigen Sterne,
   selbst im Ozean netzen die Lichter.

Immer im Wechsel der Zeit mit der Zeit muß
 Hesperus winken den Schatten des Abends,
Lucifer aber dem huldreichen Tage.
 So wirkt ewig vom Gehen zum Kommen
Liebe um Liebe, Kriege und Zwiste
 schließt sie aus von den Sternengesichtern.
Gleich in Eintracht verleiht sie dem Stoffe
 Maß und Weise, so daß, die sich feind sind,
wechselnd Feuchte und Trockenheit weichen,
 daß sich Fröste gatten und Flammen,
aufwärts die Zunge des Feuers sich hebe,
 aber in Schwere verbleibe die Erde.
Gleichen Grundes eratmet im milden
 Frühling das Jahr mit Blumen und Düften,
reifen im glühenden Sommer die Ähren,
 kommt der Herbst und ist trächtig von Früchten,
sättigt den Winter der strömende Regen.
 Nahrung gibt dieses Gleichmaß und Wachstum
allem, was lebt und atmet auf Erden.
 Gleich aber heimholt, raubt es und tötet
auch, was erstanden, und bringt es zur Neige.
 Hoch über all dieser Zeit thront der Schöpfer,
ordnet die Dinge und handhabt die Zügel,
 König und Herr und Quelle und Ursprung
weisen Gesetzes so Geber wie Richter,
 Anstoß wirkend und Fortgang und wieder
Einhalt und Rückkehr, und nichts läßt er wanken.
 Denn was nicht wieder er richtigen Ganges
heimruft und zwingt zum verflochtenen Kreise,
 was jetzt bleibt in der sicheren Ordnung,
muß erlahmen, getrennt von der Quelle.
 Er ist die Liebe, die gleiche für alles,

immer und alles zielt hierher zum Guten,
  Denn nicht anders vermag es zu dauern,
außer es fließen durch Liebe um Liebe
  – so schuf das Sein er – die Gründe zum Grunde.

34

Zwei Jahrfünfte kämpfte im Werk der Rache
  der Atride, Phrygien sah die Trümmer,
bis gesühnt das Brautgemach er des Bruders.
  Als die Griechenflotte die Segel setzte,
und den Wind mit Blut er erkaufen mußte,
  tat den Vater ab und durchstieß als Priester
er der Tochter traurig die arme Kehle.
  Weinend sah der Ithaker die Gefährten
untergehn im Bauch des Polyphems, in wüster
  Höhle lagernd fraß sie der wilde Riese.
Doch der Unhold mußte dafür geblendet
  seine Lust bezahlen mit herben Tränen.
Ruhm geht aus von Herkules' schweren Taten.
  Er bezwang den Übermut der Centauren,
er errang die Haut sich des wilden Löwen,
  er auch schoß die Vögel mit scharfen Pfeilen,
nahm die Äpfel weg aus der Hut des Drachens,
  schwerer wog als Gold seine starke Linke,
dreifach schlang um Cerberus er die Kette.
  Er als Sieger warf vor die wilden Rosse,
sagt man, hin zum Fraß den Gebieter selber.
  Gift der Hydra losch, als sie starb im Feuer;
in den eignen Ufern verbarg als Fluß sich
  mit entstelltem Haupt Achelous schimpflich.

Nieder stürzt' in Libyens Sand Antäus,
   Cacus mußt den Zorn des Euander stillen.
Schäumend lag der Eber auf diesen Schultern,
   die nun bald den Weltkreis, den hohen, trugen.
Ungebeugten Hauptes den Himmel trug als
   letzte Arbeit er und dafür zum Lohne
ward ihm selbst der Himmel für alle Mühen.
   Schreitet tapfer gleich ihr dem großen Beispiel
jetzt hinauf zur Höhe; was wendet lässig
   ihr den Rücken? Erde, zuletzt zu Füßen,
lohnt euch mit Sternen.

35

Wo in Klippen und Fels der Achaemeniden zur Flucht sich
   wendet die Schlacht, doch der Pfeil fliegt dem Verfolger
      ins Herz,
dort entspringen Tigris und Euphrat aus selbiger Quelle,
   aber gesondert fließt bald jedes Wasser für sich.
Kommt dann wieder zusammen ihr Lauf zum nämlichen
      Bette,
   trägt, was die Welle hier trug, jetzt auch die andere mit.
Schiffe kommen zusammen und Stämme rollen im Strome,
   alles treibt in der Flut, wie der Zufall es will.
Doch ihr Laufen und Fallen geschieht nach dem Abhang
      der Erde,
   und des Gefälles Gesetz herrscht über Wirbel und Sturz.
So, was als Zufall erscheint und schwimmt in lockeren
      Zügeln,
   bleibt im Zaume und ist selbst im Zufall Gesetz.

36

»Waltend mit Aug und Ohr über allem«,
  singt wie Honig fließend Homer von
Phöbus, dem lauteren herrlichen Lichte.
  Und doch dem Lichte von ihm und dem Strahle
mangelt die Kraft, die in innerste Tiefen
  einbricht selber der Erden und Meere.
Anders der Schöpfer der Größe des Weltalls!
  Ihm in der Höhe, dem alles gewärtig,
gilt kein Widerstand massiger Erde,
  weicht die Finsternis nächtlich und wolkig.
Heute was ist, was vergangen und künftig,
  ist ein einziger Blick seinem Geiste.
Ihn allein, weil er alles durchwaltet,
  kannst du nennen wahrlich die Sonne.

37

Welch ein Grund ließ das Bündnis der Dinge
  enden in Zwietracht? Wer war der Gott, der
schuf solchen Krieg zwischen Wahrem und Wahrem,
  daß, was einzeln und stückweise gültig,
sucht zu gemeinsamer Geltung den Bund nicht?
  Oder lebt nicht das Wahre in Zwietracht,
hält es Zusammenhang sicher und immer?
  Wohl gefesselt ein Blinder in Glieder
mußte mit ärmerem Lichte der Geist die
  feine Webung der Dinge verlieren.
Aber warum seine Leidenschaft, Zeichen,
  wo ihm das Wahre verdeckt ist, zu finden?

Weiß er, was ruhelos treibt ihn zu wissen?
 Doch wer es weiß, wer macht sich noch Mühe?
Weiß er es nicht, was treibt ihn, den Blinden?
 Wer denn hat Wünsche nach dem, was er nicht weiß,
oder was unbekannt, daß er ihm folge,
 wo er es finde? Wer ohne Kenntnis
kennt von Gestalt nun, was er gefunden?
 Aber hat nicht, noch schauend den Lichtgeist,
einst er erkannt schon so Allheit wie Stückwerk?
 Jetzt im Gewölke, in deckenden Gliedern,
hat er sein Eigen nicht gänzlich vergessen;
 festhält, in Teilen verloren, er Allheit.
Darum sucht jeder und jeder ein Wahres,
 nirgends ist ganz er. Denn weder blieb ihm
noch fehlt ihm gänzlich ein Wissen um alles.
 Vielmehr Erinnerung, treu zu der Allheit,
hebt ihm und holt ihm den Blick und berät ihn,
 wie, was vergessen und was noch zu Teil ihm,
alles sich binde.

38

Früher tat die Stoa sich auf,
 Greise nicht eben kluger Art,
welche glaubten, dem Geiste sei,
 was er habe als Sinn und Bild,
eingeprägt von der Außenwelt;
 dies sei, wie man mit flinkem Stift
auf geglättetem Blatt vordem,
 das noch keinerlei Spuren trug,

feste Buchstaben eingedrückt.
  Doch wenn also des Geistes Kraft
selbst nichts regelt und nichts bewegt,
  wenn er immer geduldig harrt,
bis der Körper ihm Zeichen gibt,
  und die Bilder von Dingen dann
gleich den Scherben des Spiegels zeigt,
  woher dann dieser Sinn, der selbst
lebt im Geiste und alles sieht?
  Wie geschieht jene Macht, die prüft
einzeln und die erkennt und teilt?
  Teile baut sie zum Ganzen aus,
sucht den einen, den andren Weg,
  hebt ihr Haupt bald zum Himmel hoch,
weicht bald nieder zum tiefsten Grund,
  um zuletzt zu sich selbst gebracht
auszuzählen, was wahr, was falsch.
  Diese Ursache, wie viel wirkt
diese mächtiger, kein Vergleich
  kommt ihr nach, der in Stoffes Art
nur von Eindruck und Zeichen weiß.
  Erst noch freilich und unentfacht,
bis den Geist es zu Kräften regt,
  lebt im Leib ein Gewärtig-sein,
bis das Auge entzückt ein Strahl,
  bis im Ohre der Laut sich fängt.
Ist entfacht aber nun der Geist,
  ruft, was innerlich angelegt,
er, so daß es dem Eindruck gleicht,
  auf und setzt die Bewegung fort,
und aus innrer Geborgenheit
  tritt die Form und erkennt ihr Bild.

39

Wie bevölkern die Erde doch Tiere verschieden von Gebilde.
 Da sind solche mit langem Körper und kriechen fort im Staube,
andere ziehen im Antrieb mit kräftiger Brust die steten Furchen;
 dann sind jene mit leichtem, schwebendem Flügelschlag im Winde,
ohne Halt schwimmt hinaus ihr Flug durch den weiten Raum des Äthers.
 Andere stapfen dahin auf dem Boden mit Lust am schweren Tritte,
tummeln sich im grünen Gefild oder haben Schlupf im Walde.
 Alle aber, und siehst du verschieden so völlig die Gestalten,
kehren doch zum Grunde ihr Wesen mit stumpfen, schweren Sinnen.
 Hoch trägt seinen Scheitel und frei das Geschlecht allein der Menschen,
leicht steht da ihr aufrechter Körper und weiß sich Herr der Erde.
 Bist du gut beraten, Irdischer, laß dies Bild dich lehren:
so wie aufrecht mit freier Stirne dein Haupt dem Himmel zustrebt,
 so sei dein Sinn dem Erhabenen zugetan, daß durch Erdenschwere
nicht, je mehr der Körper erhöht ist, der Geist nur tiefer sinke.

NACHGELASSENE GEDICHTE

Erster Teil

SINNGANG

Unbewußter spricht der Mund
die bewußter eingegraben
letzten Dinge, bis der Gaben
nächste Gottes wir uns kund,
dann erst dürfen wir uns haben,
Schöpfung ganz im neuen Bund.

WIE DURCH EINEN SPIEGEL

Wie angekommen und zu gehn bereit,
so gegenwärtig, als ob wir im Traume
uns tätig und im gleichen stillen Raume
die Dinge alle in uns aufgereiht

und dann noch, was mit uns zu gleicher Zeit
im Auge Gottes wie gespannt im Zaume
geschieht, ansehen, daß wir wie am Saume
uns noch erblicken, sind wir so gefeit?

O nein, im Schauen wurden wir am schwächsten,
seit wir uns nahen, uns in Liebe nah,
und jeder Seele, was im Aug geschah,

mitgeht im Ohr ein zeitenferner Ton,
verflucht um deinetwillen, so sein Drohn
drängt immer uns zur Erde Gott am nächsten.

GIB

Was mich so drangvoll hieß
empfangen, bis ich wußte,
das ausgesprochne Wort,
im Sinn der Welt hat jedes seinen Ort,
von dem ich scheiden mußte,
ein Staubkorn durch die Luft,

eh mich verließ
der schon geahnte Duft,
o Seele, Magd, mir schon so nah,
und da ich halten wollte,
war mir geschah,

mir dienend leise, bis
mein Sinn wie Flügel
kaum, schon nicht mehr bewußt,
ein Wort noch: »gib«
sprach, treulos hinterm Rücken wich
und schwand hin über alle Hügel,
der Leib erbarmungslos fortrollte,
da schwieg
gepeinigt selbst der Feind in meiner Brust
und floh den Sieg,

bis daß mir nichts mehr glich,
wortlos mich fand
und blieb
mir diese Bitternis.

ANACHORET

Ob dieses Wort das tiefste ist,
der Aushub letzten Seelenwesens,
so weit ich grub
und über eigner Grube hin
floß stromgleich in der Weltzeit Sinn,
ich fand es in der Stunde stillen Lesens:
Im Einzelnen gewährt sich Gott Aufschub,
verlängert er die Gnadenfrist.

In unfaßbarer Väterzeit
im Bruch von Wüsten und Oasen
da floß der Nil,
und wuchernd aus uraltem Schlamm
wie immer neu das Leben kam,
da wuchtete der Geist, um Gott zu fassen,
und alle Weltzeit stand im Herzen still,
so schlug der Hammer in entzweit

wie Tag und Nacht schiedlose Brust,
schlug härter als mit Tropfen Reue,
die noch betrügt,
die mit dem Schein der Sonne lebt
und mit dem Tau zur Erde klebt, –
die tiefste Ader ist die Wesenstreue;
zum Brunnen, der dich saugt in dich gestückt,
schlag zu in Schmerzen bis zur Lust.

Noch klebend an der Tränen Ort
was will die Seele überflügeln,
die Gnade fließt,

aufrauschend noch vor ihrem Ziel,
daß sie in diese Grube fiel,
hier ist der Abgrund, nicht mehr sie zu zügeln,
Barmherzigkeit, ich bin, in den sie gießt,
gestrandet in dem letzten Wort.

Du eingekrümmt im Seelenschacht
bohr fort zur Tiefe dich und Weite,
wenn dann sein Schritt,
sein Schatten schon vor dich gerückt
und er in diese Tiefe blickt,
ein Palmbaum, so der Augenstrahl der benedeite
schießt auf, wo ihm sein Bild entgegenglitt, –
furchtbarer Wuchs der stillen Nacht,
im dunklen Schmerz bist du dann auch vollbracht.

WIE SAULUS

Mit blindem Angesicht
wir im naturverstörten Pfade
gerufen, stockend, stürzend zum Gericht,
wie ist der Weg in unsrer Brust gerade,
so daß wir nimmer
an einem finstern Ort des eignen Laufs
zurück ihn finden und des schweren Kaufs
der Seele nur bewußter vorwärts müssen;
wir sind nicht mächtig über unsern Füßen,
jedoch der Schimmer,
der uns geleitet, ohne zu ermatten,
vorwärts in unsern dunklen Schatten,
bleibt der barmherzig starke Strahl der Gnade.

VOM WEGE

Was wird es sein
vorüber dieser kampfzerworfnen Bahn,
was bleibt von dieses Willens Stein,
geprüft und hammerfest und doch nicht dein und mein,
und der ihn faßte scheu,
der sich ihm paarte,
dem wog er schwer sich zu,
als liege er zur Augenruh,
und der ihn ganz erharrte,
als trüg er ihn im Blick getreu
vernichtet erdenüber himmelan,
gesagt, getrotzt, gelitten und getan,
was uns gemein,
wird unsres Kampfs Gesetz gewesen sein.

GEFECHT DER WACHEN SEELE

Die Dämmrung hegt die Brust.
Auf einmal fällt der Regen.
Verdunklung dem Gesicht entgegen
wird bewußt.

Und harte Gegenwart,
die alles zehrt und jede,
ja diese gleiche und unstete
Seele spart,

wie Licht verschied im Geist,
getrocknet wie von Trauer,
die sich bereitet so zur Dauer
selber speist,

heischt nun so hanglos frei
und ewig wie von Firnen,
ob Milde stärker als das Zürnen
wirklich sei.

Ja alles hat Bestand,
wagt sich in seiner Treue.
Des Menschen Kern allein aufs neue
stockt gebannt

wie eine bloße Stirn.
Erkenntnis wird mich greifen.
Es überfängt wie Klammerstreifen
sich dem Hirn.

Vergeblich dieser Schutz,
der Seele trennt von Seele,
so härter, als er stummer hehle,
bietet Trutz.

Die Seele sucht dein Ohr.
Laß ihr, was, daß sie sauge,
Gewappneter, dein stilles Auge
schon verlor,

gerettet aus dir brach.
Du mußt das Opfer geben.
Das Blut gesaugt vom ewgen Leben
stellt dir nach.

In Dauer kein Besitz,
du tapfre Seele teuer,
hol aus in Treue, noch untreuer
leckt der Blitz,

erschreckt dich nun bewußt;
so ruhe dich zu eilen,
wie sich die Finsternisse teilen
um die Brust.

Trau treuer, bleib im Stich!
Erkannter dich zu geben,
bestärke hinfort jeglich Leben
gegen dich!

Umsonst des Opfers voll
in sternengleicher Ferne,

treib das Geschlecht zu seinem Kerne,
dieser Zoll

ermildet dich allein.
Dich muß Verlust gewinnen.
Beständig ruht das Opfer innen,
aller Schrein.

GLEICHNISSE

1

Wie, da ich las, als sei in mir die Flamme
und bände lösend mich in alle Zweige
und mir geschehe, daß in Frucht ich neige
mich still getrieben aus dem eignen Stamme,

mir ein Gedanke rief zum andern: ramme,
ein Wunsch zum andern in mir quellend: säuge,
wie war ich perlend, daß ich mich eräuge,
mich fast verwünschend noch begrenzt zum Damme!

Ich kann nicht, wie das tiefe Wesen lockt,
hinfließen in den Trank der Erdenkelter,
wo blieb ich Wurzel und was blieb verstockt,

zehrt mein Gesicht zu schnell, was drauf getaut?
Die Erde liegt und nährt die alten Felder,
und was vergeht, wird stets noch mehr gestaut.

2

Und da ich, was im Herzen stets zur Tiefe
noch sinkend mich zur kalten Fläche trieb,
die Perlen siebend immer mehr noch Sieb,
als ob mein Wille saitengleich entschliefe

und zitternd nur noch seine Spannung riefe,
den Sinn der Dinge aus mir scheidend schrieb,
der ich doch grundtief angeheftet blieb,
zerrinnend in des Netzes Quellpunkt triefe,

nur dies erfuhr ich, wie den ersten Frost,
als ränne Lebenspuls von den Gelenken,
die Erde schluckt wie Saat und wie zum Trost

am Mittag tauend alle Zweige troffen,
sie bricht aus Nebeln auf und ich im Denken
bin mit den Dingen gleich dem Himmel offen.

3

Mit allem gleich, so ist doch nicht die Stille,
die in mir ruht, und ich kann nicht bestehen,
die Stille laut, und ich kann nicht vergehen,
in allem ich ein ungenoßner Wille.

So bricht der Ernte ab die bittre Pille,
unwissend, welche Reife ihr geschehen,
der Gärtner wird sie blinder spiegelnd sehen
und an sich nehmen aus der dunklen Rille.

So kehrt das Herz im Sinne fast versteint,
und konnte doch die Erde nicht erspalten,
kehrt bitterlich, wo seine Kelter weint,

zurück zum Kern der eingetretnen Traube;
das sich im Opfer brach der Sinngewalten,
es ward nicht reifer, doch in ihm der Glaube.

GESTALT DES MENSCHEN

Cœperunt loqui. – Wirbelt nicht der Wind,
heilige Pfingstschar, der vom Himmelstor
rauschend hervorschoß? Nein, der stille Dulder
ist heut wie nie allein, unsichtbar zum
Scheitel gebückt verläßt ihn auch das Kind.
Tiefer versinkt, ihm wankt im Sturm die Schulter,
offenes Meer, Echo vor Gottes Ohr,
Pan lebt, unendlich stirbt ein Mensch, warum?
Heut sah ich es: er trug, und sein Geschick,
o fern du mir, im gleichen Herzen laut
ruf mit mir, weil die Seele, unsre Braut,
ureigen einsam werden muß! Und heut
sah ich es tief mit Jahren in dem Blick.

ALLER AUGEN...

Wie ein Vogeljunges wohl im Nest bei Nacht,
wenn es von der Mutter kaum berührt erwacht,
ja weil es im Schlafe auch nur eins gedacht,
keine Sinne hat, als den der Hunger macht,
dahin hat die Glaubensatzung mich gebracht.

Manchmal rüttelt auch ein Wind den hohen Baum,
oder ist es nur ein markentbebter Traum,
Hunger hat es und genießt die Sattheit kaum,
ihm ist alles und so fehlt ihm nur der Raum,
nimmer halte ich mich diesem Brand im Zaum.

Ärmer als der federnlose Vogelleib,
aller Augen Blöße ist mein Zeitvertreib,
die dir warten, Herr, wie wenn ein junges Weib
schon geboren hat und nun ihr stilles Kind,
wo es sei, erspäht durch aller Augen Wind,
löschend ihre Blicke, die wie Gabeln sind,
lösche mich und meine Blöße stillend bleib.

MANN AUS ERDE

Dem alles nur im Geist geschah,
du meinst, die Grenze sei so nah,
dein armes Sein in Gottes Licht zu zücken,
du unlösbarer Zeitvertreib,
du mußt, o unverklärter Leib,
den Stein erst überm Grabe rücken.

Nun überfällt die Seelenangst
dich wieder, daß du stockst und bangst,
zurückwillst zu der Markverwesung Schmerzen,
Verjüngter du in dem Gericht
des Wortes, werde Fleisch, dann bricht
die Ader ein zum ewgen Herzen.

MORGENCHORAL IM BLUTE

Als wartete dein Blick die ganze Nacht,
so bin ich diesen Morgen schnell erwacht.

Entflüchtigt fremd, daß es noch kaum mir gleicht,
wie Schein mein Wesen fortgetragen leicht

fängt über meinem Haupt wie Licht sich hoch,
zu dunkler Bürde steigt des Leibes Joch,

versenkt zum Ohr einrauschend seine Last,
das Auge nächtlicher entbricht dem Gast:

Wer ist es, den des Blutes Pochen kennt,
der Augenlicht von Ohres Schlummer trennt,

lauscht er noch, dem ich schied, mich fragend, wo,
da er mich still verließ, ob ich ihn floh?

Schon schlägt das Auge ein und offnes Ohr
verhorcht sich wie an dunklen Ganges Tor,

ob er von innen naht, von außen tritt,
der Aug und Ohr mir mit sich teilend schnitt.

Aufschwillt das Herz und lebend durch ein Wort,
das ihn ergründe, gräbt es in sich fort.

Wars gestern oder steht mir heut bevor,
daß aus dem Angesicht ich dich verlor?

Gezählt mein Geist, geteilt und wie zerstückt,
gewogen auf des Körpers Waage liegt.

Nur Aug und Ohr zuweilen irren Gang
verwechselnd rasten sich am selben Strang.

Geschieht ein Wille oder endet hier,
die Zeit steht stille, Gott, wie hilfst du dir?

Wie Blut mein Ingrund einen Faden spinnt,
ein Blutquell, der dir hoch ins Antlitz rinnt.

Noch eh er gegen mich zurück sich wand,
knüpft sich das lösungslos geschlungne Band:

Wär ich, der ich dir bin, du Morgenlicht,
der ich dein Dunkel bin, wär ich dir nicht.

Das Zünglein schwankt, wie fällt der zweite Zug,
die bloße Richtung ist dir nicht genug.

Und lebe ich von solcher Liebe bloß,
wie Menschheit wandert aus der Nächte Schoß,

genug, du bist im Danke deines Knechts,
Gott schuf die Zeit, die Wiege des Geschlechts,

darin getragen, wie die Schale schwankt,
im Blute spiegelnd sich dein Bild umrankt.

Vor jedem Ding wie immer gleich am Tag
verebbend ich in deiner Fluten Schlag,

ich bin mit allem, was dein Auge schlug,
der Chor, der niederfallend stumm dich trug

gehobner Herzen, die die Nacht gleich maß;
die Augengruben zittern lidernaß,

aufpocht mein Herz, sein Blutkorn nicht vergißt,
daß mir dein Warten kein Geheimnis ist.

DER BAUM

Angst, in mir zu wecken
deine Arme,
diene ich dem kümmerlichen Harme,
mich nicht leibhaft aufzurecken.

Jeder Baum in Frühe
vollen Willens
knospet eines größeren Erfüllens
krüppelschön in starker Mühe.

Nicht Verkrümmung kosten,
meinem Marke
lauschen will ich, immerzu erstarken,
will mich innerlich getrosten.

Nicht getrosten, deine
Arme heben
immer stärker mich in neues Leben,
Baum ich dunkler fühl Gebeine,

bettlerhaft Gerippe
trägt Gelenke,
raschelnd spricht und stärker, als ich denke,
taumelnd wie ein Blatt die Lippe,

winterlich erfroren;
laß es fallen,
meine Seele unter seinen allen
Fingern treibt das Mark zu Poren.

Fort mit allen Ängsten,
wurzeltiefen,
trunken morgendliche Vögel riefen:
Bist du kümmerlich am längsten?

Nein, doch nun ich ziehe
in mich schnellen
Atem, mächtig sperrt den Schlund ein Schwellen:
Ich bin deines Willens Mühe!

»AN GOTT«

Ich ging an einem Fluß mit bangem Weilen,
die Welle schoß getrübt und wie zerstückt,
in ihr Geräuf war Abendschein gezückt
und wog wie Gold in aufgebrochnen Zeilen;

die Hügel aber wollten mit mir eilen:
entflieh, und wo der Äther Trümmer schickt,
da ist ein Ort wie Wein, sein Spiegel blickt
herab, daß sich des Grundes Treber teilen.

Und über stand ein Baum wie hart aus Kufen:
wer tritt die Kelter, steigend aus der Trift?
Mein Atem kam nicht hoch mit schwerem Hub,

und war ein Hauch ob mir und war in Stufen
»an Gott« geschrieben und ich schrieb die Schrift,
denn meine Krankheit ist der Lagertrub.

WASSERSPIEL

Im ruhelosen Versinken,
warum zu bangen,
schlägt ein Zweig vom untergegangen
vermuhrenden Strunke
linkisch mit heftigem Winken,
der von fließenden Knospen trägt ein Blinken,

vom übermächtigen Trunke
hinwegzusinken,
schlägt mich des kümmerlich schweren Scherzens
verlorene Mühsal
immer, wie soll ich empfangen
endlich den fließenden Frieden des Herzens
ein bleibendes Mal?

DER GRÜNENDE STAB

Es wächst der Mensch aus sich im Glauben.

So trieb mich der Gedanke hin,
als müsse sich aus mir belauben
und mir entblättern aller Sinn
der Menschheit letztlich zugelassen,
aufscheuchend in mir her von Anbeginn
wie Laub die Straßen.

Auf meinen Schultern zugelassen,
als wuchteten sie mit des ersten Odems Schlag,
erhebt mich Allmacht, mir den Mund zu letzen,
mit Hauchen willenlos mich zu versetzen,
ein Hauch zuletzt Gewalt des Sturms:

nicht mich, und ob ich dich ertrag
aufwachsend mit der Menschheit Zielen,
nein, fortgetragen immer mehr von deinem Willen,
nun auf der Zinne deines Turms,
das Auge knospet sich, in dich zu schielen,
das Fleisch zerfällt, im Sinn sich zu erstillen,
die Schläfe zuckt, es blüht der ärmste Arm,
mit Schauern dörrt ins Mark der letzte Harm,
kein Schritt abgründig mehr des Wurms.

Als lächelte der Wind:
»Hol über!« »Selbst dein Glaube groß
ist noch ein Seelenwiderstand,
denn alles führt nur eine Hand

entgegen einer Mutter Schoß,
drum eilt das Kind.«

Als wiegte mich der Raum:
»Hol über!« Wankend an dem Stab,
als ob er sich an mir belaube,
wächst neu hervor der Menschheit Glaube.
Du Laub entkleide mich! Dem Grab
zublätternd grünt und kront ein Baum.

DER STURM AUF DEM MEERE

Als Jesus auf dem Meere fuhr,
Schifflein im Sturm,
was sahen doch die Jünger nur,
war es des Elements Aufruhr,
wars nicht, als krümme sich ein Wurm
der Leib des Herrn und wie verdorrt
wie Holz, da ging ihr Atem fort.

Und wie mit Holz das Wasser spielt,
noch ärger und,
wenn ganz vom Grunde unterkielt
Verderben in die Öffnung zielt,
gestoßen in den leeren Mund
fuhr wie mit Seelenbrand dahin
ein Schrei aus wider allen Sinn.

Das Grauen ging in ihnen rund,
hilf Meister, hilf,
wie durch zerbrochnen Binsenbund,
der Herr lag wie ein Wrack vom Sund,
lag wie ein totes Holz im Schilf,
es war, wie wenn das Herz zerschellt
ein Tropfen in den Abgrund fällt.

Nein, nun verkehrt sich, wie der Schwarm
ohnmächtig blickt,
des Herrn Gestalt so irdisch arm,
ein Licht von ihm so wangenwarm
ward wie ein Schild im Kreis gezückt,

und ihr entsetztes Herz zerbrach,
eh nur sein Mund das Erste sprach.

Ja brach, bevor: Furchtsame Ihr,
so mild er warnt,
ihr Herz erst wie ein wildes Tier
schwieg lindgekühlt wie vom Zephir
die Wunde vom Verband entgarnt:
Wer ist doch dieser, daß er droht,
und Wind und Meer schweigt sein Gebot.

ALS ICH MICH IN DINGE BRACH...

Als ich mich in Dinge brach,
dann den Bruch zusammenlas
zu der eigenen Erhörung,
Blut ist zu geringes Maß
in der dunklen Schwinge, sprach
ich zur Widermichbeschwörung.

In der Schwinge, die belebt. –
Als der Herr die Jünger stellt,
war das Abendhimmelfeuer
rings ein fächerndes Gezelt;
weiterwandern, wie man gräbt
nach Verinnung ungeheuer,
war ihr stilles Los. Am Tor,
als der Herr im Fortgang ihr

Angesicht von seinem Ursprung
trennen wollte, – was soll mir, –
als ihr Herz ihn bang beschwor, –
was soll mir des Fittichs Umschwung,
daß er willig Einkehr nimmt?

Wenn das Licht hinunterwinkt,
tu ich Blut an meinen Pfosten,
alles was Verinnung trinkt,
ich kann nur die Abkehr kosten,
Mensch und Ding und unbestimmt.

TOTENTANZ

1

Ein knöchern Spiel, gezählt, bevor bewußt,
und bis der Leib sich austut und will schürzen
den Arm der Mahlzeit und der Mund in Würzen
den Becher in sich gießt, schon in der Brust

entrollt zu weit, wer spannt den Blick der Lust
um Tod und Leben, der die Dauer kürzen,
die Kürze rettungslos in Dauer stürzen
will, neigezu gestürzt, und hier noch fußt?

Der umsieht, stürzt zur Freiheit wie zur Klippe,
der ganz sich einsetzt, Opfer liegt im Spiel,
sich selbst einholend, überholter Bote.

Zur Schädelstätte wirrt der Sinn Gerippe,
im Gang zur Menschheit hier verhängt im Ziel
vertauscht sich die Gewißheit mit dem Tode.

2

Wo aller Drang geträumt und nichts geschieht,
die Knochen tönen, wo die Seele lodern
und frei sich opfern soll, die Werke modern,
bis selbst der Sinn prophetengleich entflieht,

da dunkelt in die Menschheit das Gemüt
und krankt und nährt mit seiner Hauche Stottern
noch Zeugschaft abgetan den kalten Dottern
und häuft den Keim von Welten im Geblüt.

Ist hier noch Wahrheit oder nur genarrt
vom Schein des Lebens zwischen Grimm und Milde
die Seele, die auch hier noch bildet ganz?

Was fängt noch stärker, als sie selber harrt,
die machtlos wesende im Sinngebilde
zum Kranze ihrem eignen Totentanz?

KELCH DER EMPFÄNGNIS

1

Wie nicht zu sein,
da wieder Knospen früh in Kühle springen,
hart und in Eile,
vergeblicher als vom gewesnen Ringen
in toter Weile
geht diese Seele wieder in sich ein.

Ihr folgt der Blick
gebrochen, wie das erste Grün sich blättert
aus knospenkalter
jährlich erloschner Esse, sternzerschmettert
aus still entballter
Hand blüht er auf und faltet sein Geschick.

Als trinke satt
durch ihn bei immer neu verschloßner Kehle,
o Wunder welche
Geheimnisopfer bringt die alte Seele
aus tiefrem Kelche,
die unfruchtbare? Wer an ihrer Statt

trinkt sie mit Sucht?
Es schnürt das Herz sich ab von Jahr zu Jahren
und legt die Blüte
gebrochener, je härter in erfahren
geschaffner Güte,
sich immer näher an die tote Frucht.

2

Diesen ersten grünen Strauch ein Strauß,
mit Augen ihn zu brechen,
bin ich leibhaftig
mit ihm geteilt, den Blick in mich zu stechen,
ich bin ihm schaftig
und kann mich nicht zu innerst kehren,
es reicht aus seinen Wehren
noch Blättchen kaum grün kraus
gelenklos eine Hand heraus.

Ich komme unter Menschen aus der Gruft,
die Seele zu gewinnen,
aus Gräbern trächtig,
in Stengeln wankend, blütenhaft zu minnen,
ein Blatt ohnmächtig
vermag mich, mir die Seele zu verlieren,
die Sinne abzuschnüren;
was innerlich mich ruft,
bleibt unbewegt wie stille Luft.

Im Auge wesenlos bin ich vereint
und allem zugeschlagen,
unzungenwürdig,
mich selber in die Blüte hinzutragen
empfängnisbürtig.
Mein Wille eine Hand entgegen
dem Blatt dem grün und regen,
bevor der Tau noch scheint,
sinkt wider mich in mich versteint.

So wandle ich in Jahren mir zurück,
ein Strauch mit eingedorrten
und übersichtig
mir näher immer und wie auf zu Worten
kaum kummerflüchtig,
weil Strahlen ihren Kern auslaugen,
seeldurchgebrochnen Augen.
Ach fülle dies Geschick
ein einzig voller Augenblick!

Der schwere Ernst in diesem Überschuß
mit Willen fortgelitten,
in mein vernünftig
zu Tod geteiltes Wesen eingeschnitten,
wird Fleisch zukünftig,
verschlingend den bewahrt durch Sparen
Fluchkern in mich gefahren;
kein Wille, was ich muß,
Empfängnis tilgt den Inkubus.

3

Dies bitterlich
gelingt mir nur
zu zeigen,
ich und Natur
und Gott und ich
ein Leib,
drin ruhelos sich Seelen zweigen,
zwei Seelen nur wie Mann und Weib.

Empfang im Leibe,
daß die Seele bleibe!

WOLKEN

In einer Zeit, da meines Wesens Anker
versunken, Tun ich, weil ich leben muß,
nur plätschernd förderte, aus Tiefen kranker
Schein wie aus undurchdrungnen Rohren Licht
mich wechselhaft umschaukelte, ein Schicht
durch Schicht verhangnes Auge fremd wie Glas
auf schwärzlichem Gewässer lag ich, las
und las von stratus, cumulus, cirrus, nimbus.

Es war im Frühling, doch der Winter flockte
mit ungelöster Schwere noch und Guß
von Wassern hing der Sonne nach, es stockte
des ewigen Gebärens stiller Drang,
kahl witternd standen Bäume, saugend Rang
auf Rang der Himmel, tiefer kam das Joch,
es wuchs die Lust am weiten Leben doch;
hier wird Gestalt, so schloß den Himmel stratus.

Und dumpfer, groß und wankend auf der Straße,
ein Schiff mit Frachten, ja von Blut ein Fluß
im Haar, es dunkelte, es zog im Glase,
ein Wirbel überwog, ein Nachen kaum
schwieg hin das Auge, Niederschlag im Raum;
Geheimnis, daß ein Turm mein innres Wort
im Tun mich aufbricht, ich ersteh sofort,
so leb ich, Echo, Wanderer im cumulus.

Der Sinn geht leicht dahin mit schnellen Rossen,
die Mähne flammt, unwirklicher im Schuß,
gelöst vom Zaum, entknospeten Geschossen

gleich bäumt sich auf und trocknet das Gespiel,
o wenn der Flammentrieb herab jetzt fiel
und leckt mit Jagen; Schnee, ein flackernd Tuch,
es brennt Verdammnis, kehre dich im Fluch;
ich kehrte mich und sah am Himmel cirrus.

Die feuchte Zehrung sog mich fort im Winde
wie eine Blume, härter im Genuß
doch ächzt der Baum, gefesseltere Binde
des Himmelsblicks; dort schob mit Eis im Blau
gespaltne Wolke, Strand und Sarg genau,
und wie es überhell nach oben zieht,
so wächst es dunkel und es fällt, o flieht;
im Abfall Körper stand ich, Gnade, nimbus.

Nun zog der Anker tiefer, halbes Wesen
und schimmernd offne Schale einer Nuß,
bemanne dich, die Erde steht erlesen
und spiegelt: fahre zu in Schmerz und Dank,
ich beugte mich und sah mein Bildnis krank
im See, im Spiegel dunkelnd fort das Buch,
doch überhell des Himmels loses Tuch
und sah da stratus, cumulus, cirrus, nimbus.

REGENTROPFEN AM PALMSONNTAG

Für Franz Schranz

Daß die sinnbewegte erste Reine
doch den Kampf nicht richtet,
erst die Zwischenkunft von dunklem Scheine
nachhilft und uns schlichtet,
erst durch Regen und aus Wassers Schein
wiederkehrt der Sinn und brennend ein.

Trägt ein Kind im mildbedeckten Tage
kahles Palmgezweige,
unbeirrt und wie mit keiner Neige
geht es in der eignen frühen Sage,
unberührbar seinem Auge malen
gelbe Blütenkätzchen ihre Zahlen.

Da doch – und so wider ein Erhoffen,
denn wie weggenommen,
daß das Auge davon offner offen –
hat ein Regentropfen, an den Zweig gekommen,
still das Holz wie ein Gebein getroffen.

Sinn und Wasser – weiter ins Gefähre
wird das Wasser, und so sei's gesprochen,
durch die Erde in den Wein gebrochen:

dies, was uns die Ehre wegnimmt, gibt uns Ehre.

AM KARFREITAG

Den süßen Kern des Schlafs zerdrückt mein Mund
und faltet seine Winkel wie zur Narbe,
ich bin, ja bin gestaltet und –
o Süße, deren wachender ich darbe,
und bin ein Leib in leisem Schmerz gesund.

Ein Vogel zwitschernd aufgeschreckt vom Grund
im Dorngezweig, nun zitternd in der Garbe,
von jedem Korn die Kehle wund,
o köstlich Wunder, fleischgewordne Narbe,
die lose Seele selig schließt den Bund.

OSTERMORGEN

Nun blinkt das Licht, das Osterlicht,
in Schatten kümmert Wehmut,
da öffnet, das unirdisch bricht,
ein Knospenfünklein das Gesicht
vom magren Neid zur Demut.

AM WEISSEN SONNTAG

Der weiße Sonntag ist bereit,
all Beet doch rings in Trockenheit
noch hart im Licht und Lichtes trunken,
noch Werdens unversunken.

Das Wasser floh im Osterlicht,
Gewalt, die aus in Röte bricht
am Morgen schon, liegt matt im Herzen,
matt vor des Tages Kerzen.

Das Wasser aus der Zelle zieht,
o weh, der Sinn wird ausgeglüht,
das Ostereisen will verrosten,
tu Blut an deinen Pfosten.

Die unversunkne Finsternis,
so rostgleich sie das Licht zerbiß,
steht an geschwängert mit unsatten
und unruhvollen Schatten.

Tritt vor das Tor, sieh an das Land,
du Held aus Osten unverwandt,
laß deiner Seitenwunde Gluten
neu in die Erde bluten.

Der Tag steigt an, er kommt inmitt,
das Wasser mit dem Blute stritt,
es wird, so zuckt ein Schattenfinger,
das Erdenwerk geringer.

Die hohen Zweige glänzen rot,
die Knospen sind wie Öl und Brot,
der blaue Himmel, Milch im Winde,
ruht wie mit Tracht die Hinde.

Ich sehne mich, doch Wassers nicht,
nicht Windes, den dein Licht zerbricht,
nicht Milch, nicht Blut, nicht braunen Brotes,
der Sattheit nur des Todes.

Ich kenne diesen letzten Quell
noch nicht, das Wasser allzuhell
blieb mit dem Blute unverbunden
mir fließend aus den Wunden.

Es ward des Körpers Körper schwer,
wie dunkelte die Knospe her,
gib, daß des Kelches Band zernichtet
ein trockner Stern sich lichtet.

Es ist, wie wenn die Biene schwärmt
um Honig nicht, den Zweig umlärmt
und hängt sich an in dunklen Trauben
ein Blut um letzten Glauben.

SCHNITTER

Hängt schwer nun der Gedanke nach
der Tat,
der früh wie taube Blüte brach
am Baum und aus sich wußte keinen Rat?
Man schlägt die Mahd.

Nein, ja, so rang sich das Gefühl
des Wollens;
ein Halm zerschnitten im Gewühl
legt nun sich in die Spur des gleichen Sollens,
des Opfers vollends.

O kurzer Tritt im Dauergang
gebändigt,
das Mark sitzt in den Knochen lang
zur Tiefe, wo es sterbend sich lebendigt,
die Sense händigt

den Armen sich wie Glieder an
und trocknet Blut;
dann ist das Werk zweimal getan,
schneidend aus eignem Fleisch das hohe Gut,
das höchste Gut.

Ja, nimmer so umringt die Brust,
umsonst,
wird frei und schwingt, bis daß du ruhst,
gebrochen mild zur Ernte du dich lohnst,
die ganze Welt bewohnst.

DIE ÄHRE

Gedanke meiner alten Schwere,
der mit mir spielt:
vom warmen Munde quillt
die leichte Fahne einer vollen Ähre,

die ich mir brach am steilen Hange,
ihr Duft zerdrückt,
vom Mutterkeim entrückt,
blüht wieder auf aus mir im Weitergange.

Ursache, die ich meiden wollte,
aus der ich floh,
kehrt wider mich und so,
im Spiele säumend bis zum bittren Leiden,

der jeder Tat aus sich getrieben
Verhängnis spürt,
des Mundes Wurzel rührt:
bin ich es und im Frevel stark geblieben?

Der Scheitel brennt wie ungesegnet
im heißen Glast,
und gaugelnd eine Last,
ein Wunder trennt sich schattend, drängt, begegnet

und hilft dem Sinn sich kalt erkoren:
ich sammle Staub,
und immer mehr ein Raub
von dir bin ich im Keim der Welt verloren.

Ich bin so wenig vor dir würdig,
wie was ich schied,
mit allem, was ich mied,
muß ich dich endlich tragen ebenbürtig.

Frost dieser Irrnis, ich erglühe,
die in mir ächzt,
gib, bis der Keim erlechzt,
daß ich dir aus dem Munde blühe.

TRIBUTE DES BLINDEN

zu Lovis Corinth

1

Das Wort gilt nicht – wie fällt, da ich die Bahn
von eines Menschen Tun wie einen Spiegel
gesehen, nun, da ich des Geistes Riegel
aufriegeln will und bin erstaunt daran,

das Blinde gilt – wie fällt dies Wort mich an,
mich blinder noch im Blut, daß ich aufwiegel
dem Geist entgegen und zum Wort versiegel:
du Mensch, dir ist die Faser blind getan;

daß ich – und heute so ein unerlesen
Gefühl bricht mir Bewußtheit und ich spüre
den ohnmächtigen Hintergrund durch alles, –

daß ich das Bild von einem schweren Wesen
wie einen kalten Brand ins eigne schüre
und bin im Widerorgeln eines Halles.

2

Daß man im Nachsinn eines Lebendigen
immer das Leben engt,
wie ein Vorwissen durch uns beschränkt
es, angeregt, noch die wir uns behaupten, –
nein, so Begegnung durch uns Untergang,
o nicht dies wie gemeinsam uns ein Klang,
die noch beschränken das Lebendige durch ein Licht, –
o so, bis aus dem Andern ganz entbricht
wie aus der Kehle
das Blut des Nächsten eine blumige Erde.

3

Wie über das Gefäß, so lang ich trinke,
mir brennend wie ein Ärgernis,
was sich zuerst verhärte, jener Blick
oder der schwere Trank
furchtbar und langsam in mich eingegossen,
so schwer und jetzt
wie Ohnmacht gegen Licht,
daß sich des Halses Ader strangt, –
Atemgesicht,
dem ich hier sprechend stumm bin,
du laure immer,
wem hier das Herz
wie eine Bestie fast sich halfternd aufbricht,
ein Roß sich wider mich in Blut stürzt, –
o Gottes Antlitz, Scherbensonne,
so hufeatmend ich in dir genung,
Verortung und Verlautung,
durch eine unsinnige Leidenschaft
so glücklich.

4

Das Leben zu sich fort im Kreise alt
durchfurchend, nun der Same selbst
des Sinnes in die Furche fällt,
selbst unter Unkraut, o du üppige Zier,
wie wird das Schauen selber hier
durch Unkraut selig
und ist ein Stück von diesem
Wankenden hier.

5

Ich trinke und der Kellner Gott
so starr wie Hunger
sieht durch mich seinen eignen Blick,
wie er mich sieht,
und hinter ihm der unbekannte Himmel
tut dies so fest durch ihn
und hungrig gleich
wie ein Gebot.

ZU EINEM RELIQUIAR

Als ich schlaflos liegend denke
Schwester dein nun schon erkaltet,
mir auch liegen die Gelenke
wie ein Hirtenzelt gefaltet,

will von dem in dir zu Ende
hart gerungnen Werk gezogen
ich auch falten meine Hände,
wie ein Richtscheit ausgewogen.

Still mein Haupt, so wird das deine
mehr doch aufgerichtet liegen
über dem gebrochnen Schreine
deiner Brust mit stillen Zügen.

Stirb zum Schrein so fremder andrer
Kräfte, die nur sichtbar waren
wechselnd fort im Dienste, Wandrer,
stirb dem Werden, undienstbaren.

Doch wie Vögel, die nicht rasten,
nicht ans Zelt gewohnt entwanden
sich, so hat den dunklen Lasten
Sinn und Lunge widerstanden.

Daß ich wechselnd, Schwester, ändre
Ort und nicht des Zeltes bleibe
Richtpfahl, suche Schreine, fremdre,
komme zu dem Mutterweibe;

wie ihr Mund, sie ausgestritten,
Abgrund, tiefer kann zerschneiden,
tiefer kann, als sie erlitten,
der Barmherzige nicht steigen,

wie ihr Mund, vergrabne Kerbe,
starrte gleich des Tieres Kruppe,
daß den letzten Hauch ich erbe,
doch sie lag wie Holz und Puppe,

lag wie eine Braut, so junge
Füße und so lichte Wangen,
wie im Schaun vergrabne Zunge,
rund und ringsum blütumfangen.

Und ich schauend ihre Stirne
aufgetaucht aus dunklen Lasten,
muß wie speisend süße Birne,
muß Barmherzigkeit erfasten.

Einer nur mit Wort belohnen,
meine Faser will sich straffen,
muß im Zelt ich euer wohnen,
muß im Mark des Holzes schaffen.

ZWIESPRACHE DURCH DIE ERDE

Umgegeben unter diese
Welt, wo wir das Brot erhalten,
ist es und mit Rätsels Walten
schafft es Schritt durch unsre Füße.

Mensch im Wort, in keinem fertig,
geht er ohne Ruf im Blicke,
da in seinem Weggeschicke
mitten wird es gegenwärtig.

Seelen ihr, vom Wort entstaltet,
das euch mit euch wandernd nährte,
kernverwandelte und jährte,
wie ihr mir das Brot erhaltet!

Brot, ja Brot, und fortgefristet
Schritt zur Atmung, daß ich rufe:
wozu ihr und meine Stufe,
daß ihr mich zum Gange rüstet,

daß ihr so heraufkommt heute,
Seelen pochend feierlicher,
die ihr diesen Menschen sicher
macht und ist doch allem Beute.

Täglich geht er in den Abend
mehr und mehr und seine Rechte
sind verloren mit dem Knechte,
zwischen Tier und Pflanze grabend,

grabend nur die eine Lücke,
eine Furche schwer von Nächten,
nimmermehr sie auszufechten
hängt er krank in jedem Stücke,

krank, gebrochen in der Schlinge,
doch den Sinn wie Ähren hangend
wirkt Verwandlung überfangend
zur Geschaffenheit der Dinge,

wirkt und treibt, und dies ein Pflanzen
gleich in Schollen, dies in Mauern
ungelöster Ruhe Dauern
wird am Pfahl zu einem Ganzen,

wird und wächst, und jetzt zu schildern,
die Erinnrung nur zu denken,
alles kommt in Jahrgelenken
aus dem Bilde zu den Bildern,

immerdar aus meiner Säule,
dem gebrochen im Genicke
unrückbaren Meingeschicke,
meiner Schöpfung ohne Eile,

daß ich es wie Wasser schlucke,
ich der Lebende inmitten,
innerlicher abgestritten
Schöpfung unter deinem Drucke.

Wie sich Meer und Abgrund schürzen,
tiefer kann, das Herz zu fangen,

der Verwirkte nicht gelangen,
doch ihr laßt den Kern nicht stürzen.

Ihr, mit euch in keinem Auge
wissend und so überzählig,
er ist diese Lücke selig,
wo ihr schaffet, daß es tauge,

daß es sich zum Gange füge
und gesetzt zwar wie aus Steinen
doch ein Brennen lasse scheinen
und den Wandrer nicht betrüge.

Und das Brot wie wird es trächtig?
Wie ein Essen mit dem Schwerte
ist das Wort auf Gottes Erde,
und der Nahrung seid ihr mächtig.

Mein das schwarze Grundgelände
kommt und kommt und es will tragen,
will zerschnitten Wahrheit sagen
durch die Seelen bis zum Ende.

Manchmal so und in mich brechend
heute, daß mit keiner Frage
Antwort rufend ich es sage:
Seelen ihr wie Brote sprechend,

dieses ja und atembänger
fortgehemmt von keinem Schritte,
ärmer reich in meiner Mitte
sage ich und bin ich Gänger.

DAS SCHWEISSTUCH

Viele Himmel, doch vereint
einer, der sie alle meint,
reicher noch ein wundes Licht,
ohne ihn doch brennt es nicht;

nichts und immer noch viel mehr
ihn betreffend darf doch her
kein im Blicke ganz Besuch,
alles wird sein wundes Tuch.

DER WEIN DER ZWEIHEIT

Das Wasser ist ein schwerer Sinn allein.
Der schwere Sinn wird in der Hochzeit Wein.
Was erst in Menschenzweiheit sinnend schafft,
der ersten Schöpfung traumbeschwerte Haft
vom Erdgrund aufgehoben in den zwein,
die zweite Haft der weiten Welt wird Wein.

So hat der Herr, da er das Wasser wandelt,
in Kana für den Wein der Welt gehandelt.

HAUS IN DER WAAGE

Die erste Erde hat ein Silberlicht,
doch zwischen Gold und Wasser spielt das Herz
und ist geworfelt nur ein Teil von Blut,
aus dem die Erde grün und rosig wird.

Der andre Teil – und ist dies Herz so reich,
daß es ein Raum, und heiter, heitrer nicht
besitzt der Himmel dies noch offne Feld,
daß Raum sich teilt und in sich spiegelnd wohnt –
dies ist das Haus; und kennt dies Herz sich nicht
und ist mit Weib und Kind so Raum an Raum,
das ist die Welt im zweiten Silberlicht.

Doch daß dies alles in die Waage tritt –
man will dies nicht, denn noch ein Lebensspiel
treibt in dem Strom, und wie es eilt und weht
und wacht: warum, und gehend Mond in Licht
beharrt es näher und wiegt unser Herz.

Wer nun die Waage von sich hält,
sein Haupt vom Sinn zu sich verloren,
er steht getrennt von jenen frühen Toren,
– war jene Erde denn nicht offne Welt,
so offen, wie der Spiegel spiegelnd fällt
und steigt – und schattend schlägt der Schwermut Saum,
er steht getrennt und wie von sich geboren
im Raum, ein fremden Wesens andrer Mann,
wo ist die Frau, das Kind, ist dies ein Bann,
daß sich kein Herz mehr kennt als nur gewogen,

und ist nicht Herz mehr und nur Raum an Raum
und wie kein Vogel mehr hindurch geflogen?

Noch fällt die Last hinweg: wohin?
Doch hält von Bergen sich die große Runde,
im Silberlicht ein Spiegel steht das Haus,
so Sicht durch Sicht, kein Stern lischt darin aus,
nun tritt – so will die milchne Straße ewig ziehn –
die Silberhochzeit in die nächtge Stunde.

DIE WEGE

Wie geht die Schickung unbewußt!

Man trifft sich einst in einem Lebensjahre,
noch ist kein Wissen einzeln, keine bare
Zerworfenheit noch Gegenwart, und einzeln fußt
noch jeden Echos offner Brust,
noch jeder gleichen Gastrechts gleich am Tische.

Doch dies gilt nicht.

Dann kommt der Trank und macht uns dicht;
die unbewußte Schickung, was sie mische,
bis uns ein Anblick schwerer bindet,
sich eine Fülle tief in uns entzündet, –
die Schickung lebt und wer von uns erblindet,
er hat kein Recht als dieses: es gilt nicht!

Wer ist nun glücklich? Welchen wie vor Neid
das Schicksal in die still bestrebte Ordnung zieht,
noch minder, welchen ein Gesetz der Treue
wie eine schwere Störung in die Menschheit bindet:
hier lischt das stille Leben, dort das Licht!

Wer nicht vernichtet lebt, lebt nicht; und jedes Leben
will den Tribut an sich und wir sind frei.

DEUTSCHE SCHRIFTTAFEL

1

Gedanke nur in sich verpflichtet
sich auf Zwang und Menschen richtet;
lockert sich im Bild das Denken,
wird die Erde wieder schenken.

2

Wird der Rebenhügel träubig,
Himmel will dazwischen sein,
so es ausbricht, bricht es ein,
Lanzen sind die Lebensjahre.

Steht nicht, auf die Wacht gezogen,
daß er sein Geding erfahre,
jeder schließlich doch allein?

Immer brauchbar ist gemein,
bloßer Könner wird ungläubig.
Doch der Treue unbetrogen
bricht in alle Himmel ein,
daß ein reiches Feld sich schare.

Zweiter Teil

DIE NACHT DER JUNGFRAUEN

1

Die Nacht

Was sucht man in der Schau die eine Haft,
dies sonderbar und wirklich dunkel Helle,
wovon der Geist entzückt und keine Quelle
den Weg zurücknimmt in die Mutterschaft,

und schweres Öl den lichten Ring errafft, –
es wirft sich hin und her an keiner Stelle
und kommt wie Laubwerk stehend ins Gefälle,
da sucht man Anhalt mit verlorner Kraft.

Man ist umsonst von Anfang her bestimmt.
Und was im Innern war das Mark des Lichtes,
muß dunkel werden, wandelhaft von Art,

daß es den Gegensatz im Kerne nimmt,
und in sich schwächend jedes all sein dichtes
Getrenntsein aller Wesen aus sich spart.

2

Jehova:

Wesen meiner Freude inne,
daß dein Hauch in mir beginne,
eingeboren aus mir werde,
alles fügsam mir zu Sinne
runde um den Zaun der Erde.

Lucifer:

Der von deines Fingers Zinne
in mein tauend Netz ich rinne,
Sinn in jedem Ding verloren,
ich die nimmersatte Spinne
warum blieb ich ungeboren?

Jehova:

Meine Zeichen wandern alle,
harrend ihrem Widerschalle
mir im Ohre, wo ich bleibe;
daß die Welt mir widerfalle,
übergab ich sie dem Weibe.

Lucifer:

Unbegrenzt auf diesem Balle,
Wespe in der eignen Galle,
was ich sinne, daß mich treibe,
Spiel der sinnverstörten Kralle
kümmre ich am Erdenleibe.

Luna:

Wortes Schlag in Herzens Vene,
bis ich ganz Empfängnis sehne,
wie den Kelchgrund schlägt die Labe,
Zitterstern in Goldpatene
spielt mit mir die reine Gabe.

Jehova:

Kummereinziges Gebilde,
das mit reinem Schmerz ich füllte,
randlos Wort du ohne Habe,
untrübbar in Seelenmilde
bleibst du meines Hauches Wabe.

3

Die Jungfrauen

1:

Wir gespart, bis morgenklar
liebe Sonne uns beschaut,
ob die Nacht noch stärker uns betaut,
nicht des Lichtes bar,

wenn sich wie die Blume füllt
unsre Lampe in der Brust,
alles, was ihr himmlisch noch bewußt,
immer irdischer in uns quillt.

2:

Harren ohne Widerstand,
bis die Seele, was ihr flieht,
endlich in sich selber kommen sieht,
dieses letzte Pfand,

wird es oder bist du ihm,
Seele, die du zweifelnd stierst,
nur der Spiegel noch, der grell zerbirst
vor des rinnenden Lichtes Grimm.

3:

Der mit dir noch grimmig spielt,
Seele, du bist ihm zu klein,

spiegelsatt die Fülle selber sein
willst du ungestillt.

Wie ich speise, so begrenzt
ihn, laß mich sein Wesen ganz
füllen, bis in ihm mein trunkner Glanz
immer williger widerglänzt.

4:

Seelenbloß und kalt vom Licht,
das, weil mich sein Scheinen warnt,
jenen frohen Seelen fern umgarnt,
denen es entbricht,

gleicht mein Wille, wie gering
er noch flackernd in den Docht
zuckend ohne Herzenswärme pocht,
einem sterbenden Schmetterling.

5:

Über allen Wesens Kraft
zündend, wo in blindem Gischt
eine Seele wandelhaft erlischt,
ihres Lebens Saft

schon verloren, eh verzagt
diese Seele ganz zerrann,
immer wieder steckt dies Licht sich an,
bis es über ihr himmlisch tagt.

6:

Ruhe suchend meiner Lust
ich mich ganz der Erde glich,
wie zerlegt dies stille Wesen mich
immer mehr bewußt; –

nein, ich bin nicht wandelbar,
keines Wesens Schein vermischt,
reiner Geist, – o wie der Hauch erlischt,
mutterseliger daß ich war!

7:

Wer die Ruhe still bewahrt,
schmelzend in des Kummers Docht,
bis sie sich dem Lichte ganz verflocht,
das ihn nicht mehr spart,

meine Seele singend leis,
wie das Tröpfeln an den Rand
aus der Quelle sie bewegt und spannt,
schluckt die Bitternis nicht mehr heiß.

8:

Spielend mit dem schnell entflammt
nahrungslos versunknen Schein
letzter Wärme kalt entfließend wein'
ich und bin verdammt,

quellengleich, doch wie die Trän
nur den Hauch der Wange sehrt,
einzusinken trostlos unvermehrt,
wie ich äußerlich heftig brenn.

9:

Schaue nicht, ich bin gelähmt,
brenne überm Herzensgrund,
daß die Speise deines Bilds mein Mund
gegenbrennend hemmt,

fühle nur mein Augenlicht,
das, weil auch die Wange brennt,
sich zu dir aus meiner Abkehr trennt,
dich doch innerlich überflicht.

10:

Weniger als dieser Ton,
der zu lange Stille brach,
bin dem Licht, das meine Lider stach,
ich gebrochen schon,

Hauch ich, den mein Sterben trinkt,
der mein Herz noch schluckend traf,
in die rauhe, wie zum jähen Schlaf
aufgebrochene Kehle sinkt.

ECHO

Wie ich bin und was ich tue,
wird bedrängt,
kommt mir nahe,
allzuweit und unbeengt,
daß ich eine Lampe fahe,
wie der Mond in Wolken hängt,
meine Ruhe keine Ruhe.

Geist nicht noch Gefühl der Dichte,
ich bin nur
Hungerwelle
und darunter weite Flur,
stärkrer Herzen Wandelquelle
um der Dinge letzte Spur,
irrer Kern im starken Lichte.

Mächte, die den Tag erschließen,
sind mein Kleid,
sind entbunden,
Geist gerinnt, Gefühl entzweit,
harrend meiner vollen Wunden,
dinglich fortgetragnes Leid,
fürchte ich den dunklen Riesen.

Kummer aus der Flucht geboren,
der ich bin,
nie ich selber,
hungernd um den eignen Sinn,
wie der Schein der Sonne gelber

nur im Auf- und Abgang schien,
nur im Wandel unverloren.

Wer bereitet in mir Bette,
wann die Statt,
wo der Jäger
in mir selber Ruhe hat?
Jubelnd wirft der Stimmenträger
eine Kette:
Gönne dich, dich nimmersatt,
Magnifikat!

LUCIFERA

Fern den Seelen, die sich nahen,
deren meine Seele braucht,
ohne Zärte,
so ein Blatt, das sich nicht fahen
kann in wirbelnder Gestalt,
bin in Ohnmacht und Gewalt
ganz der Erde
hin und wider ich gehaucht.

Aufgerafft in kalte Lohe
spielend mit dem Morgenwind
bin ich trunken
häuptlings in die sonnenfrohe
Schar des Lichts gestoßen fremd,
bin zerfließend ungehemmt,
jäher Funken,
hingelöscht, wie Frost zerrinnt.

Wenn der Sinne letzter Schauer
nichtiger als nichts zerrann,
golden satter
glühend mit der kurzen Dauer
sich verschloß des Himmels Schrein,
taghell wird mein Wesen sein,
leeres Gatter,
keine Seele ich gewann.

BRAND DER LICHTER

1:

Brand der Lichter, Hand und Hirt,
ihre Starrheit weint zugleich,
wie Vernichtung durch das Morgenreich
jetzt zur Lesung wird.

Ihrer Kerne lichtes Grab
blickt wie ein gestrecktes Band,
nur am Knöchel zuckt die Hand, die Hand,
sieh, sie nehmen nicht ab, nicht ab.

2:

Jede Gabe grundgeteilt
herrisch kommt sie ganz zurück,
uns erdrückt der ungemeßne Blick,
der uns noch ereilt,

Luzifer, der uns betrifft
und im ersten Grunde krankt,
weil die lichte Waage nicht mehr schwankt
jetzt wie eine verworfne Schrift.

3:

Weniger nur bin ich mehr,
mir im Herzen geht der Wind,
alle die erfüllten Örter sind
wie von Einkunft leer,

die ich bin, sie ist mit mir,
Narbe, die nun strahlig brennt.
So durch alle Lücken abgetrennt
wird der Körper das Ganze hier.

4:

Wenn das Blumenbild vergißt
blutiger, so geht es mir,
daß das Wasser wie ein andres Tier
noch im Raunen ist,

steh ich eingeflochten auf,
allem teilt sich Sperrung mit,
doch die Flucht von einem einzgen Schritt
ist als heftiges Selbst im Lauf.

5:

Deutlich wird die halbe Welt,
die wie vom verstörten Druck
aufhebt Herzen wie geschnittnen Schmuck,
der sich selbst erhält.

Wie erhält sich dieser Glanz,
weil der Widerpart ihn stärkt;
weil ihr keines Teiles Teil verbergt
ist das Hälftige mehr als ganz.

6:

Die Gestalt, die von sich flieht,
die mit sinnentrücktem Gang
auszubrechen aus dem gleichen Hang
plötzlich Früchte sieht,

ich bewege mich doch nicht,
die doch ihr bewegtes Viel
ausgebrochen aus dem gleichen Ziel
in die Ursache selbst verflicht.

7:

Laß mich jubeln, wie ich bin,
der verteilten Schickung Lust
wird ein steter Reim in meiner Brust
und läuft ganz dahin;

zwischen Halt und anderm Ort
zahllos in ihm ingesinnt
bin ich in Bewegung hart und lind,
durch Zertrümmerung leb ich fort.

8:

Was mit uns inmitten braust,
dieser Perlen wildes Sieb,
anders bin ich und bin mit dem Dieb
von mir selbst behaust;

dann noch in der Gleichung leicht
aus Verschränkung weggetan
rühren jäh mich andre Erden an
weggenommener unerreicht.

9:

Schnürung, Schrift und doch nicht schwach,
ein Entweichen einem Plan,
doch der Ingrund kommt wie eigen an,
wie entnommen wach;

dieser Spiegel ist ein Kleid;
in das Gleichnis eingebannt
ruft und wehrt sich und versagt die Hand
liebste Kümmernis Zeit, noch Zeit.

10:

Trotz zu wissen, was ein Mund
nur durch Bilder sagen kann,
rede ich den Kommenden nicht an,
diesen zweiten Grund –

diesen; und ist hundertfach
nicht sein Gang der Grenzen bar?
Einsam wird, so wie ich noch nicht war,
wie entnommen das Ganze wach.

DIANA

Als die Zeichen sich verbargen,
schimmerte die Welt im Argen,
schön in Ruhe wandernd immer
trat ein Fuß des Flusses Schimmer.

Überwunden wie vom Lichten
ging das Dunkle sich zu richten,
Ruf von keinem andern Munde,
fremd von diesem Vordergrunde.

Selbst von diesem Obren oben
durch das Licht noch abgehoben
rein durch Spurgang in entzückter
Spur ward es von sich entrückter.

Wird die Regung denn nicht wallen,
das Gesicht nicht von sich fallen,
muß die Erde in sich kehren
dunkler nicht und wie Entbehren?

Denn im Sturze wie vernichtet
wird das Zeichen aufgerichtet,
und der Fluß so weit wie Stufen
selber muß die Dunklung rufen.

Hingang schön vor allen Triften
ganz in Regung aus den Hüften,
auf dem Wasser ohne Zagen
wird der Helm des Lichts getragen.

LANGSAM daß es so lebt, dunkel in seiner Brust
ungebrochen das Herz, während der Hunger steigt,
wie durch Erde Verwesung
atmend keine Geduld mehr hat.

Noch lebt eine Natur, willig und willenlos,
wie sie hoffend gelebt, schrecklicher doch sein Pfand
will das menschliche Alter,
wie ein Fluch nach dem Kind begehrt.

Dies ist wider das Mark, doch der Bewußte schreckt
nicht vor Speise zurück, die ihn mit Grauen füllt,
jener glückliche Jünger
er Johannes verzehrt das Buch.

Der im Hauche empfängt, Nährender durch ein Bild
hebt im Angesicht alt ganz das Ereignis auf,
vor dem kommenden Lichte,
was gewesen, verzehrt der Mund.

Schlage, schlage du Wildflügel o andrer Geist,
weil du anders bestimmt ohne Verhüllung Leib
und der Jünger des Blutes
Adams Früchte lebendig braucht.

Und so willigt es ein, flüsternd im Glanz zerstört
doch noch immer Geschöpf, das die Zerstückung liebt,
wann ist diese Genesung
aufgeteilt in das letzte Blatt?

Eines nämlich erliegt immer zuletzt, o Herz,
zur Gebärung gedrängt, öffnet die Pforte nicht,

eines ist mit den Gräsern
dunkel Schreitendem zugewandt.

Und der Kommende kommt, der in den Lüften Glanz
unaufhaltsam berührt, ehe das Kindlein steigt,
sein die Waage des Morgens
ist wie Wasser vom Hauche schwer.

Ist es wieder Gesang, der meine Speise bringt,
denn ich wollte ihn nicht, will in das stumme Herz,
das uns tötet und wie die
Mutter singend das Kindlein stillt,

mit der Scholle hinab, aber im Zwielicht wächst,
und ich nenne ihn du, jener schon alt von Licht
dem die Brücke der Augen
meiner Augen nicht weichen kann.

DER JÄGER

Es zuckt zum Netz die Rechte, ich weiß es, Herr,
ich seh dich wandeln, ehe der Fuß entstrickt,
und hinterm Rücken meiner freien
Linken verkehrt sich mein Haupt wie Blätter.

Gefesselt bin, entlassen ich, wie du willst,
am nächsten dir vom Bogen hinweggedrückt,
mit dem du zielst, und mir die Augen
brechen wie Keime aus der Umarmung.

DAS EIGENTUM

Für Tim Klein

Was ist das Leben, daß es mit Leben ringt,
mit Wehr nach außen, Mensch, das du aus dir holst
und in dich treibst wie einen Stachel,
dem sich bewegt deine Schwächung gattet;

warum ein Schmerz, der wie eines Glücks Verlust
die Gnade findend tiefer dich überfällt,
ein Mensch um menschlicheren Schauer
trittst du den Wurm und er rührt die Scholle.

DIE ERSTE NACHT

Als man zu sagen nicht vermag,
es war noch Gottes erster Tag,
als noch das Glockenrund von Nacht
nichts in sich und hervorgebracht,

als was zu sagen uns umringt
und schon in Laut und Werde schwingt,
schon trieb ein Strömen als ob gut
wie Schatten in die Wangen Blut,

als daß dies vor noch sprechen will,
der Lippen Paar sich spannte still,
noch eher fiel es in Verlust
und sprach kein Wort der lauten Brust,

als dies der Mensch zu sagen sucht,
er schlug die Glocke wie verrucht
mit seiner Blicke Schlägel und
nun Adam, Eva spricht ihr Mund.

Als man zu sagen nicht vermag,
es war schon Gottes erster Tag
nicht mehr, der Glockenmund der Nacht
schwieg nie mehr, bis ihr Laut vollbracht.

VERHEISSUNG ÜBER DIE SCHLANGE

Bewegter Geist in uns, da ihn noch ziert
von Götterschein ein Glanz uns zugemessen,
den wir in einem Abbild unvergessen
als Sinn erfinden, der uns nicht verliert,

die wir alsdann, weil uns nach Schutze friert,
Begegnung oder weilend unterdessen
ein Pfand nur suchen und von Erde essen,
erwählend selbst, was uns hinausgebiert,

was unser Rätsel wird und angestiert
ein Opfer, und wir tun, von ihm besessen
den Glanz des Bildes, die vom Staube fressen
und also dich, bewegter Geist, vertiert. –

Und essend Menschen, die mit uns gewahren
das Gleiche, müssen wir zum Bilde fahren.

MOSES AM ENDE

Als sich Moses beeilte,
auf den höheren Ort zu kommen,
wo er die Arme aufzuheben hatte,
die hilflos, als er sie breitete,
waren getragen,
die Schlacht, die schwankte
wie ein Gewicht in ihnen,
das ihn nach sich zog wie von einer Waage,
aber die Zunge, so laut sie war,
konnte sich nicht rühren,
und stumm schlug die Waage nach allen Seiten;
die Schlacht aber, die schwankte,
war hilflos getragen,
sie schlug und war schon geschlagen,
so sind alle Dinge schon
zuvor ihrem Werden.

DEUTERONOMIUM

Wer Unrecht leidet, straft
sich selber doppelt, fängt
sich im Gebrauche.
Der böse Hauch mit Kraft
nicht widerstoßen schlängt
wie aus dem Schlauche.

Dem Küfer in den Mund
folgt Wein, der Dunst gesogen;
du sogest stumm im Schlund
Unrecht, nun kommts in Bogen
und mit dem Recht der Wut
von dem, der Unrecht tut.

Daß doch der Herr gebot,
die Wange hinzuhalten,
verstehst du es, mein Sinn?
So viel, daß ich in Not
nur meines Rechts zu walten
mir sonst nicht rechtens bin.

So viel er Dünste sog,
der Küfer nun mit Kraft
muß er des Weines trinken.
So viel er Milde zog
aus eingegornem Saft
darf frei der Rechte blinken.

Kernlichtig stark im Bruch,
Wein mit Erdgeruch.

DER SCHREIBENDE

Warum, wenn wir das Leben um
sein Selbst befragen,
wird dies wie Angst, und stumm in stumm
wird uns das Herz und fürchtet sich zu schlagen,

und schlägt doch, schlägt sich selbst und pocht,
und er muß schreiben,
schreibt hin »gezählt«; so unvermocht
schrieb Hand an Wand einst, schrieb, und Schrift muß
    bleiben.

Noch frägt er, noch, und horcht und stiert
wie fortgesogen
daß ihm der eigne Hauch vertiert,
als fresse Schrift, und er schreibt hin »gewogen«,

und ist vom dunklen Hauch ereilt:
du Mensch, du Beute,
ihn schreibt die Schrift, die schrieb »geteilt«,
in Wiederkehr, bis ihn all Leben reute.

CLAUDIA PROCLA

Über Wellen kleiner Sorgen,
die der West in Regung hielt,
ehe noch im Traum geborgen,
seines Helmes, seiner Hegung
Fittich atmend uns befiehlt,
Haupt in Haupt in dunkler Regung
schwer in seines Schirmes Flug
mein Gedankenfittich trug.

Tragend und von dunklem Wasser,
angeschmiedet nicht genug,
ja wenn nach dem Regen nasser
unsre Erde, unsre Trübe
wiederkehrt und in den Bug
meines Helmes, Sinnes übe
ich mich ab und Nacht und Bahn
schmiedet mich der Erde an.

Heimlich wollte ich mich härmen,
härmte mich und sollte nackt
über einem stillen Lärmen,
über Körpern ohne Flehen
gleichend Dingen rings zerhackt
mit des meinen Schoßes Wehen
hart gebären, als ich fern
sah Gestalt vor einem Stern.

Weißer als ein knospenmattes
Himmelslicht im Garten schwieg,
vor der Wolke eines Blattes,

er mit ganzer Kuppel Tiefe,
ob ihn Niederschlag beschliefe,
der er so zur Höhe stieg,
während ich die Regung aß,
so wie Drohung mich besaß.

Blendung ehe mich erkraftet,
Aug im Helme rückwärts huft,
er an einer Hand geschaftet
durch ein Ruder, eine Fahne,
singend, wie man Waffen ruft,
fuhr und mit gebrochnem Kahne
schlug mein Auge ins Gemach,
mein Gebären unterbrach.

Während noch die Faser zittert
deutlicher, wenn schon den Bau
Frühlingsdonner ausgewittert
unsrer Leiber und die Pfade
ausgeteilt durch schweres Blau
sind entriegelt, eine Lade,
reine Faltung liegt darin,
so gefesselt war mein Sinn.

Solche Fernen, solche Nähen,
und ich war im Sinne krank,
daß mein Rufen ungeschehen:
»habe nichts mit ihm zu schaffen«,
durch die große Luft ertrank.
Über Wassern mit Erschlaffen
trug der Fittich, der mich trug,
auch die Last von einem Krug.

EMMAUSMORGEN

Wir gingen, unsre Herzen brannten
vom Opfer, das mit uns genoß
der Herr, die Türe fiel ins Schloß,
– fror uns, daß unsre Schritte rannten? –

als wir Gerüst am Wege fanden,
am bleichen Feuer zittert bloß
der Wächter hütend für den Troß
die heilge Flamme, die wir kannten.

Nicht baue jetzt, die Stadt berenne;
was fürchten wir, da seine Guten
der Herr begrub, es gleich zu machen,

laß uns die Flamme ganz entfachen,
die uns verzehrt mit ihren Gluten,
was will er mehr, als daß es brenne.

EPHETA

Wie mich durchtrifft,
daß länger nicht mehr widerstehen
ich will der Gift,
mein widerbildetes Gesicht
durchtrifft der Namenlose wie ein Hasser,
so kann ich nicht,
ob ich auch wollte, untergehen,
und weiter ringt um mich das Wasser,

das nur sein Stab,
dem widerbebend nicht mehr halten
ich will, ein Grab
den aufgeborsten falschen Kuß
sein Stab zerteilend öffnet wie ein Riegel,
so daß ich muß,
der ich versinke, mich zerspalten,
vielfacher trägt ihn nun mein Spiegel.

LOSUNG

Andrer Ruf,
unvertilgbar, der ihn schuf,
bei mir zu ruhn,
quelle ich und quillt mir nun,

starrem Mund,
loser aus je tieferm Grund,
mit falschem Sinn
leichtlich über Lippen hin

andres Wort,
haltlos, wie der stille Mord
mir widerfährt,
unvertilglich mich verzehrt.

SICHEL schmal am Morgen, –
wohin den Schritt
durch Frost wie einen schartigen Rand
finsterer in Härte
zieht der Leib,
die den Bogen fliehen will,
lockerste im dunklen Band,
innerlichst daß sie bewußte werde,
die Seele mit?

Über der Erde ungeborgen
stehen die spitzigen Hörner still.

Heimliche bleib!
Unter die Sohle gespannt
härter erzittert das feste Land,
hebt sich die Schwelle.
Helle
und ein verborgener Wind
windelt das bloße Kind.

Daß es alleinig erhaben liege,
verläßt die Mutter unsichtbar die Wiege.

Ob der Mörder schon floh,
oder wie den zerfurchten Kern
die Schale, trägt sie nun doppelt gern,
die Seele noch im Leibverließ,
sonnenspiegelnd das Geheimnis,
ist die ungeborene froh?

Über Erden zuckt das Beil.
Wie viel Mal bin ich ein Teil,
Hunger von allen Gaben,
rinnend aus dem kommenden Licht,
Dunkel aus der Starrheit bricht,
von des Baumes Neige
steigen und fallen
getroffen die Raben.

Bin ich in allen
Dingen, die ins Licht gebiert
bereifter Schoß,
golden und unbefleckte Zweige,
kommender Hauch
und im Entfliehen auch
Vogel auf und nieder
Wiege allem und Gefieder
innerlich unirdisch bloß
in schwindender Sichel unbeirrt
stummer Laut,
der zur Erde kommt und taut
wie eine Knospe durch die Kehle:
das ist meine Seele.

WÄCHTERRUF

Ihr Sinne, deren frohes Geld
die lange Nacht hat eingelullt,
der Frühschein legt ins weite Feld
den wachen einen Gulden.

Verweiltes Herz, das noch erzählt,
noch lauernd in den Mulden
ist nur der falschen Ängste Kult,
was gilt es dann zu wählen?

Du Denker in den Schalen
der Dunkelheit, so ausgeschält
sind alle Grenzen wie Geduld,
wie Wissen in den Pulten.

Es kommt aus dunklen Welten
in Anblick wunderbar gestellt
und ist vor Wahl und Hulden
der Sichtbarkeiten frohe Schuld.

ICH erstaune tief in Scheu,
wie sich alles fügt,
nicht gewollt und nur getreu
mich kein Ding betrügt,

wie ich einen Willen tun
in Entfernung muß,
doch der Wille hüllt mich nun
wie in Baumes Nuß.

Immer in Bewegung ich
war doch immer Ruh,
wie ich dachte, regend mich,
handeltest nur du.

Wirf die Nuß ins Ackerland,
wenn der Baum erbebt,
ich bin nicht, in deiner Hand
sieh die Schöpfung lebt,

ich bin alles, Mensch auch ich,
wandelirrer Stern,
ihn gebar die Jungfrau sich
und ich harre gern.

Unerschütterlich erblüht
wird dies Herz in Gott,
singe mir das Wiegenlied,
Jungfrau Kummernot.

VON UNSEREM WEGE

Beschlossen in das ganze Reich,
das in sich alle Schöpfung trägt,
zu wissen, wo man sich bewegt,
im Auge Gottes ist es gleich.

Doch der zu sich ich kommen will,
wo steh ich heut mit meinem Schritt
und wo gelingt – er schaut es still –
mein Blick, daß er in seinen tritt?

Erbarmen, wenn er mich nur sieht –
ich weiß es nicht, er blickt mit Schmerz,
darum bewegt sich fortgemüht
ein jeden Zeitpunkt andres Herz.

Denn ich bin jung, in neuer Schuld
verjüngter, immer kleinrer Kern,
das ist mein Sporn aus Zeitgeduld
und zehrt Geschöpf an Gott dem Herrn.

Ob er mich sieht, mir ist es gleich,
so lang ich Regung noch vermag,
ein Blinder bis zum jüngsten Tag
geh unter ich in seinem Reich.

EREMOS

1

Irgendwo beginnt
der Laut von einer dunklen Stunde,
wachsend nicht, obwohl man sinnt,
Wort von einer Wunde;

seitlich fern vom Ohr
und auch kein Hauch mit Kommen waltet,
denn dies Wort von sich hervor
gehend nicht gestaltet.

Wort von meinem Traum,
Musik, und doch der eigenseinen
unerlösten Seele Raum
gibt sie nur den einen.

2

Was kein Ende nimmt
und kann sich nicht von dannen lösen –
die Erinnrung nichts bestimmt
als in dunklen Größen.

Flüsternd noch im Licht,
dann wird ein Schweigen wie von Schwingen,
die an Schultern werden dicht
und sich selbst umringen.

All die Gegenwart
muß wie in Wendung rückwärts fallen,
Körper werden, Gang und hart,
brechen fort von allen,

allen Orten. Raum,
in sich und von ihm selbst verlassen,
wird dann wieder halber Traum,
fängt sich in den Gassen.

Wenn wer Hunger hat,
will Blicken nicht entgegen blicken,
essend wird sein Körper satt
wie ein fremder Rücken.

Doch wer aß und nicht,
und durch Erinnrung ganz umgeben,
lösen will sich Licht vom Licht
durch dein dunkles Leben.

GESANG IN DER MUSCHEL

1

Ich bin beschützt und hoffe nicht,
ich bin gesegnet voll Gericht,
ich bin gegeben meiner Gier
und bin die Gabe nicht von mir.

Je ferner mir mein naher Sinn,
ein Augenblick verkehrt mich hin,
ich bleibe, wie ich immer war,
im nächsten Bleiben Bleibens bar.

Verglichen stockt mit Menschenmaß
ein Wasser, das sich zeitvergaß,
Unendlichkeit, ein Schattensaum,
glänzt wie geschnittner Frost im Raum.

Ist Liebe dieses Gut gereizt,
das mit dem Glanz der Kuppel geizt,
Bewegung, wie an Himmels Statt,
die doch von keinem Ziele hat?

Wer sich des Augenblickes wehrt,
wird von der Ewigkeit verzehrt,
in Blick gelegt ich unverwandt
es ist die Gabe deiner Hand.

Es ist ihm, findet er sich Ort,
als riefe ihn die Schnittrin fort,
doch unbeteiligt Teil allein
rollt sich im Traum die Wunde ein.

2

Widergesang

Verglichen stockt doch stets entflohn
wie Orgelwerk ein Wasserton,
im Echo stark und unbeschenkt
bleibt alle Spur von sich gelenkt.

Ganz weggelegt und ungesucht
man trifft mich immer auf der Flucht,
und in Bewegung wie ein Flehn
muß sinnlos alles dies geschehn.

Ich rufe nicht und bleibe Ton,
Fund eines Ohrs, gefaßt mit Drohn,
ein unbeweglich Aug vom Fisch
bedräng ich glänzend meinen Tisch.

Ich bin das eingebrochne Wort,
der Widerhall geht in mir fort,
er endet in mir unbehaust,
wenn sinnverstört die Muschel braust.

Und strudelnd doch so lang und lang
geht diese Weise ihren Gang,
wie Müssen kommt, ein Fischer, sieh,
geht durch das Wasser wie ein Knie.

IN ZWEI SINNEN

Wie, sogleich es angeht,
wird es mein Gesetz, –
Horcher, den es anweht,
Teil in meinem Netz!

Wenn es anglüht, näher, –
doch der Morgenlaut
hat schon einen Seher
zwischen uns getaut.

Was wie Perle anflieht,
kennst du sein Gesetz? –
Komm noch, eh es anglüht,
heißer in mein Netz!

Wenn es anweht, daß die
Stimme sich verliert,
nun so lieg ich, liegt die
Wehr mir im Geviert.

Was uns übermannte,
ist uns nicht gesinnt,
das zu sich Bekannte
wird ein fremdes Kind.

WIE IM GLASBILD

Der du aus der Quelle kommst,
mußt alle Last wie Wasser brauchen,
hinunter du und übertauchen
muß der Quell, worin du kommst.

Nieder du in Trank und Werk,
daß grundlos du umringt zu Füßen
in Händen dir, um Häupten fließen
Wasser. Er steht auf dem Berg.

Angenagelt; doch du siehst
in hellen Blitzen nur die Wunden
der Sohlen und wie augverbunden
Ritzen, wo es heller fließt,

bis es lichter, leichter und
dein Haupt an seiner Füße Gründen,
du mußt im eignen Blut erblinden, –
Herr, du stehst auf meinem Mund.

ROSENSTÜCK IM WORTE

Laß die Seele lauschen,
sprach ich,
sah ich in dem Morgenwinde rauschen,
ja wie rauschen
Rosen, die sich zueinander neigten,
während sie sich zweigten,
welches ist die meine, sprach ich,
meine Rose?

Denn es war dort dunkel,
sah ich,
sprach ich, die ich mein begehre, funkel,
deutlich funkel,
doch die sich einander neigend scharten,
Adams Erde wahrten,
rauschen vor Bewegung sah ich
über Erde.

Wie auf einem Teller,
sprach ich,
sah ich, sind die weißen Rosen heller,
und der Teller
scheint mir näher, doch er trägt die fremden
und die ungehemmten
stören alles Lichte, sprach ich,
jene roten.

Eine unerblühte
sah ich,
sprach ich, die umsonst vom Wind bemühte

unerblühte
Knospe, diese hat ein dunkles Schlagen
zwischen Nacht und Tagen,
ungezähmt vom Winde, sah ich,
wie ein Klöppel.

Ungefügte Glocke,
Glocke,
die du, sprach ich, die ich flüsternd locke,
Himmelsglocke
wandernd du um Adams Feld mich führest,
Körper Körper rührest,
kann das Herz im Winde, sprach ich,
lauter schlagen?

Nur mit stummen Zeichen,
sah ich,
sprach ich, ich vom Lichte ohne Gleichen
will nicht Zeichen,
welche dauern; denn das innre Pochen
kommend in die Wochen
ist im Wurf empfangen, sprach ich,
eines Helmes.

Nimm den Helm vom Munde,
sprach ich,
sah ich, Blutgericht am stummen Grunde
Zweig im Munde
sind die Rosen rauschender im Spielen
wie von trocknen Schwielen,
stärker wird und schüttert, sprach ich,
die Berührung.

Denn, so sprach ich, offen,
sah ich,
sprach ich, jenes Feld vom Wind getroffen
ist nicht offen,
flüsternd, nicht das Obre und das Untre,
sprach, der ich mich wundre,
hartes Licht der Blüte sah ich
in der Mitte.

ROTE ROSE IM JUNI

Wie Gewölke oben schwebt
heut mit Lasten ganz durchwebt,
wie sich drängt zum Dunkel an
langsam eine Donnerbahn,

wie nun will erdrücken fast,
dann doch steigen diese Last,
wie der Himmel alles trägt,
blau und schwerer stets bewegt,

anders nicht in seinem Los
hängt dein eignes Herz so bloß,
zeithaft in bedrängter Ruh,
und dein Auge schaut ihm zu.

Manchmal ist dein Herz so schwer
wie ein Tag und keiner mehr,
manchmal fühlt man, daß es still
gleich der Sonne lächeln will.

Manchmal blickt das Auge in
seines Lebens ganzen Sinn,
manchmal ist die viele Welt
rings ihm wie ein Gruß erhellt.

Manchmal scheint dir, was er tut,
ohne Hilfe all dein Mut,
manchmal wie der Sommerwind
hebt dich starke Lust geschwind.

Bald beseelt vom Erdenbild,
bald so völlig ungestillt
fragst du all dein Herz verirrt
nicht nach Blüte, nur was wird.

Und des Himmelsauges Blau
trägt die Last bewegter – schau,
und du siehst die erste auch
rote Rose still am Strauch.

IM WETTERLEUCHTEN

Du blitze durch die stille Nacht
und hinter Wolken lohe,
daß dunkles Scheuel aufgewacht
an meinem Wege drohe.

Mein Schrei, wie er die Welt durchlief,
ich dürft ihn jetzt nicht rufen,
so still als ob ein Kindlein schlief
an Deiner Allmacht Stufen.

Dein Wille Herr geschehe nicht,
ich darf Dich noch nicht loben,
so lang ein Schatten vor Dein Licht
ich selber bin geschoben.

Sieh, es ist jetzt kein Mensch bei mir,
ich kann die Angst nicht haben,
die hinter des Ölgartens Tür
sich ganz Dir eingegraben.

Dreimal vor Angst gingst Du zurück,
und wecktest die Begleiter,
Dein Blitz verlohe mir im Blick,
ich geh des Weges weiter.

So schrecklich war die Ölbergstund,
ich kann sie nicht begreifen,
nun immerfort aus Deinem Mund
mich warme Odem streifen.

Doch sei's, am dunklen Wege hier
ein Mensch jetzt zu mir käme,
an meiner Freude merke Dir,
daß ich den Kelch nicht nehme.

Ich bin noch nicht von mir getrennt,
ich bin noch nicht Gefährte,
trittst Du hervor am Firmament,
wächst unter mir die Erde.

Ich bin mir selber angetraut,
Du machst mit mir kein Ende,
eh noch der fahle Morgen graut,
wendest Du Deine Hände.

Auf diese Hände schaue ich,
wovon die Blitze fallen,
geh stark im Knie, wie dunkel sich
häuptlings die Wolken ballen.

Jetzt schickt er seinen Donner aus
und ruft die armen Seelen:
Laß Erde Menschen und das Haus
auf Deine Treue zählen.

Nun in die Pforte tret ich ein,
das Dunkel rührt sich träge,
da kommst zuvor mit Deinem Schein
Du Leuchter meiner Wege.

GLEICHNIS

Wächst aus Trieben das Verlangen
höchst bewußt mit einem Mal,
bis die letzte Kraft empfangen,
ist zu groß der Dinge Qual.

Immer muß die Seele proben,
ob der Geist den Geist bezwingt
von der Erde abgehoben,
die sich nährend selbst verjüngt.

Wohl und rastlos aufgeschossen
tausendfältig in die Frucht
steht die Ähre eingeschlossen
zwischen Himmelreich und Schlucht.

Über sich hinweggebogen,
während rings die Sense fliegt,
in der Summe hingewogen
jede in der Ernte liegt.

Will der Geist nun Brot gestalten,
der mit in der Tenne lag,
ehe sich die Hände falten,
springt er unterm gleichen Schlag.

Aufgeweckt und hochgetrieben,
nicht vom steten Keim geheilt,
gleicht den Dingen er zerrieben,
die die Kraft der Erde teilt.

In die Garbe mitgebunden
Gleichmut oder Lust und Zorn,
eins dem andern gleich entwunden
liegt zerronnen Korn an Korn.

WANDERER

Heut so ganz verlassen,
nächtlich wird mich Kummer fassen,
meine Kniee wandern zu,
alles sichtig und in Ruh
wartet, was ich tu.

Dunkelfort die Straßen
kehren, ach ich muß mich hassen,
in die eine Wunde ein,
meiner Sinne Silberschein
lockert mein Gebein.

Wurm mit Wurm zu prassen
fallend in die erdennassen
Tiefen, daß ihr stummer Schrei
wirklich in mir ledig sei,
bin ich vogelfrei.

OKTOBERFEST

Noch zeigt durchsaust von Regengischt
der Festplatz schimmerkahle Bleichen,
die Buden sind in uferweichen
Morast gepfählt und aufgetischt
voll Menschen, die sich schnell vergleichen,
und alles ist wie abgefischt.
Musik verstummt im Wasserbraus.
Da, kaum noch setzt der Regen aus,
ein Gong und uferloses Klirren,
des dumpfen Schlägels perlend Schwirren,
ein Vogel schräg vor mir fliegt schwer in Stufen auf,
und Schiff an Schiff, Gong wieder vom Gestade,
Flut fällt in Ebbe, Reichtum aus der Lade,
und Menschen da und dort nun Hauf an Hauf,
die Luft durchdringend klar,
als obs im Morgenlande war.

DIE GROSSE STADT

Man faßt nichts an und doch getreu
im sichern Wandel
geht Mensch an Mensch heran, vorbei,
beschließt im Herzen lauten Handel;
nach Erntedank im Ackerschrot,
so rückwärts vorwärts geht man frei
und alle Not
blieb still zu Haus wie Morgenrot.

Kein Stundenschlag Gedanken schreck,
so vielgeteilt und ohne Zweck,
so sorglich
eilt jeder Fuß vom Boden weg,
wer rühmt der Taschen Fleiß und Preis?
Und jeder blickt für sich.
Wie Lust und Gabe ruht sich aus
der Wille heiß,
sieht Haus an Haus
und Fenster lang
und Glieder schwindlig kantenbang
bewegt, wie sich gespensterlich
Geflügel auf der Stange rührt,
vorm hellen Tag den dunklen Laden spürt.

Stets ferner näher ungefähr
die alte gleiche Wiederkehr,
man wird sich selber schwer.

Da öffnet sich das Auge sacht
und froh allein

getreu umgeben von dem Schein
läßt man den stumpfen Blick zurück
dem frechen Glück.
Die Seele fühlt sich zugebracht
so frohe Luft wie nach der Schlacht
und ist erwacht.

VOR DEM WINTER

Kein Himmel in der Frühe,
nach halben Schritten wird es still,
und wie ein Blatt vom Baume fiel,
verzuckt ein Lichtlein ohne Will',
grämt sich und hat nicht Mühe.

Es will der Tag nicht raten.
Als löste sich von unserm Mund
das Blatt, so sind die Worte wund.
Im Nebel rinnen Stund um Stund,
verrinnen unsre Taten.

Allein in letzter Höhe
steht noch ein Blatt und zittert bald
und wird im Sterben voll Gestalt;
ein Wind als wie ein Messer kalt
nimmt auch das letzte Blatt.

IM JAHRBILD

Hier ist am Haus ein offner Bau,
man kann die Balkenrüste zählen,
im Winkel hält und Netz genau
die Spinne ihren Fang mit stillem Quälen.

Friß, kleines Vieh, sobald du fängst!
Was mußt du, Sinnbild, speichernd lauern,
die du so über Erde hängst
im offnen Bau, indes die Winde schauern!

Am Haus zieht eine Hecke hin,
des Winters starren ihre Gerten,
im Altlaub bei den dunklen Erden
schläft eine Schnecke mit getrostem Sinn.

Nun wandre, dicker Pilger, doch!
In Traums Gehäusen eingewunden
trägst du umsonst des Himmels kreisend Joch,
lauf, kleine Welt, dir Erde einzurunden!

In offner Rüste steht das Haus.
Wer will den lahmen Maurer lohnen?
Doch kreist ein Stern unendlich darum aus,
zur Weihnacht wird ein Kind darinnen wohnen.

DAS WEIHNACHTSBILD

Für Karl Knappe

O Joseph, was vergräbt dein Mund,
man sieht, es ist dort wie ein Keil
im Traume dunkel, sinnhaft wund,
und ist darum ein Wortverwelken,
im Schlafe stehend nimmst du teil
wie Pfosten in Gebälken,
das Ochsentier sieht man am Grund.

Und was man mit zwei Augen schaut
und sieht, wo Gold gebrochen wohnt,
hier, wo gespalten Kind und Braut,
ist Mond und dort ist eine Wolke,
Gebälke wandelhaft im Mond,
geringes Herz im Volke,
hier ist der Esel hergebaut.

Schon lange ging ich nicht mehr aus,
geh aus, rück deine Kammertür,
der Stern der Weisen steht im Strauß,
das Morgenfeuer brennt die Sterne,
das Menschenwesen deckt dich schier,
geh aus, geh aus im Kerne,
und aus der Gruft kommt Gold heraus.

SILVESTER 1926

Wer wallt und noch
durch hohe Scheiben Freiheit sieht,
noch in dem großen Scheine Odem zieht
und hört und noch
ein stummes Lied, ein stummes Lied –

was schläft im aufgebrochnen Joch
erinnernd sich,
was über Schollen wehendlich
wie Flucht geschieht,
dem Tauwind, der vom Meer entwich,
vermählst du dich, vermähle dich.

NEUJAHRSWORT

Der Jahre Umlauf bringt Gefühl
dem Sein der stummen Zeit,
doch macht umsonst ein Herz sich weit,
ein Geist bleibt immer kühl.

Je mehr sich dann ein Wille um
sein Innesein bewegt,
der unsrer Zeitschaft Angel trägt,
er wird nur größer stumm.

Und ringender der Jahre Lauf
um dieses Leben kreist,
und größer, stummer baut ein Geist
sein Weltgebäude auf.

HAUSSPRUCH

Für meine Frau Maria

Manches tuend, nur zu geben,
andres, still den Sinn zu wecken,
reich dann ein um andres Leben
immer stiller zu entdecken,
alles, daß es treulich bliebe,

manches, daß sie still es leide,
andres, daß sie weiter blicke,
reicher, daß aus armem Kleide
immer sie den Sinn beschicke,
alles ist ihr gleiche Liebe.

Magd sie all der stummen Dinge,
Arbeit, daß sie still genüge,
rührender doch alles trüge
in dem erst beschloßnen Ringe,
alles ruht in ihrem Triebe.

DEM UNGEDULDIGEN CHRISTOPHORUS-PETRUS

Deiner Worte Brut und Groll,
die du mit der Angelrute
wirfst dem zag und schweren Mute
dieser Schonzeit, warte nur,
meines Herzens Kern und Pol
hängt schon an der Angelschnur.

Das noch pocht in Weibes Schoß
dieser Zeit wie Meer so bitter,
harte Morgenlichtgewitter
spielen um den Kummer schnell,
wohlig wird das Kindlein bloß,
endlich kommt die Stunde hell.

DER GANG DER DINGE

Für Alfred Kubin

Das uns an einen Strand verlassen bindet,
der wie von Winterschicksal kahl geschoren,
so lange ist das Leben uns verloren,
bis man den Sinn wie eine Schrift empfindet.

Wie hingegeben auch ein Fluß erblindet,
er schüttet sich ins Meer und so vergoren
kommt alles wieder her zu allen Toren,
nicht aber, daß es sich dann selig ründet:

es wird ein ungeheures stilles Quälen,
am Strande steigt und fällt die alte Last,
in seiner Breite ist es fast ein Rollen;

was ist mit uns, was jetzt die Trümmer wollen –
und doch, an einem Pfahlsteg kommts zur Rast
und bei zwei Männern, die sichs dort erzählen.

IM EBENBILD

Für Karl Knappe

Die stumme Führung schlägt uns in die Zeit,
bis wir dem innren fremden Ort begegnen,
und was uns überkommt, das erste Segnen
ist gleich das Größte: Angemessenheit.

Dann sind wir gerne da und sind bereit;
doch sieht er wandern Gott als den Entlegnen
und er geschieht umsonst in seinem Regnen,
dann steigt der Stein, das zweite, und wird Neid.

Und nur durch dieses Gehn, sein starkes Bild
zu schwächen durch die Inbrunst einer Blume,
das ist der Gang und wird im Abstand groß;

das ist das Dritte und es wird Gefild.
Und einmal wird in seinem Hauch die Krume
so glücklich wie die Welt im ersten Schoß.

DEM KÜNSTLER

Für Karl Caspar

Wird dann das Inbild Raum in Raum
nicht mehr von Menschheit ausgetragen
und sind die eingesetzten Fragen
nur noch ein anbefohlner Zaum,
verliert die Seele ihren Traum,
dann weiß Natur nichts mehr zu sagen.

Ist nicht Natur wie sich verhohlen
und nur durch Inbild in den Zeiten,
und sich am Gleichnis fortzustreiten,
ist ihr als eignes Sein befohlen!
Der will dies Störungswerk zerstören,
die Gottheit wird ihn nicht mehr hören.

DER BAU DER KIRCHE

Zur Epistel von Allerheiligen

Die alte Kirche ist ein Bau der Narben,
ein Sein wie Wunde, bis sie steinern ward,
bis Stein an Stein wie Ohnmacht offenbart
der tote Bau und hat doch solche Art,
daß aller Stein wie Schollen tritt in Farben.

Doch stirbt ein Glanz verzehrend durch die Räume,
je mehr das Ostlicht öffnet die Gestalt
und ist nun planlos an den Ort gemalt,
und dunkler wird des Lichtes Aufenthalt
und wie beschädigt Erde, Meer und Bäume.

So kann die Gegenwart nicht sein und enden;
es wendet sich der Bau wie innen wund
und stirbt im Licht und wird des Tods gesund,
der wie ein Blut tritt aus des Heilgen Mund,
die Engel aber stehen an den Wenden.

AKROSTICHON

Sapientia:

Fernhin geht und ganz ein Blick
einmal, Anbeginn wird einmal
Lust in Lust vertauschte Kette;

irrt das Herz um seinen Gral
zitternd, Anbeginn wird einmal
irres Bild im Spiegelstück;

trinkend ruft es, atmend einmal,
Amen atmend sich zurück,
spielend, wartend um die Wette.

Temperantia:

Festlich wird der reine Spiegel
einer Einkunft ohne Eigen,
Licht will wie auf Kerzen steigen;

innerliche Stimmen neigen
zu dem wehrlos dunklen Riegel
ihre wie gebrochnen Reigen;

Tau, so wird ein Sichverschweigen
aller Ruhe wie sein Eigen,
senkt sich wie ein andres Siegel.

Justitia:

Fertiger und wie kein Recht,
Ehre nur so brennend schattet,
liegt im Innesein, im allen

Innesein ihm ganz gegattet,
zehrend ganz im Widerwallen
immerwährend ein Gefecht;

tu nur, tu, und sonder Gallen,
alles wird so unermattet,
so allein ist kein Geschlecht.

Fortitudo:

Fängt die Fülle an und ihre
erst so ungeteilte Schwere,
leicht und schwer noch wie Erliegen,

ist nun da und all die frühre
ziere Kraft ist wie nur Leere
in der Rüstung nicht zu wiegen,

taumeln kannst du nicht, du Ziere,
Anfang ist nicht mehr, nicht Ehre,
Spiegel nicht mehr, nur noch Siegen.

SEPTEMBERANFANG 1939
IM AUSSTELLUNGSPARK

Nun baut man der Figur ein hölzern Haus,
so früh schon, – und dein Blick, der um sich sucht,
schickt dich zum Strauch, zur Hagebuttenfrucht,
noch reicht kein rotes Wänglein dort heraus.

So früh noch, – und auf deinem gleichen Pfad
im Morgensande, doch von dir getrennt,
geht dem Befehl nach, den er jetzt schon kennt,
zur Gruppe da und dort noch ein Soldat.

Die Stimme des Befehls ist wie ein Zaum;
kein Echo jetzt – so still das kurze Gras,
so edelsteinig farben über Maß
die Zeile der Begonien, – und der Baum,

die Bäume alle Kuppeln, Rand um Rand
schwillt noch des Laubes grüne Übermacht,
hebt sich mit dunkler Schwere Tracht um Tracht,
doch treulich unbewehrt liegt schon das Land.

Der Himmel aber ist in sich gekehrt,
er zieht den Nebel hoch, und offen schweigt
so Raum und Weg, und ganz zu sich geneigt
geht hin ein Mensch, der nichts als Abstand hört.

Wie du im Herzen wunden Raum gewinnst,
du stille Lust des Lebens wie verletzt,
horch, eine Sense wird jetzt kurz gewetzt,
und wieder horch, und still wird, was du sinnst.

Da unerwartet fällt ein starker Ton
vom Turm, vom zeigerlosen. Wie begann,
wie schlug die uhrwerklose Glocke an,
einmal? Und wieder ruht die Schwingung schon.

Du gehst auf Stufen, Steinen, Fliesen fort,
der Stein, von Feuchte trocken, glänzt so matt,
doch abgerissen auf ihm manches Blatt
liegt wie an einem frisch beweinten Ort.

Ganz grün ist noch das Blatt – du rausche auf,
du Welt am Springbrunn, daß noch Zeit bewegt
uns nicht des Sommers Wappen erdwärts legt,
doch sieh, im Trichter fehlt des Wassers Knauf.

In Hölzer schließt man das Gebild von Stein,
ein Rebgewinde hält es noch umfaßt;
vom Himmel aber jetzt des Nebels Last
drängt wie ein Zeitenrauch so tief herein.

EINES MORGENS SCHNEE

Was man gelebt, was immer mehr geblieben,
stets mehr gelesen, um so dunkler nur,
was man im Lichte schon wie aufgeschrieben
vorfand und ging auf unstörbarer Spur,
was man mit Sinn erreicht, was man mit Lieben
doch nie vollbringen konnte, – deine Flur
wird dir, du Mensch von Ernte niemals satt,
mit eines Morgens Schnee ein reinstes Blatt.

Es ist kein Trost; und nun der Sonne Scheinen
teilt alles nur noch weiter vor dir aus,
so spurlos steht die Zeit, du willst sie einen
gleich einer Träne dort am letzten Strauß,
du horchst auf einen Laut, nun hörst du keinen,
der Schnee macht nur ein regungsloses Haus, –
geh fort, und wie es dir im Busen klopft,
fühlst du den Schnee, der kalt vom Baume tropft.

Du fühlst nicht Nähe mehr, nur noch dies Pochen,
das dir die kalte Wange seltsam näßt,
das Land scheint dir so weit und ganz zerbrochen,
die weißen Berge gleich dem schweren Rest
von einem Himmel, den du nie besprochen,
und der, je mehr du sprichst, dich werden läßt
gleich einer Spur, die sich aus ihm verlor,
und die du kennst, wenn dir im Herzen fror.

So geh nun fort, und was umsonst bestritten
du Tag und Nacht, was schon im Licht verdorrt,
was du gelebt, was du dir selbst inmitten

gelöst, du Mensch, im stets zerbrochnen Wort,
auf dunkler Spur mit unhörbaren Schritten
gewinnt die Zeit ihr Licht, geh mit ihr fort,
noch blüht zur stillen Nacht die Spur so frisch
wie alle Ernte auf dem Ladentisch.

Dritter Teil

Largiris

LARGIRIS

1

Vor lauter Sinn der Dinge abergläubisch trifft
mich heute beim Betrachten meiner eignen Schrift,
daß ich mit Suchen nach dem unverirrten Sinn
nur immer meines eignen Ichs Gefangner bin.

Kaum dies gedacht und abgewehrt mit aller Kraft
sitzt schon das Tier in unentrinnbar banger Haft
und klar wie sonnbeglänzt vor nahem Regenstrich
geht auf das unzählbare Reich der Spinne Ich.
Ja jedes Ding unfaßlich um mich fern dem Wort
und was geschieht und ist verteilt in Zeit und Ort,
ist alles hingelegt nur nach geheimem Plan
in meine uneinholbar vorgeschriebne Bahn.
Wenn dann der Faden lockt und ich zum Fange will,
die eingedrehte Beute, eine Puppe still
das bin ich selber auch, die Spinne nirgends satt
zerreißt ihr Werk mit Gram, gibt es dem Wind, ein Blatt,
ein Hauch nur, daß ich wissenlos, woher ich kam,
auf einem kalten Stein mich setzend mich vernahm:
Was sagt das Blatt, ist Hauch, ist Hunger mehr Gesetz,
ist diese Perle Tau nun hängend hier im Netz
die Welt, die ich gedacht oder die trinken soll
mein Auge, bis es mehr als meiner, Gottes voll?

Erst wie die leichte Spinne aus dem Nest geschickt,
ein Stein so wird mein Sinn und ankert schwer zerstückt.
Die Spinne ampelt kaum besonnen schnell sich hoch,
der Ausgeworfene verstummt im dunklen Joch.
Doch wer geschreckt ihr gleich von keinem Mißgeschick

kehrt flink am Spinnenfaden auch zum Nest zurück?
Es ist der Sinn des Ichs, und wenn der Faden blitzt,
schreibt der gefangne Mann, der dort im Dunkel sitzt.

Zurück, hinauf bekannten Pfad und schon erhellt
sich meinem kleinen Doppel-Ich gebahnte Welt.

Es war, als für ein kleines Kind ich Verse schrieb
und bei den ersten plumpen Zeilen stecken blieb,
die ich zerriß, nicht weil ihr Geistleib mir nicht klar,
nein weil die Handschrift lieblos hart unfertig war,
bis ich die Worte wieder schrieb mit schnellem Lauf
des Kiels, da ging mir meines Tuns Verhängnis auf:

Was hat den anfangs ungelenken eitlen Trieb
verwandelt, als ich mich vergaß und schrieb nur, schrieb,
was hat die Hand hier treu und maschengleich gereiht?
Ja sieh, ich schreibe sinnend um ein wahres Kleid
Buchstaben wie ein andrer andres Werk und Ding
zum Zeugnis, daß in seinem Tun ein Mensch sich fing.
Der Mensch, der Dinge tut, bekommt in Dingen Ort,
der Worte sinnend reiht, wird sinnverschlungen Wort.
Und diese meine wahre heut verstummte Schrift
mit Wurzeln um mich langend, daß ins Mark ein Gift
aufbricht wie Schweiß getrocknet nicht von Adam her,
die bittre Quelle wird in mir endloses Meer,
wird Furche, die mich Mensch macht und als Mensch
    zerbricht.
Und denk, das kleine Kind liest dies Geschrifte nicht.
O wie bin ich noch Kind nicht und schon Überfrucht,
wie ist der Anbeginn bei mir schon mir verflucht.
Buchstaben oder jedes andre Ding und Werk,

bis mehr als Sinn, bis Blut sich im Gewebe, merk,
fing, allzeit, daß du wiederkehrst im Bann von Blut,
dies alles ist dir hingegeben, stumme Brut.
Vorübergang, o komm im Strahl der Sonnenbahn,
es rührt ein Klümpchen Erde sich, blickt er es an.

Da tut der Mann im dunklen Joch den ersten Strich,
es war ein Bogen rund, daß er dem Erdrund glich.
Setz, Mann, den Kiel nicht krank vom Sinnen, daß du
    zwangst
so wenig Erde, ab, sonst überfällt dich Angst.

Und wie der Mann den Kiel behaltend lange stockt,
wird mir die Zeit zum Hammer, den kein Uhrwerk lockt:
Was fing ich an und was beginnt mit mir ein Plan,
der aus mir zielend in mir hebt niemalen an?
Der Hammer fällt, unwissend wo du endest, grab
den Anker aus, das schwere Herz, es rollt bergab,
und Fuß vor Fuß, viel schneller als man sich besinnt,
so läuft vom Hügelbord den steilen Pfad das Kind.
Das Fernste wird dem Nächsten unzertrennlich nah,
so gleich dem Blitz tat mir die Sonne, als ich sah,
der schrieb und sich behaltend immer sich vernahm,
bis ihm das kleine Kind nicht mehr aus Sinnen kam,
hier bin ich noch, dem dieser volle Lauf geglückt,
ich unbestockt noch mehr in Kind und Mann zerstückt,
und sieh, so wird mein Tun mir weiter offenbar,
das ist die Seele dieser Zeit, die mich gebar.
Die ruhelose sucht die erste dunkle Spur
von einem Ort der Dauer, wo sie Licht erfuhr.
Wo kam ich her, der ich die Erdenbahn befahr,
der ich den Schatten werfe größer Jahr für Jahr?

Verbrannt im Sonnenstrahl schießt aus ein Augenquell,
wie ist der Weg so überklar, der Ort so hell.
Da sucht der Mensch den Schatten, doch der sich vergrub,
es dringt der ferne Strahl ihm nach, Schwert des Cherub.
Halt ein mit diesem Zeichen, Schwert vom Paradies,
es wird zu eng der Mensch in seinem Gottverlies,
und der an dieses Zeichen seinen Willen setzt,
es hetzt ein Engel ihn, bis er sich selber hetzt,
halt ein, die Kammer wird zu eng von zu viel Licht.

Da sah ich nach dem dunklen Mann, der Mann schrieb nicht.
Er saß wie weggeworfen, ungeheures Korn
des Grames, der nur in sich keimt vor Gottes Zorn.

Was fing ich an, der Ort und Adam ohne Rast
verlassen muß und trägt des eignen Bildes Last
gezeichnet auf die Erde, wo im Winde spielt
oder vor Bürde die Gestalt, nach der er zielt.
Die Erde ist das Zeichen wie ich selber schwer,
was gilt das Spiel, wenn ich zum Einsatz mich verkehr!
Ich will das Zeichen gründen, das ich selber bin,
denn alles ist gelegt in meinen offnen Sinn.
Also wie eine Erbsenblüte lippenrein
verstummt mein Wesen, übergeht ein lichter Schein
den stummen Grund der Erde, daß er nicht mehr blickt,
doch während sich das Auge ganz zu ruhen schickt,
hebt sich gelöst und weißer noch als dieses Ding,
noch stummer als die Blüte auf ein Schmetterling,
und während ich mit Augen folgend ihn verlier,
bin ich wie Flügelschlag im Wind und doch ein Tier,
die Pflanze ja und doch am Orte selig nein,
ich ankre in der Erde mit gebrochnem Schein

und ruheloser treibt mich hin und her mein Sinn,
daß ich so andre Kreatur geboren bin.
Und wo dies reine Zeichen, wie ich nicht bin, trifft,
da knüpft sich der Zusammenhang von Ding und Schrift.

Was liest das Kind nicht und was wurde ich ihm mehr,
da ich ihm weniger geworden selbst mir schwer
den Hammer lockte, der, gleich wie der Schlag sich reiht,
mich schlug und in mich rollte Herzgewicht der Zeit,
denn wie das Eisen sich verkrümmend wächst, so wuchs
in mir von Kind und Mann der Unterschied des Fluchs.
Der erste Ton ist langsam lange hinverhallt,
nun schlägt es immer schneller, bis der Amboß lallt,
ein Ton nicht rein, ein Tun nicht flink, doch schrecklich blickt
der Hammerer, der so ans blinde Werk sich schickt.
Er weiß nicht, was er tut, nur daß er blind es macht,
bis ihm ein Unverständiges, ein Kindlein lacht
mit Klingen in die Werkstatt, unverlierbar fällt
und wiederkeimt es kündend eine andre Welt.
Nun wirst du finden, wo den jähen Weg verließ
das Leben dich, und Schlag und Klang zum Jubel schließ!
Noch nicht, und leise pocht der Hammer singend nach,
noch nicht, und heftiger, der so sein Werde sprach:
Niemalen mehr kehrt wieder dieser Mann zum Kind,
niemals, als werfe er die Augen in den Wind.

Der Wandrer, der von Land zu Land die Grenze bricht,
nur mit dem Worte pilgernd, dessen er Gesicht,
mit keines Tuns Beginn mehr wählend Ziel, nur Gang,
nur um den Ort des Rufs noch tauschend Ruheklang,
der, was er tut, vermißt im Sinn der Menschenzahl,
bis er nur Antwort gibt noch ohne Widerwahl,

es wird ihm plötzlich, er, die Seele, Echo kalt,
er sei das Kind, die Sonne scheint, dort steht der Wald,
er sitzt am Hügel und was er so lange rief,
es ist das Herz des Kindes, das im Echo schlief.

Wer ging den Gang, wer sieht das Licht, wer hämmert froh,
der vor dem finstern Wald nun lauscht dem Echo so?
Was ist des Lallens Freude, daß er schweigt und hört,
von dem wie Stein Entsetzen weicht und der betört,
nein, der nun milder horchend ganz den Puls erfühlt
der Zeit des Wartens, die ihn echogleich umspült?
Die unentrinnbar stille Uhr holt aus zum Schlag,
du ahnst, auf welches Kind hier weist mein Erdentag.

Da malt der Mann das Kind, wie es die Arme hebt,
und fröhlicher noch springend als er, der erbebt,
es will, der sehender, je froher ängstenbar,
halt ein, die Erde wird und größer durch Gefahr,
er hält nicht ein dem Kind, ja daß es mit ihm ringt,
setzt spielend er den Kiel ab, der ihn vorwärts zwingt.

Nun bin ich hingestellt wohl zwischen Berg und Tal,
o nein, so zwischen Sein und Werden ohne Wahl,
daß mich, weil ich nicht wurde, wie ein Wille zielt,
doch weil ich wurde, wie mein Wesen mich behielt,
daß mich der Zwiespalt zwischen dein- und meiner Kraft,
Gott, zu der Treue eines bloßen Kindes schafft,
daß ich nur wähle wie das Kind, es sieht die Welt,
es hebt den Fuß, Erbarmen, daß das Kind nicht fällt.

Was tut der dunkle Mann nun gleich, baut er die Bahn,
läßt er die kleine Seele wallen ohne Plan,

wählt er, daß ihm die Seele ruhig wird, ein Ding,
gibt er dem Kind im Fluge einen Schmetterling,
und der du sinnst, ist Hauch, ist Hunger, Hungernetz,
womit du wandern mußt vom Paradies, Gesetz,
was tust du selbst, mehr was du willst, mehr was behält
dein Auge von der Unvollendbarkeit der Welt?
Die Sonne blickt gelassener, je mehr sie weiß.
Und so wie sie, als finge er vom Erdenschweiß
nur eine Träne, die noch kaum zum Grund geschmiegt
der Schale schon im unerschöpften Hauch versiegt,
als finge er die Sonne, wo sie ihren Ring
im Tal der Erde fassungslos verließ, verging
vor Lust im selig gleichen Lauf, führt er den Kiel,
halt nicht mehr ein, es wird dem Kinde nie zu viel,
was dein Gespinste tut, und als ein weißes Kleid
legt er ihm zu den Füßen reine Willigkeit.

Es ist getan, o Kind, o Welt in Kindesruh,
die Sonne steigt, die Ähre quillt, du siehst ihr zu,
lebendiges Geheimnis, das, in sich Verzicht,
bis es zum Brot sich sammelt, Rohr um Rohr zerbricht,
verwandelnd stirnhaft Glut in Brot den Seim,
ein tot vergangen wieder eingesetzter Keim.
Der Sonnenzeiger fällt vom Schattenbaum verschluckt
und dorrt im rauhen Schafte, bis die Wurzel zuckt:
Man spricht vom Brote nicht, wenn furchend so wie nu
der Mittag donnert, Horcher, was, ja was tatst du?
Ich tue, was ich will, und halte, was mich trifft,
bis, was ich nicht will, tut mit mir ein Sinn wie Schrift,
ich warte, wo ich bin, und klammere das Wort,
bis mich das Wort verklammernd trägt wie Samen fort.
Sieh, ich versuche, ob das Leben so sich mehrt,

daß es nur sinnerfüllend auch nach Brot begehrt,
wie ich ein Sinn gewesen, bis ich Körper war,
das mache mir du Herz der Sonne offenbar.
Und während ich mein Tun so ganz zum Puls verkürzt,
geschieht, als sei zum Abgrund jäh ich hingestürzt:
Du weißt nicht, was du tust mit lallendem Geheisch,
du unverständiges und du geringes Fleisch,
Frucht eines Baumes einst gepflanzt ins Paradies,
in Fleisch und Blut der Welt zerfallen, nimm und iß.
Und unvollendeter, je mehr mein Sinn nun schweigt,
bricht auf ein Blut, das sich zum Strom der Welt verzweigt

Das Bild der Erde, bis es eingeschluckt vom Tor
des Himmels keimverloren wandelt neu hervor,
die Ruhe, bis sie immer ruheloser schwankt,
das ist der Sinn der Sonne, die im Herzen krankt.
Und wie der späte Eschenzweig sein starres Reis
dem reichen Frühling bietet zwischen kalt und heiß,
er neidet, sein verholzter Trieb fast nur ein Rohr, –
vom Grab entfleischt ein Fingerknöchlein kommts dir vor,
scheint inniger und nüchterner, als sei zum Schmaus
vorkostend mit dem Hunger ganz das Himmelshaus
des reinsten Wesens in der Wüstenluft der Mund
des Eremiten mit dem Leib ein hagrer Schlund,
sich hinzudehnen williger noch als die kraus
gerungne Blüte und Gefieder bricht heraus.

Noch nicht genug, Lob aller Dinge und im Flug
des Wortes Lob ist noch nicht Sichtbarkeit genug.
Weil sich die Blüte färbt, färbt so, wie sie empfing,
kann willig ohne Ziel nicht fasten Werk und Ding.
Die Hoffnung, die den kranken Sinn am Holz bewegt

und durchharrt, bis der Mann die Lanze blindlings trägt,
ruht nicht, bis er zum Pfand sich selbst gibt ungezahlt,
bis sie im Fleisch empfängt und rote Blumen malt.
Sprich Lob, sprich Dank, mit Kindeslallen wirb dein Recht,
du bist im ersten Blut gefärbt gebraucht zum Knecht,
wie umgekehrt von innentbrannter Rachegier
um Geltung ringt ein andres Sein um dich nach dir,
hinfort, und meinst du noch, es sei nur Schrift, es ringt
ein stilles Schwert mit dir, das dich nach vorwärts zwingt.
Sei glücklich dann, wo eine Rune mit dir scherzt,
gib dich der Kindererde, wenn du kannst, beherzt.
Kann nicht das Herz, es schreibt der Mann auf jenem Stein
doch selbstvergessen mehr als wissend Spiele ein.

Der Spieler doch, wie sieht ein Auge ihn verschränkt,
wenn er vom Spielwerk starrend plötzlich Leben denkt,
der ganz durch Traum – und kommt das Wirkliche so an,
es nimmt gleich einem dunklen Tropfen in ihm Bahn –
durch ein erschrocknes Treffen, was er umblickt, mißt
und weiß, daß ihm nur eine Richtung übrig ist.

Es geht von Land zu Land, von hier zu dort ein Steg,
wie zwischen Leib und Seele nur ein schmaler Weg,
es rauscht das Meer, der Sinn wie Wasser, Mark wie Blut,
den Wanderer umspülend rändert ihn die Flut,
der ruhelos zum Sinn des Seins die Blicke schickt,
es wächst die Erde um ihn wie in Blut erstickt,
er fällt, der rückwärts blickt zum Sinn von Anbeginn,
vor Angst, o gehe vorwärts fort zum Ende hin,
dem Schicksal nach, das jedes Ding – was starrt bestockt
dein Auge, daß es in sich blickt – zum Fortgang lockt.

Wie war es, als ich anfing und ein Werden schrieb,
kein Wille doch, ein Wandern nur im weiten Trieb
den Kindern gleich, doch abgewandt und schon dem blick-
verlornen Mann im Joche trotzend das Genick
zum Himmel richtend, doch der kaum den Nacken steift
und seines Werdens Säule denkt, die ihn umgreift,
wie wird er jenem Manne gleich im Stein bestockt,
ein unrückbarer dunkler Kern, den nichts mehr lockt.
Und über dem der weite Himmel blau und blind
lautlos dahingeht, der die stumme Säule sinnt,
er fühlt doch über eines Quells verlorner Schau
entwachsen sich und aus des Partners dunkler Brau
den Pfeiler eines Baumes, Wuchs von Epheu krumm
umschlungen, nackt sich selbst gefesselt um und um,
an Fels und Baum geknotet von dem stummen Seil
des innern Triebes. Spielend hob das Kind den Pfeil
des Wissens: – also geht mein Steg durch alle Trift
wie eine leibhaft in mir eingeborne Schrift –
des Wissens auf, der nun zum eignen Herzen kam,
da fällt sein Haupt wie abgeschlagen schwer von Gram.

Ja welches Wissen, Hunger oder Hauch, wovon
ging diese Schrift um mich und von ihr aus der Ton?
Daß ich ihm gleiche, Mangelsteg, und bin bereit,
brach in mich Sinn, Zeit ist mein Ton, Gespaltenheit.
Ein Schauer schlägt das Herz, verlorne wilde Ruh,
du aber tapfrer Partner dort, für mich schreib zu!

Wie wird ihm so der Sinn des Weges blindes Gut
und wächst die Bindung rettungslos ins eigne Blut,
Geschaffenheit, Bestimmung, Sinn der Pflanze, Fuß
auf eine Wurzel tretend, die sich rühren muß,

und doch der Sinn, die Ohnmacht seiner Hungerkraft,
wer weckt die blinde Knospe nur am kalten Schaft;
so oft in Ästen er, in Zweigen ärger brach,
ging ihm ein lindes Fließen aus der Wurzel nach,
daß er, so oft sein Hunger durch den Winter fror,
ruckweise in sich drang und eine Knospe gor.
Verstehen kann man Leidens Fruchtbarkeiten nicht,
jedoch die Rose fällt in Blätter, wenn sie spricht,
die Mutter fruchtet Kinder, wenn sie sich beraubt,
das Wort wird wahr, wenn es vom schweren Sinn ertaubt.

So weit zurück, ja wie mit Pfeilen ist das Wort –
so schreibt man es – geheftet am gemeßnen Ort
wie ungemessen, das den sichern Raum vergißt,
o komme Kind, weil nur die Heftung wirklich ist.
Die Kinder schreiben kleine Zeichen auf den Sand,
o Fuß und Finger, alles ist noch drin verwandt
und nur vielleicht, wenn unterm Tun das Sandkorn rollt,
entsteht ein kleines Schreckbild und doch halb gewollt,
bis sich der Pfeil schärft, schriftet und das tut ein Blick,
so nah bis ganz geht dieser Anbeginn zurück.

Ein Hunger geht, ein Sinn doch nicht den schmalen Strich
und ist wie eine Maser mit dem Dorn in sich
und ist vor dunkler Erde, die nur Wurzeln nährt,
verkrampft ins Element der Luft, das ihn verzehrt.
Der Horcher, ob in ihm ein Wort mit keiner Wahl
zu tiefst erwache, er verstummt im bangen Tal
der Erde, die ein Auge nur ist ohne Rand,
wie eine Rute hängt die Sonne überm Land.
Ob Hauch, ob Hunger, daß das innre Werk beginnt
des Mannes, ihn mit treuem Geist vom Orte ringt,

er wird nur stummer, Sinn des Meeres, stummer Fisch,
und ungesättigter bedrängt er seinen Tisch,
den Tisch der Erde, Paradies, der so es sucht,
die Sonne tötet ihn, er wandert wie verflucht;
den Mund am Sinn der Angel haucht das Wort Geduld,
Brot ist der Hunger und der Weg des Brotes Schuld.
Du siehst den Sinn, mein Herz, doch schweigt er immer
    mehr,
bis du zur Angel wiederkehrst vom Worte schwer.

Du willst noch mehr, und was das stille Wissen beut,
es ist wie Körner in dein warmes Blut gestreut.
Im Marke Zellen Zellen überbauend fügt
sich deine Schöpfung in ein Schicksal, das nicht lügt.
Du weißt, der Wort an Wort wie Prophezeiung spürt,
gefügt zum innren Wuchse, bis der Hals sich schnürt –:
ein Knoten, nur ein Griff zum Hals gefügt den Zweig,
baut aus sich fort die Pflanze ihren stillen Steig.
Man folgt ihr sinnverloren, hängt am dunklen Blatt,
die Blüte stäubt, die Luft wird sich verwirrend matt,
o der du dachtest an die Lanze, die ihr Ziel
mit Blumen malt, die Blüte, bis ihr Abfall fiel,
wie irrt sie ganz unendlich treu am spitzen Dorn,
ist ganz eröffnet einmal unversiegter Born,
sie fällt nicht, denn so lang sie hängt in Hauchgewalt,
ist sie des immer wissenlosen Tuns Gestalt.

Du aber Abstand hier und Abstand überall,
ob dich ein treuer Geist beschenkt mit Blumenfall,
vollkommener du Sinn im Hauch der Willigkeit
als eine Blume einmal, hier bist du entzweit,

du hältst, wo du empfängst, nicht, und den reichen Ring
zerbrichst du mit dem Hauche, der aus Hunger ging.
Wie leerer Einkunft Gegenhauch dem Sinn entirrt,
durch dich Verschränkung ohne Abstand Abstand wird.
Im wundersamen Wachstum Heimat, Erdenbild,
des unsagbaren Wissens kleines Trostgefild,
wer sieht, und jene Blume, Blume niemals alt,
ihr unversiegtes Herz in einem Kreis gemalt,
wer wollend selber nicht, im Gegensatz nur sieht,
gleichwie durch Gegensatz aus Form die Blüte flieht,
die reine Willigkeit gebreitet wie ein Tuch,
er tritt ein Echo, eine Ferse, einen Fluch,
ein Schritt er selber, jeder Schritt ein Baum verweilt,
der wächst, sich spaltet, Herz in Mark und Frucht geteilt,
und der die Grenzen, Bild und Wort durch sich verzehrt
und alles Wissen sterblicher durch Dienst verkehrt,
bis nicht mehr dienend aller Dienst ihn noch betrifft
gestorben als ein alter Baum wie eine Schrift.
So kommt das Schreiten wohl in Lauf, allein die Macht
behält der Ort, und der nur Zeit ist, Tag und Nacht,
so weißt du nicht, der sinnend, weil er nach ihm sinnt,
mit seinem dunklen Erdenkern wie neu beginnt,
du wie der Baum von Zweigen gramvoll eingedreht,
du nicht, der in der Dienstschaft ohne Mittel steht,
vollkommener als Wort und Werk im Geiste frei
bist du von Anbeginn gefesselt und entzwei.

Am Orte herrscht für allen Sinn des Abstands Kraft,
mit Willigkeiten streitet eines Baumes Schaft,
durch Gegensatz im Sterbensgang wird Blüte reich,
ein Schwert trennt Evas Haar und Antlitz zeitengleich.

Wie eingeknotet sitzt der Mann im dunklen Joch
und schreibt, und daß er Trümmer schreibt, ich seh ihn doch,
und schreibt: wie Tag und Nacht am gleichen Orte ringt,
und weil durch Zeitenschaft der Sinn ein Messer schwingt,
durch dies Geheimnis, weil der Sinn den Sinn verläßt
und gibt der Blume und der Erde Keim und Rest,
auch blickt die Mutter, die das Blut verliert, aufs Meer
und Erde wird wie eine Sinnesscholle schwer, –
man teilt den Stand, befrachtet alles, was da leibt,
man zwingt den Acker mit den Furchen und man schreibt;
im Gegensatz geschieden hat der Mangel Platz,
die frühe Schrift der Menschheit ist ein Gegensatz.

Und Schrift ist auch ein ausgewichner stiller Steg,
darüber schreibt die Hand in langem Traum hinweg,
man schließt wie blind ein allerzeiten Wundenmal,
jedoch wie Hoffnung färbt und unerrungne Qual.
Der Trinker auch, der leicht ein schweres Wesen kühlt,
und Blinde sehen, wie man einen Schatten fühlt,
doch sucht man Rüstung, noch kommt Furcht vergeblich an,
durch Beispiels stille Blindheit, hats das Schwert getan.

Der Mann versteht, was er zu schreiben liebt, noch kaum,
und als er schreibt in Trümmern, überfällt ihn Traum.

Als ich von Hauch und Hunger wieder Zeilen schrieb,
dazwischen sann und Jahr für Jahr untätig blieb
und heut dazwischen wieder sann, so tätig war
doch immerfort mein gleicher Geist wie eine Schar
von Rebenrippen, deren dunkler Strang ein Haus
umfaßt und jährlich winterwartend grünt er aus

behaucht und lebend, doch den unterm Grünen zählt
ein Neid mit eingeworden, wie man Hunger wählt,
es wird die Sinntrift, durch ihr Treiben hungrig erst,
verstockt durch die Verschränkung, die vom Sinn du nährst,
bis nur die Fessel selber noch den Hunger liebt
und überhungert nicht mehr Hauch ins Grüne gibt. –

Und Petrus träumte, trinkend saß er an dem Trub
des Weins, und Wein und Faß das Haus mit ihm vergrub,
ihm schlummerten die Glieder wie an Buches statt,
und seine Zunge war ein bitterschweres Blatt,
war wie vom Buch entheftet nackt herausgerollt
und draußen wuchs ein andres Buch und ungewollt;
hier ist Gefahr, hier, Mutter, wird der Wirtel groß,
spinn ab, hier springt die Spindel wirr auf deinen Schoß,
der Hunger mit sich selber spielt den alten Fluch
Adams in sich zurück, hier sein verschloßnes Buch
vorm toten Rebenstrang und vor der grauen Wand,
es wächst das Buch und niemand nimmt es in die Hand.
Er trank und ganz umsponnen kam das Haus ihm vor,
und Petrus sah, ein Engel brach des Weinstrangs Tor,
durch Strunk und Zotten ging er mit ihm unversehrt,
der Wächter aber schlafend schlug ins Buch sein Schwert.

2

Wohl in des Sinnes Messer, das die Traumhaft schreckt,
und gegen Wasser besser, das nur schwemmt, nicht weckt,
ging er wie Sturm durch Blüten, Echo wie vom Meer,
ein Wind streicht ihm die Wange, Engel vor ihm her.

Du dem das leere Auge wie in Blüten schwingt,
der will, daß aller Sinne Sinn nun einmal singt,
heb dich vom Ort, doch wie die Blüte nicht dahin,
ein schweres Roß bricht her und ist gezäumt mein Sinn.
Die unhörbare Ferne wird nun Sichtbarkeit
und jedes Wort entworden hat ein Band bereit
wie Flüstern in den Worten steht ein Sterben steil
und geht Gestalt wie Schrift auf jedem Straßenteil
unaufgehobne Erde sei ein Blumenmal
so geht das Roß gekitzelt in des Messers Strahl.

Da malt der Mann, und treulicher hat er Bedacht –
o der Geborgene liebt wohl des Schicksals Pracht –
das Roß, und wie es wild und herrlich aufgezäumt
den schmalen Weg einherstürmt und wie es sich bäumt.

Und das Geschirr, Netzwerk und Riemen hell im Licht,
es ist die Schrift der Welt, Gesetz, du liest es nicht.

3

zum ungetanen Werk der Knecht der keinen Stand
vollendend nur das Kind hat, das ihn heimwärts bannt,
und geht er fort, das ihn mit unlösbarem Spiel
zum Grund der Erde einfängt, wo, wo hat er Ziel?

So auf der Straße schweren Sinnes ging ich hin
an einem Wägelchen vorbei, ein Kind darin,
sein Lächeln traf mich und wie es die Beinchen schürzt
die Fingerchen, die Zehn verstrickt, ward mir zerstürzt
mein Sinn von neuem heftiger als jedes Jahr
seit ich des eignen Werdens Taumelgang befahr
nicht kreisend um mich, nein, vom Sinn, den ich gewollt
kaum daß ich ihn erfuhr, wie Wagen überrollt,
ins Netz geschlagen und wie schon ohnmächtig bricht
der Gladiator, schrieb mein Arm noch eine Schrift
auch du des Bilds Gefangener   Scheu
geh weiter du dem eingebornen Sinne treu
und wenn sich alles wie im Blute bäumt und spannt
vor Schicksalsnot, hat keine Furcht der Elefant.

bis sich die Regel über dich in Schlingen streift
das Opfer vollends bindend, daß der Herr es schleift.
Der Herr, so wie mein Adernetz beginnt und rinnt
von meinem Herzen, wird der Herr in mir zum Kind.

Ich schaute nach dem Mann im Joche, doch ich sah
ihn wie durch Spinngewebe jetzt und doch so nah
wie nur ein Kind uns, wie durch Gitter sieht man an
kraftlos sein Tun, uns ganz vor Augen weilen kann,
das Kind, das nie sich selber gibt, des Herrn Gesetz
so saß der Mann auf seinem Stein und schwand im Netz
Es lebt das Kind und doch Jahrtausende sind her
ich schreibe meine Wanderschrift mit kaltem Speer.

4

was
in vielen langen Zeilen auch der Schreiber fand
wird Dichtung selber mit ihm wie ein fordernd Band
und Schrift, vorm Hauche her ein sterbend Los
versucht durch Hunger Inhalt, wird durch Wandern groß
ist durch ihr Wesen nur ein schwacher Augenblick
und läßt die Spur von einem Zeitenbild zurück
wo sich die letzte Freiheit bricht, nun steht sie recht
im letzten Neid des Herrn ein glückliches Geschlecht

5

I   Dichtung ist
kein vorgenommener Gedanke, sondern Laut
oft wie in Mitte eines Sinnes unvertraut
als Wort mit Wort Geschwistern gleichender Verein
und fängt dabei den Lebensruf wie Echo ein
noch häufiger, und aber dann im Resultat
so treibend ungewiß, wie alles Wirbel hat
was lebt, in Zeit wie Unzeit Mitte hebt es an,
ist alles schwer und doch sein Niederdruck ein Gran
nur hüpfend mit der Wasserschwelle und im Wehr,
vor Rauschen sichtbar, dann rauscht es darüber her
und kommt ein Wind und schlägt den Hauch in seinen Hals
dem der dem Grundsturz näher treibend sichtbar als
dem Trügerecho Schwestern nicht mehr selber kennt
sein eigendinglich Herz allein sieht und berennt
. . . .
gleichsam geschieht, daß unerpflanzt und unvertiert
die Welle blindlings an das Herz der Schöpfung rührt
         . . . . der Kelterscheurung großes Faß

und dieser Trieb der überschwillt wie fließend, was
denkst du noch sinnbloß, wie zum Schwur durch Anblicks
    Gift
in dich geschriebnes Herz, was denkst du noch an Schrift
noch Schwur vor Urteil jählings geht dein kranker Ort
glückliche Scholle in dem Strom der Furchen fort

6

I
und Bild an Bild, ein Sinnen, das wie Messer greift
ins Haus des Herzens, bis umsonst die Grenze schweift
und Wort an Wort der gleiche Kern umsonst gesucht
fällt der Barmherzigkeit stets überreife Frucht

7

          und sieh, das ist das Schwerste:
Ich ruhe auf dem grundlos tiefen Fundament
der göttlichen Barmherzigkeit und die mich nennt
ihr Kind, ich muß erwachsen und darauf den Bau
der irdischen Gerechtigkeit ...
errichten

8

daß ich von meines Daseins abgebrochnem Schritt
dem Sinne Schuld gab, und mit seiner Fügung stritt
Ich sah durchs Fenster, Herbst war, Wind und Wolkenstreif
durchzog den Tag, und dort mit knirschendem Geräuf
des Hobels schuf ein Zimmermann, er ging gebückt
mit abgesetzten Schritten ...

9

II
Geistüberwacht und als ich sann, die Quelle gor
durch Dunkel träg am dunklen Riff im Wasserschaum
mit lautem Schritt, schlug mich ein Hauch, mein Auge links
in Mitternacht fiel kalt es an, traf feuchter Flor
mein Lichtes stritt, den nassen Strauch durch Lichter rings
auf Stein und Weg, fiel an ein Griff, ich fühlte kaum.

daß Jahre ich hier stockte und wenn ich begann
nur eine kurze Stelle eines Tuns besann
im Buche hier

10

II
Das Licht lebendig werden und als Fleisch und Leib
ausziehen aus den Säulen, Körper, Mann und Weib
der Wille wie im Maul die kalte Schwere eines Zaums
steigt auf in die gebrochnen Rutenäste meines Baums
des Leidens Säulenopfer fort in Schritt gebracht
vor Stärke blind gewordnes Fleisch, das Spiegel wird

Denn erst der Dienst am reifen Dasein macht gering
macht dieses Herz des Mutes schwach vor jedem Ding
und macht das Fleisch zu einem Wesen Widerdruck
in dem der Stein wie ein vor Gram entschlafner Schmuck
auf einmal wieder aufgeblühte Tiefe wird

II

Es kam die Zeit, daß ich in meines Lebens Ring
als ein im Tag gänzlich Unwissender verging,
daß ich vom Tau, den menschlich Wesen, Wissen, Welt
verspendet, wenn ich trinken wollte, durstgequält
als sei von einer Mittagssonne steil zuhöchst
mit einem heißen Geize, wo ein Fremdes wächst
als ihre eigne Zuversicht, ihr Kern zum Tod
ihn brennend, in ihn sengend letzten Wissens Not

da fühlte, der wie Salz die trockne Erde schmeckt,
ein Wasser, das, von wannen weiß er nicht, ihm weckt
die Wurzel und wie es verborgen um ihn rinnt
wird er der Erde ledig, daß sein Keim beginnt.
Doch wie, wie wird es in den Anfang schon gelegt
welch helle Knospe diese dunkle Wurzel trägt,
wie wird die Schwere eines ganzen Stammes hier
schon in den Sarg der Wiege hingelegt zu dir
daß wie auf Schiffen du unendlich ein Portal
hindurchgehst das Verdeck hinab, trittst in den Saal
als trügest du, indessen keiner sieht das Land
der Ankunft, du geheim die Barke in der Hand
ja daß du Erde issest, bis der Sinn sich füllt,
und bis des Sinnes Wasser aus dir wieder quillt
unwürdiger du Mensch und wandelloses Grab
des Sinnes um dich, schling den starken Hauch hinab

II
(ich) trat aus dem Baum und wie das Licht herein sich schob
ein frierendes Geschöpf ich, dem wie Wellen stob,
die Haut der Flut, jedoch im Zug der kalte Bach
lebendig ohne Inbrunst unterm Himmelsdach
in Windungen wie taumelnd ging ich doch wie Stein
hell war die Sonne doch ihr unverborgner Schein

(doch) kein Zufluß keine Abkehr und im harten Rand
von Frost noch in den stetigen Lauf gespannt

                         stand und sann:
bin ich es, der dem Schwergewicht Natur entrann
entblößt ins Dasein fühlend, wie das Licht mich auf-
geriegelt, Frost und Neid um diesen starren Lauf

die Welt wird fortbewegt nicht nur durch Tat, die Tat
gibt Ort und Halt, Welt wird bewegt, Rast ohne Rat
durch den Gedanken, immer kommt er neu zuvor

13
                  doch ich
war nun auf einer Stufe angelangt, die glich
wie einst auf jenem Acker, wo vom Himmelssaal
der lichte Strahl des Morgens gleichsam Leben stahl
den regungslosen Bäumen und sie so erweckt
vom Bann des Reifes einzeln jeder Zweig gestreckt
sein
daß ich sah, nicht in Weg gelegt suchen, sondern
                        alles ist gleich und findet sich

denn besser ist das warme Blut doch als der Geist,
                wie sich mit Schauder das Blut rührt,
während der Geist... taub nachtschlaffend trocken ist

14

Von keiner Mitte eingehalten, unvereint
die Fruchtbarkeit von Ackerbreiten rings erscheint.
Und bin ich hier und schaue nun zurück den Plan:
mit einer Schrift von Nichtsein ging die Reise an,
mit Tun, das seine Bindung noch fast heiter bricht
und lauter wird, da es im Gange mit sich spricht
und eine Ordnung sieht und nicht im Striche fehlt
und tut und doch schon angesetzt sich krümmend quält
gleich Echo, weil die Lust am Schrecken Schrecken laut
erzeugt und plötzlich stillt und Himmel braucht und baut,
und geht und kommt und schickt, geknotet an ein Ziel
den Blick wohin in seinen Kreis das Echo fiel,
der Gänger geht, hebt Augen, sieht und schluckt den Hauch
ein unbeschriebnes Blatt wie Essen in den Bauch
und doch ging fort, den Faden kauend, den er strich
wie Brotgemurmel er alleinig Mensch in sich
und nun und hier, wo Acker Acker breiter hält
mit Nicht und Sein, auf eine Ebne ist gestellt
der Fuß und hebt die Weile schwer, ein Stein schon hier,
und ohne Ausweg eingefaßt, nein schon ein Tier,
ein ohne Richtung ganz entfesselter Versuch,
wo Wachstum schwindet, nein gehüllt jetzt in ein Tuch
ein Leichnam auf dem Acker, Gram ist sein Geflecht,
die Blindheit ist vollendet, ihm geschieht ein Recht
Und es ist hier, der Hunger fing, der Hauch im Netz,
und was er leidet, ist Geschehen im Gesetz

Und es ist hier, der Hunger spann, der Hauch gebannt,
Wort sieh des Markes, das im Eignen übermannt
zur Regel wird und daß es stirbt, es öffnet groß
das mündig wird und Hunger wirbt und gründet Schoß
und daß wie Trägheit, wie Gelenke, die man bricht
sich auftut unerklärlich ein gestorbnes Licht
ja wie der Ruf vergeht, je ringer Widerhall,
es ist uns so viel mehr die Quelle überall
mit Sein und Nicht, in diesem Zwiespalt ohne Pfad
es stirbt das Mark mit Strahlen in sich wie ein Rad,
ein andrer tut sein gleiches Werk gleich Furchen fort
den Vorhang spalt   schaut er den Himmelsort

          doch hier wo alles Himmel ist,
          das Feld wie eine Tenne mißt,
du hier in deinem Tuch von   entfalte es

II

Als ich von meines Grames endlos langer Nacht
vergrabnes Holz in Stein verwandelt aufgewacht,
sah ich, daß meine Augen, so wie Regen nur
auf eines Brunnens Spiegel fallend seine Spur
verliert, der Regen nur des Menschtums Säule bannt,
den Spiegel hebt, des Brunnens Schwere doch, den Rand
bedrängend, doch die Säule nur zerfurcht in sich
zerfurchtes Bild des Himmels unterm Regenstrich
nicht ändert, ohne Grenzen kam mir Tiefe nah,
daß ich den Abgrund in mir aufhob und ich sah,
die eignen Augen mehr wie Sonne eignes Licht
aus eignem Spiegel heben und es floß so dicht,

daß ich durch mich hervorbrach zwischen Hals und Knauf
ein Fisch durch Wasser knospend ging mein Fenster auf
. . . .
die Mauer stand, die Sicht, die meines Werdens bar
sich um mich kehrte unerreichbar ich die Schar
des Sinnes wie ein Pflug hinführend durch den Bau
mir wanderte dem Pflüger gleich die Himmelsau
wie Segel fort und der zu seinem Tun zurück
die Blicke sammelte, ihm schien vor wachem Blick,
daß sich die Scholle umgewendet, Furche stark
in Flut gekehrt zurückschwang und des Ankers Mark
kam wie im Wind zerbrechend übers Feld daher
da ging mein Hauch wie Lüfte aufwärts überm Meer.

II

Auf innrer Bahn manchmal und wenn heraufgewühlt
die Wolke wieder absinkt, klarer als man fühlt:
nichts ist vorbei, Vorübergang, Bett einer Brust,
geschärfter, wenn das Rinnsal Hoffnung eilt bewußt
die Trübe teilend, die das Herz kühlt, heiter und
selbst leichten Überschwangs, so wie im Frühling wund
die Ufer werden und dann klar mit Kieseln hart
besteckt, das Herz ja kieseldauernd aufgespart
wird hell und spielt in einen Wechselwiderschein
mitinnen, als zerfließe ein Kristall der Stein;
wenn Osterwasser fließend so den Grund beglückt,
wer sagt dem Kinde, das die erste Blume pflückt,
daß dies ein Lächeln sei, im kühlen Bette schau,
es schaut die Blüte gelb im weißen Kranz und blau
sieht es den Himmel fließen randlos aus dem Frost,

im Wassergrund steht zitternd auf ein gelber Rost.
Auf innrer Bahn manchmal und wenn es so dich friert,
dann steigt die Sonne in das Bad, das Lust gebiert.

17

Ein Wanderer ich so, der glücklich sich verläßt,
ihm wird die Brust zur Heimat und die Brut im Nest
verstummt vor Atzung, Sättigung und schlafend bald
im sichern Ort umhängt von Blättern wie ein Wald –
nein, schlafend leichter in dem rings erschloßnen Raum
von Überlasten froh gefaltet stand der Baum
mit Obst behängt, das in der Sonne wohlig stritt
wie Brut um den gefüllten Platz, im Wanderschritt
kam ich herab, im Tale wehte Gerberluft
den Fluß entlang am Ufer Faß an Faß, so Gruft
an Gruft in grünen Winkeln eingegraben, Gras
und Baum wich aus und hing doch üppig um den Fraß
der Lohe, ringsum lag des Moders starker Ruch
scharf war die Grenze jedes Werkes, doch im Bruch
der grünen Hügel rings mit kleiner Gärten Zier
stand dort das offne Haus Gebälk mit Blumen schier
aus der Verwesung Maul und aus der Welle blickt
mit dunkel reinem Scheinen Blatt an Blatt gespickt
das Leder in der wesenlosen Flutung faul
aufscheinend Blätterzähnen gleich in Untiers Maul
das Leder, das auch Haut an Haut schon glatt gerifft
an Balken hing und leuchtete wie Narbenschrift

18

II
Die Bäume aus dem weißen Nebel ihren Schild
dunkel erhebend, da und dort, noch ganz gestillt
von schwerem Wachen, das wie Schlaf ist gleich der Rast
des Horchers, den kein Atem rührt, gleich Fracht und Last
von Barken, die kein Wallen auf dem Meer bewegt
wo Rauch hinflieht, und vor den starken Schilden legt
sich Wasser, unversehens bis zum Grunde klar
steht Baum an Baum und Zweig und Blatt wird offenbar.
Als ob die Morgensonne mit verschwiegner Kraft
halb abgewandt, die Traube so geschwellt von Saft
birgt ihre Fülle, sich die Sonne säume, ob
sich, da die Vögel auch sich schwiegen, wo erhob
ein Bitten und Verzagen und die Sonne rückt,
da fällt ein Tropfen, der von Blatt zu Blatt wegblickt
und eine Zunge nach der andern ledig ganz
der stillen Schwere rückt ihr Blatt und weht in Glanz

19

II
So manchmal winters, wenn vom hellen Schein erwacht
man aufhorcht, dankt dem Licht der lautlos langen Nacht,
das so inmitt des dunklen Runds der Erde hie
bald nach der Dämmerung, als man im Herbst das Vieh
nach Hause trieb, vom Himmel fiel, das dunkle Tor
wie Wald im Schneegefild verschlossen, liegt es, Ohr
ganz in Gesicht verloren, Welt im Wintergrab,
so dankt man, hebt man zu dem Tor den stillen Stab.
Du selbst das dunkle Tor trittst durch dich in den Wald
du aus dir kommend kannst nicht rufen hie Gestalt

inmitten hie des Runds der Erde Stamm und Stab
es bricht das weiße Licht dem Wort die Wurzeln ab
und pilgernd Stamm an Stamm die starke Stille hier
kommt es in unnennbarem Gange nun zu dir
du Horcher, ob an deiner Tür es unten pocht
dein Sinn, so Zweig an Zweig, die auseinanderflocht
die kalte Luft der Nacht, du dünkst dich hart am Weg
die Knospen eingekrümmt ein junger Baum, der schräg
abweisend knickt ins Mark das eingeborne Wort
und Joseph und Maria wandern langsam fort.

20

II
noch geht dahin und treibt das dunkle Wort voraus
der Gänger Mensch, treibt herdengleich das Wort zum
    Schmaus,
und geht und glaubt, er sei im Gang des Sinnes Hirt,
nicht wissend, wie die Sinnschaft schnell gewendet wird.

Mit einem Mal kam gleichend Licht im frühen Jahr,
Licht übergiltig farblos, und ward offenbar
jetzt der Gedanke: war nicht, eh noch Farbe bricht,
der unerkannte Sinn ein übergiltig Licht
also der Sinn: gilt nicht der Überschein entzweit
vor allem Schein, dann gilt vor der Geschaffenheit
ob immer der im Sohn zu Schaffende noch schilt
so Schöpfung noch, so mehr, als Vaters Bild
von der Geschaffenheit nun selbst den Abstand mißt
und gilt, so ohne Beispiel sie im Beispiel ist
die Schöpfung, die im Ausschluß nun den Schöpfungsbann
im Sohn noch übergiltiger ertragen kann

noch mehr, – hier wendet aber sich im Gang der Blick
zum Abendrot wie ausgebrochner Glanz zurück
und noch mehr: nicht zuviel Jesus
wie jene noch dem Jesusmenschen sehend nah
die Gottzeit in Verlassenheit durch Golgatha

21

Wie kommt, von wannen, welcher Enden nachgereist
ein Schicksal, das du kennen lernst, ein stummer Geist
Verfolger und jetzt Nachbar, der dir nachgestellt
mit langsam drängender Gewalt, bis er gesellt
dich zu begleiten, starre Rinde um den Baum
das starke Holz ums Mark, nein offen ist der Raum
der Stummheit, der dich einschließt Horcher
es kommt dem Wort zuvor von Anbeginn Gesicht
wenn so der Stein der ganzen Endlichkeit dir droht
dann bete, Herz, denn es gilt Leben oder Tod.

22

II
Und wie im wolkenschweren Schatten, wenn der Wind
erst tänzelnd, plötzlich steiler und getürmt beginnt
mit Wucht zur hellen Welt zum dunklen Himmel wach
wie mitten durchgerissen ja beginnt so schwach
mein Herz, das Herz doch nicht, das wie an einer Schnur
so wie ein Vogel über Sturm kreist am Azur
mein Herz doch, eine Faust, die sich im starren Krampf
schon eh noch kommt der Regen, löst, jetzt kommt der Kampf.
Dieweil die Augenweide, wie es Schnitzel jagt
gleich Hobelspänen aus der Werkstatt, unverzagt

und herzhaft nach dem blitzgeschwängerten Geruch
fast lächernd, daß die erzene Figur im Bruch
der Elemente, nein gegoßnes Werk vom Schwalche schwarz
und rings umschlagen, glühend wie bedeckt von Harz
nicht anders sichtbar mehr als nun ein Schimmerstück
dem Wolkenblitz, antwortet dir des Erzes Blick
doch nun der Sinn, wer faßt ihn noch in seiner Glut
und mit des Lebens Atem ringt sich auf das Blut
Hauch aus mein Schrei, das unnennbare Tiergebrüll
bricht plötzlich los und schon du Horcher ist es still
Was schlägt die Uhr, was horcht das Land, bist du der Zeit
Hamm'r wider Hamm'r Gang wider Gang, die Glocke weit
du in der Öffnung   Scheitel   wann bricht ihr Mund

23

Schrei zum Himmel drängt
ein Gitter, das im Regen voller Tropfen hängt
und wie sie liebend, daß er auf sich schließt
er wie in die geschlungnen Hände fließt
den Stein benetzend
so Schwert und Erde, daß die nicht zum harten Stein
Wille und Werkzeug
das Fadens Sinn und so wär sie gebraucht
Ausgang und Anfang, stummes Wort in Blut getaucht
sie muß den Dingen Gottes zeithaft abgewandt
mehr als die Dinge nahtlos in sein Werk gebannt
erfüllen, bis die Zeit zu Ende geht, mit Glut
die schmerzhaft tropft, ein Hauch aus Gott, den Faden Blut.

So bin ich noch am Anfang wo im Wort verdingt
daß zwischen Hauch und Hunger sich der Knoten schlingt
wie Prophezeiung weiter alles was noch geschieht
es immer nur dies eine ist und keiner sieht

da malt er wiegend als ob dies kein Zeichen mehr
das man erfüllen muß, bis daß es überviel, das weite Meer

24

so um sich kreisend wie ein Wirbel ging er fort
nicht sehend, daß der Wirbel um ihn jeden Ort
und jede Stunde auf ihn künftig, wie ein Ziel
das immer in sich schlingend auswirft, auf ihn fiel
dem in sich tanzend seine Gährung Grüfte grub
ins Herz, sein Most sprang auf durch schweren Lagertrub.

25

II
So wie ich alles nehmen muß, nimm du auch mich
geopfert bis die Marter keinem Bilde glich
   von mir gespeister Sinn
geopfert marterhaft bis ich gefangen bin

Gewand der Menschheit ist der Seele ganz entflohn.
Ich dachte füllend mich mit Welt wie Sand die Uhr
durchrinnt, mein Gaumen sei durchhallt von deiner Spur
und sei von deinem starken Schritt die Kehle rauh
verloren floß ich selbst in mich wie Morgentau

Die Nächte weichen, jeder Tag ein weißer Blitz
zuckt donneratmend näher: sieh, du bist dir kein Besitz

du bist es, der auf Erden war, der wandeln muß
wo gern dein Auge weilt da tritt ein Herz dein Fuß
Du eines Auges Stern und keines Werkes Ruh
gefoltert ohne Zwang, bewegt nur immer Du
du bist alleinig nicht, in dem der alles treibt
wardst du die Wiederkehr von dem was irdisch bleibt.
Auch ich sah mich Gebreite gern auf dem man ruft
ohnmächtig eignen Willens wieder bin ich Kluft
         Halt
     dann trittst du in den Spalt
denn ich bin nur ein menschgewordner fremder Leib
durch mich, durch mich geht all Geheimnis meiner Zeit.

26

II Schluß   mächtig   Weib   Sibylle

und sprach: das Schwerste hat das Leichteste in sich
und war von Stein und vor der Nähe dieser Sphinx
stand ich so sicher wie ein Atemzug, der rings
gestorben und in allen Dingen regungslos
nur wie ein warmes Licht in meines Innerns Schoß
umfließend ohne Rand   in meiner Brust
nur Wärme war, die sich vertilgen wollte und bewußt
war so das Blut ein andres Element, ein Gut
das sich   war nun das Blut
wann öffnet deine Leuchte, innre Einfachheit
das Aussichsterben unbegrenzt   bereit

und will, daß ich das Wort nicht sage, sondern bin

und bin vermöge meiner schlechteren Natur,
die falsch gerichtete Verhältnisse ertrug

                                kaum fing ich an
kam Bild zu Bild, hing Gleichnis sich um Gleichnis an

27

Kleists Grab vor Aufstieg zu drei

daß sich das Innre rühren muß der Kreatur
und schütter wird, im Gang wie lesend auf der Spur,
und dies, daß härtestes Erleben nur macht frei
und dies, daß jegliches was ist, verworfen sei
um seinen Kern, je wirklicher er irdisch führt
die schollenhafte Urerscheinung sich vertiert
ein Urgefühl im Herzen statt des Glaubens Mark
dies heut erlas wie vordem nie ich stark
daß du Verworfener auch unter Gras und Stein
und Scholle, Fels, zertrümmerte Natur und – nein
viel schrecklicher ein Werkzeug, das man nimmt in Pacht
und was man mit dem Werkzeug dann zu nichte macht
und daß nichts sicherer geschieht als Untergang
dies las ich wie befreit in meines Kernes Klang
                       warum gespalten mit diesem Stab
allein die Frage aufrecht noch, ich wankend an ein Grab
hier lag der gläubig wie das Blut ein Frevler schief
der sprach, wenn ich aus Ahnungskraft die Gottheit rief
wozu den zweiten Boten, sichernd Gottes Ohr
denn auf dem Wege bin ich und er kommt zuvor

wie Moses an den Felsen schlagend rief herab
er Gott ins deutsche Schicksal und er schlug ins Grab
hier liegt der Dichter gläubigster Verwerfung, hier
dem angeflammt wie keinem Gott die Wangenzier
dem nicht das Herz allein zur Wange adernd blüht
als Schild vor Gott, von Gott   war sie beglüht
als Schwur der Ehre   Gott nicht näher komm
tu im Abstand

wie komm ich hier vorüber, Blut im letzten Streit,
das Herz in Händen, hoffend nicht Barmherzigkeit
ich will Gerechtigkeit, ein Frevler auch ich schon
im Glauben nicht, in Hoffnung trug mein Herz die Fron
credo ut faciam die erste Hälfte gab

III
doch Kreatur, du wachsende, was hilft dem im
verschlungnen Schlag des Zungengeists Geschichte: nimm
und gib, und wird die geistgenommne Zunge Schwert
ihm selber, Kreatur, du wachsend unversperrt
wie Schlaf dein Inneres, so viel es Zungen spürt,
ihr Sterbensausfall läßt dich tiefer ungerührt
es häuft sich, leert sich, zeitlich wandert das Gefild
Sinn eines Grabs, ein innerstes gedecktes Bild
o Kreatur, im Schlafe wachsend, Kern der Frist
die, wenn sie aufwacht, ein ersterbend Gleichnis ist.

o nein ich weiß und wer so schollenhaft vertiert
den Kampf der Erde weichend nur ins Blinde führt
ins Dunkle, wo nicht Gras und Baum und ohne Mut

Geschöpf nicht mehr die Höhle findet
. . . .
zuckst du herauf und plötzlich bist du, wirst du eins
farbbrechendes Erschimmern des verzagten Seins
mit dieser Schwelle, Röte eins, wenn wie im Schnitt
von einer Sichel auf dies Herz gegangen widertritt
in seinen Puls und will – o Sonne aus dem Grab
der Nacht entschwebt – entgegen seinem Strom hinab
ins Dunkel wieder, weil sie schwerer sich erkennt
ihr neues Dasein schwächend alles Firmament
weil sie die Sichtbarkeit mit ihrem Schein gebiert
dies Dunkel sehend, das sich nimmermehr verliert

29

so daß er fruchtlos, wie man in das Wasser schreibt,
die Spur des gleichen Sinnes eifersüchtig treibt
und seiner Schwäche ungezügeltes Gewand
umsonst, ob er ein letztes Zeichen je erfand
zerteilend, und mit eifernder Bewußtheit nackt
wo ist, gerechte Wesenheit, dein freier Pakt
fragt er mit Adern, deren Zorn die stille Glut
befängt, und fragt umsonst und setzt den Schaft in Blut

30

Der Reisige steigt auf, wie aus dem Baum tritt er,
er selbst durch Langmut seines Herrn gerüstet schwer
daß auch der Sinnende im dunklen Joch, der Mann
heraus tritt Furcht im Herzen, fragend, stumm: wer kann
im unbarmherzigen Erbarmnisgrunde ruhn
je mehr er schuldet, desto mehr muß selbst er tun

So tut der Mensch das Schwerere, weil er den Stein
des Sinnes nicht verwandeln kann in Wasser rein
und weil die Wasser, deren Brandung leichter rückt
an ihm vergehen, wo es uferhin sich schmückt
und tiefer schickt und reicher steigt und kommt zum Berg
das Land der Erde, so verwandelt ihn das Werk
an dem und über ihm, Mann Gottes über dir
die Krone   Zier

31

III Anfang
bei Herauskommen,   »warum so licht«
»da doch in Finsterkeit abwesend wie zu Nicht
gemacht, wie nur in einen finstren Schutz getan
dies eigne Wesen fängt zu walten wirklich an
mit seinem Ich, das bin ich, was zu keinem taugt
das bin ich, sagt es wie von Dunkel vollgesaugt
was ist doch Finsternis so wild gestillte Macht
auf mir, so wintereislos und so wie geschlacht
auf mir und liegt doch niemals hingefällt
ganz auf mir so wie unregsam das Beet der Welt

o Lob, was ganz mein Eigen ist und unvergällt
o Lob der grünen Finsternis, die nicht mehr fällt

32

III
Ich bin mit Füßen auf der Erde, geh und bin
und weiß den Weg, den Kindweg, und abseitig hin
hat Baum an Baum die immer ausgeruhte Statt

Erinnrung fällt im Laub herab und Schuppen hat
der grau gerißne Himmel, der den Fluß
des Jahres treibt, des Jahres, das um meinen Fuß
die Früchte hingibt; – höher wird im Herbst das Land
und hell gen Mitternacht, wo es hinüberstand
wie eine Leiter, sprossengleich und breit gestreckt,
die goldig fast und, wie das Wasser Farben weckt,
am Himmel hing mit ihrer Last und lief ihm zu,
ich aber gehend sah mich gehn, sah meine Schuh
auf einem Weg, an dessen Rand schon Ruhe wehrt
und Erde still den Glanz aus Wurzeladern zehrt
und doch ein Weg, der von dem Jahrlauf schwarz gemacht
den Gang unendlich krümmungsvoll ins Weite facht.
Die Früchte fallen, wie ein Weber langsam pocht,
drein Erde er, wie offne Pausen Erde flocht
die Lade ziehend, dumpf schlägt er den Einschuß an
dem wachen Wissen und er treibt die alte Bahn
in ihren Pfosten trinkt die Walze Naht für Naht
es ächzt der Stuhl, knarrt das Gewebe um das Rad
wie steht des Himmels ungesehnes stilles Joch
wie hält das ewige Gewebe immer noch,
ein Tropfen schnellt aus grauer Luft verirrt und blinkt
wie wenn der Faden aus der Webeleier springt
und seines Falls Vorübergang ist kalt, nicht feucht,
und fühllos lockend, der im Irrgang Wirrwarr scheucht
du kommst und gehst und netzest kalt vor mir den Pfad
wie eine Säule bricht und es ist deine Tat
o ewiges Gebilde ohne Weh und Scherz
wie eine ausgebrochne Knospe für das Herz.

III
als gierig ich der Schau vor meinem Garten stand
sank ich mit Denken in mich also gleich verschwand
die Biene in der roten Blüte der ich glich
das Saugen so war doch ein Zucken und ein Stich
(das Saugen der Empfängnis zitternd doch ein Stich)
Ach wär der Sinn ein Sonnenstrahl, der Bienen lenkt
daß sich die Blüte leuchtend und vom Gast behängt
verneigen will und doch ins Herz gebohrt zugleich
aufrecht den Kelch ertragen kann und wird noch reich
nein irrend schweift der Sinn stets wieder ab beschenkt
von einem unerfaßten Strahl, der Bienen lenkt
und an ein Wasser spiegelmatt aus dunkler Schicht
in seinem Faß, ein träges Lager unterm Licht
der Sperling kam und trank, nach jedem Schlucke blickt
er auf und blickt umher, dann wiederum gebückt
zum dunklen Widerbilde ohne Scheu, so trinkt
der Sinn von der Gestalt, die ohne Lauern blinkt
Gefäß der Worte, dunkle Fülle, Blüte so
vom Urgrund abgestellt, wie lebt dies Herz doch froh?
zwiefach geteilte Kreatur, in Flucht der Gast,
daß du in Wiederkunft des Ortes Schicksal hast
im Ort des Bleibens, dessen Maß, ein Tier der Zeit
du ausgeschlürft hinweg nimmst....

ich sah das Bild ein Spiegel, drauf mein Atem taut
und was geschehn verging, war stets noch mehr gestaut
wie kommt es, daß ich immer so zu Blumen ging
und an ihr reines Dasein meine Blicke hing
und doch, daß hier Mitleid am Herzen frißt
im Blick aus mir schon vorher die Begegnung ist

34

Wie weit hält Haft, wie schlünden Rosen Dunkel ein,
verpaart ihr Blatt sich gegenhüllend Dunkelschein,
ist wie durch Antlitz, weil erfüllter Lippen Spur
durch Dunkel absteht, Wirrnis und besteht doch nur,
daß Öffnung riegelt, so verriegelt hält ihr Bann,
hält eines Herzens Schlag gestandner Hauch mit an.
Manchmal auf einmal wartend, wo der Seele Kranz
nicht durch Empfängnis Schmerz wird, kommt dem Sinne
    Glanz
und blickend so im Blicken eine Herzkraft bei
wie eine Frau im Spiegel vor sich auf und frei
errötet knospender durch keinen Gegenblick,
daß ihres Lebens schönes Ja sich gleich entzück
der vollen Blumenbildung, die so übersatt
von ihrer Inbrunst aus sich nun nicht Spiegel hat.
So gegenwaltet in der Blume Hauch und Haft
und ist, wo sonst der Spiegel wartet, wunde Kraft.

Das Gleichnis aber, wenn man es von dannen trägt,
daß nun des Herzens Klopfen übersinnig schlägt,
schon ist durch Wellen, erst noch ausgeschwiegner Mund,
der ringt um Einsatz, schon nicht mehr das Gleichnis, und
mit ausgeschöpfter Fülle, doch vom Herzen her
zum Rand der Dinge Schatten ungestörte Wehr
in einem Teich der Himmelsspiegel nicht mehr Ziel,
und ich, sein ausgestoßnes Herz will nichts als viel.

III non viri

Es kam der Tag, es kam die Nacht, die Finsternis
das Herz war keines Willens mehr nur Tuns gewiß,
ich sah die Blüte wie aus Brot und Blut gereift
am Morgen glänzend hüllenlos von Licht umstreift
das zarte Blattgeschirme und dazwischen fest
aus Mark allein gebildet und so wie im Nest
die Vogelbrut mit Flaumen liegt, Haar um ein Weib
wie Magdalena faßts mich an, so war ihr Leib,
die Blüte ausgeboren und nicht mehr beschirmt
in der ganz offen Nacht, wenn sich der Himmel türmt
und die doch ringsum ohne Zahl und ohne Laut
nicht Wortgebilde doch ihr ganzes Wesen taut
und es war eine solche Nacht, als sehe man
wie Perlen alle Stimmen schlafen, fanget an
die ihr im Horn die Zunge berget, Vögel ihr
wie dunkel wird die Pflanze, schläft im Licht das Tier
Es glänzt der Spiegel, Quell der Nacht hebt sich empor
unhörbar schlafend Kehlen ihr fangt an den Chor.
So ging und kam die volle Zeit, der schwere Mut
wuchs ein und aus und ich begriff das neue Blut

Und gleich der weißen Blüte stumm in aller Kraft
begriff ich auch die Trockenheit der Wissenschaft
nicht jenes Wissen, das am Tage grämlich lärmt
mit Wortverderben welke Nester heimlich wärmt
die Weisheit, die, so wie das Auge selig klafft
wie Schwalben Nahrung findet, Unerkenntnis schafft

doch immer stoßend auf die eine Frage an
wie Nahrung kommt, es ist vorbei und ist getan
es wird lebendig hingelegt sein leerer Biß
sein totes Kaun, wie es die Schale fülle, dies
wie Schnäbel gilfende Gezweig erwacht und jetzt
ist ihm die Grenze wie ein großer Tisch gesetzt

gleich Schwalben hoch mit Ankunft aus des Himmels Turm
zwölf Instrumente, stummer Säule weißer Sturm

und dunkel fällt herab, daß es wie Erde schwärmt
das Wort, das ganz entseeltes Bild die Nacht verhärmt

      36

III
kein Vorsatz stand vor mir, nur immerdar das Wort
das einem Kind gleich uneinholbar von mir fort,
ich von ihm fort getrieben aus dem Abendzelt

   aus eines Tabernakels Mutterschaft
weil kein Mensch gleich, kein Herz in gleicher Kraft
Ort hat und nur die Spanne seines Abstands Maß
gibt, bis den Weg von Fleisch und Blut er   aß
Und nun ich Schreiber, der sein Schicksal in sich nimmt
durch Unwissen bin ich in Gottes Sinn bestimmt
sein Bild in mir, in seinem Auge ich, heraus-
geschwemmt mit einer Träne, tot er wischt es aus
ein Mücklein

III

die Zeit, der Schoß der Unkraft, trägt Geschöpfe gern
ist die in Schau gefangne Schwester ihres Herrn
macht ihn mit ihrer gleichen Stillkraft vaterlos
der in ihr durch sein Auge der Erinnrung bloß
den Schmuck aus dem Vergessen macht und Gottes Mut
sieht erst im Sinne, Schmuck ist wieder neues Blut
man macht den Schmuck aus dem Vergessen

III

Was ist die Schöpfung, die bis dann sich selig teilt
Gefühl, wenn noch mit einem Wort das andre eilt,
wenn noch der Reim mit einer Schwester ungezweigt
nur Sehnsucht trägt und ahnend Ernte ist und schweigt
und Sinn der Dichtung, weil sie wechselgleich im Klang
Gefühl erzeugt wie einsam und doch so im Gang
wie von zwei Wesen, deren eins das andre flieht
wo Schöpfung Schwester dich Gott durch Maria sieht
so rein vergeblich Klang an Klang geschieht ein Lauf
o Schöpfung, alles geht durch dieses Fenster auf

mit Klang den Klang verfolgend, warum Doppelspur
mit Gleichnis Gleichnis teilend, schneidend die Figur

III

Indem ich das Bewegte immer stärker sah
ward mir die Zeit zum Meere, Schöpfung die geschah
so in sich weichend in die erste Schau zurück

wie sie in aller Reinheit stand vor Gott von Glück
der Schöpfer, seinem Wort Es Werde, selbst zuvor
brach beugend in die Läufe seines Himmels Chor
im Bruch, den Zweig, die Kraft, die da er von sich schied
der Mächte, Kräfte, Chöre, wie ein Auge flieht
den Bruch der Demut den er zweigend von sich brach
wie wenn ein Auge innig wird, die Wölbung jach
erschütternd

40

III
bis ihm das Sinnen, warum alles dies geschieht
ganz ohne Willen ist, gleichgültig, gleich dem Ruhn
von allen Fasern, die aus ihrem Schlafe nun
erwacht den ersten Anblick einer reinen Frau
ertragen und vor Kühlung   des Meeres Schau
siedend vom bloßen Widerspiel mit Sonnenkraft
auf ihrem Spiegel   und so ausgetrennt
von allem was sie in sich sind nur diese Naht
des Augs auftrennend und im eignen Blicke gar
geworden

41

III
Und wieder ging von meinem Herzen willenlos
wie Harz herausbricht, tränend um den harten Schoß
ich fort, hinab mein Fleisch, mein Sinn doch bloßer nackt
als eine Zunge, wenn der Specht die Rinde hackt
und aus dem dunklen Grunde Nahrung aufspürt, ich
hinauf den Baum des Lebens und ich sah den Stich.
Es wird, wo sich der Ast im Zweig der Schulter rührt

der Stich der Lanze unterm Herzen hergeführt.
Von jener Spitze, wo das Wort vom Sinn erkauft
mit Blut und Wasser aufquillt, wird das Zelt getauft
des Fleisches, sieh des Menschenknechtes Lanze quer
herauf gestützt, die Himmelskuppel wölbt sich her
Es bleibt das Tun des Mannes vor dem Himmel Flucht
er neidet, daß unzählig atmend Bucht an Bucht
erlöst vom Marke träuft den süßen Duft der Baum
endlos wie Milch von allen Brüsten durch den Raum

42

so ist die dreigeteilte Spur im Zwischenreich
wie Stufen wird die Ordnung immer in sich gleich
in dem sie ortend werdend gliedert Stück nach Stück
im Fortschritt kehrt sie kantenhaft geteilt zurück
und blickst du endlich wie zerstümmelt froh ins Herz
der Blick so aufwärts geht doch vor dir niederwärts
und liegt als letzte Stufe im kristallnen Schnitt
die blutge Kapsel dir zu Füßen, die vorm Schritt
die Stufe wie ein Wännlein   ist
o wie diese letzte Schwäche selig ist

43

Vielleicht wenn man vom Werk sich setzt zum Vespermahl,
es ist nicht Feindschaft, doch wird jeder eine Zahl
für sich und wie sein Rücken hart ihn hält und faßt,
ist jeder, der am Rain sitzt, jetzt sein eigner Gast,
nach Frohgemeinsamkeit ein schwer in sich gekehrt,
ein abgewandter Kern des Menschen, der sich nährt;
zuerst für sich, als ob die Kehle langsam satt

wie ein Bewußtsein widersteht, das Trauer hat,
und weiter Gleiche, die es nicht gibt, was wie Schrift
uns eint, wir essen trockne Nahrung wie ein Gift.
Wenn sich die Abart jeder Seele zu sich renkt
und wachsend der Gedanke hart wird, der uns denkt,
es ist der Wein, nach dem es unser Herz verlangt,
hinausgeschüttet nach der Erde, wo sie krankt.

Besitz ist Neid, der ein gemeinsames Gefild
beglaubt und eifernd wacht als wie am alten Bild
und glaubt und hat mit Schafen Wiesen abgeleert,
Gemeinsamkeit der Meinungen sei etwas wert;
Brotmöglichkeit ist, was der Mensch vom Himmel nahm,
und sieh, vor Gott ist auch der Löwe wie ein Lamm.

Warum ein Neid, und gilt es nicht, das alte Bild,
und hängt es nur am Baum und ist ein hölzner Schild?
Das ungepaarte Auge gibt dem Regen statt,
die Elendsform des Göttlichen, das Kirchen hat.
Raum der Erfahrung bleibt von Menschen ungefüllt,
der Hund trägt Eifer und der Schäfer steht gehüllt;
iß Brot, sei mit den Bäumen, trinke Gram,
der göttliche Verwalter, der sich so vernahm
mit Klagen, schlug sich an den Baum als wie ein Blatt,
das Holzbild an des Baumes Gurgel wird nicht satt.

Nun liegt das Halmfeld ausgerippt, des Pfluges Sterz
erscheint wie Hörner, laß das Feld, ergreif das Herz,
die Winterzeit ist nötig sehr, den Harnisch her,
ich schreibe meine Wanderschaft mit kaltem Speer.
Noch wirft der Reisige die Augen in den Wind,
doch unversehns im Wintermond klopft an das Kind.

Wenn eines Menschen Schritt aufbricht, nun ist er stark,
nun scheint die Erdenkrume ihm vor Füßen karg,
die nahe Bindung ist ihm ein ganz weiter Gruß,
er wandert wie von vielen Völkern nur ein Fuß,
für Ernten ist die Tenne eines Raumes Schritt,
durch Völker geht der Menschraum wie ein Tennentritt,
man spart und sperrt das Brot in eine Kammer ein,
doch nun wird Menschheit wie Erinnerung und Wein.

Doch bleibt die Knospe, die noch spät auf Stengels Spur
mit kleinem Körper Neigung sucht, als Sinnfigur.

Immer die Blume, immer dieser Sinnenstreif
mir während, wie ich von dem Anblick nicht begreif,
wie gegen Sonne vielen Monden gleich verhängt
und schwankend Spiegelkraft ins offne Leben drängt
noch mehr durch Rüstung, wo, der Ausgang stets versucht
wo Tier geschlossen ankert, offner ihre Bucht
und als das Wappen niedersinkt, der Rüstung Licht
vom Sommer Niederkunft in alle Halme bricht,
in Herbstes Sterbe Rachen zwischen Lippen rot
wie Gähnung kaum und wartend ohne daß es droht
wie Tier dem Nackten, der den Ausgang nicht mehr will,
und Blumenkraft wird ihm zu Grabes Asphodill
ihn lähmt wie Blutstreif, der noch steht, den Träger faul
im Fleisch, durch schweren Herbstes Rausch ein Löwenmaul.

Dies oder jenes, eines innern Wesens Grund
ob stumm gebannt ob offner stumm, durch Schrift wird kund
gleichwie ein Tier an niemals noch Entseelte frißt
daß Schrift bei eines Herzens Fraß ein Knirschen ist

gib mir die Blume, gib sie einer andern Hand,
es sei ein Gleicher, ein unsichtbar schrecklich Band.

44

Ich war bei Dingen, die gewesen, deren Form
für uns in Gold und Silber ihre Zeitennorm
in einer Widerwaltung, die man nicht erkennt
noch fortträgt als hinausgestelltes Element
von einer Kraft des Tragens, als ob ein Sigill
das Innre nicht ausstatten und nur teilen will
des Kerns der Füllung und bedornt, Gerüst betürmt,
als sei das Haus erst wahr, das nicht mehr innen schirmt,
ein Widerwalten ordnet und versetzt in Glanz,
so sieht man klaffen das Gehäuse der Monstranz,
und was als innres Auge darin blindend bricht,
von einer Henne geht die Nickhaut so zum Licht,
nichts schließt, wie auch der Sichelmond am Himmelshaus,
so sehr das Innewohnen alles Lichtes aus.
In dieser Teilung harrend, als ob Stummes schreit,
wird man von den Gedanken zu den Dingen weit.
Der so in einem stillen Einblick uns geschenkt:
wie wird das innre Dasein an uns Schicksal, denkt,
im ungewissen Sein von Sinn, der schwer besteht,
zu Sinn, als ob man bloße Worte schriebe, geht,
es ist sein Herz, doch nicht das Herz, das ruhig fühlt,
ein anderes Geschöpfsein, das nur langsam wühlt,
so unter Menschen sonderlich in Ruhefrist,
wenn alles froh im Garten trinkt und ißt.
Es wird schon dunkler und der graue Abendschein
macht unterm Dach der Bäume jeden Tisch allein,

und weiter wird das kaum bestirnte blasse Zelt,
je eifriger die kleine Menschheit sich bestellt.

45

ORNAMENT DER SCHRIFT

Vor lauter Sinn der Dinge abergläubisch trifft
mich heute beim Betrachten meiner eignen Schrift
daß ich der Sucher nach dem unentwirrten Sinn
nur immer meines eignen Ichs Gefangner bin.

Zuerst als um ein kleines Kind ich Verse schrieb
und bei den ersten plumpen Zeilen stecken blieb,
die ich zerriß, nicht weil ihr Geistleib mir nicht klar
nein, weil der Zug der Hand der festen Haltung bar,
bis ich die Worte wieder schrieb mit schnellem Lauf
des Kiels, da ging mir meines Tuns Charakter auf:
was hat den anfangs ungelenken eitlen Trieb
verwandelt, als ich mich vergaß und schrieb nur, schrieb
ja sieh, der Sinn und Geist, er hat kein wahres Kleid
so lang die Hand nicht treu und maschengleich gereiht
Buchstaben, oder jedes andre Werk und Ding
bis mehr als du, bis Blut sich im Gewebe fing,
bis du es bist der eine fremde Ader sucht
bis dein Charakter dich vergißt in langer Zucht
nun suchst du wieder Sinn, der mehr als dinglich hält
im ungeschaffnen Bau und Plan geschaffne Welt

Maria gab das nahtlos untrennbare Kleid
dem Gottessohn aus ihrem Schoß, und mit dem Leid
wuchs das Gewand, wie Menschheit ward es abgestreift

von ihm, er starb, die Frucht genaß, mein Sinn begreift
unendliches Gefäß der Jungfrau, reiner Leib,
davon trägt endliche Verheißung jedes Weib.

Und weiter, mehr der Fügung als der Hoffnung treu
schrieb jahrelang ich einen Schriftcharakter neu,
indem ich gleich lateinische und deutsche Schrift,
die freie Wählung lassend meinem schnellen Stift
vermischte und des unbestimmten Glaubens war
daß eine Endform winke, ja ich diente zwar
doch nur als grübe ich in einem finstern Schacht
und durch mich grabend fände Licht ich meiner Nacht,
indessen wenn ich treu zu mir stand rührte sich
im deutschen Schriftzug Kindeswesen mütterlich.

auch fand ich mich zum besseren Schmierakel gern
lateinisch schreiben oder auch zum flüchtig fern
vom Seeleninngrund unbehalteneren Zug
ich fand nur Geistcharakter hier und ob es Trug
daß eine letzte Form gleichgültig sei, doch nicht
gleichgültig, welcher Zug von härtrer Arbeit spricht
und hier sah ich im harten Zug ein dunkles Licht.

Und wieder suchte ich den Sinn, den ich erfuhr
und fand mich ganz zurück auf meines Wesens Spur
der bindend mehr erkannte als er wirkend tat
bis daß Verzweiflung am Gerechten ohne Rat
ihn fast verschlug, ich war, der immer nur erkannt
der Willige wird ganz in seinen Kern gebannt
der wußte,   daß dieser Kern unverloren sei

ich war doch niemals in dem Baum des Lebens frei
denn siehe, ein Baum war gesetzt im Paradies
von diesem sprach der Herr als Adam er verließ
daß Leben oder Tod von der verbotnen Frucht
                Arbeit sucht
und diese Arbeit ging nach der verlornen Schau
irdische Mühsal um die Welt und Frau

je williger nahtloser
und was der Mensch auch tut, ist nur ein schlechtes Kleid
wenn mich sein Blick in meiner ganzen Blöße trifft
oh, siehe, dies tat ich mit meiner eignen Schrift

46

a
und ich mich heute gehend meinem Sein verglich,
das uns nicht mitgeht, uns doch mittelt, und als ich
vom Rand der Bäume gehend zu des Tores Maß
in spät noch heißer Luft den Sinn wie Blätter aß
wie Tores Bogen ein gemeßner Schatten ist
von großer Kaufkraft, die kein kleines Leben frißt
der Sonnenbogen stark herunter umgewandt
Verwandlung die ein Bogen überfällt
so der Engel   Verkündigung
was tritt ihr unterm Herzen ein
                        in sich geschränkt
so reine Scheidung durch ein blindes Joch empfängt
daß es Verlust wie Inkunft wissend was sie tu
durch Bitterfarben nickt ein Blumenhang dazu

b
doch mir, wenn alles sich verdichtend nicht mehr weicht
zu einem Zug von Atem, haucht mein Hunger leicht,
(in dem, wenn sich ein Knäuel, Wirtel vor mir denkt
sich mir vom eignen Zeitgang das Begreifen schenkt
und was bewältigt nicht, begriffen nicht uns trifft
stellt deutend aus Vergangenheit sich ein wie Schrift)
durch das, weil vor mir Schweres hinter mir schon wie
im Gleichnis die Auflösung bringt und birgt Regie,
denn wie im Gleichnis, ob es frei durch Größe prunkt,
ist durch uns fortgelebt der ungelöste Punkt,
und was bewältigt nicht, begriffen nicht uns trifft
stellt aus Vergangenheit sich ein und deutet Schrift.
So hier ein Hauptgedanke – nun verzeih, bis ich gestillt
des Sinnes Herkunft, drum dich laß', Marienbild,
als sei für mich durch eine andre Mittlerin
vorausgesetzt, worin ich bin, die Silbe »in«.

wann aber nur Maria sagend, jenem gleich
der schwingt am Baum, der Tor Solinus, bin ich reich?

c
Doch jener Mann im dunklen Joch, den fast vergaß
mein Eiferschritt zum eignen Gang, mein Leben las:
Wer sagt, woher stellt er die Silbe »in« voraus,
schon ging er fort den Erdenweg vom Elternhaus
ist schon wie Netz zu keinem festen Ort bereit,
geklammert bald an diesen Kern, Idee der Zeit,
daß er, ein Fisch, ein Hungerhauch im Leben hängt,
bis ihm ein Strudelwasser alle Fäden fängt

und läßt in jedem Augenblick, ob dieser frommt,
wo er, ein ausgezweigter Abgrund, Meer bekommt,
oder ein nächster, wo der Abgrund so verfällt,
als sei des Staubkorns flüchtge Blindheit blutvergällt
durch solch verkrümmten Hauch und so im Hunger wahr
bis Blut und Wasser abfließt, zinst er Jahr für Jahr
begierig, ob es so sich lebt, und lebt so auch
und zinst, was er nicht hat, und schilt den andern Brauch

und kurz gesprochen, noch im innerst armen Jahr
nahm er mit Anderssinne bald die These wahr
daß es durch Zeit, und wie ein Netz den Hunger liebt,
nur noch ein Inbild ist, Ideen nicht mehr gibt;
daß doch durch Zeit, – nun stockt er auch, der dunkle Mann,
noch immer ein noch ärmres Jahr ihm werden kann.

Und weiter doch, denn ob auch mehr als Wasser schwach,
liegt Sinnesschwäche überglänzend immer wach
und ist der Sinn von Sinnesbildern eingekürzt
vom einmal ausgebornen Hauche überstürzt
er geht wie Schmerz der Inbrunst durch sich selber rund
und hat wie einer Münze Glanz sich selbst im Mund
wie ist hier alles, was nach außen Gleichnis bleibt
als unfindbares Sein in Kreatur geleibt
daß es sich münzt und was es auch in Prägung spannt
es liegt die innre Grenze noch nicht übermannt

Hier Mann der Zeit ich, schreibend Weltgangs Tapf und Ton
hier unterbrech ich, denkend an Kommunion.

d
Ich sah und die Gestalt ging noch am Sinne fort
ich las und immer eine Münze war das Wort
und gibt sich hin und her und wechselt mit Gestalt
und bleibt in gleicher Ausgeburt durch Jung und Alt
das nur mit Glänzen um gemeßnes Schicksal wirbt
und nicht durch Übermaß von Glanz den Kern verdirbt
das Mittelalter öffnete den letzten Schrein
Johanna d'Arcs Kommunion der Zeit brach ein

Wie sich der Sinn gebärdet, der die Führung gab,
so schreibt der Schreiber, doch am Ingrund bricht er ab
Hier ist der kleine Mensch im Herzen froh und bang
hier deutet Schrift, hier knüpft sich der Zusammenhang
denn hier hat Schrift Bedeutung, die unwissend bucht
weil ihr vergangnes Zeugnis Inbild, Inbrunst, sucht
kurz durch die Schuld am eignen ungelösten Krampf
nimmt er die Waffe, unternimmt den stillen Kampf
    zinst, was er nicht hat
nicht wollend, aber weil das Wort nun wirklich ist
Parteigänger geworden, nirgends Pazifist

47

In seine Schrift geschieden, jeder wie durch Haß,
der nicht vom Brot nur lebt, erfährt sich teilend, daß
als ein Gesetz ein innres Klüften forterhält
den Gegensinn durch Zeitgeburt im Menschenfeld.
jene besondre Schwere, wenn des Lichtes Haus
sich wieder forthebt mit den Tagen und voraus
dem Herbst mit früher Offenheit wie eine Kluft

ein feuchtes Winden anschwillt in der Abendluft
die Schwere, die mit einer hellen Strebenswacht
mehr als der Lichtentgang den Himmel dunkel macht

48

wo man mit Schöpfung anzufangen, nicht den Zwist
der Zeitgeburt, wo Erde durchgeschnitten ist,
inmitten stellt und dieses ewige Gelenk
Schrift ist nichts anderes als ob es denk
durch mich   so ungetan
                fängt so mit einem Ende an

49

das reine Licht im Wasser der Empfindung bricht

50

denn jeder trägt sein Urteil schon im Kerne mit.

51

»plötzlich Weinen unter einem grünen Zweig«

52

der sich so langsam rührt, wie ihm ins Antlitz kroch
die Jahresfurche, ich war dieser Mann im Joch.

und hörte Dudelsack und sah Tier, das hinaufjagt

Kluft, Geist immer mehr zurück zwischen Tier und Pflanze

seine Barmherzigkeit ist wie ein starkes Tier
das mich den Baum hinaufjagt

daß alle Dinge sehe aus dem Schlund heraus

53

Seht an den nackten Menschen, wie er Worte zählt
mit Lebensperlen rechnet und ihn jede quält

54

Die Orgelflöte spielt, die Summer hallen drein:
Wo ohne Rast der Schein hingeht von starken Flüssen,
wer sitzt in Bitternissen auf dem schwarzen Stein,
endlose Wasseruhr, wer Zähler mißt die Tropfen,
vergißt des Herzens Klopfen unter ihrer Spur
und wartet nur und härmt den Stein und fristet da
nur harte Kreatur am Steine Kaaba.

Und höher wächst der Wirbel, drin die Stimme braust:
Der ungefügen Faust muß er sich überlassen
in unbekannten Gassen immer unbehaust,
dem unstillbaren Wort, der Ton wird immer fremder,
er selber ungehemmter wechselt Bild und Ort,
gestoßen fort Gerechter aus dem Wort ohn Seel',
fort ohne Ruhe unbehaust wie Israel.

Die Summer dauern aus den abgerißnen Ton:
das Hifthorn gellt: geflohn, es brechen auf die Wälder,
unendlicher Vergelter, Raub am Scheine schon
in Wassern ist der Sinn, die Jungfrau zu erkennen,
muß jedes Ding ich nennen, bis ich aus ihm bin
die Mutter wartet auf den Sohn, was tust du hier,
hier ist der Geist verstummt und geht um Brot das Tier.

55

O Sonne,	Orte, die in mich vertrauen,	will
umfangen,	will ich ganz in Ehrfurcht bauen,	still
ihr Dunkel,	daß sie rein als Schmuck zu schauen,	ich
vergangen,	Wesen sind, die Erde tauen,	mich.

Wer spricht so:	Immer soll Verwandlung dienen,	fort
in Hoffnung,	nicht Gesetze, Ringe, – Bienen,	Wort
um Wort, so	sind durchs Flugloch eingeschienen,	spricht
der schaut und	sonnenselig Aug und Mienen	bricht?

Und bricht so	Nun ich Schale, nun ich Härte,	Glanz
zerbrochen,	eingebrochen, weil ich werde,	ganz
vom Wuchse	ledig wachsend durch Beschwerde	bin
verkehrt ich,	bin ich Furche, Licht der Erde,	Sinn.

III
im Brunnengrunde
das letzte Dunkeln
das Herz mit Scheinen
aus Tränensteinen   schneide daß es in mich blüht
erhebt ein Funkeln   Hälfte der unsichtbare Teil
aus Gottes Munde   werde

nur ein Gedanke   ein vergebliches Gezelt
aus Erdenlose   nur zum Fest des Herrn bestellt
wie eine Ranke   wie die Ranke ungelöst
wenn ich dem Schoße   wankend wie der Wirtel stößt
wenn ich entwanke,   von dem Richtpfahl abgeschnellt
ein Zelt der Blätter,   haltlos das ist meine Welt

die Rankerose,   weil seitdem den Kern er schuf
wie ausgeschüttet,   bis das Haus zerbricht, der Ruf
mit jedem Stoße
ins Grenzenlose
der mich zerrüttet,   wie das Kelchblatt
nur eine Letter

Vierter Teil

WIDMUNGEN UND GELEGENHEITSGEDICHTE

VORSPRUCH

Wehrlos reiche Frucht der Jahre,

die noch in der Zukunft dämmert,
unberufbar durch die wahre
treue Sinnschaft doch der Jahre,
ob sich Recht durch Sinn befahre,
Antwort laut entgegenhämmert,

Frucht im Sturm, die also hämmert.

Wehrlos, doch in nichts vernichtet,
Sinn im Echo fortbenommen,
wachsend mit dem Klang der Trommen
laut wird unser Herz gerichtet,
wenn wir durch die Pforte kommen.

Laute Zukunft, die noch dämmert!

Echo wächst vor jedem Worte;
wie es in den Jahren rüttelt,
wird die Sinnfrucht durchgeschüttelt,
wie ein Sturm vom offnen Orte
hämmert es durch unsre Pforte.

ZUM NEUJAHR 1932

Für Paul Cossmann

Denn es entrinnt, was auch die Lippe spricht,
ihrer Vergangenheit die Zukunft nicht,
und was der Sinn auch überholt und will,
die innerste Erkenntnis wartet still,
sie hat nicht Milde, denn von uns gemacht,
ward sie der Raum, der in uns uns bewacht,
was ihr entging und was man mit ihr sinnt,
vor ihrer Offenheit wird alles blind,
das wird wie Licht von eines Pfluges Schar,
wenn sie geöffnet wird, in jenem Jahr.

Für Paul Cossmann

DAS ist wie Schrift der Zeit gerechter Bann,
daß, was sie bringt, sie nicht mehr löschen kann.

Für Paul Cossmann

IN Zerwürfnissen der Zeit,
wie sie unser Herz durchdrangen,
Wunder hält die Seele weit
nie gekommen, nie vergangen.

WEIHNACHTSSPRUCH

Für Heinrich Held

Was dieser Jahre Inhalt wird,
die Zukunft weiß es, die nicht irrt;
unendlich schließt sich Mensch und Ding
in einen selbstgeschaffnen Ring
und jede Zeit bestellt ihr Haus
und schließt sich ein und schließt Gott aus,
doch jeder Zeit Regierungsplan
fängt mit dem Kind von neuem an.

UND HEUTE?

Für Josef Dünninger

Und wendet sich die deutsche Zeit,
die Kreatur hat eine Kunde,

es dringt zuvor ihr aus dem Munde
wie Ahnung, daß der neue Wald bereit.

Der wie aus einem Walde lebt,
der Sinn zuvor im Echo schwebt.

FÜR 1937

1

»Der ist dem eignen Wesen gut,
der stets das Nah- und Nächste tut.«
So sagt wohl, daß er leben kann,
und daß er tätig ist, der Mann.
Dann fort von der geringen Mitte
lenkt es uns die weitren Schritte.
Wir stehen in dem großen Ringe,
sinnend um die deutschen Dinge.

2

Daß es weiter uns geleite
und im Dunkeln vor uns schreite,
wende, wie wir nicht gedacht,
uns mit seiner stillen Macht
Weg in Weg! Und wie wir trauen,
soll es weiter auf uns schauen!

Für Peter Suhrkamp

DER, in Zeitschaft eingestuft,
uns in seine Weihnacht ruft:
alter Menschheit dunkle Größe
wird durch Kindschaft klein und größer,
darum schickt der Welterlöser
Sterne um des Kindes Blöße.
Sinn, durch Dunkelheit gestillt,
sieht die Jungfrau in dem Bild.

Für Johann Ludwig Döderlein

WIE nur ein Wesen endlich zu sich findet,
das sich im Schriftzug stets verlierend bindet,
und so geteilt in seines Gitters Haft,
was außerhalb, nur sehnlicher errafft;
die Schrift so zwischen uns und allem Grunde
ist das Gehege einer Weltenwunde.

MOSAIK

Für Alois Elsen

Die Frucht, was eines Lebensjahres Lauf:
ein Ich, wo fängt es an, wo hört es auf?
Umschwung der Zeit, und die mit uns beginnt,
damit wir tun und also selbst nicht sind;
und rollt sich ab des Worts verbundne Kraft,
das frühe Bild steht auf wie Haft an Haft.

ES ist am Sinne wie ein Fluch,
daß er mit Weges Willen geht –
der Weg als eines Rechtes Wille
verstößt des Bildes dunkle Fülle –
am Endgang eines Inbilds steht
das Recht im eignen Widerspruch.

FÜHLUNGSLOS und ganz verteilt
ist die Erde uns im Innen,
Wundermacht tritt an die Zinnen,
wo im Marke nichts mehr weilt.

Für Carl Schmitt

MANCHMAL, wenn man sich vergißt,
nur den Schein der Sonne spürt,
hilflos von ihr angerührt,
merkt man sinnend, daß »zu sein«
und dafür der Dank allein
unsre ganze Habe ist.

Unsrer Welt miteingegoren
geht die Habe uns verloren.
Fragend, was ich sonst noch bin,
fahre weiter, dunkler Sinn!

Für Paul Adams

WÄR auf seinem ersten Grunde
glücklich einst der Mensch geblieben,
brauchte heut er nicht zu reisen.
Doch der Sinn erst ungeheißen
sinnlos in die Welt getrieben
findet dann ein Kind zum Bunde.

Für Alexander Heilmeyer

VON Stamm und Wuchse echt und froh,
weil die Natur uns fröhlich macht,
doch wandert man nicht immer so
im leichten Gang dahingebracht,
denn geht das Werk uns härter an,
dann bildet sich die unbekanntre Bahn,
die, was im Mark erst eingehegt,
das Bild von uns nach außen trägt;

es tut noch mehr als vorbedacht,
wer nichts von dieser echten Welt veracht.

Für Artur Hübscher

WIE wollte man den Sprachgeist necken,
da doch die Worte uns entdecken,
und oft ein Wort wie fast geneckt
uns plötzlich durch das Herz erschreckt.

Doch die den Wortgeist an die Regel binden,
sie finden nicht, sind selber nicht zu finden;
die Sprache wird gebraucht, das Wort ist frei,
daß es wie ein verzehrendes Gebrauchen sei.

INS BUCH GESCHRIEBEN

Für Tim Klein

Wollte Tim den Raben haben,
hart im Holze eingegraben,
hier im Buche hat er ihn.

Unsre Lettern selbst sind Raben,
weil sie etwas Schwarzes haben,
mehr noch, weil in ihrem Lauf
unser Rabenherz bricht auf.

Lichtung muß ins Dunkle tauchen,
geht nicht wie ein stummer Schrei
alles Werk in sich vorbei,
doch laß uns die Sprache brauchen.

DER NEUE KALENDER

Das Jahr geht um, das neue will
mit neuem Geist sich weisen,
da duldet es den Dichter still
mit nichten, er muß reisen;
mit Reise hin, mit Reise her,
man sieht und wird gesehen mehr
am besten im Kalender.

Vorbei ist Krieg und Weltalarm,
wer liest nicht gern nun Strophen
vergnüglich und kalenderwarm
und blättert hintern Ofen.
Doch rechts und links und gradeaus
sind Dichterbilder drin zu Haus
mit aufgesetzten Lichtern.

Man blättert sich vom Ende vor
und kommt in die Rubriken,
wo wandernd durch des Jahres Tor
bald voll und bald in Stücken
der Mond bald ganz, bald gar nicht lacht
und treulich seine Reise macht
am öftern in den Vierteln.

Du ganzes und du Angesicht
mit unverhohlner Laune,
was bleibst du nicht ein rund Gedicht
und schäkerst hintern Zaune
mit Augen auf und Augen zu,

und gönnst dich nicht in guter Ruh
am Ofen unter Brüdern.

Der alte treue Weggesell
und bleibt er nicht zu Hause
und räkelt sich im Jahrgestell,
er spricht zum Augenschmause:
Gemach, mein Freund, und nicht gekränkt,
du siehst mich wirklich fast geschenkt,
doch niemals meinen Hintern.

POLEMISCHES

1
Kosmisch

Der Mittelpunkt sprach einst zum Kreis:
Du hast mich sehr vonnöten,
denn wär ich, wie ein jeder weiß,
nicht, wahrlich deine Schönheit ginge flöten.

Ich, den auch dieser Kreis beglückt,
besinne mich der Wiederkunft
der apriorischen Vernunft,
die uns den Geist in Stücke stückt
und drüber spannt das knappste Joch,
inmitten aber sitzt des Zirkels Loch.

Ich schaue mir die Scheibe an.
Der Geist gewiß, wie wenn der Mond beschienen
als Vollmond lächelt, glatte Mienen
schenkt uns des Geistes kopflos ohne Fuß
allgegenwärtiger Radius.

Warum mich lächert, da in seinen Bann
heut alles Volk so glücklich eingeschrieben,
so sozial vom Mittelpunkt getrieben,
und wenn es wünscht, herzugelassen,
daß es mit seinem Kopf zu spassen
die Wahl hat und bestimmt das Joch.
Organisiert um dieses Loch
ruft zu dem Geist der Scheibe man,

dem Sektor, den man schieben kann:
Universaler Geist, der sittlich ist.

Wie wurdest du so wundermild,
mein katalaunisches Gefild,
das alte Blut, die Godegisel
bedeckt ein sanftes Geistgeriesel.

Das Christentum, daß man es nicht vergißt,
das Christentum ist ein Verein
zufrieden als ein Kreissegment,
beamtet und voll braver Seelen,
die sich am knappen Joche quälen,
nur ist es immer so allein.
Es möchte gern zum Kopfe schicken,
den löcherigen Geist zu flicken
mit reinem Seelenelement,
und möchte gerne Sektor sein.
Ach ja es liegt der Seelenkult
heut auf so manchem Christenpult.

O Karl Martell, auch du gewaltge Schnuppe
vom Frankenhimmel noch nicht platt und hohl,
ach fiele doch in diese Danaidensuppe
ein feuriges Gestirn vom Pol.

2

Klassisch

Voraussetzungen sind Punkt P, Kreis K,
man nimmt den Zirkel, gleich ist beides da,
zuerst der Punkt, Erlebnis, was es sei,
darum – der Inhalt sei dir einerlei,
der Inhalt einerlei?, ja doch nur zu –
den Kreis geschlagen, formvollendet sei der Kreis,
kein beßrer restlos gleicher Typus, wie man weiß,
nun seid ihr säuberlich getrennt, Gebild und du.

Gebild und ich?
Ja doch, die Form ist absolut
und du Persönlichkeit, der tut,
was er nicht ist, der Göttlichkeit
dem schönst erlebten Punkt verleiht,
legst mit dem Zirkel weg auch dich.

Auch mich?
So steht die Erde also auf dem Punkt . . . ?
Nein, um den Punkt, und wenn sie nicht entläuft,
wenn du dich selber ganz im Punkt versteift,
erlebst du zeitlos groß und feierlich
anthroprozentrisch du dich Punkt.

Wie wird mir doch so transversal
faustisch zu Mut mit einem Mal.
Nicht wahr, du kümmerliches Ich,
es geht dir besser ohne dich?

Ja wirklich, der Azur verstummt,
seitdem mein Seelchen nicht mehr brummt.
Ja wirklich, wirklich geht mirs gut –
wie einer Fliege unterm gläsernen Hut.

Die Fliege, die sich erst ergötzt,
die nun im Bauch des Glases sitzt,
die Fühler und die Flügel wetzt
und schließlich witzt,
bis sie des Witzes Anfangspunkt vernommen:
Wie bin ich hier hereingekommen?
Wie hat sich kaum recht aufgeschaut
der Kreis, den ich zum absoluten Frommen
so oft durchschlagen und auch durchgeklommen
so scheitelschlüssig aufgebaut?
Und wo, zwar bin ich wohl ein Punkt,
doch während hier getrennt Gebild und Ich
schon in die faule Neige tunkt
der Flügel, wo ist nur mein Postament,
verschlingt das Echo feierlich
am End
auch mich?

POLITIK

Er bleibt nicht länger mehr ein Kind neutral und schon,
eh man sich umsieht, radikal, die Mutter klagt,
und ärger selbst, als es dem Vater noch behagt,
geht fort vom alten Haus und widersagt der Sohn.

Es wird schon recht; so lang es regnet, läuft vom Dach
das Wasser und woher man kommt, die wackre Traufe,
als ob sie von sich selber unerschöpflich laufe,
beschüttet uns und spritzt dazu den Füßen nach,
verläuft sich eine Zeit geschäftig noch ums Haus,
dann scheint die Sonne drein und Hühner trinken draus.

Es hat, man hört die Botschaft zwischen Haus und Markt,
geregnet, und daß nie seit Menschgedenken eine
so reine Luft das Haus umstrich, als seis das seine
und unterm Himmelshaus, wer jetzt noch eingesargt
am alten baue, Egoist, daß fast er birst,
predigt dem Volk und sitzt der Sperling auf dem First.

JUSTITIA

> Carl Schmitt im Gedenken an
> Friedrich von Spee herzlich gewidmet

Recht war in jener irren Zeit
zum Inbild nicht mehr hingebogen,
nur Wort noch für sich selbst bereit,
im Augenlicht verbunden und im Kleid
zum Schein und starrer noch, wie nie betrogen,
vom Seufzen der Natur hinweggezogen,
nicht Frau mehr der Geschichtlichkeit,
von Engelköpfen wirr umflogen.

Wer horcht, Justitia, damit er horchend denke,
brechend zur Kreatur des Geists Gelenke?

Da brach das Wort wie Herzgeburt,
es löste seines Zwanges Gurt
und fand, Gespons der eignen Stimme,
im Widerschall Geschöpfe wie mit Seufzens Grimme,
die Schulterchen als kleinen Fittich schüttelnd,
»Trutz Nachtigall« an allen Fasern rüttelnd,
Gesang, daß wie in Hitzen flog
die Liebe, alles zu sich fürder bog.

Dies löste sich im lieben Bild der Kerzen
gelenklos über eines Mannes Herzens.

Doch die nicht überm Herzen frägt,
die rein es unterm Herzen trägt,

das Recht ist – Horcher erst, und dann es schaue,
und wie dein Heute schwer es dir vertraue –
im Inbild wirklich jener Fraue.

ROMANISCHE KIRCHEN AM RHEIN

    Unverwandt und dicht am Ringe
    ihrer menschgewordnen Gleiche
    Anker sind hier Bau und Reiche
    der Justitia der Dinge –

    ankerhaft und die doch schweben,
    Raum wie Blumen in der Mitte,
    aus gering' und großem Leben
    in das unnennbare Dritte.

                              Für Veit Roßkopf

ZEIT dreht ihr Auge her, und wie sie läuft
und wie verlangender nur immer greift
ein Sinn nach ihr, ein blindes Weib, es trägt,
je mehr die Zukunft stürmt, so unbewegt
die Hände, wie ein Bild allein vermag,
so zwischen Mond und Sonne jeden Tag.

                            Für Konrad Niermann

DIE Zeit, je mehr sie wie ein dunkles Erz
sich sättigt, tönend, horchend, immer neu,
je mehr wir glauben, sie sei innerst treu,
nimmt uns als Kinder an ihr pochend Herz.

LEBENSREGEL

Eine Buchinschrift für den
sechzigjährigen Josef Hofmiller

Wer kann so in Ferne schauen,
der doch nah nicht Sichres hat,
wer gibt mehr doch, als er hat,
nur ein Kind, es gibt Vertrauen.

WINTERS

Für Sophie Köberle

Erst Natur und Kind und Schimmer
aller Weite, alles Schönen,
winters steht mit stillem Tönen
eine Rose in dem Zimmer.

ZUM GOCKELHAUS

Für Christiane Vorwerk

Täglich spricht der alte Hahn:
Krischan, kikriki, Krischan,
wachgerufnes Menschenkind,
hörst du, wie ein starker Wind,
wie ein Wind ist mein Getön,
früh am Tag ist alles schön.

TAG DER ELTERN

Fest unsres Lebens, das uns alt
erst recht und glücklich leben läßt,
liebender Weite goldnes Fest,
in Ruherfüllung Aufenthalt, –

zur Feier wird der stille Rest,
in jeder Müh mit Glück bezahlt,
Tor, tu dich auf, wie tief verhallt
am ernsten Wald das frohe Fest –

so Ihr uns alle nicht vergeßt.

            Für Elsa Bruckmann

DAS Düster bringt und Wald-Dickicht
ins Auge um so tiefres Licht;
wenn uns das Leben schwer umringt,
des Kindes Seele stärker singt.

            Für Franz Schranz

GLÜCKLICHES kam viel entgegen
uns auf vielen Reisewegen,
glücklicher der Sinn, der krause,
wäre noch ein Kind zu Hause.

AKROSTICHON FÜR DIE LESERIN

1

Fenster werde jedes Blatt!

Erde, Glück uns nie vollbracht,
liegt durch unsre Schrift entsiegelt
in verlornes Licht geriegelt
zwischen Angeln Tag und Nacht;

in den Angeln nie doch satt,
tiefer Leser, geht dein Flügel
auf und ab, ein Hauch im Spiegel,
sei ein Fenster jedes Blatt!

2

Neujahrswort

Fremd wird uns die eigne Stätte,
ewiger, je mehr des Blickes
Leuchte göttlich unerfahren
ihres Glanzes Offenbaren
zeigt im Rückspiel andern Glückes,
ist in eines Werdens Bette
tragend aus der Schöpfung Tagen
angellos ein Hauch vom Sagen
seines Glanzes um die Wette.

ZWEI SPÄTSOMMERSTÜCKE

1

Für Karl Caspar

Nun baut die Welt sich zu
und sie wird offen.
Zu dieser Gegenwart im Kampf betroffen
blickt man in Ruh.

Ob weggelegter Teil vom Kleid
oder auch Ähre,
daß sich an seinen Ort verkehre
das Werkzeug ohne Neid,
was tust noch Wandrer du?

In deine Welt hinweggebogen,
sein Haus bleibt unbetrogen.

2

Zu einem Blumenstück

Für Maria Caspar-Filser

Die schweren Blumen, die der Sommer tut,
nimmt man mit heim.
Man fängt sie auf wie vieles Blut.

Dann wohnt in ihnen Kraft der Schwere
und trägt den unterschnittnen Keim
wie einen Orden zu des Hauses Ehre.

DER BILDHAUER

Für Eugen Senge-Platten

Die stille Größe wächst so unverirrt,
je mehr die Nähe schwer und wirklich wird.

DIE GEIGERIN

Für Alix Senge

Nun war der Ton so schwer und von sich fern
wie noch erinnrungslos ein einzler Stern.

Für Franz Schranz

EIN Spiegel, der im Sturze nicht verfällt,
ein Wasser, das sich ewig trinkt und hält,
so unbegreiflich ist der Sinn der Welt.

Für Veronika Schranz

REIME suchen Wort und Klang,
einer horcht auf unsern Gang,
Reim um Reim verfolgt sich reg,
einst war einer unser Weg.

so kehrt der Sinn in seine Ohnmacht ein,
so bricht die Sonne in des Wassers Schein
verzagt ein Herz, erglüht ein edler Stein.

DER unbekannte schwere Schritt der Zeit
bleibt unsres Wesens treuestes Geleit.

ZEIT und Geist und Alter gehen,
Sinn bleibt mit dem Kinde stehen.

Fünfter Teil

UNVOLLENDETE GEDICHTE, ENTWÜRFE

MIT Gott mein Schritt
immer geht sein Atem mir vom Herzen mit
unbewußt und stets bewußter, schwerer und
diesen selgen Augenblick aus meinem Mund

KELCH DER ZEIT

Berührt in immer größrer Dauer,
schneller, als die alte Schuld sich regt,
Angst nicht, uns erfriert ein stärkrer Schauer,
leiblos in Bann gelegt.

Ermittelt kaum und nicht in Milde
frühen Opfers, nein nur angehaucht,
Widerpart erst seinem Ebenbilde,
zum Maß sind wir gebraucht.

Und eh sich nun das Werk entkleidet,
schwer das Herz vor Kummer um den Dank,
einsam, wo kein Bild mehr Atem neidet,
so tief in Unrast sank.

Noch mehr, wie Gott und Seele rangen,
Folter, die des Kernes Hülle zehrt,
ärger nur als Kraft aus sich empfangen
des Keimes Wurzel nährt.

Sind wir nicht ganz wie hingeschlagen,
wissend und in hoher Form beredt,
die im Blut den Baum des Lebens tragen,
uns ist kein Stein mehr Bett.

Was war und schuldig nachgetragen
schlägt uns in den Raum von Ding und Zeit
Fluch des Menschen, eigener zu wagen
stets eilender befreit.

Gemeinsam und im Sinn verflochten
jeder angerührt vom gleichen Stab
willens oder wer nur feig gefochten
steht aus der Reihe ab

Gequälter, der in Schuld erkannte,
wuchs und der Erde Zufall überwand
Ohnmacht plangleich in Vorsehung bannte
fällt in die eigne Hand.

Sie lebt und ist es nicht ihr Wille,
einverleibt in jedes Wirbels Knauf
letzten Weilens Grund und Schauens Stille
schließt sie unendlich auf

Wie bin ich ganz mir eingeboren,
ungeheuer wie mein Wesen wird,
Schranke selber selig unverloren,
wer sich an mir nicht irrt.

WORTE DES ANTICHRIST

Gott, soll ich beten um Gottlosigkeit
um Kraft des Bösen, Dir den Weg bereitend
Du handelst ja auch mit des Bösen Kraft
wie lebt denn diese Welt, dein Wurzelschaft
Dein Baum, je mehr sich aus ins Wilde spreitend
je besser zieht er auf den guten Saft.
denn alles Erbteil löst sich in der Zeit

Den bösen Willen, Herr, vollbring ich ganz
es geht verloren, was der Menschheit Beute
das Herz
Verschwender Gott, ich will die Welt mit Geiz

Gott leichter ist das Beten als das Tun
Gott willst du mich zum Narren haben
Dein Spiel zu treiben mit der Menschen Blut
Gott, Gott, Gott, wie leicht und nichtig geht der Name
   vom Munde
Gott fürchtest Du nicht meine Heimlichkeit
Ich fürchte mich

DER mir die Geißel immer härter flicht
er will mich nicht.
wie Frühlingsruten wächst der Mensch empor
ihn hegt das Werk
im Blut
und dann im Augenmerk
der Menschheit und sein unteilhaftes Gut
bleibt ihm unfaßbar treu
dann kommt die Zeit
des jungen Sinns getrostes Ruhn
verwandelt sich in schweres Tun
es wird, was sich zu rasten litt
ein Wille wie ein fremder Schritt
die Kraft wird bis ins tiefste Mark entzweit
wie Blatt und Auge willenlos sich vor
der Sonne öffnet, jährlich selig neu
Unseliger, umwuchert ohne Scheu
der jeden Keim bedeckt
der wie von hartem Neid
ein unvollbrachtes Wissen in sich trägt
er trägt die Frucht im Mark
ein hohles, schon zerbrochnes Rohr

das Auge Keime regt
der Hülle lediger (?)
des Lebens Baum
unfruchtbar und ohnmächtig stark
der mutterhaft mich ihn zu leben zwang
er will den Gang

FELICITAS

Ich bin in mir der letzte Teil
von Deiner Fülle,
Unausgeatmeter, Dein Wille,
Halt ein, Dein Heil!
Gib, laß, verlaß, bleibst Du mir Späher?
Bin ich Dir erste Stille?

Ich bin ein schwaches Ohr,
Verklungener, Dein Ruf
zuvor,
der erst mich rief,
Maria schuf,
der in des Odems Allmacht schlief
den überlaut gebrochnen Chor:
Ich bin...
War ich im Wind
entfaltet, der mich schlug dein letzter Sinn
der um uns schlug, mir näher?
Noch steht der weiße Flor.

Schlage, schlage, unnennbar lind
Wesen der Gnade die körperhaft quillt
demütigste Frage, noch ungestillt,
den Namen sage
eröffne dein Auge Dein Ebenbild
erraffe mich jäher:
Hier schlummert das Kind

Wer sitzet des Herrn
seligster Knecht, fahrender Stern
        geboren
dinglich verloren, mir anvertraut
Maria, Magd, Mutter und Braut

Allelujah
Zeugnis gern
namenlos fern
bin ich nah

leichte Welt gebe durch
Glaube nein durch Dinge

es muß alles dinglich werden

SOHN (Sohnschaft)

Ich, der ich binde
bin befreit
Du Mutter, blinde
falte Dein Kleid

Du bangst nur immer
Seelenangst
Mutter, und schlimmer,
was du zwangst

verwirkt auf Erden
in Dich drang
Schwerer zu werden
ist unser Hang

von wannen schuldig,
selber dann
unwürdig geduldig
fing ich an

aus Muttersorgen
neuem Geschlecht
in mir verborgen
war ich Knecht

mich selber fing
nach Gott zu rufen
auf allen Stufen
Untergang

Du bargst dem Kinde
das Zukunftskleid
Ich der ich binde
bin befreit

MUTTER DER GESCHLECHTER

Da ich im Wort mich quälte
mich nur Erkenntnis stählte
schrak mir in Brust und Poren
Verzweiflung eingefroren

Die Angst mich zu verlieren
mußte Verderben schüren
gepflanzt in alle Knochen
unsinnig und gebrochen

und schoß in solche Strahlen
wie Baum verwurzelt allen

Dir blieben deine Lasten
Eva, in der wir rasten
noch tiefer als gerechter
du Mutter der Geschlechter

Vergeblich als ob wehrte
was mich zu sich begehrte
ein Abgrund blieb mir offen
in dem ich mich getroffen

UNTERGANG

Menschenkern in Gestalt
einer des andern Gewalt
brechend gliedert der Zaum
aller alle im Raum

Töte mich, ehe ich Sohn
Vater und Mutter entflohn
      stockt die Zeit
bin zum Weibe bereit

Wer mit sinkendem Gram
neu die Schöpfung vernahm

Stundenglas rinnt

Unterm dauernden Fluch
der ich noch Menschen such
so oder anders Empfang
stetig im Übergang

Darf nicht beten um Brot

Hilfe nimm oder gib
Werk bis im Werke lieb
Du nur gerettet
alle in eines gekettet

vom Frost ein Vogel flatterlahm
schlug auf im weißen Feld
das Sterben kam
ein Schneekorn sonnenblickerhellt
sein harter Schnabel brach und nahm
im Abschiedskrampf
die schwarzen Augen himmelstarr
erhöhten ihren harten Glanz

BIN ich, zu dem die Sonnenkraft
ins steinerne Gewölbe dringt
dem Blütenschaum durch Scheibenringe winkt
bin ich verjüngt
bin ich nicht neigetief erschlafft
mich schlägt der Hauch, der frostgleich auf mir bleibt
von hinnen und es treibt
das Wort
wie Taumel mich im Kreise fort

Heraus du bist im toten Klang
ein Kelch mit Perlen Luft im Glas
mit Alterfraß
der immer in sich selber drang

EIN erdenschweres Herz und kummerfeucht
erkältet und gelähmt schon unterm Eis
nun aufgedeckt
aus stiller Unrast aufgescheucht
vom ersten Strahl, in dem die Zweige treiben,
bevor die Seele Richtung weiß
und irrend hinter blind gewordnen Scheiben
um schal verkümmerten Besitz
den Neid versteckt,
wird aufgerufen
ein feierlich und schnell bewegter Raum
ein Spalt eröffnet sich dem Wissen kaum
kein Zweig gibt Halt
zu hundert Lichtern wird der Knospen Blitz
Das Auge geizt mit seinem schmalen Ritz
und sucht Gestalt
wie schwer die Ruten schlagen um den Baum
das fahle Land erzittert unterm Zaum
und giert nach Pflug und Hufen

Als wie ein Fenster hart von Schattenstufen
und unverletzt
so unzerbrechlich wird die Seele jetzt
und schärft und mildet mit dem Himmelsblau

VON Grimm und Grame stumpf gemacht
hinblickend in die schwarze Nacht
wohin, du Mensch, der Stachel sticht
den leer du zückst, du siehst es nicht
holt ich mit Sinnen ohne Plan
ein altes Reimstück nah heran
und las nicht lange, da gefiel
mir eines Verses Bild und Spiel
wie einer lag, Gedanken spann
und nachts von Tür zu Türe sann
es hing des Sinnes Nahrung (?) quer
wie eine Bienentraube her
bis wie ein Zweig in halbem Ring
der Vers das Reimstück ab mir fing
der auf und ab die jähe (?) Last
und schräg geneigten Nackens fast
in sich   Last ertrug
ich lag und sah den heißen Flug
und sann noch fort durch Tür und Tor

MENSCH nur allein verloren niemals
immer durch die Wüste immer
tausendfach gebrochen
sammelnd mit der Stimme Hohn
allgewaltig durch des Lichtes Schimmer
hör den Eremiten pochen
immer nur in einem Ton
eines ganz zerstückten Sinnes Trümmer

niemals willig zu verlieren
was ich finde,
daß ein Flugkorn ich mich gründe,
muß ich mich ins Opfer schnüren
irdisch zu den Dingen, die ich binde,
ach sie sind wie Worte willig niemals

nur der Wille, doch die Spur
die wie Blut, daran ein Lüsten leckte
ehe meine eigne Seele ich erschmeckte
fühlend eines Sterbens Ziel
diese Spur lockte, schreckte
leidend nimmer zu verlieren
ringend mit des Spieles Spiel
daß endlose Schlingen

sinnlos wie ein Wirbel von den Dingen
heiß und heißer mich durchdringen
alles außer mir
nicht die Spur, der Wille nur
allein zu graben, wo ich gründe
nicht mehr tiefer finde.

DANKE, daß die Erde
ihre dunklen Schollen
in die donnervollen
Himmel hebt
daß ein Kampf von Winden
um die Bäume strebt
danke dem geschwinden
Licht du unterm Schwerte
daß es dich begräbt.

Tose Sturm ein Lästern
will die Blätter kehren
auf ein Zungenschwären
in den Blitz verschwestern

Bist dem ungreifbaren
Wind ein Spiel

Ohne Halt im Freien
hör ein schweres Rauschen
und um ihm zu lauschen
mußt du dich entzweien

In des Sturmes Zischen
bist du selbst inzwischen

Danke daß das fahle
Licht nicht von der Erde
unter dunklem Schwerte
überdringt
    nur in dem Bausche
dunkler Geister lausche
bis es dich bezwingt.

PALLAS

Gib hin, Leib, in Ruhe,
Wirrnis, was ich tue,
die mich selig preist
in dem wacheren Geist

dieser Seele Schauer
immer mehr zur Dauer
löst das enge Band
das der Finstere wand

Sieh gleich Opfern schlagen
Hände, dich zu tragen
ledig, die sie schafft
ihrer eigenen Kraft

Ausgetan im Worte
fällt mich bis zum Morde
die du mit mir rangst
blinder Sicherheit Angst

an mein eigner Retter
zwingt zum Schritt mich steter,
Geist mir schwer gesellt
in der eilenden Welt

Ach woher entsprungen
sinnlos mit dem jungen
Kind er in mich neigt,
Torheit wider mich zeugt.

Kind er ungeboren
ringend mit dem Toren
in der Zukunft rein

öffnet mich zu stillen
schlichtend Aug und Willen

Brunnen himmlischen Stern

Ach bevor entschieden
dieser Kampf zum Frieden
diese Erde flieh
unbeseligter nie

dein gerundet Auge
als darin es sauge
irdisch dich umflicht
dieses ewige Licht

was es dir auch raube
tauscht nur das Gewand
und das volle Pfand
faßt der nackte Glaube

Der Sprecher

Denn will ich als dein Nichts
so werd ich als dein See
es tut dir weil ich zehre
dein Tauchgesicht im Meere
die Hand dir nicht mehr weh
du Schrecken des Gerichts.

O der ich Kühlung und
dein Widerspiel und mich
dir selber widersage
das Nichts der Flamme wage

Ich will mit dir der Nichts
der ein und Alles ist
das uns du All und einer

den von dir teilt das Nichts

Geht deine Kraft hinweg
entsteht der Erde Brand
das dinglich harte Modern
fängt schwindend an zu lodern
Ich sinke, deine Hand
hilft mir den Weg hinweg

Ja kennt des Weges Ruh
und ruht sich in der Luft
doch brennt das Nichts im Feuer
dann deine Hand unteuer
dir, weil mein Abgrund ruft
reich deine Hand mir zu

(1)

Gib mir, wie du Körner füllst
in den nachtverlornen Trichter
lauschend über allen Ähren
heftiger als Sternenlichter
gib mir alles wie du willst
nimmer kannst du mich vermehren
immer stehe ich noch dichter

Gib mir, was mein eigen ist
eine Mutter, die nun nimmer
wenn sie selig sich verschließt
starrend in des Tages Schimmer
wie ein Schrein gebrochen ist
gib mir, was mich in dich schließt

(2)

Stoß mich in den tiefen Brunnen
wie du willst
der den Geist mit Sternen stillst
du und keiner Seele gunnen
kannst das Wort

Selber daß ich mich entführe
du mir nimmst
über mir im Schachte klimmst
du von dem ich Quellen spüre
der mich dorrt

Hauch, der war und ich gewesen
bin von dir
tiefer dreht mich jede Zier
dich von mir und mich zum Bösen
dreht mich fort

Keiner ich und reine Seelen
sind dein Kleid
ich bin deines Kernes Neid
sieh du mußt mich weiter schälen
um dein Wort

Hauch mich, dreh mich in die Neige
Hauch mich aus
enger als das Schneckenhaus
ich in mir dein Widerzeuge
bleibt dein Ort.

3

Ich muß leben hungerhaft
fürchte nicht das Wort zu sprechen
selbst die Fülle läßt sich brechen
nur von unerfüllter Kraft.

Doch ich bin mit nichts erfüllt
selbst der Fülle ganze Schwere
wenn die Erde stillt die Meere

Sinne nicht, welche Speise du ißt
bis du selbst ein Zeugnis bist

MORGENRÖTE ohnegleichen
wie ein Wind
hebt den Vorhang und beginnt
Nacht und Unkraft zu verscheuchen
Eine Frucht, die, goldner Samen,
nieder in sich rinnt
wird ein Werden ohne Namen

mit dem Augenblick erwachen
der versank
ehe satt die Wimper trank
sinken in den dunklen Nachen

      krank
stets zu leben ohne Habe

Ist der erste Keim des Lebens
Wille doch?
Höher wird das Himmelsjoch
und Empfängnis schmerzt vergebens.

ICH habe Glauben
wie Lebens Pfand, das du mir rauben
nicht kannst, du müßtest so in mir verlassen
dich selber hassen.

Im Wortgefieder
was schwirrt die Seele auf und nieder
und will sich immer doch in sich nur kehren
vor dir sich wehren,

Daß ich dich trage
und stärke dich, je mehr ich wage
Dir Habicht in mir, der um mich zu speisen
in seine Flucht muß reißen

DES Glückes Ruh im Himmelsblau
fällt in die Brust gleich Morgentau
schon ist das stille Bild verdeckt
wie schwarze Erde hingestreckt

So aus und ein der Sinne Fahrt
die Seele neidlos aufgespart
hat alles gleich in ihrem Schoß
und wacht darüber schlummerlos

Das ist wie ungebornes Kind
die Mutter   sinnt
                       kost
                       Augentrost

Das innre Bild im trüben Tag
wird wacher mit dem Donnerschlag
das ist wie aufgeschloßner Mund

Das wie im Tod sich siegeln läßt

Nur angeschaut in Wetterrast
auch du darin nur fremder Gast
bedrängt von heute stetem Tun
so will die Seele in sich ruhn

Vom Zweige wolkenweiß erblüht
die Raupe ihren Faden zieht
der steht zu hohem Tun gestimmt
wenn sich das kleine Wesen krümmt

Das kleine Brausen wird zum Sturm
der Scholle regsam überm Wurm

OHNE Schwankung lebt der Sinn
treu in allem Schein
unfehlbarer Schrein
daß ich Dir verfallen bin
doppelt reine Schöpferin
untilgbare Treue in
Dauer macht uns rein

VERLUST, der Gnaden zu sich glich
mit Erde gattend Gott und dies Verlangen
als wär Verlieren nur Empfangen
mit Schmerzen faltend sich in sich
dies Seelendunkel kümmerlich
das ist vergangen.
so wie das Armrohr Hände trägt
die es vollbrachten
ist das Gemüt kaum mehr bewegt,
das ungeborne Kindlein pflegt,
ob Totenleinwand Windeln legt
so reinem Bangen
so ohne Schmerzen Wort entbrich

Was offenbar, will nicht mehr nachten
wie Augenlicht und Mundeshauch entwich
so Blick und Wort in eines trachten
daß wie ein Mund des Tags das Grab verblich

EINSAM ein Wandrer für sich schritt
trug einen schweren Schlüssel mit
Wo schloß der müde Wandrer
Wo öffnet er, kein andrer
errät den Ort, um den der Schlüssel stritt

Der erste, der ihm gegenkam,
er sah ihn nicht in seinem Gram
der erste in die Höhle
des Schlüssels gab die Seele
er wußte nicht, daß der dafür sein Herz mitnahm

Der Teufel rief: Viel leichter
trägst du den Schlüssel ohne langen Bart

er ging ihm selbst entgegen
nahm mit dem Bart die Seele

Ein jeder kommt zu seiner Zeit
und geht die Erde meilenweit
macht einmal eine Pause
da ist er dann zu Hause
ruhlosem Wanderer tut niemand leid

Du trägst sprach der mit Scherzen
genug an deinem Herzen
die ganze Welt an meines Schlüssels Bart

kann ich ein Mausloch schließen
kann
       wie bin ich klein geworden
Der Schlüsselhalter wie er ging nach Haus

DU hast mich, so wie ich gebeten
mehr Blick als ein Wille für Dich
dein williges Leben für mich
mich wie in die Kelter getreten

wer emsiger zieht an der Spindel
bin ich meiner Fügung bist du
barmherziger Herz
        weichende
        treibende Ruh
nicht Demut, ein surrendes Bündel

verzehrt mich, kein redlicher Wille
die gegen dich ringende Flut
es bleibt nur immer mein Blut
Mein Wein ist nicht Wille noch Stille

noch trinkt meine eigene Kehle
und brennt im Herzen mich leer
noch immer die Seele nicht schwer
zu Hefe wann wird mir die Seele.

IMMER in die Dinge
weichend, daß ich mich nicht bringe
mich zur Gnade
schlagen Pfade
schauend bloß nach deinem Bilde
Meine Augen meine Schilde

Eitel in dem Winde
wo ich Hauches Härtung finde
aber keine
keine reine
ungespannte Liebe spüre,
nicht mein Herz geschildet führe

hängt die halbe Liebe
in den Dingen spiegeltrübe
toter Letze
leere Netze
eitel ihrer selber inne
sitzt die gottverlaßne Spinne

wirst du dich mit Sehnen
aus dem Erdenpanzer dehnen
durch Gesichte
nein zernichte
dieses stete Wohlgefallen
eitle Dinge nachzulallen

und den stillen Willen
in die Augen nur zu füllen
Schnitt und Ernte

sieh der unbesternte
Himmel blitzt die Lösung, frei zu wählen
Michael und arme Seelen.

WIE ist dieses Korn erwacht
zwischen Schollen in der Grube
seiner Hülle eine Schuppe
nimmer eigen, trägt es Fracht

der empfangen doppelt gibt
ihm ist seiner nicht mehr Namen
das Vergehen ist sein Samen
den die reinste Liebe liebt.

Mehrend dies, daß ihm die Scheu
nicht mehr lasse sein Beerben
in der Ahnung hinzusterben
wird ihm Treue über Treu

wieder wie ein Wirbelhauch
seines Mundes in die Brüste
der Empfängnis, die ihn mißte
wird er reinsten Wesens Brauch

wird das Wort ihm offenbar
daß der Unwürdigste gönnen
sich, wie Sinne sterben können
einmal kann und immerdar

toter als nur unbelebt
ausgeronnen seiner Dürre
wallt er mit dem Rauch der Myrrhe
sinkt er in den Hauch der hebt

was ich nicht tat, das mußte meine Seele
werden.
Ist diese innerliche Schau,
um die ich Nichts,
um die ein Staubkorn ich mein Hauchen quäle,
mein Herz auf Erden?

Je weniger ich bin,
daß ich noch weniger zu sein mich tue
das ist mein hauchend Sein, ist meine Ruhe.

Es reiht sich Mensch an Mensch gefügt wie Blätter
des Lebensbuches Zahl endlos bemannt
der Starke, Schwache gleich und gleich gebannt
ein Jeglicher, Geschöpf von eigner Hand
von eigner nicht, doch seines Menschseins Retter
sobald er seinen Ort und sich erkannt.
Wo ist mein Ort und Stand?

Hier sind sie, andre, die ihr Sein nicht sparten
O Menschheit, daß ich finde hier mich nicht,
Nur ein entblättertes Gesicht
und ungeschrieben.
Wie kann ein Mensch sein Ungestilltsein lieben
und dessen warten?

Je mehr mein eignes Ich das Ziel
je weiter außer mir das Los mir fiel
o Wanderwesen, ich bin innig hart
dein treuer, unlösbarer Widerpart

bis ich mich fand   an jedem Ort
und meine Seele ward unendlich Wort.

ALS Maria über die Schwelle trat
zu Elisabeth
wende dein Auge nicht
sieh es hält das gewaltige Licht
aufrecht ihre Gestalt und geht
und die Blumen auf ihrem Pfad

Oft bin ich in Ängsten und fürchte mich
unter Lebensnot

Aber anders, schwerer, der Neige zu
wie ein Abendtrunk
Tropfen fallen vom Halm
geht mein Bein entbürdet zur Ruh
sieht des gezimmerten Hauses Prunk
Eine Last die außen zerfällt
innen wird sie aufwärts geschnellt
aufgerichtet mit einem Ruck
trinkt man selber sich Schluck für Schluck

eine rote Rose und eine sah
überm Gartengrund
weiß ich gegen ihr stehn
hohe Sonne leuchtete nah
und wie Schwärze so war ihr Mund
welche war, die selber sich trank
jene der das Antlitz versank
lichtvertaut, der sie sich wehrt
und die Schwere wie Schuld vermehrt?

(1)

Jener aber brach nicht das Gesicht
nein daß er es auf den Sockel hebt
seines Himmels, der im Festen schwebt
meines Himmels Säule, daß er spricht

Säule, sieh, des Horizontes Born
wo von Körnern seine Mitte reift
nun sie stehen, sieh, so weit er schweift
um mich her gelegt wie einen Dorn

Nun er spricht und eine Walze schwer
weil die Erde bang und trocken ist
daß sie ihre Stärke nicht vergißt
zieht er Zeichen auf der Saat daher

(2)

Brechend gibt er seines Bildes Laut
so die schwere Regelung der Farbe
örtlich überschießend in die Narbe
widerfällig wie es niedertaut

wo sich ihr Gedanke sonnenheiß
unbeweglich Einhalt, eine Schranke
wiederfindet, und so wächst Gedanke
brechend gibt er ihr Geheimnis preis

und noch stärker wird die Fassung hier
denn nun regt sich frei durch alle Milde

Ähren dreschend dreschend das Gefilde
in der Widerwahl regt sich das Tier

(3)

Wie es sei, von wannen kommt der Knecht
lechzend legt er in den letzten Schatten
selbst sein niederbrechendes Ermatten
fühllos gibt er seinem Bilde recht

hier vereint, daß wir das Erbe brachen
alles schaffend wie in einem Rachen
barer Zufall heute jener Blick

Jener Augenblick o daß er blind
und so steht die ganze Welt zur Ehre
auf und widerwandelt seiner Schwere
und du hast das ganze Erbe Kind

was die Mutter sinnt und meint
denn es wird im Schaun die schwache Krume
nährender die unverzagte Blume
und sie löste das Gesicht versteint

WILL die Magd des Herren sehen
Sinn und seines Fingers Zeig
muß sie ihm entgegengehen
wie ein abgehauner Zweig

So der Schnitt im eignen Blicke
wird wie Mark des Baumes wund
diesen Gang daß sie beschicke
geht die Dienstschaft auf den Grund

ist ein Auge, das empfangen
sich Bewahrung nicht vermißt
dunkelhaft   unverhangen
wie es schön und einfach ist

denn sie trägt und trägt es nicht
fächelnd gehn ihr wie Aurore
Winde um das Angesicht

Flicht man oft mit einem Haare
fremdes Korn in fremden Schnitt
Zweig an Zweig die wunderbare
Steigung fast auf Wurzeln tritt

Will die Magd die   sehen
wissen soll ihr Wort es nicht
                entgegengehen

Er doch klingend in dem Winde
Wind auch über dürres Land

trägt er sie in seiner Hand

zu dem Tier in meinem Rachen
sprich: du bist mein Widergang
sein vernichteter Gesang
kündet heiser, fast mit Lachen

feßle, daß ich zu dir finde
meine Schritte wie mit Gold
lege deinen schweren Sold
wie um Ärmel eine Binde

daß des Sinnes nicht mehr fließen
Wasser, denn er kann erwacht
nicht des Dunkels Dunkel schließen
leg ihm Fesseln in die Nacht

Mit der Worte Schlag und Scharte
daß es zuckend widerfährt
so in deinem Widerparte
wird die Gegenwart geehrt

Groß wird ihm der Raum im Bunde
der nicht überwältigt steht
ich bin nur der Hauch im Hunde
der im Blicke seitwärts geht

feßle du den Raum der Erde
teile schlage geh vor dir
innerlich vom Lichterschwerte
wann erglüht die Wangenzier?

ALLEIN und geschehen
verwundet und fort
heut wird man es sehen
mein Ritter lag dort

Allein eine Krume
lebendig im Traum
ihr perlte die Blume
ein Äugeln gibt Raum

»du komme«, »ich kann nicht«
»mir Perle«
»du Fraue, ich bin
verlassen«, »doch kann nicht
mein Auge dorthin«

»ja, all
»du nein, meine Binde
ist tausendfach rot
verhangen und linde
ich singe«, »ja Tod

noch weiter zum Schlafen
wohl Schlaf ist mein Ort
o langsames Strafen
kein Zielen trägt fort

es singt meine Krume
die Erde wird laut
alleinige Blume
von Rosen betaut

Stumme Magd:

Unbewußter spricht der Mund
die bewußter eingegraben
letzten Dinge, bis der Gaben
nächste Gottes wir uns kund,
dann erst dürfen wir uns haben
Schöpfung ganz im neuen Bund.

Blinde Magd:

Wie durch eines Brunnens Schacht
wehrlos in uns aufgemacht
wird das Herz des Herzens weit
steigend in die Dunkelheit.

Die Stumme:

Schafft noch der bedungne Wille
ist Bewußtheit ihm verhangen
rein zur Antwort eingegangen
wird die Dingschaft mit uns stille

Die Blinde:

Hingegeben doch wie schuldig

sprich du, sprich dein ganzes Lassen
mein im Zweigefühl verdrossen
dürstend Herz will die entschlossen
ungeschreckten Dinge hassen

Warum sie wie eine Mauer
stehn und meine Erde trocknen

Kann ich warten, um zu loben
ist auch dieser Tod Gewährung
in das Schweigen der Entbehrung
sind die Dinge eingeschoben

Wie ein morgendlicher Wille
daß im übervollen Tauen
frommer, Dinge schwerer grauen
hat die Erde harte Fülle

SCHLAFEND seiner Augen Lauf
wie ein Brunnen zuckt es auf
daß das Land von ihm erquillt
plötzlich sich der Brunnen füllt
tief von unten zieht es auf

lauschend nicht, ein andres lauscht,
leiser plötzlich heftig rauscht
dann ist In- und Außensein
still geworden, und allein
leises Schilf so heftig rauscht

nicht Gefieder, plötzlich sinkt
fast ein Halm so ganz und hinkt
wie zur Seite, schwerer dann
kommt er die entwundne Bahn
wieder ganz und wird umringt

weiter rauschend, was man schaut
langsam wie Zerstörung laut
und Erzählung wie ein Weib
stoßend, wankend Halm und Leib
wie hinein in sich gebaut

Keines ist von Schwankens Last
das so rings wie Wasser fast
leise rauscht und tiefer nickt
plötzlich von sich fortgeschickt
das sein Recht wie Schrift nicht faßt

groß Gesicht und wieder dann
hebt die Schrift zu schreiben an

groß Gesicht und wie ein Weib
ganz zu Boden sinkt, o bleib
große Schrift hebt wieder an.

Schrift hat wie Zerstörens Kraft
in der Wurzel doppelt Haft
Gerechtigkeit ist wie ein Wind
hilflos in sich eingesinnt

EHE noch der starke Held
aufgestanden, und sein blasser
Schild, wie daß er auf ihn falle,
lehnt an seinem Leib wie Wasser
eh, daß Erde noch nicht lalle,
er den Schild dazwischenstellt,
ehe Körper ihn befällt
fängt so eine Stimme an,
singen, und im andern stillen
Wasser liegt der Morgenkahn
zwischen Traumgesicht und Frühe
hingelegt, wie daß der Mühe
Sein am Sein von allem Leibe
rein sich in dem Reinen schreibe
vor der reinen Stimme Quillen
hat das Herz noch keinen Willen
fängt mit Macht die Stimme an
stummer Macht und wie zum Streite
war der Mondlauf schon entglitten
treibt noch hin mit Sichelschritten
sinkend die bestellte Bahn
in der traumlos leichten weiten
Gürtung wie in Rückstand bleiben
muß gesichelt gleich dem Mond
fliehend fast am Horizont
muß das Herz sich fortzutreiben
wie in einem Opfer leiben.

was in der Luft wie Silber bringt
sich selber heut und doch nicht schwingt
man hört nicht und nach Kälte ringt

es ist im blau und bleichen Licht
noch braun des Tagwerks Angesicht
zur Scholle noch gesunken nicht

das Licht der Taube leuchtet weit
der Schatten doch verschluckt ihr Kleid
nah hat das Haus Verschlossenheit

doch ist der Mond ein Silbermal
und steht in Mauern wie im Saal
ein Silberleib mit Rosenzahl

Der hohen Narbe Oberhang
wie unsichtbar gibt allen Klang

W̶i̶l̶l̶s̶t̶ du umsonst gewesen sein,
du selig silberblauer Tag?
Schon dunkel schwebt dein Flügelschlag,
dein letzter, laß uns nicht allein!

»Warum, wenn jetzt um dich zerbricht
gelind und still wie nie die Welt,
gehst du nicht in mein Schattenzelt,
was willst du, den ich kenne nicht?«

Dein Schatten? – Nein, so festgebaut
wie immer noch steht heut das Haus
wie drängt auch sich der Baum heraus
so tief und dunkel aufgestaut

DIE UNMÖGLICHE SCHÖPFUNG

Sperling hüpft auf breiten Beinen
Beinen
ja er hüpft auf seinen
breitgesetzten sag ich Zehen
und hier steh ich zu verstehen
eine Handvoll Flaum, ein Ballen
Federn und mit derben Krallen
hüpfend auf den Gehwegsteinen.

Er und ich zwei fremde Dinge
Dinge
ja in diesem Ringe
äugen zwei sich zu entzweien
doch ich habe einen freien
Geist und will jetzt diesen meinen
Geist mit Dinglichkeit vereinen
Sperling tritt in meine Schlinge

Vogel, sag ich, tritt und schauen
schauen
ja und den genauen
Inbegriff und einen milden
Zustand will ich mit dir bilden
friedlich, nicht wie Kain und Abel
doch da dreht er seine Gabel
und hier herrscht noch kein Vertrauen

Hier bin ich sag ich und denken
denken
ja mit Geistgelenken

Vogel, der ich Worte sachte
wiegend dich vor mir betrachte
wie du plusterst, ich umgeisternd
wie ein Stößer dich bemeisternd
will mit mir dir Dasein schenken.

Was vergaß ich, nein ein Babel
Babel
ja mit seinem Schnabel
geht er um mich her und dieses
irdische Geschöpf was ließ es –
nein welch irdisches Gebahren
meinen Eifer muß ich wahren
und jetzt sind wir Kain und Abel

Ja jetzt kommt dein Herr und Kaiser
Kaiser
ja jetzt kommt ein Weiser
wo, das heißt ihn muß beim Thronen
stets sein eigner Geist belohnen
die Vernunft sitzt in der Mitte
rings umgeben von der Sitte,
dieses Letzte sprach ich leiser

Doch ich sprach es rührend sachte,
sachte,
ja sei leise, machte
Schritte mit dem Beingestänge
ich und zog den Kreis ins Enge
um von mir aus aufzubauen
unmißäugeltes Vertrauen
während sich mein Geist bedachte:

ja der Geist bleibt gerne sitzen
sitzen
ja und seine Spitzen
werden allzu sanft verhohlen
wär ihm nicht Natur empfohlen
ja Natur, jetzt werd ich dreister
zum Behuf den Geist der Geister
teleologisch zu erhitzen.

STILL, so daß die Sonne keinen Widerstand im Staube
keine Grenze findet im bewegten Laube,
sondern wo sie will und wo sie offen darf
hinscheint und ihr Rand wird wie die Brille scharf
daß die wacker aufgedeckte Pupille
stößt ans Firmament wie manchmal an die Brille
scilicet ihr Glas der Blick, dann wenn ein Mann
ein Gelehrter nicht genug erforschen kann
so still war es und man kann nicht stiller sagen,
so still wie ein aufgeknöpfter Hemdenkragen

stoss zu, Macht selber ist ein Untergang

kein Siegel und kein Bild, o freier Mensch

O Gang, der kommt, es fließt schon wie um Knie
die Erdenkrume braucht mit uns die Zeit

Zuerst kommt Ankunft, doch der Geist ist still
was schreckt, eh noch der Ton zu Ton gekommen,
weil Antwort immer Tun und Wort zerbricht
was schreckt uns, eh wir herzlich noch begonnen
ist unsre Rede schon im Schall entzweit
muß sie doch kommen wie aus einem Blut
es kennt sich nicht als nur durch Gegenwart
Feind dem, der mit zurückgebognem Blick
die feile Anwartschaft auf Horchen schickt
es schreckt den Laut und gürtet doch das Herz

wie geht der Reim doch selbst nur mit und faßt
nicht Wiederkehr

froh wie Verdammung ist die starke Tat

doch wir, den kühnen Untertan zu ehren
des Schwertes, wollen nicht des Worts entbehren

nur wie zwei Freunde, jeden übermannt
das gleiche Herz und keiner anders frei

ZUM HAHNENSCHREI

Ewiger Grund der Dinge Du
der Nacht und Tag am Zügel führt
dem Zeitgespann den Wechsel gibt,
daß aus sich fährt der kalte Gram

den Wanderern zum Schein des Lichts
das Nacht von Nacht noch nächtig teilt
schickt schon der Tagherold den Schrei
und macht die Bahn der Sonne frei

da wird entfacht der Morgenstern
verscheucht vom Pol die Finsternis
da weicht des Irrgelichters Schwarm
schadlos und rein wird jeder Pfad

da wird des Schiffers Arm voll Kraft
die wilde Meerflut zittert zahm
da   der Fels der Kirche selbst
im Schall die Schuld sich lösen läßt

der rasche Schall kommt uns zuvor
der Hahn der in die Ohren schrillt
und der die Trägen heftig schilt
der Hahn klagt taube Ohren an

Beim Hahnenschrei kehrt Hoffnung ein
die um den Kranken Balsam gießt
den Dolch des Räubers neu verschließt

NACHBEMERKUNGEN ZUR TEXTGESTALT
UND ANORDNUNG DER GEDICHTE
BIBLIOGRAPHIE UND LESARTEN
ZEITTAFEL · INHALTSVERZEICHNIS

Eine erste Gesamtausgabe der Gedichte von Konrad Weiß in zwei Bänden erschien 1948/49; sie umfaßte die vier Gedichtbücher *Tantum dic verbo, Die cumäische Sibylle, Das Herz des Wortes* und *Das Sinnreich der Erde*, ferner den größtenteils unveröffentlichten Nachlaß in vier Abteilungen: 1. die später ausgeschiedenen Gedichte aus der ersten Fassung des Gedichtbuches *Das Sinnreich der Erde* von 1935, 2. die Mehrzahl der übrigen in Handschriften oder Typoskripten vorliegenden vollendeten Gedichte, 3. die Fragmente der Dichtung *Largiris* und 4. *Widmungen und Gelegenheitsgedichte.*

Gegenüber dieser ersten Gesamtausgabe ist der vorliegende Neudruck um folgende anderwärts bereits veröffentlichte Texte vermehrt worden: *Die kleine Schöpfung, Die Gedichte aus der Tröstung des Boëthius* und die Gedichte aus den Prosadichtungen; die *Nachgelassenen Gedichte* konnten um eine fünfte Abteilung *Unvollendete Gedichte, Entwürfe* erweitert werden.

Als der Herausgeber dieser zweiten Gesamtausgabe die Drucklegung der ersten übernahm, sah er seine Aufgabe mit mancherlei Schwierigkeiten verknüpft. Vor allem war der Nachlaß des Dichters nur in beschränktem Umfang zugänglich, so daß es nicht möglich war, die Handschriften nach Wunsch zu sichten und zu ordnen. Dieser Umstand erklärt gewisse Unzulänglichkeiten der ersten Gesamtausgabe, die bei diesem neuen Druck behoben werden konnten.

Zur Textgestaltung wurden die Erstausgaben erneut verglichen; ebenso wurde das gesamte vorhandene Material an Druckvorlagen, Typoskripten, Handschriften und Entwürfen zu Rate gezogen. Da der Dichter bei einem großen Teil der Gedichte auf dem Manuskript oder in seinem Tagebuch das Datum ihrer Entstehung vermerkt hat, konnte ein erster Versuch gemacht werden, eine chronologische Übersicht der Gedichte aufzustellen.

Unverändert blieben, von einigen wenigen Berichtigungen abgesehen, in Textgestalt und Anordnung die Gedichte der vier eingangs erwähnten Titel. Die Texte der *Kleinen Schöpfung*, der *Gedichte aus der Tröstung des Boëthius* und der Gedichte aus den Prosadichtungen entsprechen im wesentlichen den Erstausgaben. Unberührt blieb auch die erste Abteilung der *Nachgelassenen Gedichte*. Über die Veränderungen innerhalb der zweiten bis fünften Abteilung der *Nachgelassenen Gedichte* wird weiter unten jeweils an Ort und Stelle Rechenschaft gegeben.

Da bei Gedichten mit unregelmäßiger Gliederung, die über mehrere Seiten laufen, im Druck immer wieder Abstände unkenntlich werden, seien hier die Seiten genannt, zwischen denen ein solcher Abstand zu denken ist: 14/15, 130/131, 132/133, 135/136, 142/143, 157/158, 357/358, 546/547, 597/598, 601/602, 604/605, 618/619, 662/663, 682/683.

Den Texten liegen folgende Ausgaben zugrunde:

TANTUM DIC VERBO
Gedichte von Konrad Weiß / mit Steinzeichnungen von Karl Caspar / Kurt Wolff Verlag / Leipzig
Quart, 72 S., 4 Bl.
S. 7 – (73) 42 Gedichte und 8 (davon 7 ganzseitige) Steinzeichnungen
S. (74) *Inhalt*
S. (76) Druckvermerk: *Einmalige Auflage von fünfhundert Exemplaren / Gedruckt im Sommer 1918 durch Knorr & Hirth in München / Die Exemplare 1–50 wurden von Dichter und Künstler handschriftlich signiert und in Ganzleder gebunden.*
Auf den in Pappe gebundenen Exemplaren außen eine handkolorierte Steinzeichnung von Karl Caspar (Johannes mit dem Adler auf Patmos darstellend)

IM JUBEL DES GESCHLOSSNEN RINGS
Gedichte von Joseph Feiten / Christoph Flaskamp / Richard Knies / Ilse von Stach / Konrad Weiß / Herausgegeben von Werner E. Thormann / Mainz / 1920 / Matthias-Grünewald-Verlag / Richard Knies
Quart, VIII, 96 S.
S. 69–91 insgesamt 22 Gedichte von Konrad Weiß
Handkolorierte Einbandzeichnung von Karl Caspar (Adam und Eva, zwischen beiden Fruchtbaum und Rosenbusch, zu ihren Füßen ein schlafendes Kind mit Taube, Lamm und Kreuzesfahne)

DIE CUMÄISCHE SIBYLLE
von Konrad Weiß / mit Steinzeichnungen von Karl Caspar / Georg Müller Verlag München 1921
Quart, 101 S., 2 Bl.
S. 4–101 70 Gedichte und 8 ganzseitige Steinzeichnungen von Carl Kaspar
S. (103) *Inhalt*

S. (105) Druckvermerk: *Im Auftrage des Verlages Georg Müller in München in einer Auflage von fünfhundert numerierten Exemplaren gedruckt. Die acht Steinzeichnungen druckte Dr. Wolf und Sohn in München.*

Die gewöhnliche Ausgabe in Pappe trägt eine handkolorierte Steinzeichnung von Carl Kaspar (das aufgestützte Haupt einer Sibylle darstellend) und die Beschriftung: *Die Cumäische Sibylle / von Konrad Weiß*

Die Vorzugsausgabe in Halbpergament trägt die gleiche Zeichnung auf dem Schutzumschlag; der Einband selber zeigt eine ähnliche Darstellung (spiegelverkehrt) in Goldprägung

DIE KLEINE SCHÖPFUNG

Von Konrad Weiß und Carl Kaspar / München / bei Georg Müller / 1926

Quart, 71 S., 1 Bl.

S. 3 — (72) Text und 39 (davon 12 ganzseitige) Zeichnungen von Karl Caspar

S. (75) Druckvermerk: *In einer einmaligen numerierten Auflage von dreihundert Büchern bei J. B. Hirschfeld in Leipzig gedruckt. Die Federzeichnungen Karl Caspars wurden von Albert Fallscheer in München in Holz geschnitten und von den Holzstöcken gedruckt. Die Exemplare 1—50 wurden bei Hübel & Denck in Leipzig in Ganzpergament gebunden und vom Künstler signiert.*

Auf den in Halbpergament gebundenen Exemplaren eine handkolorierte Zeichnung von Karl Caspar (Kind mit Taube, Lamm und Hahn, mit Blumen, Sonne, Gebirg und Meer)

Die Vorzugsausgabe in Ganzpergament trägt die gleiche Zeichnung auf dem Schutzumschlag; der Einband selber zeigt in Goldprägung die Zeichnung eines flügelschlagenden Hahns

DIE LÖWIN

Vier Begegnungen / von Konrad Weiß / Dr. Benno Filser Verlag G.m.b.H. / Augsburg / 1928

Großoktav, 132 S.

S. 5 *Inhalt*

S. 7–132 vier Erzählungen *(Die Löwin, Harpyie, Reclusa, Genannt Bona)*
Farbige Umschlagzeichnung (ein Fabelwesen, halb Weib, halb Löwin darstellend) von Karl Caspar

TANTALUS
Von Konrad Weiß / Dr. Benno Filser Verlag G.m.b.H. / Augsburg / 1929
Großoktav, 80 S.
Farbige Umschlagzeichnung (Tantalus, »Schwester Plan« und einen Engel über Kelch und Taube darstellend) und 3 die einzelnen Figuren der Umschlagzeichnung wiederholende Darstellungen im Text von Karl Caspar

DAS HERZ DES WORTES
Gedichte von Konrad Weiß / Dr. Benno Filser Verlag G.m.b.H. / Augsburg / 1929
Großoktav, 118 S.
S. 5–115 66 Gedichte
S. 117/8 Inhalt
Farbige Umschlagzeichnung (Maria als Spinnerin darstellend) von Karl Caspar

KONRAD WEISS
Die kleine Schöpfung / Mit Zeichnungen von Karl Caspar / Im Insel-Verlag zu Leipzig (Insel-Bücherei Nr. 521)
Oktav, S. 3–71 Text und 38 (davon 11 ganzseitige) Zeichnungen von Karl Caspar
Verkleinerter Nachdruck der Erstausgabe, ohne die Einbandzeichnung und die Zeichnung von S. 11

KONRAD WEISS
Das Sinnreich der Erde / Gedichte / 1939 / Im Insel-Verlag zu Leipzig

Oktav, S. 5—115 insgesamt 75 Gedichte (davon 19 aus *Tantum dic verbo*)
S. 117—199 *Inhalt*

KONRAD WEISS
Die kleine Schöpfung / Mit Bildern von Karl Caspar / Hegner-Bücherei / Im Kösel-Verlag zu München und Kempten / 1948
Quart, 76 S.
Nachdruck der Erstausgabe, die um 4 Strophen aus dem Nachlaß des Dichters und um 2 neue Zeichnungen von Karl Caspar vermehrt wurde
S. 3—73 Text und Zeichnungen
S. 75 *Schlußanmerkung*

KONRAD WEISS
Gedichte / Erster Teil / Hegner-Bücherei / Im Kösel-Verlag zu München / 1948; davon ein gleichzeitiger Druck auf besserem Papier: *Konrad Weiß / Gedichte / Hegner-Bücherei / Im Summa-Verlag zu Olten*
Oktav, 267 S.
S. 5 *Inhalt (Tantum dic verbo, Die cumäische Sibylle, Das Herz des Wortes)*
S. 7—256 Wiederabdruck der drei ersten Gedichtsammlungen
S. 259 *Verzeichnis der Gedichte*
S. 267 Nachbemerkung

KONRAD WEISS
Prosadichtungen / Hegner-Bücherei / Im Kösel-Verlag zu München / 1948; davon eine Ausgabe auf besserem Papier: *Konrad Weiß / Prosadichtungen / Hegner-Bücherei / Im Summa-Verlag zu Olten / 1949*
Oktav, 167 S.
Neudruck der beiden Bücher *Die Löwin* und *Tantalus*
S. 5 *Inhalt (Vier Begegnungen, Tantalus)*
S. 7—165 Text
S. 167 Nachbemerkung

KONRAD WEISS
Gedichte / Zweiter Teil / Hegner-Bücherei / Im Kösel-Verlag zu München / 1949
Oktav, 316 S.
S. 5 Inhalt *(Das Sinnreich der Erde,* ohne die Gedichte aus *Tantum dic verbo; Nachgelassene Gedichte)*
S. 7—293 Gedichte
S. 295—316 Anmerkungen und Inhaltsverzeichnis

KONRAD WEISS
Die Gedichte / aus der Tröstung der Philosophie / des Boëthius / Deutsch / Tausenddrucke / II / Im Suhrkamp Verlag
Quart, 133 S.
S. 5—109 *De Consolatione Philosophiae / Metra / Trost der Philosophie / Verse*
S. 111—130 Nachwort von Josef Pieper und Anmerkungen zu den Gedichten
S. 131 Inhalt
S. 133 Druckvermerk: *»Die Gedichte aus der Tröstung der Philosophie des Boëthius« / Deutsch von Konrad Weiß, wurden auf Grund einer vom Kösel-Verlag München erteilten Lizenz mit einem Nachwort von Josef Pieper im Herbst 1956 im Auftrage des Suhrkamp Verlages gedruckt / ... Die Auflage beträgt: Fünfzig Exemplare in Halbpergament... und neunhundertfünfzig Exemplare in Halbleinen gebunden...*

Die zu Lebzeiten des Dichters erschienenen Ausgaben werden unter folgenden Abkürzungen zitiert:

Tantum dic verbo	(Tantum)
Im Jubel des geschloßnen Rings	(Jubel)
Die cumäische Sibylle	(Sibylle)
Die kleine Schöpfung	(Schöpfung)
Das Herz des Wortes	(Herz)
Das Sinnreich der Erde	(Sinnreich)

ANMERKUNGEN UND LESARTEN

Tantum dic verbo

Der Druck folgt in Wortlaut und Zeichensetzung der Erstausgabe; nur bei den Gedichten, die später Aufnahme in *Das Sinnreich der Erde* fanden, wurden die geringfügigen Änderungen dieser Sammlung übernommen. — Die Gedichte entstanden zwischen Sommer 1914 und März 1917; fünf weitere Gedichte aus dem gleichen Zeitraum waren ursprünglich ebenfalls für den Band vorgesehen, wurden jedoch später zurückgestellt (vgl. Inhaltsverzeichnis S. 784). Über den Plan zu einem »Jonas«-Zyklus siehe S. 755. — Zum Titel: *Ich bin zu dem Buche schon wegen des Titels befragt worden, und in einer Besprechung hieß es einst, daß er bedeuten solle ›Sprich nur Worte‹. Er ist aus der Kommunionformel genommen, und ich wollte damit sagen, daß das Wort, durch das alles gesagt werden könne, selber nicht zu sagen möglich sei, und dem Menschen nichts übrig bliebe, als durch Dinge und Bilder zu sprechen. So ist gewissermaßen auch der Titel ›Die Cumäische Sibylle‹ gemeint.* (Brief an Hans Hennecke, 6. Juli 1939)

13 BESTOCKUNG
   ursprünglicher Titel: *Nach der Blüte*

15 WEILE AM WEG
   letzte Zeile: von einem Fuße auf den *andern* legend. (Tantum)

27 DURCHS FENSTER
   statt der Zahlen 1 und 2 findet sich im Erstdruck nach dem vierten Dreizeiler ein größerer Abstand

41 WANDERER IM HERBST
   Titel: *Wanderer* (Tantum)

44 MORGENGESTIRN
   15 wem *zu Liebe,* (Tantum)

Die cumäische Sibylle

Der Druck folgt dem Wortlaut der Erstausgabe; einige wenige Änderungen in Orthographie und Zeichensetzung wurden nach der erhaltenen Druckvorlage dieser Erstausgabe vorgenommen. — Die Gedichte entstanden zwischen September 1916 und April 1920.

115/116 GESICHTE DES KNECHTS 23/24
 ursprüngliche Titel dieser beiden Sonette: *Das Wappen Adams* und *Das Wappen Christi* (Handschrift)

Das Herz des Wortes

Reihenfolge und Wortlaut der Gedichte wie in der Erstausgabe; einige Druckfehler und eine Auslassung wurden nach den vorliegenden Reinschriften berichtigt; nach den gleichen Reinschriften wurden einige wenige Änderungen der Orthographie und Zeichensetzung vorgenommen. — Die Gedichte entstanden zwischen Januar 1917 und November 1927.

164 SINNSPIELE DES ADVENTS
 Die 3 Sonette trugen ursprünglich noch die Einzelüberschriften: *Adam, Der Künstler, Der Knecht des Herrn*

206 DAS UNVERBRAUCHLICHE LINNEN
 Überschrift: *Der bittere Brunnen* (Handschrift, Erstdruck in der Zeitschrift *Der Gral*)
 Widmung: *Karl Caspar zu Weihnachten 1920* (Handschrift)
 Meinem Freunde Karl Caspar (Der Gral)

222 DIE MUSCHEL
 Das erste Sonett trägt im Manuskript die Widmung: *Herrn Dr. C. Schmitt-Dorotić,* und den Vermerk: *(gegen die Decision)*

242 DER RABE 3
 Überschrift dieses Gedichtes in einer Handschrift: *Die Quelle*

258 AKTÄON
> 5 und wiederkehrt, und unerlöst (Erstdruck in *Phaidon, Ein Lesebuch auf das Jahr 1925*, Phaidon Verlag, Wien 1925)

260 INVIOLATA
> Überschrift: *Seelen im Steine* (Handschrift)

269 SIGNET
> Dieses Gedicht steht in einer frühen Handschrift als vorletzte Strophe des Gedichtes *Inviolata* (siehe S. 260)

Das Sinnreich der Erde

Die erste Fassung dieses Gedichtbuches, für das nur solche Texte vorgesehen waren, die noch in keiner anderen Sammlung Aufnahme gefunden hatten, war Anfang 1935 bei dem S. Fischer Verlag, Berlin, in Satz gegangen. Ein unkorrigierter Durchschlag der Druckvorlage, sowie die Umbruchkorrekturen der nicht in die zweite Fassung aufgenommenen Gedichte (siehe *Nachgelassene Gedichte, Erster Teil*) vom April 1935 haben sich erhalten. Für die Erstausgabe des Insel Verlages, Leipzig, wurden statt der ausgeschiedenen Gedichte 12 Titel aus der Sammlung *Tantum dic verbo* und eine Anzahl neuentstandener Gedichte eingegliedert. — Wortlaut und Anordnung nach der Erstausgabe; die Gedichte aus der Sammlung *Tantum dic verbo* wurden nicht wiederholt; über ihre Eingliederung unterrichtet das Inhaltsverzeichnis (S. 791). — Die Texte der ersten Fassung entstammen etwa dem Zeitraum zwischen April 1917 und Januar 1934, die der zweiten Fassung dem Zeitraum zwischen Mai 1917 und August 1939.

278 DER WANDERER
> Titel: *Vor dem Abend* (Handschrift)

285 GLOCKE DER NÄCHTE
> Titel: *Morgenglocke* (Handschrift)

288 MORGENGELÄUTE
Vermerk: *Weihnacht 1933* (Handschrift)
Die Anfangsbuchstaben der beiden Strophen ergeben als Akrostichon den Namen Felizitas

292 DAS LIED RUHELOS
Ursprünglicher Titel: *Immer* (Handschrift)

300 MITTAG
6 Daß ich ein Pendel hin und *wieder schwanke* (Variante einer Handschrift)

308 FÜNFTAGEFOLGE IM FEBRUAR
Widmung: *Gewidmet dem Kind Felizitas im Februar 1920* (Handschrift); *Der kleinen Felizitas Caspar zugedacht von Konrad Weiß* (Handschrift)

316 OCULI
vorletzte Zeile: *Unbewegter,* (Handschrift)

318 IN DER KARWOCHE
Die drei Gedichte bildeten ursprünglich den Hauptteil des geplanten »Jonas«-Zyklus (siehe S. 755)

324 OSTERN IM SCHNEE
Früher Titel: *Auferstehung* (Handschrift)

334 AM BERGSEE IM REGEN
Früher Titel: *St. Wolfgang im Regen* (Handschrift)

344 DAS SAATKORN
Titel: *Korn des Lebens* (Typoskript); *Das Samenkorn* (Typoskript); dazu die Notiz: *Daheim Jahrtag Mutter Beerdigung 28. II.*

347 SATURN
Widmung: *Hans Thoma zu Ehren* (Erstdruck in Münchener Neuste Nachrichten)

349 UM DAS GLEICHNIS
Widmung im Akrostichon (Umbruchkorrektur)

352 DIE EINE ROSE
ursprüngliche Überschrift: *Sinnbild der Geschichte*

353 DER ERKENNENDE
Widmung: *für Karl Caspar zum 50. Geburtstag* (Umbruchkorrektur)

354 TEIL IM TEILE
Widmung: *für den Bildhauer Karl Knappe* (Typoskript)

361 SICHEL ÜBERM GRUNDE
Mir selbst ist eines der wichtigsten Gedichte in dem Bande ›Sichel überm Grunde‹, das am Bodensee entstanden ist und, wie ich glaube, das mächtige und sinnzerstörende Gefühl dieser Gegend voll Romantik (in Konstanz und Reichenau) und satter Naturschönheit ein wenig, wenn auch nur in loser Vokalität und gebrochener Sinnführung, erreicht hat. (Brief an Katharina Kippenberg, 14. August 1939)

365 DEINE ERDE
Akrostichon mit der Widmung: *für Felizitas* (Handschrift)

366 DER BRUNNEN
Widmung: *für Karl Caspar zum 60. Geburtstag, 11. März 1939* (Handschrift)

367 IM REIME
Widmung: *für Katharina Kippenberg* (Handschrift)

368 UNSERES WEGES
Titel: *Sinn und Kind* (Erstdruck Weihnachten 1932, *Münchener Neueste Nachrichten*)
Widmung: *für Fritz Büchner* (Handschrift)

Die kleine Schöpfung

Der Druck folgt dem Wortlaut der Insel-Ausgabe; die handschriftlichen Korrekturen eines Umbruchexemplars dieser Ausgabe, das sich erhalten hat, wurden berücksichtigt.

383 *Wohl des Mittagswegs allein...*: Das Typoskript der folgenden, ursprünglich als ein Widmungsgedicht geschriebenen vier Strophen trägt den Vermerk: *3. Dez. 37 für Theodor Niermann*; dazu die handschriftliche Anweisung: *Kleine Schöpfung / einfügen hinter... Abendhorn.*

391 6 du zuerst und wer hält Tritt, (1. Ausgabe, Umbruch)
    7 durch *die* Himmelspforte Paß (1. Ausgabe)
      wer hat in den Himmel Paß (Umbruch)
    8 ich und du Felizitas. (1. Ausgabe, Umbruch)

Gedichte aus den Prosadichtungen

Die hier vereinigten Texte entstammen den zu Lebzeiten des Dichters veröffentlichten Erzählungen und dem Traumgesicht *Tantalus.*

399 *Die dunklen Tore sind aufgetan...*
Prospers Lied aus der Legende *Die Bitte um das Blut,* Europäische Revue, X. Jahr, Heft 1, Januar 1934, S. 30—35. Die Erzählung dürfte jedoch schon früher, vielleicht Anfang der zwanziger Jahre, entstanden sein / ... *Die Nacht rief den Tag ab, und Prosper nahm das Wort. Er stand auf und seine Stimme erhöhte sich. Da hielt auch der böse Feind den Atem an und sog den Widerhall nicht ein, so daß er unter dem Firmament fortscholl:* »*Die dunklen Tore sind aufgetan... und muß er an Wegzehrung sterben.*« *Prosper ging im Kreise um die Gefährten und blickte unverwandt nach der erhobenen Schale. Dann kniete er nieder und sprach:* »*Viele Monde sind in die Schale gefallen... Wir tragen den Weg das Blut.*« *Prosper legte sich an seinen Platz zur Rechten und schloß seine Worte:* »*Wir haben das Brot des Lebens in unserem Munde bis hierher getragen...*«

400 DAS WEIB DER LIEBE
Aus der Erzählung *Die Löwin* (Löwin S. 26/27). Der Sprechende ist der Erzähler: ... *Denn das ist die geringste Kraft, die Spanne der Entfernung zu trinken und die Frucht des Mangels mit dem Blute herzustellen. Und so ging ich der Löwin voraus auf ihrem Wege. Und indem ich fortschritt mit dem Kinde, sammelten sich mir zwischen Glut und Kälte die folgenden Worte: Was ist dies wie ungenossen...*
Das Gedicht hätte ursprünglich unter dem Titel *Das Weib der Liebe* in den Band *Das Herz des Wortes* Aufnahme finden sollen, und zwar hinter dem Gedicht *Vita contemplativa* (siehe S. 262).

402 *Was aus deinem Traum entstanden...*
Als Widmungsgedicht des *Tantalus* für Frau Maria Weiß (ohne Namensnennung) auf einer sonst leeren Seite voranstehend

403 *Ein Stämmchen schlug im Wintersturm...*
Tantalus S. 20 / ... *Lied eines Letzten (im Zug der heiligen drei Könige) von den Nachfolgenden am Ende, der zu Fuß war und wie wenn er nicht recht dazugehörte. Er sang lauter, als das weggezogene Gesicht mit sich vergleichen ließ. Es kam über die Wellen wie von einem Bäumchen geschüttelt und die Worte waren mir dann auch wie schwimmende Blätter und alles wiegte sich mit einer sonderbaren und doch nicht kalten, sondern heftigen Heiterkeit, mit der er sang: Ein Stämmchen schlug im Wintersturm...*

404 *Wie wachend es liege...*
Tantalus S. 63. Es spricht das armlose steinerne Frauenbild des Traumgesichtes, das auch *Schwester Plan* genannt wird / ... *Darauf... wurde ihre Sprache für sich wie ein Trällern oder wie eine Windbewegung mit ihren Worten, welche sagte: »Wie wachend es liege, wie lange es hält...*

405/6 *Der ich dich nicht mehr kenne...*
Tantalus S. 65/66/67 / ... *Oder so ist auch der Schatten im*

Sommer unter dem starken Baume, nicht der auf der Erde, welcher die Schwärze hat, sondern der in dem dunklen Zwischenraum, wo nichts empfangen wird; er ist wie der Sinn der Augen, die Früchte fallen herab, aber der unbewegte rückt nicht und ist dann unberührbar vergangen. Er hat uns keine Einholung. So war es mit dem Gesichte, das in gegenwärtiger Einsamkeit vor mir lag. Und von Eile getrieben, durch mich selber ihm entgegengebracht, waren folgendes meine Worte: Der ich dich nicht mehr kenne, so dich liebe... Und in diesen gleichen Umständen mußte ich weiter sprechen, wie durch ein Fenster ins Innere, und so wird es eine fremde Stimme, während sich das Gemüt beschlägt, zu sich selber, und es ging durch das Mark der Besinnung wie ein Bäumchen durchs Auge. Eine solche Art von Erkenntnis oder Furcht, während sie durch den Gedanken festwurzelt, solange er in der bewegten Form ist, hat ihre wachsende Glut gegen das anfängliche Licht wie der Morgen, bevor die unbewegte Eigenheit der Dinge zu sich gebracht ist. »Nicht allein aber jene«, nämlich die Dinge, sondern nun ist auch diese selbe, nämlich die Erkenntnis, getrennt von jeder Äußerung ihres Erlangens, nämlich der Dinge, sobald es nun in ihnen bildhaft ist, dieser selbe also Erkennende in jeder Zelle gefangen und wie vom ersten Sinne eingeschrieben nun noch nachgeboren in der wie kranken Glut der Ereignung; und er ist nun noch mehr, der durch sie und alles weniger ist. Er kommt in die nachgeborene Furcht alles Wirklichen. Und durch dieses rückschlagende Gefühl, während es sich schnell verkehrte, kamen die weiteren Worte: Durch diese Faser, nun ich sie berühre...

407 KLAGE ÜBER DER SCHÖPFUNG
Tantalus S. 71 f. / *... Der Knabe indes, der eine Flöte trug, ging noch zwischen den liegenden Steinen, als eine langsame Stimme ihn zum Verweilen brachte... Die Stimme aber sprach eine gleichmäßige Klage: »Mit einer Hand die Seele, o die er band...«*
Die Überschrift entstammt einer Handschrift im Nachlaß

409 *Ohne Regung wie ein Flügel...*
Tantalus S. 77 f. / ... *Da fing der Knabe zuerst sprechend, während er zwischen den steinernen Puppen herumging, und dann mit seiner Flöte in den Pausen eine eigentümliche helle Melodie einschiebend, eine Weise an, die um so deutlicher gehört wurde, als er allein unter den Bäumen und mit ihr wendend umging, die Töne aber über den liegenden Gesichtern wie ein Echo beständig waren. Der Himmel setzte sich über der Erde in Augen, während die Töne über das Wasser gingen: »Ohne Regung wie ein Flügel...«*

411 *Ich schlief...*
Schlußgedicht des *Tantalus* S. 80

Boëthius: Die Gedichte aus der Tröstung

Die fünf Bücher *De Consolatione Philosophiae* des Boëthius entstanden während der langen Kerkerhaft des Philosophen, als er zu Pavia den Tod erwartete. Er wurde im Jahre 524 auf Anordnung Theoderichs hingerichtet. — Die Gestalt des Boëthius beschäftigte Konrad Weiß in seinen letzten Lebensjahren im Zusammenhang mit den Plänen zu einem Theoderich-Drama. Zur Einübung gleichsam in den Geist dieses letzten Römers übersetzte er damals die Gedichte aus der Tröstung. Das Typoskript der Übersetzung trägt den Vermerk: *endgültiges Manuskript / Anmerkungen? fehlen noch! / Boëthius / Die Gedichte aus der Tröstung / übersetzt von Konrad Weiß / (21. Sept. 39) / Titel / Die Tröstung der Philosophie / besser als »Trost der Philosophie«, weil damit das Accidens, der persönliche Fall für den Gefangenen stärker angegeben ist.* — Zu dem Vorhaben und zum näheren Verständnis der einzelnen Gedichte sei hier mit freundlicher Genehmigung des Suhrkamp Verlages, Berlin und Frankfurt, aus dem ersten Druck der Schluß des Nachwortes von Josef Pieper zitiert:
»Die Boëthius-Übersetzung, die Konrad Weiß hinterlassen hat, ... ist ... nicht eigentlich um des Boëthius willen unternommen worden. Sie ist eher unternommen worden als ein Versuch, sich möglichst genau und nachdrücklich eines von Grund auf frem-

den Weltgedankens zu versichern, der dann als Gegenbild des Eigenen zu dichterischer Aussage gebracht werden sollte. Es scheint, anderseits, eben diese innere Widerstrebigkeit zu sein, wodurch eine Übersetzungsleistung von solch ungewöhnlichem Rang zustandegekommen ist.
Wie die Freunde wissen, ging Konrad Weiß in seinen letzten Jahren mit dem Plan um, ein Theoderich-Drama zu schreiben. Darin würde selbstverständlich auch dem Boëthius ein gewichtiger Part zugekommen sein — ihm und seinem Freund und Schüler Cassiodor, der gleichfalls, als magister officiorum, ein hohes Amt am gotischen Königshof innehatte. Schon die nackten Daten der Historie strahlen das Erregende dieser Konfiguration aus: Der als Geisel in Byzanz aufgewachsene, zum arianischen Christentum übergetretene germanische Stammesfürst, der zum mächtigsten Herrscher seines Zeitalters wird und zur Vorausfigur des deutschen Kaisertums; der ganz im griechischen Geisteserbe wurzelnde römische Christ Boëthius, der den unmittelbaren Kontakt mit den heraufziehenden Mächten sucht und daran zugrundegeht; endlich Cassiodor, auch er Römer, aber syrischer Abkunft, der plötzlich die erfolgreiche politische Laufbahn verläßt und dann, in mehr als dreißig Jahren klösterlicher Zurückgezogenheit, auf seine Weise das Ziel des Boëthius zu verwirklichen sucht. — Aber natürlich hätte die von Konrad Weiß geplante dramatische Dichtung, wie er selbst sagt, *nicht bloß eine illustrative Angelegenheit* werden sollen. Über das Nähere seines Entwurfes freilich gibt es keine zugänglichen Aufzeichnungen des Dichters. Immerhin hat er sich mehrfach — zum Beispiel in einigen bedeutenden Briefen, deren Durchschrift sich im Nachlaß fand — darüber geäußert, wie sich ihm die Gestalt vor allem des Theoderich und des Boëthius in ihrem Kontur abzuzeichnen begann, so nämlich, daß zwischen beiden *kein Verständnis sein konnte, und daß sein* (des Boëthius) *Tod, wenn auch die Politik ihn gebracht hat, gewissermaßen wie eine innere Unlösbarkeit im Zeitverhältnis liegt*. Dabei erscheint, allem humanistischen Denkgebrauch entgegen, nicht Theoderich als der Fremde, sondern Boëthius. Immer wieder einmal ist, sooft Konrad Weiß die geistige Position des Gotenkönigs beschreibt, unversehens von uns die Rede, statt von Theoderich. Er ist als der Überlegene gedacht, Boëthius dagegen

als der, dem etwas Entscheidendes fehlt: *Dem ›letzten Römer‹ fehlt ganz das geschichtliche Gefühl, mit dem der Germane in der Völkerwanderung gleichsam blind... zu rechnen hat.*
Wer das Werk von Konrad Weiß auch nur ein wenig kennt, weiß, daß *Blindheit* eines der Grundworte ist, mit denen er das Wesen der geschichtlichen Erfahrung zu benennen sucht. Gemeint ist *das reine Vertrauen*, sich entfachend an der Kontemplation des *geschichtlichen Gethsemane*, das sich aller rechnenden Bemächtigung der ratio verschließt. Auch diese, ein Wort von Vincent van Gogh aufnehmende Formulierung *(geschichtliches Gethsemane)* kehrt bei Konrad Weiß in vielfacher Abwandlung wieder. Jedenfalls ist deutlich, daß für den Dichter die Entgegensetzung Theoderich-Boëthius nicht zunächst ein im engeren Sinne *historisches* Problem ist, wiewohl es ihn eine Selbstverständlichkeit dünkt, das wissenschaftliche Schrifttum über seinen Gegenstand zu kennen. Es handelt sich darum, eine neue Antwort zu versuchen auf die lebenslang erwogene Frage, ob und wie es möglich sei, in der *Fraktur* dessen, was geschieht, ahnend den heilen Sinn von Geschichte zu lesen.
Boëthius also erscheint – *im ... elegischen Anschauen der Sterne und der untrüglichen Gesetzmäßigkeit des umschwingenden Weltkreises* – als der *klassische* Mensch, der seine Grenze gerade darin habe, daß er ganz auf die Vermeidung von Blindheit gestellt sei, aufs Sehen und Ein-sehen und auf den Willen zur Deutlichkeit sichtbarer Gestalt. *Unsere* Art hingegen, so heißt es, sei *mehr ›hörend‹*. Man mag sich fragen, was denn solchem blinden Hören etwa vernehmlich sein könnte, das nicht auch im Blickfeld des Auges der Seele läge. Die Antwort lautet: das sich selbst niemals Zeigende, die Botschaft aus der Sphäre unzugänglichen Lichtes, das pfingstliche Brausen des Geisthauchs; und auch der dunkle Schicksalslaut der in die Zukunft drängenden Zeit. Ein Satz wie der folgende, der sich auf die ersten Monate des letzten Weltkrieges bezieht: *Die Zeit ist wieder wie das Wasser, das man fließen hört und nicht weiß, wo; und man glaubt, daß es in großer Höhe fließe und rausche* – dieser, übrigens auf Friedrich von Spee sich berufende Satz ist völlig aus der hier zur Rede stehenden Grundvorstellung her gesagt. – Dem *Humanismus* des Boëthius, das ist die Meinung, bleibe notwen-

dig verborgen, daß die Welt mehr ist als ein bloßes, im Aussagbaren und Anschaubaren sich erschöpfendes Positivum; es entgehe ihm die *Lücke*, der *Mangel*, der *negative Ingrund* im Gefüge der Geschichte und auch, daß durch die schmerzende Erfahrung dieser Wunde hindurch eine Heilung ahnbar wird, die jene Positivität unendlich, aber unaussprechlich, übersteigt. Man kann Konrad Weiß nicht den Vorwurf machen, seine Deutung fuße auf einem, nach der Weise des Klassizismus allzusehr vereinfachenden Bilde vom *antiken* Menschen. Ausdrücklich setzt er vielmehr, in einem der genannten Briefe, dem Kristallischen der renaissancehaft ihrer selbst sicheren ratio die bei Boëthius *mitsprechende Schwere des antiken pondus* entgegen. Dennoch, so sagt er, habe das Grabmal des Theoderich in Ravenna *eine viel dunklere Schwere... als der antiken anima zu erfassen möglich war. Gewiß hat die Antike ein ungeheures Leiden und ein ungeheures Pathos, aber sie hat nicht jene sinnverstörende Einfachheit des ›Nichtsagens‹, wie etwa Shakespeares Cordelia.*

Von solchen Dingen sollte die Einleitung handeln, die Konrad Weiß seiner Übersetzung der Boëthius-Gedichte beizugeben beabsichtigte. Er ist nicht mehr dazu gekommen, sie zu schreiben. Der in meinem Besitz befindliche Text trägt das Datum des 21. September 1939. Ein Vierteljahr später, am 4. Januar 1940, starb Konrad Weiß, wenige Monate vor seinem sechzigsten Geburtstag.

Indem dieser durch Geburt wie durch eigene Entscheidung so sehr unlateinisch gesonnene Dichter sich auf die *Schinderei*, wie er selbst sagt, einließ, die Metren des *letzten Römers* möglichst genau zu übersetzen; indem er also die Bogensehne, von welcher er den im Köcher verbliebenen Pfeil abzuschnellen gedachte, am so stark Widerstrebenden und Entfernten zu befestigen vermochte, hat er ein opusculum geschaffen, in welchem kaum Vereinbares sich, so scheint es mir, zu glücklichster Verbindung fügt: die architekturhafte Klarheit lateinischer Begrifflichkeit und die aus der Mutterlauge eines noch vorlutherischen Deutsch sich speisende Prägkraft des sinnlich-bildhaften Wortes.

Zu den einzelnen Gedichten muß man zu bedenken geben, daß ihr Aussagesinn, je nach dem Ort im Zusammenhang des Buches von der Tröstung der Philosophie, wechselt. Einige sind Teil des Dialogs zwischen dem Gefangenen und der Philosophia; andere sind Unterbrechungen dieses Gespräches, sozusagen Ruhepausen der Reflexion. Natürlich ist vor allem zu beachten, wer der Sprecher des Gedichtes ist, die Philosophia oder der Gefangene oder eine dritte Person.

1 Der Klagegesang des Gefangenen, womit das Buch beginnt.
2 Die Philosophia, während des ersten Gesanges in der Gestalt einer Frau zu Häupten des Boëthius hingetreten, weist die Musen hinaus und beklagt ihrerseits den Zustand ihres Schützlings.
3 Der Gefangene, dem die Philosophia mit ihrem faltenreichen Gewand die Tränen abgetrocknet hat, spricht die ihm widerfahrende Tröstung aus.
4 Der Zuspruch, mit welchem die Philosophia den Boëthius zur ›Offenbarung seiner Wunde‹ zu bewegen sucht.
5 Der Gefangene hat die Geschichte seines Sturzes erzählt; er schließt mit dieser, ›in äußerstem Schmerz hervorgeächzten‹ Anklage wider den Lenker der Geschichte.
6 Eine von der Philosophia gesprochene Einfügung, die den Gang des Gespräches unterbricht, bevor es dazu ansetzt, ›den besten Weg der Heilung‹ zu suchen.
7 Mit diesem Gesang der Philosophia schließt das erste Buch.
8 Ein von der Philosophia gesprochenes Lied, welches das Gespräch über das Wesen der Fortuna eröffnet.
9 Die Philosophia spricht hier in der Rolle der Fortuna: ›Wenn mit solchen Worten die Glücksgöttin zu dir redete, wahrhaftig, du vermöchtest dagegen nichts vorzubringen‹.
10 Die Philosophia faßt ihre Darlegung zusammen, die dem Gestürzten zeigen soll, daß ihm nichts Unerwartbares widerfahren ist.
11 Diese Verse, der Philosophia in den Mund gelegt, sind nicht
bis eigentlich Bestandteil ihres Gesprächbeitrages. Als sozusagen
14 zitathafte Reflexionen unterbrechen sie den Dialog.
15 Ein von der Philosophia gesprochener Lobgesang auf Liebe und Freundschaft; er beschließt das zweite Buch. Das dritte Buch beginnt so, daß der Gefangene von sich sagt, noch immer fessele ihn die Süße dieses Liedes.

16 Die Verse geben, als Präludium, das Thema der nun folgenden Erörterung an, durch welche die ›Feldung‹ des Geistes gesäubert werden soll von dem ›Gesträuch‹ falscher Glücksvorstellungen.

17 Die Philosophia preist die Gewalt des naturhaften Willens, zur Ordnung des Ursprungs zurückzukehren.

18 bis 23 Diese kurzen Strophen beschließen je ein Argument der Darlegung, worin die Philosophia zeigt, daß die wahre Glückseligkeit weder im Reichtum bestehe noch in Ehrungen, Macht, Ruhm oder Lust. — Das 23. Gedicht faßt die ganze Argumentation abschließend zusammen.

24 Ein Gebet, von der Philosophia gesprochen. Ihm geht die folgende Wechselrede voraus: ›Aber da man, sagte sie (die Philosophia), wie es unserem Platon im Timaios gefällt, auch bei der geringsten Angelegenheit den göttlichen Schutz anflehen soll, was glaubst du, daß nun zu tun sei, auf daß wir uns verdienen, den Sitz jenes Gutes zu finden? — Wir müssen den Vater aller Dinge anrufen; denn wenn wir ihn übergehen, dürfte kein Anfang recht gegründet sein. — Das ist wahr, sagte sie, und zugleich stimmte sie an: O der steuert die Welt...‹.

25 Wieder eine meditative Unterbrechung des Dialogs, in welcher der Begriff der Gefangenschaft auf jegliche Bindung an irdische Begierden gemünzt wird.

26 In diesen, von der Philosophia gesprochenen Versen, gelangt die platonische Lehre von der Erinnerung zu Wort. Durch die Zustimmung des Gefangenen werden sie Teil des Dialogs (›Darauf antwortete ich: Dem Platon stimme ich nachdrücklich zu‹).

27 Schlußgesang des dritten Buches. Es spricht die Philosophia, ›die Würde des Antlitzes und den Ernst der Rede wahrend‹.

28 Diesen Gesang leitet die Philosophia mit folgenden Worten ein: ›Ich will deinem Geiste Fittiche leihen, auf denen er sich in die Höhe schwinge — damit du... heil ins Vaterland kehrst, unter meiner Führung, auf meinem Pfade, mit meinem Gefährt‹.

29 Eine dichterische Formulierung des platonischen Gedankens, daß nur die Guten mächtig seien.

30 Dieser Gesang schließt sich an das Argument an, daß, ›wer die Tugend verläßt, aufhört Mensch zu sein; da er nicht zum Stande der Götter einzugehen vermag, verwandelt er sich zum Tier‹.

31 Wiederum ein sokratisches Weistum, in die Form gebundener Rede gefaßt: Mehr als der Unrecht Erleidende ist der zu bemitleiden, der Unrecht tut.

32 Der Gesang beantwortet die von dem Gefangenen vorgebrachte Schwierigkeit, er vermöge nicht, Zufall und Vorsehung zu unterscheiden.

33 Die Worte, die diesem Gesang der Philosophia vorausgehen, zeigen, in welcher Weise einige der – als ›Unterbrechung‹ – eingefügten Metren zu verstehen sind. Es heißt dort, mitten in der Diskussion des Begriffs ›Vorsehung‹: ›Aber ich sehe‹ – so sagt die Philosophia – ›daß du, schon längst durch die Bürde der Untersuchung belastet und durch die Ausführlichkeit der Erörterung ermüdet, ein wenig die Süße des Gesanges erwartest. Empfange also einen Trunk, auf daß du, durch ihn wiederhergestellt, um so fester das Weitere angehest‹.

34 Mit diesem Gesang schließt das vierte Buch.

35 Eine von der Philosophia gesprochene poetische Formulierung der voraufgegangenen Gedanken über Zufall und Vorsehung.

36 Das Gedicht leitet die Diskussion ein, in der die Vereinbarkeit des göttlichen Vorherwissens mit der menschlichen Freiheit erörtert wird.

37 Das letzte von den insgesamt nur vier Gedichten, deren Sprecher der Gefangene ist.

38 Ein Lehrgedicht, inmitten eines Monologs der Philosophia über den Gedanken, daß alles Erkannte nach der Weise des Erkennenden erkannt werde.

39 Das fünfte, letzte Buch ist das einzige, das nicht mit Versen abgeschlossen wird. Dieses Gedicht unterbricht, ohne eigentlicher Bestandteil der gedanklichen Argumentation zu sein, die Erörterung des Begriffs der Ewigkeit, von dem her das Zusammenwirken göttlichen Vorherwissens, menschlicher Freiheit und schicksalhafter Notwendigkeit aufgehellt wird.«

Nachgelassene Gedichte

Erster Teil

Diese Abteilung umfaßt sämtliche für die erste Ausgabe des Gedichtbuches *Das Sinnreich der Erde* vorgesehenen Texte, die für den Druck des Insel-Verlages ausgeschieden wurden. Der Wortlaut entspricht im wesentlichen den Umbruchkorrekturen des S. Fischer Verlages von 1935 (siehe S. 740). — Über Anordnung und Gesamtbestand der ersten Fassung des *Sinnreichs* unterrichtet das Inhaltsverzeichnis (S. 788).

458 ANACHORET
    4 und über eigner *Grube* hin (Jubel)
    7 Im Einzelnen *gebot* sich Gott Aufschub (Jubel)
   13 Wie immer *neu das* Leben kam, (Jubel)

460 WIE SAULUS
Titel: *Wie Paulus* (Umbruchkorrektur)

468 GESTALT DES MENSCHEN
Das Gedicht ist an Christoph Flaskamp gerichtet; die Anfangsbuchstaben der einzelnen Verse ergeben im Akrostichon: Christopherus. Zu dem lateinischen Zitat der ersten Zeile, siehe Apost. Gesch. 2, 4

482 *Als ich mich in Dinge brach...*
Früher Titel: *Emmaus-Frage* (Handschrift)

491 REGENTROPFEN AM PALMSONNTAG
Widmung: *Angebinde für Franz Schranz* (Umbruchkorrektur); das Gedicht wurde ursprünglich in ein Exemplar des *Tantum dic verbo* eingeschrieben

509 DAS SCHWEISSTUCH
Widmung im Akrostichon (Umbruchkorrektur)

510 DER WEIN DER ZWEIHEIT
Widmung für Josef und ? Dünninger (Umbruchkor-

rektur); *Für Herrn und Frau Dr. Dünninger zur Vermählung*, 24. Aug. 33 (Handschrift)

511 HAUS IN DER WAAGE
Widmung für Karl Caspar und Maria Caspar-Filser (Umbruchkorrektur); 12. Okt. 32, *Für Karl Caspar zur Silbernen Hochzeit am 13. Oktober 1932* (Handschrift)

513 DIE WEGE
Widmung: *zum Gedächtnis für Max Ettlinger* (Umbruchkorrektur); *Für den verstorbenen Max Ettlinger* (Erstdruck am 17. Okt. 1929, in *Münchener Neueste Nachrichten*)

514 DEUTSCHE SCHRIFTTAFEL
Der erste Vierzeiler trug zuerst den Titel *Bauernregel der Geschichte* (mit dem Datum: 12. Mai 33), während das zweite Gedicht *Deutsche Schrifttafel* überschrieben war, mit dem Vermerk: *Für Friedrich Vorwerk, 10. Januar 1934* (Typoskript); *Friedrich Vorwerk gewidmet* (Umbruchkorrektur)

Zweiter Teil

Diese Abteilung enthält alle in den vorstehenden Abteilungen nicht enthaltenen vollendeten Gedichte, von denen sich eine Reinschrift oder ein Typoskript erhalten hat; mit Ausnahme derjenigen Texte, die aus inhaltlichen Gründen unter dem Titel *Widmungen und Gelegenheitsgedichte* (Nachgelassene Gedichte IV) zusammengefaßt wurden. Die Mehrzahl der hier vereinigten Texte war wohl für Gedichtsammlungen bestimmt, deren Pläne entweder fallengelassen wurden oder nicht mehr verwirklicht werden konnten.

Im Anschluß an den Gedichtband *Tantum dic verbo* taucht 1917/1918 der Plan zu einem Zyklus auf, der den Titel »Jonas« tragen sollte. Für diesen Zyklus waren vorgesehen: *Widmung* (früher Titel von *Kelch der Empfängnis 3*, Nachgelassene Gedichte I, S. 488), *Gründonnerstag, Karfreitag, Karsamstag* (alle drei Gedichte wurden später unter dem Titel *In der Karwoche* zusammengefaßt und in die Sammlung *Das Sinnreich der Erde* aufgenommen, siehe S. 318), *Ostermorgen* (Nachgelassene Gedichte I, S. 493), *Bereitung* (Sibylle, S. 89). Eine spätere Liste reiht folgende Titel aneinander: *Jonas I–III* (gemeint ist der Zyklus *In der Karwoche*), *Immer* (früher Titel des Gedichtes *Das Lied Ruhelos*, Sinnreich, S. 292), *Zwiesprache durch die Erde* (Nachgelassene Gedichte I, S. 506), *Gloria* (Herz, S. 180), *»An Gott«* (Nachgelassene Gedichte I, S. 476), *Von unserem Wege* (Nachgelassene Gedichte II, S. 550), *Als ich mich in Dinge brach...* (Nachgelassene Gedichte I, S. 482), *Wolken* (Nachgelassene Gedichte I, S. 489), *Abendhimmel* (Sinnreich, S. 282). Dieser Plan wurde wohl schon vor dem Erscheinen des Gedichtbandes *Das Herz des Wortes* aufgegeben.

Ein anderer Plan, vermutlich vom Ende des Jahres 1918, sah einen Zyklus »Die Festzeiten« vor. Unter diesem Merkwort wurde folgende Liste zusammengestellt: *Advent: Bereitung* (Sibylle, S. 589), *Felicitas* (Nachgelassene Gedichte V, S. 682), *Echo* (Nachgelassene Gedichte II, S. 524), *Gib* (Nachgelassene Gedichte I, S. 457), *Maria im Dorn* (Herz, S. 168), *Sinnspiele des Advents* (Herz, S. 164); *Ostern: Jonas: Widmung, Gründonnerstag, Karfreitag, Karsamstag, Ostermorgen, Der nackte Jüngling* (Sibylle, S. 123), *Das verborgene Siegel* (Herz, S. 229), *Am Karfreitag* (Nachgelassene Gedichte I, S. 492), *Das Samenkorn* (früher Titel des Gedichtes *Das Saatkorn*, Sinnreich, S. 344); *Pfingsten: Blüte* (Sinnreich, S. 325), *Mittag* (Sinnreich, S. 300), *Pfingstmorgen* (Sinnreich, S. 328), *Die Ähre* (Nachgelassene Gedichte I, S. 497); *Mariae Himmelfahrt: Unsere liebe Frau im Hage* (Herz, S. 196). Auch dieser Plan wurde nicht weiter verfolgt.

Ein drittes Projekt, das in die Zeit Dezember 1917 / Januar 1918 zurückreicht und bis zum Tode des Dichters festgehalten wurde, betrifft einen größeren dreiteiligen Gedichtzyklus »Die Nacht der Jungfrauen«. Einzelne in diesen Zusammenhang gehörende Texte fanden im Lauf der Jahre in die beiden Gedichtbücher *Das Herz des Wortes* und *Das Sinnreich der Erde* Aufnahme; der größte Teil wurde jedoch zurückbehalten. Mehrere der geplanten Gedichte liegen in Entwürfen vor; von anderen wurden nur die Überschrift und Stichworte aufgeschrieben. — Mit Sicherheit gehören in diesen Zusammenhang die folgenden Texte: *Die Nacht der Jungfrauen 1–3* (S. 517), *Echo* (S. 524), *Lucifera*

(S. 526), *Brand der Lichter* (S. 527), *Langsam daß es so lebt...* (als Mittelstück des ersten Teiles, S. 532), *Claudia Procla* (S. 541), *Eremos 1/2* (S. 551; *Eremos 1* unter dem ursprünglichen Titel *Exordium*), *Gesang in der Muschel* (S. 553), *In zwei Sinnen* (S. 555), *Wie im Glasbild* (S. 556), *Rosenstück im Wort* (S. 557, ursprünglicher Titel *Primordium*); ferner die Entwürfe: *Felicitas* (S. 682), *Pallas* (S. 694), *Denn will ich als dein Nichts...* (S. 696), *Will die Magd des Herren sehen...* (S. 713); mit einiger Wahrscheinlichkeit die Gedichte *Diana* (S. 531), *Die erste Nacht* (S. 536), *Ich erstaune tief in Scheu...* (S. 549), *Von unserem Wege,* (S. 550), unter dem ursprünglichen Titel *Wanderer*, und die Entwürfe *Gib mir wie du Körner füllst... 1–3* (S. 697), *Wie ist dieses Korn erwacht...* (S. 708), *Zu dem Tier in meinem Rachen...* (S. 714), *Unbewußter spricht der Mund...* (S. 716), *Ehe noch der starke Held...* (S. 720). In den Notizen zu diesem Zyklus tauchen noch folgende Gedichttitel auf: *Initium (Morgen), Lesung, Der stumme Geist, Gefechte der Nymphen, Sulamith, Der brennende Dornbusch, Der weinende Petrus, Gespräch zwischen Antonius und Paulus;* eine Liste führt folgende Merkworte auf: *Oreade, Nereide, Najade, Dryade, Pallas, Gaia, Leid um das Reich, Pan, Sibylle, Logos, Christl. Reich, Logos, Der Täufer, Ich muß abnehmen, Dolorosa.*

Der Titel »Nacht der Jungfrauen« deutet auf die bekannte Parabel des Evangeliums nach Matthäus; daher finden sich zu den beiden Folgen der jeweils zehn zweistrophigen Gedichte (S. 520, S. 527) auch die Überschriftsentwürfe *Zwiegesang der klugen und törichten Jungfrauen* und *Gefechte der Jungfrauen*. Mit den Jungfrauen zusammengedacht werden hier die Frauen, die in der Osternacht sich rüsten, zum Grabe des Herrn zu gehen. Zu diesen Jungfrauen und Frauen gehören zahlreiche Gestalten des Alten Bundes, des Heidentums, der Evangelien und der christlichen Legende, welche als heilsgeschichtliche »Figuren« zu Wort kommen. Es handelt sich um Nacht- und Morgengedichte, die in Gleichnissen von Licht und Dunkel auf das Mysterium des Grabes und der Auferstehung deuten. Im Mittelpunkt sollten die Pietà und eine Rede des toten Christus stehen. Zum Sinn des ganzen Zyklus seien aus den Tagebüchern und Entwürfen folgende Aufzeichnungen mitgeteilt:

16. XII. 18. Nacht der Jungfrauen, Lösung: Das ist das Geheimnis des Brunnens (von vor einem Jahre und immer): das Fleisch anfassen, es nicht in Lüge und Verderb und weitere Lasterfalschheit kommen lassen, es ist das Grundgute vor der Lüge darin, in der Erkenntnis zu Wirklichkeit zu gelangen. — Nacht der Jungfrauen, 20. II. 19. Daß ich so die Dauer lebe / ganz die Spanne fühlen muß / wie am Kreuze. — 5. V. 22. Nacht der Jungfrauen. Die Plan-Sinn-Betonung führt zur Abkürzung, zur Theorie; immer um Gnade bitten der ständigen Begegnung, um das Öl, um die Wirklichkeit, das Reale, als die Differenz von der Idee, das Ungöttliche, um die menschliche Gültigkeit / um das Öl, nicht die Schale. — Nacht der Jungfrauen / Sinn: reine Schönheit nicht möglich ohne Abstand / sie ist am Wege von reclusa zu immaculata / sie ist nur geschichtlich möglich. — Hauptinhalt der »Nacht der Jungfrauen«; bei Haecker Sprache-Lesen gedacht, daß so lange und tief eingegraben sein müssen, daß man nicht über Sprache, sondern nur mit der Sprache denken kann / Der Sohn der Pietà spricht: durch Sterben / toten Leib / noch mehr eingegraben als durch Kreuzigung / dieses Plus, das Jesus als Toter erhalten mußte!

Die Gedichte dieser Abteilung wurden auf Grund der Notizen des Dichters gegen den Erstdruck von 1949 nach Gesichtspunkten der Zusammengehörigkeit etwas umgeordnet; neu aufgenommen wurde das unveröffentlichte Gedicht *Lucifera;* das Gedicht *Klage über der Schöpfung* und das Fragment *Willst du umsonst gewesen sein...* wurden in andere Abteilungen verwiesen.

524 ECHO
Dazu Vermerk: *(Oreade)*

541 CLAUDIA PROCLA
Zur Überschrift: Claudia Procla ist der legendäre Name der Gemahlin des Pontius Pilatus; zum Inhalt und namentlich zu Vers 52 siehe Matth. 27, 19
Bei den ersten Entwürfen findet sich die Notiz: *Das Weib des Pilatus, Claudia Procula; vorher Antonius und Paulus, dann 2. 10 Jungfrauen* (womit vermutlich das Gedicht *Brand der Lichter* gemeint ist)

544 EPHETA
Zur Überschrift siehe Mark. 7, 34

551 EREMOS
Frühere Titel des ersten Gedichtes: *Anachoret, Exordium*
(Handschrift)

555 IN ZWEI SINNEN
Früher Titel: *Zweisinnig* (Handschrift, dazu Vermerk: *Bild und Wort / Initium?*)

557 ROSENSTÜCK IM WORTE
Früher Titel: *Primordium* (Handschrift)

574 NEUJAHRSWORT
Eintragung in das Gästebuch von Franz Schranz

575 HAUSSPRUCH
Dreimalige Wiederholung des Namens Maria als Akrostichon

579 DEM KÜNSTLER
Zuerst als Widmung in ein Exemplar der Schrift *Der christliche Epimetheus* (1933)

583 SEPTEMBERANFANG 1939
Dieses Gedicht, das Fragment *Willst du umsonst gewesen sein...* und das Gedicht *Eines Morgens Schnee* sind in der angegebenen Reihenfolge die letzten Gedichte von Konrad Weiß

Dritter Teil: Largiris

Die Dichtung »Largiris« hat Konrad Weiß durch viele Jahre hindurch beschäftigt; die ersten Niederschriften reichen bis in den November 1917 zurück. Wäre sie vollendet worden, so besäßen wir in ihr wohl eine poetische Summe seines Lebens und Sinnens, gewissermaßen ein großes Gewebe, dessen Zettel eine christliche Anthropologie und marianische Geschichtslehre gewesen wäre, durch welchen sich der vielfarbige Faden einer inneren Biographie des Dichters als Einschlag hindurchgeschlungen hätte. Die Pläne lassen einen Aufbau in drei Stufen oder Stockwerken erkennen; die wesentlichen Leitmotive sind dem ersten Kapitel des Evangelium Johannis und des ersten Johannesbriefes entnommen.

Neben häufigen Tagebucheintragungen und verstreuten Bemerkungen auf losen Zetteln liegt vor allem ein großes Schreibbuch in Folioformat, eine Art »Journal«, vor, in welches sich viele Notizen und Entwürfe sowie eine Reihe von fertiggestellten Teilen eingeschrieben fanden. Diesem Bande war eine größere Anzahl von Einzelblättern mit Notizen und ausgeführten Stücken beigelegt. Außer mehreren ausgeführten Bruchstücken, die in Reinschrift vorliegen, enthält der vorstehende Druck den größten Teil der dichterischen Entwürfe, soweit sie zu entziffern waren. Es darf jedoch angenommen werden, daß, mit Ausnahme des einleitenden Teiles, keines dieser Stücke eine endgültige Fassung darstellt. Die ungenügende und flüchtige Zeichensetzung der Entwürfe wurde im Druck beibehalten. — Die Texte sind gegen den Erstdruck um einige Stücke vermehrt worden; einige Lücken konnten ausgefüllt, zahlreiche Versehen und Lesefehler berichtigt werden.

Eine endgültige Sichtung und sinnvolle Ordnung der Notizen muß einem späteren Datum vorbehalten bleiben. Um jedoch einige Anhaltspunkte zu geben, seien nachstehend die wichtigsten Entwürfe und Notizen zum Schema der Dichtung mitgeteilt:

I   *den Plan erdenken*, Hunger, Wasser, *Mutter*, Glaube
                    credo ut intelligam
  Natur Zeit   *non ex sanguinibus*   Armut
                    Berufungssinn
  wird Mittel, Mittelung, äußerlich, äußere Grenze
II *den Plan ertun*, erschaffen, ihm zuvortun, Hauch, Blut, *Vater*, Hoffnung
                    credo ut faciam
  Geschichte Ort   *neque ex voluntate carnis*   Keuschheit

Erbarmungssinn
wird Mutter innerlich, innere Grenze, Selbstschicksal, protestantisch
III den Plan empfangen, sich mit ihm kreuzen, die Kühnheit des Ausweichens, Lockens, Substanzvermehrens aus dem Brunnen, Liebe, Zweig
     credo ut mihi fiat
     neque ex voluntate viri Gehorsam
      Loskaufsinn

Largiris
I non ex sanguinibus, nicht aus Blut, sondern aus Wasser, aus dem Sinn, wiedergeboren aus der Taufe, auch das Blut in Wasser getauft
II neque ex voluntate carnis Geist in Blut, aber nicht bloß Tun, sondern in Ruf, Spanne, Abstand der Zeit empfangen, nicht bloß Einzelmensch, sondern Gesellschaftbau
III necque viri humilitas und potestas
     die humilitas-Frage Klassik etc.

Largiris 11. Okt. 33
1. Stock credo ut intelligam, Natur in ihrer eigenen Reinheit und Glaube, daß für die Einsicht eine iustitia sich dazustellen muß
2. Stock credo ut faciam, diese iustitia, daß Natur erst durch Geschichte erwerbbar ist
3. Stock credo ut mihi fiat, gratia, ancilla, dies bei »Genannt Bona«: »Der Unterschied ist die Hauptsache«, dies gegenüber Natur durch Geschichte

1. Sonntag nach Ostern Joh. Epist. I, 5, 4—10
Denn drei sind, die Zeugnis geben im Himmel:
    der Vater I
    das Wort II und diese drei sind eins
    der hl. Geist III

und drei sind, die Zeugnis geben auf Erden:
der Geist und III
das Wasser und II   *und diese drei*
das Blut   I   *sind eins*

I pondus	ut faciam	Weihnacht
II numerus	ut mihi fiat	Ostern
III mensura	ut intelligam	Pfingsten

Ordnung der drei Zonen   Fronleichnam
                          Lobgesang Gregor
Ordnung im Zwischenreich ut trina rerum machina

Zwischenreich   Bonaventura Itinerarium cap. I, 11
zu unterst I   numerus   pondus quoad situm ubi inclinantur
mittlerst   II mensura   numerum, quo distinguuntur
oberst   III pondus   mensuram, qua limitantur

I non ex sanguinibus   (Erde) d. h. Blut zwischen Licht-
                             und Nachtprinzipien
II neque ex voluntate carnis (Geschichte) d. h. Position und
                             Negation gegenüber bloß klass.
                             Position substitutiv
                             als transsubstantiativ
III neque ex voluntate viri (Kontemplation) Aktion als in sich
                             inbildlich weib-männlich durch
                             Schauen largiris
            über dem obersten sed ex Deo nati imo

I die positive Leiter
  non ex sanguinibus, doch aus Blut gegenüber der falschen Neutralität, Mittelabtrennung
II carnis, doch aus Fleisch gegenüber dem falschen Geistbegriff
III non viri, doch aus Mann der Lichtmeß
  nicht mehr so viel »entstockt, du kannst mich zahllos wenden« Inbegriff der Liebe ist das Geschehenlassen der Schöpfung (durch Güte), welche Überwindung in Gott, daß Erbarmen dazu kam

III Stock, Messe von Lichtmeß
Magdalena, diesen letzten Lichtpunkt statt Blut.
nicht das Sammeln, diese Romantik, sondern alles dies liegen lassen für den Grund und Punkt letzter Wesenheit

I von Stil führen lassen, Dudelsack, sanguinibus
II mit Stil erkennen, kämpfen
III wieder von Stil largiris führen lassen, überall viri, Weib, Augustinus Blumen

I vorher die Faulheit der Wissenschaft, der faule Knecht, Blicken und Betrachten statt Tun
II Stock, um hinaufzukommen, was bringt hinauf

I Wasser über sanguinibus, bis die Blutangulation
II non ex voluntate carnis, sondern geknechteter Mann, innere Brechung, Blutangulation (Corinth, Kleist)
III viri, Frau, reinen Weibes Spiegel

non sanguinibus, Blut, aber nicht Wissen
non carnis, sondern Dudelsack und Verwandlung des Steins, nicht Werden, sondern Sein
non viri, Blut, aber nicht Willen, nicht Hauch, nicht Hunger, nicht Sein, sondern Werden, aber nicht zu viel

Largiris
der Vers »plötzlich weinen unter einem grünen Zweig«

Largiris
III daß kein Mensch mit ganzem Genusse lebt
II kein Mensch mit ganzem Tun, Sinnerfüllung, blind
I kein Mensch ganz im Sinne eingeschwiegen

III der Mangel meiner Antwort ist die Erde ganz »mein Mangel deine Braut«
II man muß im Spiele bleiben, nicht bloß Verallgemeinung, das abgetrennte typische Andachtsbild, das Ich-Band in Demut festhalten

Largiris
für II. Stock Blut und das Wort Bismarcks: »nicht richten, sondern politisch handeln«

für III. Stock auch nicht politisch handeln, sondern stets zuvorkommen, sein eigenes Sein geben, dies als Kriterium geht in ganzer Handlung in Ahnung: Ort des Immerruhens über

II non ex voluntate carnis, sondern das Eingraben, das Tun, um die ungleiche Dauer des Sinn-Erkennens in Zeit und Band der Barmherzigkeit zu verwandeln

Largiris
Übergang zu II, wieso von Natur in Geschichte, aus dem Gebet der Monika in Geschichte übergehen müssen.
Aufstieg zu III, daß keiner dieser zwei Wege: Natur: Geschichte allein geht, sondern »in dich gestückt« eins mit dem andren wie Leiter oder so wie Wirbel und sich baumhaft zu III hinauf

Largiris III. Stock, vorher (II. Stock) alles in den Sinn binden wollen, dann nur die Früchte überall nehmen, keinen Sinn mehr verfolgen

Largiris III. Stock, zu der schon geschriebenen Notiz, daß Inhalt die innere Gerechtigkeit sein soll, dazu weiter: Gedanke: Mutter, daß sie »wie es das Tier nicht weiß, ein blindes Werkzeug schier gebraucht wird auf des Herren Spur.«; dieser Sinn des Gedächtnisses bei Tier und Mutter, diese Bestimmungsmöglichkeit gegen den Willen gegenüber Pflanze, daß Wille eine Art Rückkehr und Erinnerungssinn sei zum ersten Glückgrund, daß aber (gegenüber der Pflanze) dem Tier diese restlose Zurückkunft in den Erinnerungsgrund und sein erstes Glück (auch Paradies) genommen wird; daß Gott vielmehr gegen diesen Grund das Accidente baut; er baut durch Tier und Mutter also seine Zeit, seinen Schollenweg der Schmerzen, er macht durch die Mutter die Geschichte

Das Entscheidende, daß man im II. Stock gegenüber der immer seit mittelalterl. Lebensgrundverderben führenden Vernunft das Roß der Erfahrung vorschießen läßt, das Roß zum 2. Male
III Largiris Sinn, Himmelfahrtsweg largire, Theoria
III in das 3. Reich hinauf, nicht gleichmäßige Quelle zu Bach, sondern aus Herz pochend, stoßweise wie Widderpumpe
III Magdalena, Weinberg, Joh. Kommunion
Largiris, Magdalena, das Negative der Auszweigung, der Differenz, Selbstbehauptung durch Gnade

*III Stock: Herauskommen aus Baum:
daß man bisher nur wie eschatologisch gerichtet war — diese Art
von Trägheit (auch gegenüber gesellschaftlicher Pflichtgeltung) —
wie auch geschichtl.: »selber dieser, der sich immer / nie zum
Dienst bereit, / austat wie zum letzten Leid«.*

III nicht viri, Ritter, nicht Gesetz, sondern Leben, nicht vertragsmäßig, sondern misericordia, reines Werden, das ist Ritterschaft, nicht sich wehren in vertragsmäßigen kleinen und fixierten Worten, sondern leben in Lebenswert, dadurch in Meer, Barmherzigkeit und wie Rachekampf; Gerechtigkeit ist jene Eigenschaft des Herrn und Setzung für Gesellschaft, die er gesetzt hat, als der Mensch den Kern und Keim der Liebe verlor; der barmherzige Wehrlose lebt und der Ungerechte vergeht

1 Reinschrift des Gedichtanfangs auf sechzehn Manuskriptseiten in zusammenhängendem Laufe
2 In einer früheren Niederschrift unmittelbar anschließend an 1
3 Früher Entwurf zu I
4 Entwurf, zu I oder III gehörig
5 Nur zum Teil entzifferter Entwurf
7 Fragment auf dem Entwurf zu 16
8 Flüchtiger Entwurf, nur zum Teil entziffert
9 Auf der gleichen Seite des Journals wie 17
10 Entwurf, zu den beiden ersten Versen der Vermerk: *Michelangelo, Sixt. Decke, Sintflut, dem Begriff entfliehen, je mehr Säule, desto*
13/14 vielleicht zu II gehörig
16 Reinschrift
19 Reinschrift
25 Entwurf mit der Überschrift *Advent* und dem Datum: *1. VIII. 18*
27/28 Fragmente aus einer Meditation über Kleist, als Einleitung zu III
30 Zu II oder III gehörig; das Blatt zeigt neben den Worten *Ritter, Leiter* eine kleine Zeichnung, einen Baum darstellend, in welchen eine Leiter hinaufführt
31 Um den Text verschiedene Notizen, darunter: *kein Verdienst am Treu-bleiben, auch nicht die Lust am Ausgestal-*

ten! nur Sinn: daß Maria alle diese Dinge bewahrt in ihrem Herzen / jeder trägt seinen Baum, Leidensbaum

34 Wohl zu III gehörig, fast Reinschrift
39 Sehr flüchtiger Entwurf
40 Notiz am Kopf der Seite des Journals: *Theoria — auch 3. Sonntag im Advent große Antiphon: O sapientia quae ex ore altissimi prodisti, die Weisheit aus Gott, die sich in Schau des Sinnes der Geschaffenheit reinster Form verwandelt*
42 Diese Verse finden sich an den oberen und unteren Rand des großen Schemas mit den Bonaventura-Zitaten geschrieben
43 Reinschrift und Entwürfe
43 Reinschrift auf losen Bogen; vielleicht zu II gehörig
44 Reinschrift; bezugnehmend auf den Besuch einer Ausstellung
45 Früher Entwurf des Gedichtanfangs, erste Niederschrift auf Kalenderblätter aus dem November 1917
46 Vier Fragmente mit Tagebuchaufzeichnungen und Notizen über Wesen der Schrift (Fraktur) und Münze; daraus: *Transsubstantiation der Münze; ich an den Sinn des Geldes oft gedacht, Geld mehr als Arbeit; wie bei Schiller doch dieses ›fühlend schuf‹ (siehe »Jungfrau von Orleans« IV, 1) die wahre Prägung und Münze der Geschichte, das wahre enteignete Schicksal und große Spiel aufhebt und vernichtet; Shaw, Kleist, das holde Geschöpf, bei Shaw statt Münze (Kleist) oder Hostie der Prägung und Substantiation tritt die Diskussion geschichtlicher Resultate ein.*
49 Einzelzeile mit dem Vermerk: *Goethe, Keppler*
50 Einzelzeile mit dem Vermerk: *Saul*
53 Mit Bleistift über 54, dazu Vermerk: I *sich von Stil leiten lassen, dazu ex sanguinibus, Ecce homo*
54 bis 56 Sinn- und Reimspiele in aufgebrochenen Verszeilen
54 Reinschrift, zu I gehörig
55 Reinschrift, vermutlich zu II gehörig
56 Rohentwurf auf losem Blatt

Vierter Teil: Widmungen und Gelegenheitsgedichte

Die meisten der hier vereinigten Gedichte liegen in Typoskripten oder Reinschriften, einige wenige in handschriftlichen Entwürfen vor. Die Texte wurden gegenüber der ersten Gesamtausgabe um einige Stücke vermehrt und neu geordnet.

649 VORSPRUCH
Erstdruck mit dem Titel: *1933*, in Konrad Weiß, Der christliche Epimetheus, (Berlin) 1933, Edwin Runge, S. 3; eine Handschrift mit dem gleichen Titel trägt die Widmung: *für Prof. P. N. Cossmann*

650 ZUM NEUJAHR 1932
Titel: *1932* (Handschrift)
Widmung: *für Prof. Cossmann zu Neujahr* (Handschrift)

650 *Das ist wie Schrift...*
Widmung: *für Prof. Cossmann, 31. Dez. 30* (Handschrift)

650 *In Zerwürfnissen der Zeit...*
Widmung: *Herrn Professor Paul Nikolaus Cossmann zum 60. Geburtstag als verspätetes Angebinde herzlich gewidmet von Konrad Weiß* (Handschrift); *für Prof. Cossmann zum 60. Geburtstag in »Herz des Wortes« eingeschrieben* (Typoskript)

651 WEIHNACHTSSPRUCH
Widmung: *Herrn Ministerpräsident Held zu Weihnachten im Jahre seines 60. Geburtstags* (Handschrift)

651 UND HEUTE?
Widmung: *für Dr. Josef Dünninger / 16. Mai 33* (Handschrift)

653 *Der in Zeitschaft eingestuft...*
Vermerk *23. XII., 37 / Herrn Dr. Peter Suhrkamp* (Typoskript)

653 *Wie nur ein Wesen endlich zu sich findet...*
Widmung: *Für Johann Ludwig Döderlein herzlich von Konrad Weiß. 7. Juli 1939* (Handschrift)

654 MOSAIK
Vermerk: *Herrn Dr. Alois Elsen herzlich gewidmet von Konrad Weiß* (Handschrift)

656 *Von Stamm und Wuchse echt und froh...*
Vermerk: *Für Alexander Heilmeyer zum 60. Geburtstag, 23. März 32* (Handschrift)

656 *Wie wollte man den Sprachgeist necken...*
Datum: 10. November 1929 (Tagebucheintragung)

663 POLEMISCHES 2, KLASSISCH
13 so oft durchschlagen und auch *durchgeglommen* (Handschrift, statt *durchgeklommen*; vgl. *gaugelnd* statt *gaukelnd* in dem Gedicht *Die Ähre*, S. 497)

665 JUSTITIA
Niederschrift: *1. Juni 33* (Handschrift); Erstdruck: Münchener Neueste Nachrichten, 17. Sept. 1933

667 ROMANISCHE KIRCHEN AM RHEIN
Eintragung in das Gästebuch von Dr. W. Hohn, mit dem Vermerk: *Dahlheim 20. – 22. IX. (1930). Konrad Weiß*

667 *Zeit dreht ihr Auge her...*
Widmung in *Konradin von Hohenstaufen*, Oktober 1938

668 ZUM GOCKELHAUS
Vermerk: *16. Sept. 33, Abfahrt Vorwerk*

669 TAG DER ELTERN
Akrostichon mit Vermerk: *27. Mai 28 Pfingsten. Zum Fest der Goldenen Hochzeit für Herrn und Frau Zollinspektor Caspar herzlich gewidmet durch Felizitas für Konrad und Maria Weiß*

669 *Das Düster bringt und Wald-Dickicht...*
    Vermerk: *zum Exemplar Frau Elsa Bruckmann* (wohl als Widmung der Inselausgabe der *Kleinen Schöpfung*)

669 *Glückliches kam viel entgegen...*
    Widmung in *Das Sinnreich der Erde*; später als Widmung in das Reisebuch *Deutschlands Morgenspiegel* (München 1950) eingesetzt

670 AKROSTICHON FÜR DIE LESERIN
    Eintragung in das Gästebuch des Malers Karl Caspar: *seiner lieben Felizitas Caspar zu Weihnachten 1928 Konrad Weiß*

672 *Ein Spiegel, der im Sturze nicht verfällt...*
    Dieses und das folgende Widmungsgedicht in *Konradin von Hohenstaufen*, September 1938

673 *So kehrt der Sinn in seine Ohnmacht ein...*
    Vermerk: *Für Herrn und Frau Prof. Caspar herzlich von Konrad Weiß, 1. November 1938* (Handschrift)

673 *Zeit und Geist und Alter gehen...*
    Vermerk: *30. Okt. 35 in eine Kleine Schöpfung* (Handschrift)

Fünfter Teil: Unvollendete Gedichte, Entwürfe

Unter dem handschriftlichen Material, das sich aus dem Nachlaß des Dichters erhalten hat, fand sich auch eine größere Anzahl unvollendeter Gedichte und Entwürfe, von denen eine Reinschrift oder ein Typoskript nicht nachzuweisen ist. Es schien reizvoll, diese Handschriften, soweit sie sich entziffern ließen, in die neue Gesamtausgabe der Gedichte einzubeziehen. Abgesehen von einigen wenigen Texten, die fast als abgeschlossene Gedichte zu bezeichnen sind, handelt es sich meist um flüchtige Niederschriften in Bleistift oder Kopierstift. — Wie bei den Entwürfen und Fragmenten der Dichtung *Largiris* blieb die bisweilen nur skizzierte Interpunktion der Originale unangetastet.

678 KELCH DER ZEIT
Unvollendeter Entwurf aus dem Sommer 1916 (vermerkte Daten: *20. 5. 16* und *1. 8. 16*); drei bis vier Vorstufen, dann größere Niederschrift, mit Korrekturen und Varianten (vor allem in Strophe 6 und 8, die keinen reinschriftlichen Wortlaut bieten); alle Blätter der Entwürfe sind mit zahlreichen Notizen zum Thema, das den Dichter sehr beschäftigte, bedeckt. Die Reihenfolge der Strophen 4 bis 8 ist nicht völlig gesichert.

680 WORTE DES ANTICHRIST
Früher Entwurf auf zwei Zetteln, mit zahlreichen Notizen zum Thema in verschiedener Schrift

681 *Der mir die Geißel immer härter flicht…*
Entwurf mit Vorstufe auf zwei Zetteln, mit Datum: *9. V. 17*

682 FELICITAS
Drei Blätter mit Entwürfen und einer Art Reinschrift der beiden ersten Strophen in Tinte; dazu Vermerk: *zu Nacht der Jungfrauen,* und Datum: *20. VIII. 17*

684 SOHN *(Sohnschaft)*
Entwurf auf zwei Zetteln; Reihenfolge der letzten drei Strophen nicht gesichert; Vermerk und Datum: *verbum caro, 19. X. 17*

686 MUTTER DER GESCHLECHTER
Entwurf mit weiteren Notizen und Datum: *19. X. 17*

687 UNTERGANG
Drei Blätter: Vorstufe; Entwurf auf der Rückseite der fertigen Fassung des Gedichtes *Morgenchoral im Blute* (S. 471), mit Datum: *9. X. 17*; gut lesbare Niederschrift des Fragments auf der Rückseite eines Verlags-Bestellzettels aus dem Herbst 1918

690 *Ein erdenschweres Herz und kummerfeucht...*
Fragment im Entwurf, mit zwei Vorstufen und Notizen zur Fortführung

691 *Von Grimm und Grame stumpf gemacht...*
Flüchtiger Bleistiftentwurf auf einzelnem Blatt

692 *Mensch nur allein verloren niemals...*
Zwei flüchtige Bleistiftentwürfe auf zwei Blättern

693 *Danke, daß die Erde...*
Flüchtiger Entwurf auf einzelnem Blatt

694 PALLAS
Drei Entwürfe, mit Ansätzen zur Fortsetzung und mit Notizen zum Thema; Datum: 24. VII; der späteste Entwurf auf einem Korrekturblatt der Zeitschrift »Hochland« vom 13. Okt. 1917

696 *Denn will ich als dein Nichts...*
Flüchtiger Entwurf mit Vermerk: *all dieses monologische Verse / Nacht der Jungfrauen*

697 *Gib mir, wie du Körner füllst...*
Die Anordnung der drei Entwürfe läßt vermuten, daß sie einmal ein Ganzes bilden sollten

699 *Morgenröte ohnegleichen...*
Flüchtiger Bleistiftentwurf auf einzelnem Blatt

700 *Ich habe Glauben...*
Zwei Entwürfe mit Notizen, davon einer mit Datum: 14. I. 18

701 *Des Glückes Ruh im Himmelblau...*
Rascher Entwurf in Tinte, auf der Rückseite eines Werbezettels für eine politische Broschüre zur Friedensdebatte im Reichstag vom 24. bis 26. Januar 1918

702 *Ohne Schwankung lebt der Sinn...*
Flüchtig niedergeschriebene Einzelstrophe auf einer gedruckten Mitteilung des »Hochland« vom 1. Februar 1918

703 *Verlust, der Gnaden zu sich glich...*
Gut leserlicher Entwurf auf der Rückseite einer Zeitschriftenofferte vom Februar 1918

704 *Einsam ein Wanderer für sich schritt...*
Entwurf, mit Datum: *22. VI. 18*, und Vermerk: *Er will den nächsten Ort, an den er berufen ist aufschließen / Mein Herz ist unruhig bis es ruhet*

705 *Du hast mich, so wie ich gebeten...*
Bleistiftentwurf auf der Rückseite eines Briefumschlags mit Poststempel vom 7. VIII. 18

706 *Immer in die Dinge...*
Entwurf auf Einzelblatt, mit Datum: *20. VIII. 18*

708 *Wie ist dieses Korn erwacht...*
Flüchtiger Entwurf in Tinte auf einzelnem Blatt, mit Varianten und Datum: *7. X. 18*

709 *Was ich nicht tat, das mußte meine Seele...*
Zwei Entwürfe, davon einer auf der Rückseite eines Briefes vom 3. Oktober 1918

710 *Als Maria über die Schwelle trat...*
Entwürfe auf drei Zetteln, mit weiteren Einzelversen; Reihenfolge der Strophen unsicher; die beiden letzten sind mit 1) und 2) beziffert

711 *Jener aber brach nicht das Gesicht...*
Die drei Entwürfe auf zwei Blättern folgen unmittelbar auf die erste Niederschrift des Gedichtes *Lichtmeß* (siehe

S. 190). Über der ersten Strophe der Vermerk: *Grünewald.*
Die Strophen von (1) sind numeriert 1), 2), 3); die von
(2) in der gleichen Weise; doch wurde die 3) in 1) um-
geändert und die erste Strophe von (3) trägt wiederum
die Kennziffer 2)

713 *Will die Magd des Herren sehen...*
Entwurf auf Einzelblatt (Rückseite einer Reinschrift des
Gedichtes *Von unserem Wege*, (siehe S. 550) mit dem Da-
tum 23. III. 23), mit Varianten

714 *Zu dem Tier in meinem Rachen...*
Entwurf auf Einzelblatt (Rückseite eines Briefes vom
9. Juni 1923)

715 *Allein und geschehen...*
Entwurf auf der Rückseite eines Briefes an die »Münchener
Neueste Nachrichten«, ohne Datum

716 *Unbewußter spricht der Mund...*
Die erste Strophe wurde später unter dem Titel *Sinngang*
(S. 455) in die erste Fassung des Gedichtbuches *Das Sinn-
reich der Erde* aufgenommen. Auch der Vierzeiler der
Blinden Magd ist Reinschrift (Entwurf auf einem Brief-
umschlag mit Poststempel vom 17. 12. 28). Auf der Rück-
seite der Reinschrift die Notiz: *Wanderer* (gemeint ist das
Gedicht *Von unserem Wege*, S. 550): *Blinde Magd / Stumme
Magd / Jehova* (gemeint ist *Nacht der Jungfrauen 2*,
S. 518 / Gäa / *Stoß mich in den tiefen Brunnen* (S. 697) /
Die erste Nacht (S. 536); an anderer Stelle wird *Gäa* der
Stummen gleichgesetzt; alle genannten Texte vermutlich
zu *Nacht der Jungfrauen* gehörig.

717 *Sprich du, sprich dein ganzes Lassen...*
Entwurf auf einzelnem Blatt, mit Vermerk: *Gedicht: Jesus:
Anruf:*

718 *Schlafend seiner Augen Lauf...*
Flüchtiger Entwurf im Tagebuch einer Bodenseereise; Reihenfolge der Strophen nicht gesichert; Strophe 2 bis 5 des Druckes im Entwurf als 1) bis 4) numeriert. Das Gedicht wurde von den Wandbildern in Oberzell auf der Reichenau angeregt; dazu seien folgende Notizen aus dem gleichen Tagebuch zitiert:
Kreation des Weibes, indem Schrift wie Zerstörung (während Mittelfeld die iustitia der Zerstörung Striemen hält und Bild als rein männliche Figuration) während zu Boden in die doppelte Haft sinkt / wie braucht das Weib wiedergeschaffen die erste Schöpfung / gegenüber der Pietà-Bank Maria. —
Montag, 21. Sept. 31. Gedanke über Schilf von Reichenau fortgesetzt / daß diese Bilder bei aller Klarheit etwas zerstörungshaft, striemenhaft allein Männliches in sich haben (Schrift hat wie Zerstörens Kraft / in der Wurzel doppelt Haft), daß christlicher Kunstsinn (gegenüber Klassik) Zerstörungsform der Zeit (gegenüber künstl. Zeitlosigkeit) in sich haben müsse / daß aber die Zerstörung angulativ gehalten ist durch das »Mittelfeld«, sie wird heilend, kann trotz oder gerade durch vulnus (vulnus = Seitenwunde) nicht zu Wurzel gehen (wogegen Schrift und Schilf, das Weib wie »Schnecke« auf den Leidbildern) / aber in Schilf und Schrift kehrt Sinn wie ein Fehlen und Ohnmachtwerden wieder zu Weib zurück und es erhebt sich in ihm selber ohne Begreifen, das Weib das Nachstaunendere und Blinde (Largiris) / christl. Kreation des Weibes. —
Mittwoch, 23. Sept. 31. das »Weibentstehen« gegen den Eckstein »neutrum« des Mittelfeldes / das neue Evawesen, zugleich Natur wieder und Brunnen sich füllend und Schöpfung in Anblick wieder entstehend. —
Freitag, 25. Sept. 31. Gedanke an Oberzeller Kontemplation: das Bild der immaculata im Blick der Säulen / Schilf sich im Winde wankend öffnend, in Gitterung der Schilfbahn wankendes Rohr sinkt die immaculata wie im Gitter erscheinend zu Boden und steigt auf / Schilf aber wie Striemen des Mittelfeldes empfinden

720 *Ehe noch der starke Held...*
Entwurf und Vorstufe auf zwei großen Blättern; thematisch vielleicht verwandt mit *Claudia Procla* (S. 541)

721 *Was in der Luft wie Silber bringt...*
Flüchtiger Bleistiftentwurf auf der Rückseite einer Quittung vom 11. Februar 1926

722 *Willst du umsonst gewesen sein...*
Fragment, aus dem letzten Lebensjahr des Dichters; Reinschrift der beiden ersten Strophen in Maschinenschrift, die zweite mit handschriftlichen Korrekturen, die dritte skizziert; alles auf einem Zettel mit Notizen

723 DIE UNMÖGLICHE SCHÖPFUNG
Entwurf in Bleistift mit zahlreichen Korrekturen auf einem großen und einem kleinen Zettel

726 *Still, so daß die Sonne...*
Typoskript auf der Rückseite eines Briefpapierbogens des »Hochland«

727 *Stoß zu, Macht selber ist ein Untergang...*
Fragmente eines nicht näher bestimmbaren dramatischen Entwurfs, Doppelblatt mit zahlreichen Notizen

728 ZUM HAHNENSCHREI
Vermutlich früher Entwurf: Fragment einer unvollendeten Übersetzung des ambrosianischen Hymnus *Aeterne rerum conditor*

ZEITTAFEL DER GEDICHTE

Dieser Versuch eines chronologischen Verzeichnisses der Gedichte von Konrad Weiß stützt sich im wesentlichen auf die häufigen Datumsvermerke, mit denen der Dichter seine Entwürfe, Handschriften oder Typoskripte versehen hat. Für die frühen Gedichte bis etwa 1919 und für einige spätere Gedichte liefern die Tagebücher das Datum der endgültigen Fassung. Da die Entwürfe mancher Gedichte auf die Rückseite von Briefen, Briefumschlägen, Prospekten, Einladungen etc. geschrieben wurden, ließ sich für diese ein ungefähres Datum der Entstehung erschließen. Von anderen konnte ein Zeitpunkt ermittelt werden, zu dem sie auf jeden Fall in endgültiger Fassung vorlagen. Leider fehlt bisher noch eine genaue Aufstellung über die Einzelveröffentlichungen von Gedichten in Zeitungen, Zeitschriften und Almanachen, mit deren Hilfe weitere Datierungen möglich wären. — Manche Gedichte haben in rascher Niederschrift sofort ihre endgültige Gestalt empfangen; andere wurden einer späteren Bearbeitung unterzogen; und wieder andere, die den Dichter als Entwürfe durch viele Jahre begleiteten, sind offensichtlich in Stufen der Vollendung nähergeführt worden. — Die nachstehenden Daten bezeichnen in der Regel den Tag, an dem das Gedicht als abgeschlossen betrachtet wurde.

Nachtlied *(Tantum)*	Sommer 1914
Kalvaria *(Tantum)*	20./31. August 1914
Vorübergang *(Tantum)*	4. April 1915
Gebet auf dem Wasser *(Tantum)*	29. Juni 1915
Im Wetterleuchten *(Nachlaß 2)*	vermutlich Sommer 1915
Bestockung *(Tantum)*	12./13. Juli 1915
Später Keim *(Tantum)*	November 1915
Ein Meer *(Tantum)*	November 1915
Aus der Tiefe *(Tantum)*	November 1915
Wanderer im Herbst 1 *(Tantum)*	November 1915
Vor dem Winter *(Nachlaß 2)*	November 1915

Abendsorge *(Tantum)*	2. Juli 1916
Lucifer 1 *(Tantum)*	13. Juli 1916
Menschwerdung *(Tantum)*	26. Juli 1916
Zur Kirche *(Tantum)*	30. Juli 1916
Kelch der Zeit *(Nachlaß 5)*	1. August 1916
Zu den Vätern *(Tantum)*	5. August 1916
Lucifer 2 *(Tantum)*	22. August 1916
Erde Mutter *(Tantum)*	9. September 1916
Bereitung *(Sibylle)*	13. September 1916
Morgengestirn *(Tantum)*	22. September 1916
Glaube *(Tantum)*	2. Oktober 1916
Wanderer im Herbst 2 *(Tantum)*	28. Oktober 1916
Wirbel *(Tantum)*	31. Oktober 1916
Gleichnis *(Nachlaß 2)*	11. November 1916
Um Gerechtigkeit *(Tantum)*	14. November 1916
Bittgang *(Tantum)*	19. November 1916 (erster Entwurf 10. August 1915)
Naher Winter *(Tantum)*	21. November 1916
Die große Stadt *(Nachlaß 2)*	30. November 1916
Nachgedanke *(Tantum)*	1. Dezember 1916
Lamm der Seele *(Tantum)*	3./4. Dezember 1916
Seelische Jagd *(Tantum)*	14. Dezember 1916
Das verborgene Siegel *(Herz)*	2. Januar 1917
Frost 1 *(Tantum)*	24. Januar 1917
Judas *(Tantum)*	30. Januar / 6. Februar 1917
Scheidung *(Tantum)*	6. Februar 1917
Frost 2 *(Tantum)*	2./9. Februar 1917
Frost 3 *(Tantum)*	24. Februar 1917
Säule der Erde *(Tantum)*	2. März 1917
Trennung *(Tantum)*	15. März 1917
In der Karwoche 1–3 *(Sinnreich)*	5./7. April 1917
Ostermorgen *(Nachlaß 1)*	8. April 1917
Losung *(Nachlaß 2)*	8. Mai 1917
Gib *(Nachlaß 1)*	13. Mai 1917
Blüte *(Sinnreich)*	24./25. Mai 1917

Harter Tag *(Sinnreich)*	31. Mai / 1. Juni 1917
Schnitter *(Nachlaß 1)*	27. Juni 1917
Mein Vogelbauer *(Herz)*	8. Juli 1917
Geist über Wassern *(Herz)*	25./26. Juli 1917
Felicitas *(Nachlaß 5)*	20. August 1917
Die Ähre *(Nachlaß 1)*	27./30. August 1917
Gefecht der wachen Seele *(Nachlaß 1)*	25. August 1917
Mittag *(Sinnreich)*	20. September 1917
Der grünende Stab *(Nachlaß 1)*	16. Oktober 1917
Mutter der Geschlechter *(Nachlaß 5)*	19. Oktober 1917
Sohn (Sohnschaft) *(Nachlaß 5)*	19. Oktober 1917
Wie Regen *(Herz)*	24./25. Oktober 1917
Zum Tage *(Sinnreich)*	27. Oktober 1917
Unsere liebe Frau im Hage 1 *(Herz)*	28./29. November 1917
Parabel *(Herz)*	5./12. Dezember 1917
Anachoret *(Nachlaß 1)*	7./9. Dezember 1917
Emmausmorgen *(Nachlaß 2)*	14. Dezember 1917
Wie durch einen Spiegel *(Nachlaß 1)*	15. Dezember 1917
Verbum caro *(Sibylle)*	16. Dezember 1917
Gleichnisse *(Nachlaß 1)*	18. Dezember 1917
Stationen von Neid und Wort *(Sibylle)*	7.-28. Dezember 1917
Vollbringung *(Sibylle)*	20. Dezember 1917
Morgenchoral im Blute *(Nachlaß 1)*	30. Dezember 1917
Totentanz 1 *(Nachlaß 1)*	6. Januar 1918
Vom Wege *(Nachlaß 1)*	10. Januar 1918
Ich habe Glauben... *(Nachlaß 5)*	14. Januar 1918
Totentanz 2 *(Nachlaß 1)*	28. Januar 1918
Aller Augen... *(Nachlaß 1)*	31. Januar 1918
Epheta *(Nachlaß 2)*	31. Januar 1918
Februar *(Sinnreich)*	10. Februar 1918
Das Saatkorn *(Sinnreich)*	28. Februar 1918
Kelch der Empfängnis 1 *(Nachlaß 1)*	15. März/Juni/Juli 1918
Das nahtlose Gewand *(Sibylle)*	3./4. April 1918
Der Baum *(Nachlaß 1)*	4. April 1918
Der nackte Jüngling *(Sibylle)*	10./12. April 1918
Anima reclusa *(Sibylle)*	22. April 1918

Conceptio immaculata *(Sibylle)*	23./27. April 1918
Pietà *(Sibylle)*	25. April 1918
Des Glückes Ruh... *(Nachlaß 5)*	1. Mai 1918
Das Herz des Wortes *(Herz)*	2. Mai 1918
Die Nacht der Jungfrauen *(Nachlaß 2)*	5. Mai 1918
Pfingstmorgen *(Sinnreich)*	21./22. Mai 1918
Rosenschnitt *(Herz)*	20. Juni 1918
Einsam ein Wanderer... *(Nachlaß 5)*	22. Juni 1918
Gesang in der Muschel / Widergesang *(Nachlaß 2)*	15. Juli 1918 (erste Niederschrift; endgültige Fassung nach Okt. 1931)
Du hast mich... *(Nachlaß 5)*	August 1918 (oder später)
Immer in die Dinge... *(Nachlaß 5)*	20. August 1918
Der Wanderer *(Sinnreich)*	25. August 1918
Echo *(Nachlaß 2)*	5. September 1918
Die alte Figur *(Herz)*	22. September 1918
Dem ungeduldigen Christophorus-Petrus *(Nachlaß 2)*	30. September 1918
Untergang *(Nachlaß 5)*	9. Oktober 1918
Sinnspiele des Advents 1–3 *(Herz)*	10. Oktober 1918
Ich erstaune tief in Scheu... *(Nachlaß 2)*	17. Oktober 1918
Schöpfung *(Herz)*	18. Oktober 1918
Maria im Dorn *(Herz)*	23. Oktober 1918
Epheta *(Nachlaß 2)*	31. Oktober 1918
Gesichte des Knechts 3 *(Sibylle)*	2. Dezember 1918
Wasserspiel *(Nachlaß 1)*	13. Dezember 1918
Gesichte des Knechts 30 *(Sibylle)*	26. Dezember 1918
Gesichte des Knechts 27 *(Sibylle)*	28. Dezember 1918
Das Lied Ruhelos *(Sinnreich)*	1918
Gesichte des Knechts 4 *(Sibylle)*	3. Januar 1919
Vollbringung *(Sibylle)*	9. Januar 1919
Was ich nicht tat... *(Nachlaß 5)*	15. Januar 1919
Gesichte des Knechts 7 *(Sibylle)*	5. Februar 1919
Gesichte des Knechts 5/6/10 *(Sibylle)*	13. Februar 1919

Gesichte des Knechts 15 *(Sibylle)*	22. Februar 1919
Gestalt des Menschen *(Nachlaß 1)*	25./26. Juni 1919
Wie Saulus *(Nachlaß 1)*	vor Juli 1919
Gesichte des Knechts 13 *(Sibylle)*	nach 1. Juli 1919
Morgen-Leis	3. Juli 1919
Mein Vogelbauer *(Herz)*	8. Juli 1919
Der Geist *(Sibylle)*	15./16. Juli 1919
Spinnerin *(Herz)*	25./26. Juli 1919
September *(Sinnreich)*	3. September 1919
Was ich nicht tat... *(Nachlaß 4)*	14. September 1919
Nachgesicht im alten Bunde *(Sibylle)*	21. September 1919
Das Hungertuch *(Herz)*	21. September 1919
Allein *(Sinnreich)*	21. September 1919
Nachtstille *(Sinnreich)*	3. Oktober 1919
Mann aus Erde *(Nachlaß 1)*	vor 30. Oktober 1919
Glocke der Nächte *(Sinnreich)*	vor 30. Oktober 1919
Der Wolf *(Sinnreich)*	30. Oktober 1919
Der Einsame *(Sinnreich)*	17. November 1919
Gesichte des Knechts 28 *(Sibylle)*	25. November 1919
Gesichte des Knechts 24 *(Sibylle)*	26. November 1919
Die Flucht nach Ägypten *(Herz)*	7./11. Dezember 1919
Gesichte des Knechts 20 *(Sibylle)*	4. Januar 1920
Wiegenlied *(Herz)*	4. Januar 1920
Den Geistigen *(Herz)*	6. Februar 1920
Der Baum Gedacht 1–3 *(Herz)*	6. Februar 1920
Fünftagefolge im Februar *(Sinnreich)*	13./17. Februar 1920
Der Brunnen im Felde *(Sibylle)*	7. April 1920
Der Sturm auf dem Meere *(Nachlaß 1)*	23. April 1920
Als ich das Licht verlöschte... *(Sinnreich)*	30. April 1920
Unsere liebe Frau im Hage 3 *(Herz)*	1. Juni 1920
Wie ist dies Korn erwacht ... *(Nachlaß 5)*	1. Juni 1920
Kelch am Abend *(Sinnreich)*	2. Juli 1920
Spruch in schweren Tagen *(Sinnreich)*	22. August 1920
Der Vogel Wendehals *(Herz)*	1. September 1920
Wie im Glasbild *(Nachlaß 2)*	23. November 1920

Der Reisige *(Herz)*	vermutlich November/ Dezember 1920
Vita contemplativa *(Herz)*	November 1920 (oder später)
Orient und Occident 1/2 *(Herz)*	2. Dezember 1920
Verkündigung *(Herz)*	22. Dezember 1920
Das unverbrauchliche Linnen *(Herz)*	Dezember 1920
Auf der Tenne *(Herz)*	Dezember 1920 (oder später)
Empfängnis *(Herz)*	1920
Gloria *(Herz)*	5. Februar 1921
Sommerschwere *(Sinnreich)*	18. Juli 1921
Die Muschel 1 *(Herz)*	31. Juli 1921
Zungen im Wind *(Herz)*	zwischen Oktober 1921 und Oktober 1929
Deuteronomium *(Nachlaß 2)*	zwischen Oktober 1921 und Oktober 1929
Oktoberfest *(Nachlaß 2)*	zwischen Oktober 1921 und Oktober 1929
Der neue Kalender *(Nachlaß 4)*	zwischen Oktober 1921 und Oktober 1929
Himmelswiege *(Herz)*	nach 27. Oktober 1921
Weihnacht im Walde *(Herz)*	Dezember 1922
Von unserem Wege *(Nachlaß 2)*	23. März 1923
Will die Magd des Herren... *(Nachlaß 5)*	März 1923 (oder später)
Zu dem Tier... *(Nachlaß 5)*	Juni 1923 (oder später)
Mit einem Gedanken *(Herz)*	23. Juni 1923
Der Jäger *(Nachlaß 2)*	nach Januar 1924
Diana *(Nachlaß 2)*	nach Januar 1924
Rosenstück im Worte *(Nachlaß 2)*	15. Februar 1924
Die erste Nacht *(Nachlaß 2)*	25. Januar 1925
Der Baum im Laube *(Sinnreich)*	23. Juni 1925

Verheißung über die Schlange *(Nachlaß 2)*	13. Oktober 1925
Sylvester 1926 *(Nachlaß 2)*	Dezember 1925
Aktäon *(Herz)*	1925 (Erstdruck)
Tribute des Blinden 1–5 *(Nachlaß 1)*	Februar 1926
Bergsee im Regen *(Sinnreich)*	8. September 1927
Das Kapital *(Herz)*	15. November 1927
Eremos 1 *(Nachlaß 2)*	22. November 1927
Wächterruf *(Nachlaß 2)*	25. November 1927
Zum Fest der goldenen Hochzeit *(Nachlaß 4)*	27. Mai 1928
Akrostichon für die Leserin 1/2 *(Nachlaß 4)*	21. Dezember 1928
Akrostichon *(Nachlaß 2)*	Weihnachten 1928
Zwiesprache durch die Erde *(Nachlaß 1)*	vor oder spätestens 1929
Kelch in der Frühe *(Sinnreich)*	vor oder spätestens 1929
Abendhimmel *(Sinnreich)*	vor oder spätestens 1929
Wolken *(Nachlaß 1)*	vor oder spätestens 1929
Ins Buch geschrieben *(Nachlaß 4)*	nach 21. Januar 1929
In zwei Sinnen *(Nachlaß 2)*	Fronleichnam 1929
Der Erkennende *(Sinnreich)*	6./8. März 1929
Die Wege *(Nachlaß 1)*	17. Oktober 1929 (Erstdruck)
Romanische Kirchen am Rhein *(Nachlaß 4)*	22. September 1930
Fühlungslos und ganz verteilt… *(Nachlaß 4)*	Dezember 1930
Das ist wie Schrift… *(Nachlaß 4)*	Dezember 1930
Sichel überm Grunde	15. September 1931
Schlafend seiner Augen Lauf… *(Nachlaß 5)*	21./25. September 1931

Noch mehr *(Sinnreich)*	vor Oktober 1931
Von Stamm und Wuchse... *(Nachlaß 4)*	23. März 1932
Lebensregel *(Nachlaß 4)*	26. April 1932
Ostern im Schnee *(Sinnreich)*	23. Mai 1932
Haus in der Waage *(Nachlaß 1)*	12. Oktober 1932
Unseres Weges *(Sinnreich)*	24. November 1932
Vorspruch *(Nachlaß 2)*	31. Dezember 1932
Denn es entrinnt... *(Nachlaß 4)*	Dezember 1932
Regentropfen am Palmsonntag *(Nachlaß 1)*	März/April 1933
Deutsche Schrifttafel 1 *(Nachlaß 1)*	2./11. Mai 1933
Und heute? *(Nachlaß 4)*	16. Mai 1933
Justitia *(Nachlaß 4)*	1. Juni 1933 (Erstdruck)
Der Wein der Zweiheit *(Nachlaß 1)*	24. August 1933
Zum Gockelhaus *(Nachlaß 4)*	16. September 1933
Der Bau der Kirche *(Nachlaß 2)*	November 1933 (Erstdruck)
Dem Künstler *(Nachlaß 2)*	1933
Deutsche Schrifttafel 2 *(Nachlaß 1)*	10. Januar 1934
Der Schreibende *(Nachlaß 2)*	8. Dezember 1935
Durch ein offenes Fenster *(Sinnreich)*	23. Mai 1936
Im Jahrbild *(Nachlaß 2)*	21. November 1936
Des Jahres Ende *(Sinnreich)*	27. Dezember 1936
Für 1937 *(Nachlaß 4)*	Dezember 1936
Leben im Dritten *(Sinnreich)*	10. Januar 1937
Frühling im Regen *(Sinnreich)*	23. April 1937
Vorwort *(Sinnreich)*	5. Juni 1937
Deine Erde *(Sinnreich)*	11. November 1937
Im Reime *(Sinnreich)*	November 1937
Heut ein Heute *(Sinnreich)*	November 1937

Wohl des Mittagswegs allein... *(Schöpfung)*	3. Dezember 1937
Der in Zeitschaft eingestuft... *(Nachlaß 4)*	23. Dezember 1937
Rote Rose im Juni *(Nachlaß 2)*	vermutlich Juni 1938
Zeit dreht ihr Auge her.. *(Nachlaß 5)*	Oktober 1938
Der Brunnen *(Sinnreich)*	11. März 1939
Wie nur ein Wesen... *(Nachlaß 4)*	7. Juli 1939
Teil im Teile *(Sinnreich)*	15. August 1939
Septemberanfang 1939 *(Nachlaß 2)*	6. September 1939
Willst du umsonst... *(Nachlaß 5)*	September 1939
Eines Morgens Schnee *(Nachlaß 2)*	30. Oktober 1939

INHALTSVERZEICHNIS

Das nachstehende Register verzeichnet sämtliche Texte der drei Gedichtbücher *Tantum dic verbo*, *Das Herz des Wortes*, *Das Sinnreich der Erde* (erste und zweite Fassung) sowie der Anthologie *Im Jubel des geschloßnen Rings*. Sternchen bei den Titeln bedeuten in *Tantum dic verbo*, daß die betreffenden Gedichte später in die zweite Fassung der Sammlung *Das Sinnreich der Erde* aufgenommen wurden; in *Das Sinnreich der Erde* (erste Fassung 1935), daß die Gedichte bereits in der Anthologie *Im Jubel des geschloßnen Rings* veröffentlicht wurden. Eckige Klammern kennzeichnen in *Tantum dic verbo* die ursprünglich für den Band vorgesehenen, dann aber vor dem Druck ausgeschiedenen Gedichte; in der Anthologie *Im Jubel des geschloßnen Rings* die bereits in *Tantum dic verbo* gedruckten Gedichte; in *Das Sinnreich der Erde* (erste Fassung) die auch in die zweite, endgültige Fassung aufgenommenen Gedichte; in *Das Sinnreich der Erde* (zweite Fassung) die aus *Tantum dic verbo* stammenden Gedichte. — Das Inhaltsverzeichnis des Gedichtbuches *Die cumäische Sibylle* wurde aus der Erstausgabe übernommen. — Die Titel des zweiten bis fünften Teils der *Nachgelassenen Gedichte* werden im alphabetischen Register der Überschriften und Gedichtanfänge aufgeführt.

Tantum dic verbo

Nachtlied*	9
Vorübergang*	10
Kalvaria	11
[Im Wetterleuchten	562]
Bestockung*	13
Weile am Weg*	14
Gebet auf dem Wasser	16
Mondschein im Fenster	17
Später Keim*	18
[Vor dem Winter	570]
Ein Meer	19

Aus der Tiefe	20
Neue Einkehr*	22
Durchs Fenster*	27
Früher Gedanke	29
Seele dulde	30
Abendsorge	31
Lucifer	32
Menschwerdung	34
Zur Kirche	36
Bittgang	37
Zu den Vätern	39
Erde Mutter*	40
[Bereitung	89]
Wanderer im Herbst	41
Morgengestirn*	44
Glaube	46
Wirbel	47
[Gleichnis	564]
Um Gerechtigkeit	48
Naher Winter*	49
[Die große Stadt	568]
Nachgedanke	50
Seelische Jagd	52
Lamm der Seele	53
Frost*	56
Judas	60
Scheidung	62
Säule der Erde	63
Trennung	64

Im Jubel des geschloßnen Rings

[Weile am Weg	14]
[Gebet auf dem Wasser	16]
[Aus der Tiefe	20]
[Neue Einkehr 2	23]
[Zu den Vätern	39]

[Wirbel	47]
[Seelische Jagd	52]
Blüte	325
Gewitterabend	280
Morgen	297
Zum Tage	289
Gleichnisse 1–3	465
Anachoret	458
Vom Wege	461
Aller Augen	469
Das nahtlose Gewand	126
Der Baum	474
Wandlung in Bürde	72
Himmelswiege	179
Aus den »Gesichten des Knechts« 7	99
Krypta	153
Das Saatkorn	344

Die cumäische Sibylle

Anima reclusa	67
Stationen von Neid und Wort	69
Conceptio immaculata	85
Pietà	86
Verbum caro	87
Bereitung	89
Gesichte des Knechts auf Golgatha	91
Der nackte Jüngling	123
Das nahtlose Gewand	126
Genesis	127
Der Geist	129
Die Erde	130
Wettlauf des Knechtes mit Gott, mit der Erde und dem Menschen	134
Der Brunnen im Felde	148

Vollbringung	150
Krypta	153
Nachgesicht im alten Bunde	155
In exitu	156

Das Herz des Wortes

Wiegenlied	161
Verkündigung	162
Die Empfängnis	163
Sinnspiele des Advents	164
Das Linnen	167
Maria im Dorn	168
Spinnerin	170
Die Rose	172
Über das Gebirge	177
Mit einem Gedanken	178
Himmelswiege	179
Gloria	180
Gott in der Krippe	185
Weihnacht im Walde	187
Eleison	188
Lichtmeß	190
Die Flucht nach Ägypten	191
Unsre liebe Frau im Hage	196
Vor dem Morgentor	204
Das unverbrauchliche Linnen	206
Bethesda	208
Die alte Figur	209
Das Kapitäl	210
Das Hungertuch	211
Schöpfung	214
Wie Regen	216
Der Baum Gedacht	217
Ave crux	220
Die Muschel	222
Geist über Wassern	227

Das verborgene Siegel	229
Das neue Bild	230
Parabel	232
Der Sämann	233
Der Fischer	235
Auf der Tenne	236
Der Rabe	238
Orient und Occident	244
Der Reisige	246
Stein unter Steinen	247
Widerpart im halben Mond	248
Propria Peregrina	249
Wie der Vogel Wendehals	250
Mein Vogelbauer	252
Rosenschnitt	253
Lied Magdalenas	254
Zungen im Wind	256
Aktäon	258
Inviolata	260
Vita contemplativa	262
Den Geistigen	264
Das Herz des Wortes	265
Signet	269

Das Sinnreich der Erde (Erste Fassung 1935)

Sinngang	455
Wie durch einen Spiegel	456
Gib	457
Anachoret*	458
Wie Saulus	460
Vom Wege*	461
Gefecht der wachen Seele	462
[Der Sohn	345]
Gleichnisse*	465
[Saturn	347]
[Der Drache	279]

Gestalt des Menschen	468
[Der Wanderer	278]
[Mit Hölderlin	351]
[Gewitterabend*	280]
Aller Augen...*	469
Mann aus Erde	470
[Morgen-Leis	277]
Morgenchoral im Blute	471
Der Baum*	474
[Mittag	300]
[Dämmerung	293]
[Nachtstille	295]
[Morgen*	297]
[Kelch in der Frühe	298]
[Der Baum im Laube	290]
»An Gott«	476
[Das Lied Ruhelos	292]
Wasserspiel	477
[Kelch am Abend	301]
[Zum Tage*	289]
Der grünende Stab	478
[Noch mehr	357]
Der Sturm auf dem Meere	480
[Spruch in schweren Tagen	303]
[Als ich das Licht verlöschte	302]
[Glocke der Nächte	285]
[Nec litera nec spiritu	355]
[Der Erkennende	353]
[Abendhimmel	282]
[Der Mond	284]
Als ich mich in Dinge brach	482
Totentanz	483
Kelch der Empfängnis	485
[Februar	307]
[Fünftagefolge im Februar	308]
[Schneeglöckchen	314]
[Abendwacht	313]
Wolken	489

[Oculi	316]
Regentropfen am Palmsonntag	491
[Das Saatkorn*	344]
Am Karfreitag	492
[In der Karwoche	318]
Ostermorgen	493
[Ostern im Schnee	324]
Am weißen Sonntag	494
[Blüte*	325]
[Schwalben	330]
[Pfingstmorgen	328]
[Harter Tag	332]
[Sommerschwere	333]
Schnitter	496
Die Ähre	497
[September	335]
[Am Bergsee im Regen	334]
[November	337]
[Heimatlied	336]
[Winternachtweg	339]
[Allein	338]
[Der Wolf	294]
Tribute des Blinden	499
[Der Einsame	360]
Zu einem Reliquiar	504
Zwiesprache durch die Erde	506
[Sichel überm Grunde	361]
[Um das Gleichnis	349]
Das Schweißtuch	509
[Die eine Rose	352]
Der Wein der Zweiheit	510
Haus in der Waage	511
Die Wege	513
Deutsche Schrifttafel	514
[Unseres Weges	368]
[Morgengeläute	288]

Das Sinnreich der Erde

Vorwort 273

Wanderer in Tagen

[Nachtlied . . . . 9]
Morgen-Leis 277
[Morgengestirn . . . . 44]
Der Wanderer 278
Der Drache 279
Gewitterabend 280
Abendhimmel 282
Der Mond 284
Glocke der Nächte 285
Morgengeläute (Akrostichon) 288
Zum Tage 289
[Durchs Fenster . . . . 27]
[Vorübergang . . . . 10]
Der Baum im Laube 290
Das Lied Ruhelos 292
Dämmerung 293
Der Wolf 294
Nachtstille 295
Morgen 297
Kelch in der Frühe 298
Durch ein offenes Fenster 299
Mittag 300
Kelch am Abend 301
Als ich das Licht verlöschte 302
Spruch in schweren Tagen 303

Zweige der Jahre

[Neue Einkehr . . . . 22]
Februar 307
Fünftagefolge im Februar 308
Abendwacht 313
Schneeglöckchen 314
Oculi 316

In der Karwoche	318
Ostern im Schnee	324
Blüte	325
Frühling im Regen	327
[Weile am Weg	14]
Pfingstmorgen	328
Schwalben	330
[Bestockung	13]
Harter Tag	332
Sommerschwere	333
Am Bergsee im Regen	334
September	335
[Wanderer im Herbst	41]
Heimatlied	336
November	337
[Später Keim	18]
[Erde Mutter	40]
Allein	338
[Naher Winter	49]
[Frost	56]
Winternachtweg	339
Des Jahres Ende	340

Zeit in der Waage

Heut ein Heute	343
Das Saatkorn	344
Der Sohn	345
Saturn	347
Um das Gleichnis (Akrostichon)	349
Der Gärtner	350
Mit Hölderlin	351
Die eine Rose	352
Der Erkennende	353
Teil im Teile	354
Nec litera nec spiritu	355
Leben im Dritten	356
Noch mehr	357
Der Einsame	360

Sichel überm Grunde	361
Rose um Rose	363
Des Spiels Triumph	364
Deine Erde (Akrostichon)	365
Der Brunnen	366
Im Reime	367
Unseres Weges	368

Die kleine Schöpfung

Wanderspruch	371
Täglich spricht der alte Hahn	373

Gedichte aus den Prosadichtungen

Aus »Die Bitte um das Blut«
Die dunklen Tore sind aufgetan	399

Aus »Die Löwin«
Das Weib der Liebe	400

Aus »Tantalus«
Was aus deinem Traum entstanden	402
Ein Stämmchen schlug im Wintersturm	403
Wie wachend es liege	404
Der ich dich nicht mehr kenne, so dich liebe	405
Klage über der Schöpfung	407
Ohne Regung wie ein Flügel	409
Ich schlief	411

Boëthius / Die Gedichte aus der Tröstung

Gedichte aus der Tröstung der Philosophie 1–39	415

Nachgelassene Gedichte

Erster Teil

Gedichte aus der ersten Fassung der Sammlung »Das Sinnreich der Erde«	455

Zweiter Teil

In keiner Sammlung enthaltene Gedichte 517

Dritter Teil

Largiris 1–56 589

Vierter Teil

Widmungen und Gelegenheitsgedichte 647

Fünfter Teil

Unvollendete Gedichte, Entwürfe 675

Nachbemerkungen zur Textgestalt 731
Bibliographie 733
Anmerkungen und Lesarten 738
Zeittafel der Gedichte 775

*Alphabetisches Register
der Überschriften und Gedichtanfänge*

In diesem Register sind die Überschriften und Anfangszeilen sämtlicher Gedichte verzeichnet, auch derjenigen, die zu Zyklen zusammengefaßt und numeriert wurden; nur die Anfangszeilen der Entwürfe und Fragmente der Dichtung *Largiris* (Nachgelassene Gedichte III) blieben unberücksichtigt.

Abendhimmel	282
Abend, komm der einen Seele	301
Abendsorge	31
Abendwacht	313
Ach, solange noch ein Meer	360
Adam, wo bist du, siehe der dich sucht	116
Ahnung, daß die Seele früher	229
Akrostichon	581
Akrostichon für die Leserin	670
Aktäon	258
Allein	338
Allein und geschehen	715
Alle Lust hat diesen Inhalt	432
Alle meine Worte sind	230
Aller Augen	469
Alles Geschlecht auf der Menschenwelt	431
Alle wissen, wer und wieviel er Trümmer	425
Als dein Gold sich tiefer trübte	248
Als die Zeichen sich verbargen	531
Als ich das Licht verlöschte	302
Als ich Entscheidung sann und schrieb: vergangen	223
Als ich mich in Dinge brach	482
Als ich schlaflos liegend denke	504
Als ich um die trunknen Hänge	336
Als Jesus auf dem Meere fuhr	480
Als man zu sagen nicht vermag	536
Als Maria, da der Engel ihr	162
Als Maria über die Schwelle trat	710

Als ob mir nehme	75
Als sich Moses beeilte	538
Als wartete dein Blick die ganze Nacht	471
Als wie aus Nächten eine Feuersäule	245
Am Bergsee im Regen	334
Am Karfreitag	492
Am weißen Sonntag	494
Anachoret	458
Andre mit den Dingen so in Frieden	63
Andrer Ruf	545
Angezündet schwamm die bange	191
»An Gott«	476
Angst, in mir zu wecken	474
Anima reclusa	67
Auf der Tenne	236
Auf einem Wege ist es nur ein Hin	356
Auf meinem Lager nachtumhängt	295
Auf Morgenbeeten Häuptlein grün	29
Aus dem Halbmondschilde	170
Aus der Tiefe	20
Aus mir, aus mir Zuflucht der Kreatur	130
Aus rauchenden Bächen lichtverklärt	41
Aus tiefster Gnade immer tiefrer Scheu	85
Ave crux	220
Bereitung	89
Berührt in immer größrer Dauer	678
Beschlossen in das ganze Reich	550
Bestockung	13
Bethesda	208
Bewegter Geist in uns, da ihn noch ziert	537
Bin ich, zu dem die Sonnenkraft	689
Bis ein Mensch wird, der doch nie	236
Bittgang	37
Blüte	325
Blüte wechselt Jahr in Jahren	143
Brand der Lichter, Hand und Hirt	527
Brechend gibt er seines Bildes Laut	711

Brich ab, mein Sinn, genährt und nie ein Wille	312
Brich der Seele Widerstand	33
Claudia Procla	541
Coeperunt loqui. — Wirbelt nicht der Wind	468
Conceptio immaculata	85
Da ich im Wort mich quälte	686
Dämmerung	293
Danke, daß die Erde	693
Das Bild im Schweißtuche	76
Das Düster bringt und Wald-Dickicht	669
Das Eigentum	535
Das Herz des Wortes	265
Das Hungertuch	211
Das immer neue Grab	84
Das Innerste, was mir geschah	76
Das ist der Kampfpreis, den das Herz gewinnt	368
Das ist nicht Gott, erhebe dich versteint	105
Das ist wie Schrift der Zeit gerechter Bann	650
Das Jahr geht um, das neue will	658
Das Kapital	210
Das Leben zu sich fort im Kreise alt	502
Das Lied Ruhelos	292
Das Linnen	167
Das nahtlose Gewand	126
Das neue Bild	230
Das Saatkorn	344
Das schleirig blaue Himmelsdach	308
Das Schweißtuch	509
Daß die sinnbewegte erste Reine	491
Daß eine Lust, die Sinn bewahrt	163
Daß es weiter uns geleite	652
Daß ich den schmalen Pfad	179
Daß ich mich in Bann getan	256
Daß in mir aufersteht, der ich begrabe	67
Daß man im Nachsinn eines Lebendigen	500
Daß nur mich deine Ruhe	71

Das Spiel der Seele um ihr Bild vor Gott	142
Daß sich die Schrift erfüllt	89
Daß unter dem himmlischen Bogen	200
Das uns an einen Strand verlassen bindet	577
Das unverbrauchliche Linnen	206
Das verborgene Siegel	229
Das Wasser ist ein schwerer Sinn allein	510
Das Weib der Liebe	400
Das Weihnachtsbild	572
Das Wort gilt nicht — wie fällt, da ich die Bahn	499
Deine Erde	365
Deiner Worte Brut und Groll	576
Dem alles nur im Geist geschah	470
Dem Künstler	579
Dem offenbaren Worte	80
Dem ungeduldigen Christophorus-Petrus	576
Den Geistigen	264
Denn es entrinnt, was auch die Lippe spricht	650
Denn will ich als dein Nichts	696
Den süßen Kern des Schlafs zerdrückt mein Mund	492
Der Abend kommt, ein regenkalter Tag	313
Der alles doppelt mißt	46
Der alles hält vom Anbeginne	138
Der alte Meister schloß im Gitterzaun	196
Der Altvordern Zeit war so glücklich	424
Der anders als der Blitz und jene Leiter	225
Der aus der Schau zum Wort ersteht	144
Der Bau der Kirche	580
Der Baum	474
Der Baum Gedacht	217
Der Baum im Laube	290
Der Bildhauer	672
Der Bildner hat nach seinem hohen Plan	165
Der Brunnen	366
Der Brunnen im Felde	148
Der Drache	279
Der du aus der Quelle kommst	556
Der eine Mensch braucht leichte Hand	278

Der Einsame	360
Der Erkennende	353
Der Feigen Wille um die falsche Macht	119
Der Fischer	235
Der Gang der Dinge	577
Der Gärtner	350
Der Gärtner trägt eilends	27
Der Geist	129
Der grünende Stab	478
Der Herr ist stark	39
Der Himmel, täglich gewitterschwanger	332
Der ich dich nicht mehr kenne, so dich liebe	405
Der ich mein Haupt rücklings verkehre	289
Der ich quelle eigner Labe	19
Der in sich selber nicht	217
Der, in Zeitschaft eingestuft…	653
»Der ist dem eignen Wesen gut	652
Der Jäger	534
Der Jahre Umlauf bringt Gefühl	574
Der meine Seele übermannt	139
Der mir die Geißel immer härter flicht	681
Der Mittelpunkt sprach einst zum Kreis	660
Der Mond	284
Der Morgen atmet eines schweren Lichts	298
Der morgens glänzend lag, als rief er	366
Der nackte Jüngling	123
Der neue Kalender	658
Der Rabe	238
Der Reisige	246
Der Sämann	233
Der Schreibende	540
Der Sinn begräbt uns in die Angst der Zeit	135
Der Sinn muß brechen, wie den harten Geiz	94
Der Sohn	345
Der stand und schauend sich genügte schon	101
Der stete Fall zur Erde	73
Der Sturm auf dem Meere	480
Der unbekannte schwere Schritt der Zeit	673

Der Wanderer	278
Der Wein der Zweiheit	510
Der weiße Sonntag ist bereit	494
Der Wolf	294
Des Falles starke Regel	77
Des Glückes Ruh im Himmelsblau	701
Des Jahres Ende	340
Des Morgens heimlich blasser Schein	211
Des Spiels Triumph	364
Deuteronomium	539
Deutsche Schrifttafel	514
Diana	531
Die Ähre	497
Die alte Figur	209
Die alte Kirche ist ein Bau der Narben	580
Die bittere Lust des Falles	79
Die Dämmrung hegt die Brust	462
Die dunklen Tore sind aufgetan	399
Die eine Rose	352
Die Empfängnis	163
Die Erde	130
Die Erde kommt vom Schlummer, ihr Herz ist reif	190
Die erste Erde hat ein Silberlicht	511
Die erste Nacht	536
Die Flucht nach Ägypten	191
Die Frauenbilder	78
Die Frucht, was eines Lebensjahres Lauf	654
Die Geigerin	672
Die große Stadt	568
Die ihr vorübergeht und seht und weist	121
Die Jungfrauen	520
Die kleine Schöpfung	369
Die mich zu dir erschafft	77
Die Morgenluft geht mild	32
Die Muschel	222
Die Nacht	517
Die Nacht der Jungfrauen	517
Die neue Regel	81

Die Rose	172
Die Schale sprang vom Ei	34
Die schweren Blumen, die der Sommer tut	671
Dies bitterlich	488
Diesen ersten grünen Strauch ein Strauß	486
Dieses, daß ein andres Wesen	260
Diese Stunde unverdient	64
Die stille Größe wächst so unverirrt	672
Die stumme Führung schlägt uns in die Zeit	578
Die unbegreifliche Liebe zwingt	214
Die unmögliche Schöpfung	723
Die Wege	513
Die Zeit, je mehr sie wie ein dunkles Erz	667
Du blitze durch die stille Nacht	562
Du gabst dem Wort, das in sich brach, den Sinn	164
Du gehst durch Bild zu Bild, als ob dich riefe	104
Du hast mich, so wie ich gebeten	705
Du machst dir alles selber schwer	252
Durch den heißen Erntemorgen	333
Durch diese Faser, nun ich sie berühre	405
Durch ein offenes Fenster	299
Durchs Fenster	27
Echo	524
Ehe noch der starke Held	720
Ein Abend regenmatt	235
Ein abgebrochnes Stück	284
Eine Blume baut, wie blüht sie auf	253
Einem Acker sah ich zu	18
Einen Blick zum Himmelsrand	339
Ein erdenschweres Herz und kummerfeucht	690
Eines Morgens Schnee	585
Ein Fleck vom grünen Licht des Monds	17
Ein Hymnus dachte ich zu sein Dir, Herr	14
Ein knöchern Spiel, gezählt, bevor bewußt	483
Einmal und immer einmal geht	145
Ein Meer	19
Ein Morgenstrahl will schießen	137

Einsam ein Wandrer für sich schritt	704
Ein Schäfer grüßte mich: Grüß Gott	265
Ein Spiegel, der im Sturze nicht verfällt	672
Ein Stämmchen schlug im Wintersturm	403
Ein Strudel golden sei's, der ihm schon fließt	430
Ein Vogel singt ins Land	219
Ein Wurm, so krümmt sich pfadlos hin das Leid	98
Eleison	188
Emmausmorgen	543
Epheta	544
Er bleibt nicht länger mehr ein Kind	664
Erde Mutter	40
Erde, Mutter grenzenleer	40
Er, der mir vorgeht, läßt mein Ohr nicht ruhn	232
Eremos	551
Er ging hin allein	60
Erst Natur und Kind und Schimmer	668
Er war allein mit seinen Peinen	208
Es ist am Sinne wie ein Fluch	654
Es ist nicht und nicht zu fassen	355
Es wächst der Mensch aus sich im Glauben	478
Es zuckt zum Netz die Rechte, ich weiß es, Herr	534
Ewiger Grund der Dinge Du	728
Fand sich aus dem gebornen Blute	349
Fang wohl an, du eine Glocke	288
Februar	307
Felicitas	682
Fenster werde jedes Blatt!	670
Fern den Seelen, die sich nahen	526
Fernhin geht und ganz ein Blick	581
Fest unsres Lebens, das uns alt	669
Fittiche sind mir zu eigen, Flügel	438
Fremd wird uns die eigne Stätte	670
Freund meines Wegs, der ganz gedrungnes Werk	112
Freund meines Wegs und Hunger meiner Mühe	102
Frost	56
Frost wie Licht	57

Früher Gedanke	29
Früher tat die Stoa sich auf	447
Frühling im Regen	327
Frühling, laß den Regen fallen!	327
Fühlt ein Sinn die ganze schöne	365
Fühlungslos und ganz verteilt	654
Fünftagefolge im Februar	308
Für 1937	652

Gaukelwerk zu Häupten mir	279
Geatmet, wie ein Kleid fällt ab	23
Gebet auf dem Wasser	16
Gebeugt vor jeden Dinges lichter Blende	62
Gedanke meiner alten Schwere	497
Gedanke nur in sich verpflichtet	514
Gefecht der wachen Seele	462
Geist über Wassern	227
Geknechtet, daß ich nicht zum Knecht	150
Gelb und braun und stirnemild	337
Gericht im Worte	71
Gesang in der Muschel	553
Gesichte des Knechts auf Golgatha	91
Gespann des Kreuzes	75
Gestalt des Menschen	468
Gewitterabend	280
Gib	457
Gib hin, Leib, in Ruhe	694
Gib mir, wie du Körner füllst	697
Glaube	46
Gleichnis	564
Gleichnisse	465
Glocke der Nächte	285
Gloria	180
Glückliches kam viel entgegen	669
Glücklich ist, wer den lichten Quell	436
Glücklich, wer um Brot und Leben	345
Gott in der Krippe	185
Gott, soll ich beten um Gottlosigkeit	680

Gründonnerstag	318
Hängt schwer nun der Gedanke nach	496
Harter Tag	332
Hast du Willen, des Donnerers hohe	442
Haus in der Waage	511
Hausspruch	575
Hebe dich du meine Seele	220
Heimatlied	336
Herzend, was dich quält	303
Heut ein Heute	343
Heut ein Heute zu vollenden	343
Heut so ganz verlassen	566
Hier ist am Haus ein offner Bau	571
Hier trennt das Bild sich von dem Guß	324
Himmelswiege	179
Holz des Kreuzes	82
Horch Maria, höre, und es	188
Ich bin beschützt und hoffe nicht	553
Ich bin das Meer, damit du nicht	96
»Ich bin, der ich Ding und Weise	134
»Ich bin des Sommers Wunde«, spricht die Rose	363
Ich bin die stumme Puppe	129
Ich bin ein bitterkeitgetränkter Schwamm	95
Ich bin ein hingetretner Wurm und kein	99
Ich bin erwacht, mein Sinn ist stark	328
Ich bin gespeist und Speisens bin ich krank	103
Ich bin in mir der letzte Teil	682
Ich dachte an jenes Haus	185
Ich, der ich binde	684
Ich erstaune tief in Scheu	549
»Ich geh mit Dir im schönen Kleid	36
Ich ging, als plötzlich wie	242
Ich ging an einem Fluß mit bangem Weilen	476
Ich ging auf einer Straße	249
Ich habe dich noch nicht versucht	31
Ich habe Glauben	700

Ich kann mich nicht auf eigner Bahn verhalten	97
Ich las, daß aus dem dunklen Trieb	357
Ich lebe wie die Kirche ein	153
Ich muß leben hungerhaft	698
Ich sank in Kummer hin, bis ich verschwand	100
Ich saß in meiner Wüste Trümmern	238
Ich schlief	411
Ich sprach und tat der Wahrheit Liebe	50
Ich trinke und der Kellner Gott	503
Ich weiß, du hast mich aufgespart	280
Ich wende mich von dir	79
Ich wollte zeigen, was ich sah	93
Ihr Sinne, deren frohes Geld	548
Im dämmerdunklen Zimmer, dem kalten Licht	293
Im Ebenbild	578
Im Jahrbild	571
Immer in die Dinge	706
Immer steht der Baum in Mitt und Enden	156
Immer noch wie Frevel schreckt	80
Immerwährende Mutter	74
Immer wie die Schwalben nach der gleichen	334
Im Reime	367
Im ruhelosen Versinken	477
Im unaussprechlich reichen Tag	347
Im Wetterleuchten	562
In der Karwoche	318
In einer Zeit, da meines Wesens Anker	489
In exitu	156
In mir fand ich, als sei errungne Tat	126
Ins Buch geschrieben	657
In Tages Mitte nur ein einzler Mann	300
Inviolata	260
In Zerwürfnissen der Zeit	650
In zwei Sinnen	555
Irgendwo beginnt	551
Ist die frühe Bläue	314
Ist in meinem Garten	316

Jener aber brach nicht das Gesicht	711
Jener muß wachsen, ich an ihm abnehmen	107
Judas	60
Jungfrau, die der Herr erkoren	206
Justitia	665
Kalvaria	11
Karfreitag	320
Karsamstag	322
Kein Himmel in der Frühe	570
Kein Mensch ist mächtig dieser Mutterschnur	83
Kelch am Abend	301
Kelch der Empfängnis	485
Kelch der Zeit	678
Kelch in der Frühe	298
Klage über der Schöpfung	407
Klassisch	662
Kommt hier alle zusammen, die in Haft ihr	435
Kosmisch	660
Krypta	153
Lamm der Seele	53
Langsam daß es so lebt, dunkel in seiner Brust	532
Largiris	587
Las ich und verhielt	292
Laß die Seele lauschen	557
Lebendig von dem Wort	240
Leben im Dritten	356
Lebensregel	668
Leicht wallt Gewölke vor dem Mond hin	9
Lichtmeß	190
Lied Magdalenas	254
Löse mir diese Kluft	20
Losung	545
Lucifer	32
Lucifera	526
Manches tuend, nur zu geben	575

Manchmal, wenn man sich vergißt	655
Man faßt nichts an und doch getreu	568
Mann aus Erde	470
Maria bleiches Bild	37
Maria im Dorn	168
Maria kam auch in ein Moor	178
Maria sprach: O Kind	198
Maria stand an ihrem Schrank	167
Meine Gedanken sind oft wie leibliche Nerven	246
Mein Vogelbauer	252
Menschenkern in Gestalt	687
Mensch nur allein verloren niemals	692
Menschwerdung	34
Mich zieht, ich fühle mit Erschüttern um	222
Mit allem gleich, so ist doch nicht die Stille	467
Mit blindem Angesicht	460
Mit dem Reime erst zu spielen	367
Mit einem Gedanken	178
Mit einer Hand die Seele, o die er band	407
Mit Gott mein Schritt	677
Mit Hölderlin	351
Mit Knospen fruchtet Erde und kommt ein Sinn	350
Mittag	300
Mitten im Baum	43
Mondschein im Fenster	17
Morgen	297
Morgenchoral im Blute	471
Morgengeläute	288
Morgengestirn	44
Morgen-Leis	277
Morgenröte ohnegleichen	699
Mosaik	654
Moses am Ende	538
Mutter der Geschlechter	686
Nach Blitz und Schneesturm in der Nacht	310
Nach einer schlaflos langen Nacht	277
Nachgedanke	50

Nachgesicht im alten Bunde 155
Nachtlied 9
Nachtstille 295
Naher Winter 49
Nec litera nec spiritu 355
Neue Einkehr 22
Neujahrswort *(Der Jahre Umlauf...)* 574
Neujahrswort *(Fremd wird uns die eigne Stätte...)* . . . 670
Nicht so viel Sinn der Dinge 87
Nicht, was du sinnst, wird hart 218
Niemand eins wie du 74
Noch mehr 357
Noch Stein und Holz und unbeherzt 209
Noch zeigt durchsaust von Regengischt 567
November 337
Nun baut die Welt sich zu 671
Nun baut man der Figur ein hölzern Haus 583
Nun blinkt das Licht, das Osterlicht 493
Nun das blasse Licht schon kältet 335
Nun ist dies Werk getan und es sind Stücke 155
Nun kommt Mensch zu Mensch 11
Nun war der Ton so schwer und von sich fern 672
Nur dies noch, daß mein Werde 84
Nur ein Blatt von Schwere kaum 371

O Baum, der in der Sonne knospt 10
Ob dieses Wort das tiefste ist 458
Ob er zur Vollendung riefe 44
Oculi 316
O der du unter Menschheit stufend willst 111
O der steuert die Welt 433
O du Schöpfer im Umkreis der Sterne 418
Öffnet Phöbus rosigen Himmel, streuend 423
Ohne Regung wie ein Flügel 409
Ohne Schwankung lebt der Sinn 702
O Joseph, was vergräbt dein Mund 572
Oktoberfest 567
Orient und Occident 244

Ostermorgen	493
Ostern im Schnee	324
Pallas	694
Parabel	232
Pfingstmorgen	328
Phöbus strahlt mit Gewalt, die Glut	420
Pietà	86
Polemisches	660
Politik	664
Propria Peregrina	249
Quillt in kaum bewachsnen Gründen	148
Recht war in jener irren Zeit	665
Regentropfen am Palmsonntag	491
Reime suchen Wort und Klang	672
Ringt mein Herz mit seinem Herrn	254
Romanische Kirchen am Rhein	667
Rosenschnitt	253
Rosenstück im Worte	557
Rose um Rose	363
Rote Rose im Juni	560
Sänge der blühenden Lust	415
Saturn	347
Saugt Verlust, daß die Gnade quillt	30
Säule der Erde	63
Schafft noch der bedungne Wille	716
Scharf wie die Schwalbe überm Wasser	16
Scheidung	62
Schlafend seiner Augen Lauf	718
Schmetterling in meinem Hauch	52
Schneeglöckchen	314
Schnell ist der Blick gefüllt	25
Schnitter	496
Schöpfung	214
Schoß der Schmerzen	83

Schwalben	330
Schwankt eine Biene honigschwer	72
Schwarze Erde hebt empor	42
Seele dulde	30
Seelische Jagd	52
Segel trieb und den schwanken Kiel	439
Seh im Traum ich jene Wand	247
Selber dieser, der sich immer	123
September	335
Septemberanfang 1939 im Ausstellungspark	583
Sichel schmal am Morgen	546
Sichel überm Grunde	361
Sieh an das Bild, das rastlos mir gewunken	109
Sieh, wie auf den hohen Thronen	439
Signet	269
Silvester 1926	573
Sinnend über euch ihr Frauen	78
Sinngang	455
Sinnspiele des Advents	164
So bin ich Fluß	81
So bleibe	53
So geht der Mensch hinweg und kehrt sich um	110
Sohn (Sohnschaft)	684
So kehrt der Sinn in seine Ohnmacht ein	673
Sommerschwere	333
Sommers geht der Schritt zu Felde	340
So rein und unvollendet wie	311
So wars und so allein	177
So wie die tiefe Saat bedrängt	344
So wie uns Wachende mit Schlaf bedrängt	118
So wird in uns der reinen Liebe Kern	166
So wuchs der Baum, die Schlange mitzutragen	226
Später Keim	18
Sperling hüpft auf breiten Beinen	723
Spinnerin	170
Sprich du, sprich dein ganzes Lassen	717
Spruch in schweren Tagen	303
Stationen von Neid und Wort	69

Stein unter Steinen	247
Still, so daß die Sonne keinen Widerstand	726
Stoß mich in den tiefen Brunnen	697
Stoß zu, Macht selber ist ein Untergang	727
Sucher nach dem blinden Male	354
Tag der Eltern	669
Tagelang bis Nacht herein	250
Täglich, spricht der alte Hahn *(Schöpfung)*	373
Täglich spricht der alte Hahn *(Zum Gockelhaus)*	668
Teil im Teile	354
Totentanz	483
Trennung	64
Tribute des Blinden	499
Trüber Tag mit lauem Schein	13
Über das Gebirge	177
Über die Häuser aus der Luft	56
Über Wellen kleiner Sorgen	541
Um das Gleichnis	349
Umgegeben unter diese	506
Um Gerechtigkeit	48
Unbewußter spricht der Mund	455/716
Und da ich, was im Herzen stets zur Tiefe	466
Und doch ein Sinn, dem ich wie außen friere	406
Und heute?	651
Und heute mittag geht ein Wind	309
Und immer wieder nur das Wort	122
Und wendet sich die deutsche Zeit	651
Und wieder nachts ein Geist den Ring	296
Unendlich löst sich, was endlos umfing	106
Unregsam, wie der Wind umgeht	307
Unseres Weges	368
Unsre liebe Frau im Hage	196
Untergang	687
Unverwandt und dicht am Ringe	667
Vater, in der Welt erlahmt	48

Text	Page
»Vater verzeih«, und ich, ich kann es fassen	108
Verbum caro	87
Verglichen stockt doch stets entflohn	554
Verheißung über die Schlange	537
Verlust, der Gnaden zu sich glich	703
Verkündigung	162
Viele Himmel, doch vereint	509
Vita contemplativa	262
Vollbringung	150
Vom Bild zum Wort, nicht hier und dort nicht Rast	113
Vom Frost ein Vogel flatterlahm	688
Vom Hauch ersteht das Wort	26
Vom heitren Kreis entspannt	338
Vom nächtlich ungerastet	297
Vom Wege	461
Von der ganzen Säule	210
Von Grimm und Grame stumpf gemacht	691
Von meines Wesens Strande nackt geboren	244
Von rechts und links, die Frommen und die Schergen	120
Von solcher Kreatur	73
Von Stamm und Wuchse echt und froh	656
Von unserem Wege	550
Voraussetzungen sind Punkt P, Kreis K	662
Vor dem Morgentor	204
Vor dem Winter	570
Vor einer Rose stummer Gast	172
Vor lauter Sinn der Dinge abergläubisch trifft	589
Vorspruch	649
Vorübergang	10
Vorwort	273
Wache du zum End der Nacht	204
Wächst aus Trieben das Verlangen	564
Wächterruf	548
Während wir uns schlugen auf den Wegen	352
»Waltend mit Aug und Ohr über allem	446
Wanderer	566
Wanderer im Herbst	41

Wandernd in dem Fluß, dem großen	269
Wanderspruch	371
Wandlung in Bürde	72
Wandrer du von Mahl zu Mahle	180
Wär auf seinem ersten Grunde	655
Warum geschieht dies alles und	146
Warum nicht Menschen, Dinge, Vieh, nur ich	114
Warum, wenn wir das Leben um	540
Was aus deinem Traum entstanden	402
Was dieser Jahre Inhalt wird	651
Was ich mir gab, das nahm ich mir zugleich	86
Was ich nicht tat, das mußte meine Seele	709
Was im einzelnen gefügt	273
Was in der Luft wie Silber bringt	721
Was ist das Leben, daß es mit Leben ringt	535
Was ist dies wie ungenossen	400
Was kein Ende nimmt	552
Was man gelebt, was immer mehr geblieben	585
Was mich, denk ich meines Daseins Haft	291
Was mich so drangvoll hieß	457
Wasserspiel	477
Was sitzest du und sinnest nur	168
Was spielst du fort und fort, du dunkle Macht	364
Was sucht man in der Schau die eine Haft	517
Was tu ich, sprach der Sämann, der	233
Was uns bewegt	353
Was will alle die Lust am Ruhelosen	441
Was wird es sein	461
Wecke nachts mich, Mutter, daß ich	285
Weg und Bahnen hart gelegt vor Schluchten	49
Wehe, weit ab vom Weg welcherlei Unvernunft	432
Weh, kopfüber hinab, stumpf in die Tiefe	416
Wehrlos reiche Frucht der Jahre	649
Weihnacht im Walde	187
Weihnachtsspruch	651
Weile am Weg	14
»Weil ich in dem, in dem ich dennoch lebe	224
Weiß ich, was in meinem Schlund	187

Welch ein Grund ließ das Bündnis der Dinge	446
Weltall immer im Einklang gleich	427
Wenn die Vögel im Regen zwitschern	299
Wenn es die Loose schüttelt stolz mit der Rechten	422
Wenn hinter Wolken	420
Wenn ich dazu verurteilt bin, das Bild	115
Wer die Wohnstatt sich mit Vorsicht	424
Wer eilt und hat im Sinn nichts andres	426
Wer kann es noch erschauen	325
Wer kann mit euch, und muß nicht mehr noch spielen	264
Wer kann so in Ferne schauen	668
Wer krank zu jedem Bilde spricht	142
Wer nicht weiß, wie zuhöchst umläuft Arcturus	441
Wer sein Leben gefügt, wer sinnend heiter	417
Wer so mit Schallen bläst	258
Wer tiefen Sinnes auf der Spur des Wahren geht	435
Wer Unrecht leidet, straft	539
Wer wallt und noch	573
Wer zur Macht durch sich selbst hat den Willen	431
Wesen meiner Freude inne	518
Wettlauf des Knechtes mit Gott	134
Wich schon durchschossen die Nacht?	417
Widergesang	554
Widerpart im halben Mond	248
Wie angekommen und zu gehn bereit	456
Wie bevölkern die Erde doch Tiere	449
Wie, da ich las, als sei in mir die Flamme	465
Wie den Purpur von Tyrus Nero eitel	430
Wie der Vogel Wendehals	250
Wieder zu sich selber kam	22
Wie die Blume Wohlgefallen	140
Wie du mir den Sinn wendest	47
Wie durch einen Spiegel	456
Wie durch eines Brunnens Schacht	716
Wie ein Licht durch unser trübes	282
Wie ein Vogeljunges wohl im Nest bei Nacht	469
Wie es sei, von wannen kommt der Knecht	712
Wie findt dies Wesen seinen Stern	361

Wie geht die Schickung unbewußt!	513
Wiegenlied	161
Wie Gewölke oben schwebt	560
Wie ich bin und was ich tue	524
Wie ich von diesem Menschen kam	262
Wie im Glasbild	556
Wie ist dieses Korn erwacht	708
Wie ist dies Wunder leicht	58
Wie mich durchtrifft	544
Wie nicht zu sein	485
Wie nur ein Wesen endlich zu sich findet	653
Wie Regen	216
Wie Saulus	460
Wie sie die Schöpfung handhabt im Zügel	429
Wie, sogleich es angeht	555
Wie über das Gefäß, solang ich trinke	501
Wieviel äußerst bewegt rasend vom Sturm das Meer	422
Wie wachend es liege, wie lange es hält	404
Wie wenn es regnet	216
Wie wollte man den Sprachgeist necken	656
Will der Sonne Licht sich wieder gatten	290
Will die Magd des Herren sehen	713
Willst du umsonst gewesen sein	722
Will ungern, muß ahnen	28
Will wer ein Ackerland richtig bebauen	428
Wirbel	47
Wird dann das Inbild Raum in Raum	579
Wird der Rebenhügel träubig	514
Wir gespart, bis morgenklar	520
Wir gingen, unsre Herzen brannten	543
Winternachtweg	339
Winters	668
Wo aller Drang geträumt und nichts geschieht	484
Wo der unerschöpften Schale	330
Wohin der Weg, den du hierher geführt	117
Wo in Klippen und Fels der Achaemeniden	445
Wolken	489
Wollte Tim den Raben haben	657

Worte des Antichrist	680
Zeit dreht ihr Auge her, und wie sie läuft	667
Zeit und Geist und Alter gehen	673
Zu dem nachtstill klaren Licht	294
Zu dem Tier in meinem Rachen	714
Zu den Vätern	39
Zu dieser Zeit mein Sein wie See	227
Zu einem Blumenstück	671
Zu einem Reliquiar	504
Zum Gockelhaus	668
Zum Hahnenschrei	728
Zum Neujahr 1932	650
Zum Tage	289
Zungen im Wind	256
Zur Kirche	36
Zuvor ein Wandrer, froh mit der Fülle zieht	351
Zwei Spätsommerstücke	671
Zwei Jahrfünfte kämpfte im Werk der Rache	444
Zwiesprache durch die Erde	506
Zwischen den Wurzeln am Stamm	161
Zwischen Pfahl und Nagel	82